# 새로운 심리검사법

강봉규 지

Psychological Testing

태영출판사

# 머리말

본서는 심리검사법에 관한 입문서로써 임상심리 전공학생, 상담심리 전공학생 또는 전문 상담교사나 소년비행 분류심사 및 교정직 업종에 종사하는 분들에게 요구되거나 필요한 심리검사법의 기초소양을 주로 다루고 있다.

여러 대학원에서 심리측정이나 심리검사에 관한 강의를 해오는 동안 적절한 한 학기용 교재가 없어 집필의 필요성을 절실히 느끼던 바 마침 태영출판사 김현태 사장의 도움으로 새로운 심리검사법을 간행하게 되었다.

본서는 크게 5부로 나누어져 있는 바, 1부는 심리검사의 분류 내지 신뢰도 · 타당도 이론을 다룬 '심리검사의 이론적 기초', 2부는 객관적 심리검사법인 '표준화 검사', 3부는 Rorschach검사 등 Projective Techniques, 즉 '투사법', 4부는 '작업검사법' 그리고 5부는 집단 내의 인간간계검사법을 설명하고 있다.

따라서 독자가 본서를 이용함에 있어서 그 목적에 따라 1, 2부만을, 더 나아가서는 3부만을 이용할 수도 있다. 특히 제3부 투사법은 많은 독자들에게 있어서 학습상의 어려움을 느낄 수도 있다. 때문에 투사법은 많은 시간의 연습이나 경험의 축적이 필요하다고 하겠다.

끝으로 본서는 피검자의 인지적 · 정의적 특성이나 이상행동을 진단 · 검사하고 그 결과를 해석하는 기법에 관한 심리측정적 이해를 높이는데 하나의 안내서 역할을 충분히 할 것으로 기대된다.

2012. 7.

저자 강 봉 규 씀

# 차 례

## 제 1 부

# 심리검사의 이론적 기초

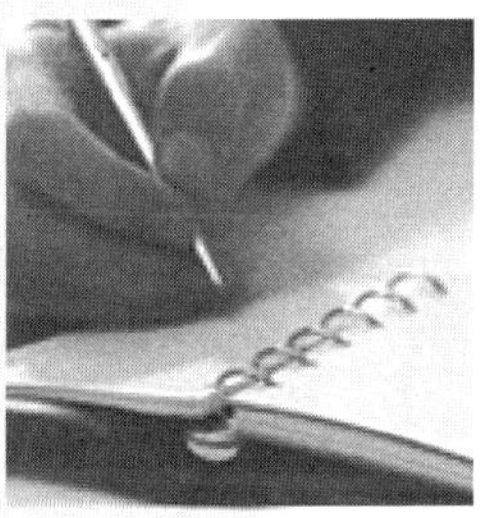

제1장

# 심리검사의 개념과 분류

1. 심리검사의 개념
2. 심리검사의 역사
3. 심리검사의 분류

## 1. 심리검사의 개념

심리진단적 검사에서는 검사자가 특수한 심리검사를 기초로 해서 개인의 정신적 특성과 행동양상에 대해 판단하게 된다. 이러한 심리진단을 목적으로 하는 심리검사는 "인간적 성취, 체험과 행동영역에서 나타나는 개인차를 측정하여 기술하고, 또 원인을 진단해 내는 심리적 방법과 원칙에 관한 이론과 방법론"이라고 정의할 수 있다. 심리진단학은 다양한 응용 가능성을 지니고 있어 수많은 영역에서 실시되고 있으며, 고도로 특수화된 많은 검사가 이용되고 있다.

A. Anastasi는 한 인간의 행동표본을 객관적이며 표준화된 절차로 측정 · 진단하는 방법을 심리진단 검사라고 부르고 있는데 비해 L. J. Cronbach는 두 사람 이상의 행동을 비교하는 조직적 절차를 심리검사로 보고 있다.

이들에 비해 E. C. Erickson은 표준화된 조건하에서 특수기술 및 행동 혹은 일련의 행동 특징을 진단하려는 객관적이며 조직적이고 통계학적으로 정련된 도구 또는 방법임을 강조하고 있다.

이상을 요약하면 심리진단 검사란 인간의 성격, 능력 및 그 밖에 그 사람이 갖고 있는 심리적 특성의 내용과 그 정도를 밝힐 목적으로 일정한 조건하에 이미 마련한 문제나 혹은 작업을 제시한 다음 그 사람의 행동 또는 결과를 어떤 가정의 표준적 관점에 비추어 질적 혹은 양적으로 기술하는 조직적 절차를 말한다.

## 2. 심리검사의 역사

### 1) 지능의 개인차에 관한 연구

#### (1) Galton의 연구

오늘날의 심리진단 검사와 측정의 시조가 누군가에 대해서 다른 의견이 있겠으나 F. Galton(1822~1911), J. M. Cattell(1860~1944) 및 A. Binet(1857~1911) 중에 어느 한 사람을 지정할 수 있다. Galton은 1859년에 『종의 기원(Origin of the Species)』을 쓴 C. Darwin의 영향을 받아 인간의 정신적 특성의 유전에 깊은 관심을 갖게 되었고, 1869년에 그의 유명한 저서인 『천재의 유전(Hereditary Genius)』이란 책을 발간하였다. 14년 뒤에는 다시 『인간의 능력과 그 발달에 관한 탐구(Inquiries into Human Faculty and Its Development)』란 책을 저술하였는데 이것이 인간의 개인차에 관한 과학적인 연구와 심리진단 검사의 시초라고 보는 사람도 있다.

1886년에는 인간의 신체적 특성과 감각적 및 운동적 특성을 측정하기 위하여 그의 유명한 인류학 측정 연구소(anthropometric)를 설립하였고 이 때에 그는 오늘날에 사용되는 상관계수에 관한 통계적 기본 개념을 발전시켰다. 그러나 실제 수리적 공식은 K. Pearson에 의해서 완성되었다. 하여간 인간의 개인차에 관한 과학적인 연구와 심리측정에 관한 중요한 수단으로서의 수리적 · 통계적 방법의 사용이 그로부터 비롯된 것이다.

### (2) Cattell의 연구

Galton이 영국에서 과학적인 심리측정 연구에 기반을 닦아 놓은 반면, Cattell은 미국에서 독일의 W. Wundt의 실험적 통제의 강조와 미국의 전통적인 실용주의 영향을 종합한 미국 풍토에 맞는 심리측정과 검사활동에 처음으로 기반을 세웠다. Cattell은 원래 독일 리이프치히에 있는 Wundt의 심리학 실험실에 대학원 학생으로 공부하며 Wundt 심리학의 특징인 행동관찰에 있어서 강력한 통제와 객관적 관찰의 중요성을 공감하였으나 정상 성인에 관한 일반심리학 원리들을 찾아내는 것이 심리학의 주요 목적이라는 고전적 견지에는 적극적으로 반대하였다.

원래 심리학의 시조라고 일컫는 Wundt는 물리학의 연구 방법이 심리학 연구가 따라야 할 원형이라고 보고 물리학의 특징인 실험적 조작과 객관적 측정을 심리학 연구에 강조하였다 . Cattell은 엄격한 실험적 통제에도 불구하고 개인간에는 차이가 있다는 것을 인정하고 행동에 있어서 개인간에 그러한 차이가 있다는 것은 과학적 연구에 중요한 대상이 된다고 주장하였다. Wundt의 반대에도 불구하고

Cattell은 반응시간에 있어서의 개인차에 관한 연구로서 그의 박사학위 논문을 완성하였다. 원래, Wundt는 개인차에 관한 변인을 인정하지 않고 모든 인간에게 공통될 수 있는 일반 원리를 찾는데 그의 연구의 방향이 집중되어 있었던 것이다.

몇 년 후에 Gattell은 영국의 Galton과의 접촉을 통하여 더욱 개인차에 관한 연구에 관심을 갖고 펜실베이니아 대학과 콜럼비아 대학에 심리학 연구소를 설치하였다. 이 연구실에서 Cattell은 정신검사(mental tests)의 발전에 주력하였다. 이때에 처음으로 정신검사라는 말을 1890년에 사용하게 되었다.

### (3) Binet의 연구

심리검사에 있어서 중요한 수리적 측면의 계발은 영국의 Galton과 그의 제자에 의해서 추구되었고 또한 관찰에 있어서 엄격한 통제의 중요성을 강조하는 독일의 입장과 더불어 심리학에서 다루어야 할 중요한 영역으로서의 개인차에 관한 연구에의 관심 등을 Cattell이 미국으로 수입하였지만, 오늘날의 중요한 측정도구로서 사용되는 지능검사의 시조라고 볼 수 있는 프랑스의 Binet가 심리측정의 내용면에 충실을 기하는 또 하나의 원동력을 제공하였다.

Binet는 Cattell과 감각중심의 지능검사에 비판적이었고 보다 복잡한 내용의 검사법을 시도하던 차 1903년에 자기의 두 딸을 대상으로 기억, 상상, 의지 등의 연구법을 논한 「지능의 실험적 연구, L' Etude expêrimentale de I'ntelligence」를 발표하여 이 가운데 뒷날 지능검사의 일부를 이미 구상하고 있었음을 엿볼 수 있다.

1904년, 프랑스 교육부는 의무교육상 문제가 되는 정신박약아의 교육에 관한 위원회를 설정하여 특히 그 식별방법에 대한 검토가 활발하였는데, Binet는 당시 소르본느 대학의 심리학 실험실의 주임교수로서 아동의 기억, 상상, 지능 등에 대해서 실험적 연구를 하고 있었으며 동시에 교육문제 연구 그룹의 책임자로서 그 위원회에 참여하여 정신박약아 진단의 방법을 제공하는 역할을 맡고 있었다. 이 일은 매우 어려운 과업이었지만 그는 실험실 학자로서의 소양과 그와 비슷한 지능관을 갇고 있었던 친구 의사인 T. Simon의 협력을 얻어 해결하였다.

1905년 Binet와 Simon은 초등학교 입학시에 있어서 정신박약아의 식별을 목적으로 한 30문항의 검사법을 제안하였다. 이들 항목은 특수능력의 검사로 발달되어 오던 것 중에서 실제로 많은 아동들에 대한 실험을 거쳐 선정된 내용들로서 쉬운 것부터 어려운 것으로 배열하여 전반적인 지적 능력을 측정하게끔 마련되었던 바, 이 검사가 곧 Binet-Simon Test이다.

1908년에 이 검사법을 개정하여 3세에서 13세까지의 일반아동을 검사할 수 있게 하였으며, 거듭되는 연구를 통하여 각 연령에 대응되는 난이도의 문제가 있음을 발견하게 되었다. 그들은 지능이 아동기부터 청년기에 이르기까지 발달되어 간다는 가설을 설정하고, 문제의 난이도에 합치되는 정신연령(mental age, MA)의 척도를 고안하였다. 이 경우 연령해당의 문제란 그 연령층에서 65% 내지 75%의 정답 통과율을 나타내는 문제를 뜻하는 바, 이 문제를 해답하면 그 아동의 정신연령은 그 단계에 있다고 판정하였다. 이 검사에서는 각 연령별로 5~7문항이 배정되고, 전부 54문항으로 구성되었다.

1911년 Binet가 별세직전에 제2차 개정이 이루어졌고, 15세부터 성인까지의 문제를 재정비하였다. 여기서는 각 연령층에 5문항씩을 배정하고 기저연령(basal age)을 뛰어넘어 합격한 1문항마다 0.2년을 계산하는 조치를 취하였다.

이 검사는 Binet-Simon Scale로 명명되었으며 이후 본국의 프랑스보다는 영국에서 급속히 발전하였다.

## 2) 지능검사의 발달

### (1) Standford-Binet 개인 지능검사

현재 사용되고 있는 Standford-Binet 개인 지능검사는 L. M, Terman이 Binet-Simon Scale을 수정 · 발전시킨 검사이다. 1905년에 Binet가 프랑스에 있을 당시 그는 정신적으로 결함이 있는 아동들을 구명하기 위하여 Simon과 같이 고등정신 능력을 측정하는 30개의 문항을 난이도의 순으로 배열하여 지능검사 척도(scale)를 만들었다. 이 척도는 1908년에 개정되었고, 그 문항들은 연령수준

(age level)별로 분류되고, 아동들의 검사점수는 정신연령으로 표시되었다.

그간에 미국에서 이 검사를 개정한 많은 검사가 있었지만 그 중에서 가장 널리 알려지고 유명한 것이 1916년에 나왔던 Standford-Binet 개정판이다. 이 Standford-Binet 개정판은 계속해서 1937년에 다시 개정되었으며, 1960년에 세 번째로 개정되었다. 이 세 가지 검사는 본질적으로는 같은 체제에 따라 만들어진 것들이다. 이들 검사는 각 연령별로 그 수준에 맞추어 내용이 구성되어 있다. 따라서 이 Binet식 지능검사는 연령척도를 사용하고 있다.

Binet가 개념화한 MA는 지능의 절대수준 척도이기 때문에 생활연령(CA : Chronological Age)간의 관계를 고려한 상대적 지능의 산정에 역점을 두기 위해 1912년에 독일의 W. Stern이 정신연령과 생활연령과의 비(지능비, brightness ratio)를 나타내는 지능지수(IQ : Intelligence Quotient)로서 지능의 상대적 위치를 나타낼 것을 제안하였다. 그 후 소수점을 없애기 위해 L. M. Terman이 MA/CA의 비에 100을 곱하는, 즉 IQ=MA/CA×100의 공식을 적용한 이후, 이 공식은 지능지수를 산출하기 위해 오랫동안 사용되어 왔다.

1916년 미국의 Terman은 Stern이 제안한 IQ의 개념을 도입하여 미국에 있어서 지능검사로서의 표준화를 시행하여 Standford-Binet 지능검사를 만들었으며, 1937년에 개정되고 1960년에 또다시 개정된 이 지능검사는 그간 미국에서 다른 지능검사의 규준(norm)으로 공인되다시피 되어 왔다.

1960년에 개정된 이 지능검사는 L형(언어성 검사), M형(동작성 검사)의 129개 문항인 동등형 검사로 구성되어 있으며 2세부터 20세까지의 피험자를 위해 문항이 마련되어 있다. 2세부터 6세까지는 6개월 간격으로 2세, 2세 6개월, 3세 등의 각 수준마다 6개의 검사가 있으며, 6세부터 14세까지는 1년마다의 수준을 두어 역시 6개의 검사가 있다. 2세부터 6세까지를 6개월 단위로 한 것은 이 시기가 아동들의 발달 속도가 빠르기 때문이다. 14세 이후는 성인평균(average adult), 성인상(上) I(superier adult I), II, III의 4단계를 두었으며, 성인평균에서는 8개의 검사, 성인상 I, II, III에서는 6개의 검사를 두어 도합 128개의 검사를 두었다.

그런데 검사는 주로 언어와 수리(數理)에 관한 것이며, 단순한 기억은 물론 추리를 필요로 하는 것도 있다. 도구에는 장난감, 인쇄된 카드, 책 등이 필요한데,

예를 들면 다음과 같다.

- **2세 문제 : 대상물질의 지명 · 확인(교대로)**

자료-개 · 공 · 기계 · 침대 · 장난감 · 가위가 그려져 있는 카드

절차-위의 카드를 보이면서 「어느 것이 개입니까? 개를 손으로 짚어 보아요, 어떤 것이 개입니까」라고 묻는다.

- **6세 문제 : 불완전 그림에서의 추리(multilated pictures)**

절차-불완전 그림을 보여 주며, 「이 그림에서 무엇이 없습니까?」 또는 「어떤 것이 빠졌습니까?」 하고 묻는다.

- **14세 문제 : 방향 확인**

① 왼쪽 손이 동쪽을 향하고 있으면 얼굴은 어느 쪽을 보고 있는가?

② 북쪽으로 가다가 왼쪽으로 돈다면 너는 어느 쪽으로 가고 있는가?

- **성인 문제 : 추론**

자료-문제가 기록된 카드

문제-나무를 심었다. 나무의 높이는 8cm였다. 1년 후 12cm가 되었다. 2년 후에는 18cm, 3년 후에도 27cm로 자랐다. 이런 식으로 자라면 4년 후에는 몇 cm인가?

### (2) Wechsler 개인 지능검사

Standford Binet 지능검사와 쌍벽을 이루는 Wechsler 개인 지능검사는 1939년에 최초로 Wechsler-Bellevue Intelligence Scale이라는 이름으로 출판되었는데, 이는 성인용이었다. 그러다가 1949년에 Wechsler Intelligence Scale for Children(WISC)가 출판되었다. 이 검사는 5세부터 15세까지의 아동용으로 그 체제 형식은 Wechsler-Bellevue 지능검사와 같은 것이다. 1955년에 Wechsler-Bellevue 지능검사는 개정되면서 그 이름을 Wechsler 성인 지능검사(Wechsler Adult Intelligence Scale, WAIS)로 바뀌었다. 1967년에는 취학전 아동용(Wechsler Preschool and Primary Scale of Intelligence, WPPSI)을 출판하였는데, 이 검사는 4세부터 6세 반까지의 아동용이다.

16세 이상의 성인을 대상으로 한 Wechsler 성인 지능검사는 크게 언어검사(verbal scale)와 동작검사(performance scale)로 되어 있으며, 모두 11개의 하위검사로 구성되었다. 이 중 언어검사에는 지식, 이해, 산술, 유사성, 숫자암기(digit apan) 그리고 어휘 등 6개의 하위검사로 되어 있고, 동작검사는 숫자 부호(digit symbol), 그림완성(picture completion), 나무토막 쌓기(block design), 그림 배열(picture arrangement), 그리고 물건 맞추기(object assembly) 등 5개의 하위검사로 구성되어 있다. 또한 전체검사의 총점은 물론, 언어검사와 동작검사의 각 총점도 편차지능지수(Deviation IQ)로서 평균 100, 표준편차 15로 되어 있다.

### (3) Army $\alpha$ Test- $\beta$ Test

일반적으로 교육기관에서는 개인 지능검사보다는 집단 지능검사가 더 널리 사용되고 있다. 집단검사는 개인검사보다 경제적일 뿐만 아니라 그 결과를 비교하고 해석하는데 시간적으로도 절약된다. 많은 학교에서 실제적으로 검사는 특별한 훈련을 받은 사람이나 카운슬러에 의하여 실시되어야 하겠지만 대부분의 집단검사는 어느 정도(최소한)의 경험만 있으면 어떤 교사도 실시할 수가 있다.

1912년에 스탠포드 대학의 A. S. Otis는 최초의 집단검사에 성공하였다. 이것은 1918년에 다시 Terman과 협동하여 개정판을 내었으나 그 재료가 여태까지의 특수능력 검사에서 수집된 것으로 문제가 인쇄된 용지를 배부하고 일제히 작업을 시키며, 각 문제마다 '예', '아니오'로 필답시키는 것이었다.

본격적인 집단검사는 1917년에 미국 육군성이 제1차 세계대전을 계기로 징집된 병사들의 적절배치를 위해 대규모의 집단검사의 필요성을 느낀 나머지 그 제작을 국민연구위원회와 미국 심리학회에 의뢰하였다. 이 위원회에는 수석위원인 R. M. Yerkes와 Terman, H. H. Goddard 등 여러 사람이 참가하였다.

이 검사에는 두 가지 형식이 있는 바, 육군의 명칭을 따서 Army alpha test, Army beta test로 불리운다. 전자는 A. S. Otis의 검사를 그대로 옮긴 언어적 검사이며, 후자는 문맹자를 위한 비언어적 검사이다.

한편, 미국 교육계에서도 집단 지능검사의 필요성을 느껴 1920년, Army test와 거의 동시에 만들어진 국민 지능검사(National Itelligence Test)가 있다. 이것은 Terman, Thorndike, Yerkes가 협동하여 만들었다.

이러한 Alpha 검사와 Beta 검사는 이후부터 언어성 집단검사와 비언어성 집단검사로 나누어지게 되어 오늘날 일반적으로 집단 지능검사의 경우 실제적으로 두 개의 하위검사(언어와 비언어검사)별로 채점하게 되었다.

### (4) 적성검사의 발달

지능검사가 실용화되면서 교육계나 산업계로 그 응용이 증대되면서 미국대학입시위원회(College Entrance Examination Board, CEEB)는 1926년 이래, 대학에 입학하여 대학교육을 충분히 받을 수 있는지 또는 없는지를 예측하기 위한 적성검사(Scholastic Aptitude Test, SAT)를 만들고 있는 바, 이것은 교육 가능성을 알아보기 위한 지적 능력 검사이다.

1947년에는 고등학교 카운슬러의 진로상담용으로써 학생들의 여러 가지 능력이나 적성을 다양하게 측정하기 위한 '차이적성 검사'(Differential Aptitude Test, DAT)가 만들어졌고, 똑같이 산업계에선 미국고용서비스연구소가 요인분석과 작업분석에 관계하는 연구결과를 토대로 한 '일반적성검사바테리'(General Aptitude Test Battery, GATB)를 발표하였다(1946년).

이들은 어느 것이나 인간의 능력이나 적성을 다면적으로 측정하고자 하는 요구로부터 이루어진 것이라 히겠다.

### (5) 지능측정이론의 발달

Galton 이후 영국의 C. Spearman(1904)은 교과성적 간에는 계통적인 계층관계(hierarchy)가 있음을 발견하고 이를 설명하기 위한 원리로서 일반요인과 특수요인으로 구성되고 있다는 지능의 2요인설을 제안하였다.

1916년 영국의 W. R. Thomson은 Spearman에 반대하여 일반요인이 두 개 이상의 검사에 공통인 군(群) 요인임을 가정하더라도 검사간의 계층관계를 설명할 수 있다고 해서 논의를 불러일으켰다. 이에 대해 J. C. M. Garnett(1919)는 2요인설이 군요인설의 특별한 경우임을 증명하였다.

1920년대부터 30년대는 요인분석이 활발히 이루어졌던 시대이다. 영국에서는 Spearman(1927), Thomson(1939), Burt(1941) 등이 지도적 지위에 있었으며 2요인설(Spearman, Garnett), 군요인설(Thomson, Burt), 견본설(Thomson) 등의 논의가 전개되었다.

미국에서는 K. J. Holzinger가 쌍요인설(1941)을, Kelley(1928)와 H. Hotelling(1933)은 주요인설을, 그리고 Thurstone은 공통요인설을 바탕으로 지능검사인 기본정신능력검사를 만들었으며(1938), 요인분석 이론은 최근에 이르러 컴퓨터의 발전에 힘입어 P. E. Vernon(1965)의 계층구조설이나 Guilford(1967)의 지능구조 이론 등으로 발전하고 있다.

한편 1922년에는 W. A. McCall에 의해 평균 50, 표준편차 10을 기준으로 한 T점수가 제안되었다. 이것은 상대평가의 논리적 기초를 마련해 주었고 또한 검사 득점의 비교를 가능하게 하는 계기가 되었다. Spearman과 W. Brown 1910년의 같은 해에 각각 독립적으로 신뢰도의 예측공식을 산출 발표한 바가 있다.

그리고 1904년에는 R. L. Thorndike에 의해서, 1911년에는 Brown에 의해서 체계적인 심리측정의 통계이론서가 출판되었다. 검사의 통계이론은 그 후 더욱 발전하여 1958년에 H. Guiliksen의 『Theory of Mental Tests』(Wiley), 1968년에는 F. M. Lord와 M. R. Novike의 공저인 『Statistical Theories of Mental Test Scores』(Addison-Wesley) 등의 체계적인 심리측정의 통계이론서를 찾아볼 수 있다.

### 3) 성격의 개인차에 관한 연구

#### (1) 자기보고식 검사

##### 1 질문지법의 발달

오늘날의 성격검사법은 질문지법과 투사법(projective technique)의 두가지로 대별된다고 볼 수 있다. 질문지법에 있어서 피검자는 대개의 경우 '예' '아니오' '잘

모르겠다(또는 어느 쪽도 아니다)'라고 답하게 되어 있는 바, 이러한 질문지법 형태의 성격검사를 자기보고식 검사라고 부른다.

1880년대에 F. Galton은 정신적인 심상의 연구를 위하여 표준화된 절차의 방법으로서 최초로 질문지를 사용하였으며, 또한 G. Stanley Hall은 성인발달의 연구를 위하여 질문지를 사용하였다. 즉, Galton과 Hall은 관찰방법에서는 얻기 어려운 성격에 대한 정보를 얻기 위하여 질문지법을 고안하였다.

그러나 본격적인 질문지 방법을 택한 첫 성격검사로는 1차 대전 때 신병의 정신적인 질환을 대량으로 조사 확인하고자 했던 R. S. Woodworth가 1917년에 제작한 'Woodworth 성격검사법(Woodworth Personal Data Sheet, WPDS)'을 들 수 있다. 그가 얻어낸 자료는 설문지 응답자가 나타내 보인 정신병리적인 증상의 수에 해당되는 점수 합계치였다.

1927년에는 E. K. Strong에 의해 400항목 이상의 질문항목을 통해 남성 47종, 여성 27종의 직업별 채점기준을 마련한 '직업흥미질문표'(Steong Vocational Interest Blank, SVIB)가 제작되었으며, 1934년에는 F. Tuder에 의해 '흥미기록'(Kuder Preference Record, KPR)이 발표되었다. 이밖에 J. P. Guilford와 W. S. Zimmerman의 기질검사(GZTS)(1949) 등이 주목을 끌어왔다.

### 2 자기보고식 검사의 발달

#### ① Hathaway와 McKinley의 MMPI

자기보고식 검사로서의 성격검사 중 세계적으로 가장 널리 사용되고 있는 대표적인 검사는 '미네소타 다면성 성격검사'이다. MMPI(The Minnesota Multiphasic Personality Inventory)는 1940년에 미네소타 대학교의 S. R. Hathaway와 J. C. McKinley에 의하여 10여 년간의 연구를 거쳐 제작 표준화된 성격검사의 하나로서 이 검사가 나온 후 지난 50년 동안 성격진단 및 상담치료의 상황에서 많이 활용되어 왔고, 또 이에 관한 연구도 극히 활발했었다는 것은 주시의 사실이라 하겠다.

본 검사는 피검사자의 개인적 · 사회적 적응을 좌우하는 주요 성격특징(personality characteristic)을 객관적으로 측정, 진단하려는 것이다. 그런데 이 검사에서의 진단의 대상인 성격특징은 일단 형성된 후에는 쉽사리 변용되기 어려운 비교적 항구적인 성격특성(personality traits)들이 아니라 치료에 따라 변화될 수 있는 정신신경증적 경향(neurotic tendency), 정신병적 징후 또는 증후군(psychotic symptom or syndrome) 및 반사회적 이상성격(psychopathic personality) 또는 행동장애(behavior disorder) 등의 성격특질 등이다.

따라서 본 검사의 목적은 이러한 경향, 징후, 비정상성 또는 이상성을 여실히 진단 포착하여 심리치료에 기여하고자 하는 것이며, 아울러 비정상적이고 불건전한 방향으로 진전될 가능성을 미리 알아내어 미연방지의 선도책을 강구하려는 것이다.

② CPI(California Psychological Inventory)

H. G. Gough가 1957년에 제작한 18개 척도와 480문항으로 구성된 유명한 성격검사이다. 이 검사는 MMPI와 같은 방법으로 구성되었다. MMPI는 심한 성격장애의 진단을 위해 만들어진 것이지만 CPI는 정상인의 성격진단을 위해 만들어진 것이다. 그러므로 자기통제성, 우월성, 사교성, 자기 수용성 및 책임감과 같은 특징을 측정하고 있다.

규준집단과 통제집단의 반응을 비교하기 위해서 고교생과 대학생들을 피험자로 하였다. 그들의 친구 가운데 예를 들면, 우월성격 특성을 가진 사람을 지명하게 하여 그들을 규준집단으로 하고, 그런 특성을 가지지 않은 사람을 지명하게 하여 그들을 통제집단으로 하였다. 두 집단의 반응의 유의미하게 다른 문항만을 골라서 우월성을 측정하는 척도로 구성하였다.

③ Cattell의 16성격요인 검사

R. B. Cattell이 1966년도에 제작한 성격검사(The Sixteen Personality Factor Questionnaire, 16PF)는 16가지의 서로 다른 성격특질을 동시에 측정하여 그것을 프로파일에 쉽게 나타낼 수가 있다. 각 문항에 따라 '예' 혹은 '아니오'로 표시하면 요인별로 점수가 나온다.

예를 들면 '사교 모임에 가면 뒷자리에만 앉아 있는 편입니까?' 하는 문항에

대해 '아니오'에 답하게 되면 E 척도에서 높은 점수를 받게 된다. 각 개인의 검사점수를 가지고 성격 프로파일을 작성하며, 이것을 가지면 개인의 성격특성을 쉽게 평가할 수가 있다.

그리고 이 검사는 정상성인을 대상으로 생활기록 자료(life record data, L자료)와 질문지 자료(questionnair data, Q자료)에서 요인분석(factor analysis)에 의해서 원천특성(Q자료에서 23개, L자료에서 15)을 추출하였고 이를 바탕으로 만들어진 것이 특징이다.

#### ④ Eysenck의 MPI와 EPQ

MPI(Maudsley Personality Inventory)는 H. J. Eysenck가 '내향성-외향성'의경향과 '신경증적' 경향의 두 가지 차원에서 성격을 측정하기 위해 양요인 각 24항목으로 구성된 검사이다. 무엇보다도 단시간 내에 응답을 얻을 수 있는 것이 특징이다. 외향성은 충동성과 사교성을, 내향성은 신중성과 비사교성을 나타내며, 신경증 경향은, 정서가 불안정하고 정신적 스트레스에 대해서 신경증적 좌절에 빠지기 쉬운 경향을 나타낸다. Eysenck는 이 MPI를 다시 발전시켜 성인용 MPI와 아동용 MPI를 표준화하여 공표하고 있다.

EPQ(Eysenck Personality Questionnair)는 특성이론을 보강한 W. Wundt(1832~1920), C. G. Jung(1875~1961), 그리고 E. Kretschmer(1888~1964)의 차원론적 성격유형의 이론을 계승하여 발전시킨 이론을 모체로 하였다. 이 이론을 뒷받침할 만한 경험적 자료를 수집하여 규준분석(criterion analysis)에 의한 요인분석을 하여 외향성-내향성 차원(extraversion introversion dimension), 신경증적 경향성 차원(neutroticism dimension), 정신병적 경향성 차원(psychoticism dimension), 그리고 허위성 차원(lie dimension)을 추출하였다. 이는 외향성 요인(E), 정서성 요인(N), 강인성 요인(P), 그리고 사회적 욕망성 요인(L)을 측정하였다. 이 검사는 성인용은 90문항, 그리고 아동용은 81문항으로 구성되어 있다.

#### ⑤ Spielberg의 상황특성 불안검사

STAI(State Trait Anxiety Inventory)는 1980년에 Vogg, Barker 및 Donham 등과

같이 C. D. Spielberger가 만든 검사로서 일시적인 상황불안과 지속적인 특성불안을 측정하기 위한 목적으로 두 척도가 별도로 각각 20개씩의 문항으로 구성되어 있고, 각 문항은 4단계의 평정을 요구하는 내용으로 진술되어 있다.

### (2) 투사법

#### 1 투사법의 특징

투사법(projective techniques)이란 말은 프로젝션(projection), 즉 투영 또는 투사라는 개념에서 따온 것이다. 프로젝션의 개념은 S. Freud에 의해서 처음으로 사용되었다. 투사의 과정(process of projection)은 무의식인 것이며, 이것은 무의식적인 욕구들의 방어기제(defence mechanism)가 되어 무의식적인 충동, 감정, 생각 및 태도를 외부에 전가함으로써 자기 자신의 긴장을 해소하게 된다. 이러한 원리를 이용한 것이 투사법인 것이다.

투사법의 목적은 개인의 성격에 대한 통찰을 얻자는 데 있다. 목적에 있어서는 질문에 대한 대답이 개인의 성격을 이해하는 데 필요한 자료를 제공한다는 가정하에서 발달된 성격목록법(inventory type)과 같다. 그러나 성격을 연구하는 방법에 있어서 투사법은 다른 성격검사들과는 다르다.

투사법이 지닌 검사방법론상의 특징은 다음과 같다.

첫째로, 피검자에게 막연한, 또는 부분적으로 막연한 자극을 제시하는 데 있다. 즉, 피험자로 하여금 그 자극에 대한 반응을 의식적으로 통제하지 못하고 자기의 개인적 특성을 실제 그대로 나타내는 반응을 유발시키는 데 특징이 있다.

둘째로, 임상에서 실용적일 수 있도록 충분히 간결하게 조직화된 개인적 행동의 표본을 작성하고, 개인적 행동을 일으키는데 관련된 광범위한 자극들의 표본을 떠보자는 것이다. 투사법은 무엇보다도 개인적 반응의 독자성을 강조한다. 해석에 있어서도 기준을 표준화하고자 하나 그러한 기준에서 얼마나 이탈되었느냐, 또는 가까운가로 반응들을 분류할 뿐이지 기준을 중요시하지는 않는다. 그러므로 투사법에 대한 반응을 통계적으로 처리한다는 것은 곤란하며, 이 방법의 타당성이나 신뢰도를 측정하기도 어렵다.

셋째로, 투사법은 행동을 일으킨 성격과 함께 그 행동도 기록하여 조직적, 전체적 고찰을 강조한다. 이 점은 곧 통계적, 양적인 분석을 쉽게 이루지 못하게 하는 이유가 된다. 전체행동으로서의 기록된 내용 중 어떤 특정 항목은 그것이 전체에 내포되는 방법에 따라 또는 전체로부터 분화되는 방법에 따라서 여러 가지 의미를 가지게 된다. 즉, 공통적인 의미를 가려내기 전에 여러 가지 행동들의 상호관련성이 한 가지 행동에 영향을 주는 가능성을 판정하자는 것이다.

넷째로, 성격은 표면적인 것이 아니고, 표면으로 나타난 것은 그 중의 한 층에 불과한 심층구조를 가지고 있다. 성격의 어떤 특성은 관찰할 수 있는 것이나, 그 외의 것들은 외부에서 뿐만 아니라 개인 자신으로부터도 감추어지고 있다. 즉 성격에는 무의식적인 면이 있다. 투사법의 기능은 이러한 무의식적 영역의 성격을 탐구하는 역할을 하는 것이다.

자기보고식 질문형 성격검사는 엄밀한 통계적 조사에 의해 선택된 여러 가지 질문항목으로 구성되어 있으며, 피검자는 대개의 경우 '예' '아니오' '잘 모르겠다(또는 어느 쪽도 아니다)'라고 답하게 되어 있다. 또한 그 질문의 내용이 자기에게 해당되는지의 여부를 판단하여 보고하게 되어 있는 바, 이러한 판단의 순간에는 질문에 답하기 위하여 피검자는 자기 자신을 성찰 이해하고 있어야 함은 물론 자기의 결점을 정시할 수 있는 용기와 솔직성이 기대된다고 하겠다. 만약 자기의 이상성을 발견 못하거나 자기를 잘 알지 못하는 피검자에 있어서는 질문지법, 즉 자기보고식 검사법은 행동상의 특성을 진단하는데 문제가 없지 않다.

이에 비하여 투사법은 피검자의 내성이란 과정을 필요로 하지 않고, 피검자가 특정의 잉크반점(blots)이니 그림 등의 외적 자극에 몰입됨으로써 그렇게 자기 방어적인 아닌 입장에서의 반응이 가능하며, 질문지법에 비하여 허위반응의 가능성이 적고, 자기보고식 판단을 필요로 하지 않는다. 각 피검자는 잉크반점이나 그림 등에서 무엇을 보았느냐는 질문을 받게 되면, 거기에는 '정답'이나 '오답'이 없기 때문에 개인특유의, 학습되지 않은 방식으로 반응하게 되는 것이다. 개인의 지각은 잉크반점이나 그림 자체의 물리적 성질에 의해서 뿐만 아니라 개인의 '투사된' 욕구, 경험 및 습관적 행동형태에 의하여 선택되고 조직되는 것이다.

### 2 Rorschach의 Ink-blots Test

투사법 가운데서 가장 대표적인 심리진단 도구의 하나로서 Rorschach Test가 손꼽히고 있다. 오늘날 Rorschach Technique로도 불리어지고 있는 이 성격검사법은 1921년 H. Rorschach가 『심리진단학(Psychodiagnostik)』이라는 책을 출판하여 공식적으로 이 세상에 나타나게 되었다. 그리하여 오늘날, 세계에서 사용되고 있는 모든 투사적 검사 중 가장 많이 이용되고 있는 검사법임을 알아볼 수 있다.

이러한 Rorschach Test는 개인의 지각과 성격이 관계가 있다는 기본 가정 위에서 있다. 개인이 자기의 지각을 형성함에 있어 잉크반점을 조직화 또는 구조화하는 방법은 자기의 심리적 기능의 기본적 측면을 반영하는 것이다. 잉크반점은 비교적 추상적이고 '비구성적'이기 때문에 자극자료로서 적합하며, 즉 학습된 특정 반응을 일으키는 것이 아니라 가능한 여러 가지 반응을 용이하게 한다.

이와 같이 '성격 진단검사는 문화적 수준에 의해 영향을 적게 받는 비교적 단순한 검사방법이어야 한다.'는 입장에서 본다면, Rorschach Test는 성격 검사도구로서의 유용성을 높이 평가할 수 있을 것이다. 바로 이 점 때문에 Rorschach Test는 비구조적인 성격검사의 대표로 취급되고 있다.

#### ① H. Rorschach 이전의 잉크반점 연구

어떤 추상적인 도형을 통한 시각적 자극을, 시상을 자극하는 데 사용하기 시작한 것은 15세기의 Leonaldo da Vinci로 손꼽히고 있으며, 독일의 J. Korner는 1857년에 『잉크반점카드(Kleksographien)』란 책을 출판한 바 있으며, 1895년에 지능검사의 창시자로 유명한 A. Binet는 성격특성의 연구를 위한 시각심상의 연구에 잉크반점을 이용할 수 있다는 점을 지적하고 있다.

1898년에 G. V. Dearbon은 16명의 피검자군에 잉크반점법을 사용한 결과를 발표한 보고서를 통해 흑백 혹은 유색의 잉크반점을 만드는 방법과 실험심리학에서의 잉크반점 사용법을 시도했고, 20세기에 접어 들어서는 1910년 G. M. Whipple이 또한 이 분야의 발전에 공헌을 하였다. 그의 공헌은 최초로 표준화도니 잉크반점의 출현을 보게 되었다는 점이다. 이와 더불어 그의 실시 요강은 그 당시

까지 그가 수집한 잉크반점 실시 결과를 최초로 종합적으로 집대성한 것이었다. 사고과정이나 상상력의 깊이 또는 개인차를 밝히기 위한 실험의 목적으로 잉크반점을 사용한 연구로서는, F. C. Bartlett의 실험 외에 1910년 러시아 심리학자인 T. Rybakow의 연구, 1917년의 영국인 C. Parsons의 연구 등이 시사하는 바가 큰 연구들로 지적되고 있다.

이상의 연구들은 모두가 H. Rorschach가 자신의 이론을 전개하는 데 의거점이 되었던 것이며, Rorschach는 자신의 정신의학적 · 과학적 소양을 토대로 해석의 근거를 더욱 넓혔던 것이다.

② H. Rorschach의 잉크반점 연구

1912년에 Rorschach는 「반응성 환각 및 동종현상에 대해서」라는 논문으로 박사학위를 얻었다. H. Rorschach는 1913년 전후해서는 잉크반점의 연구를 중단하고 정신분석학에 관심을 갖고 이 방면의 연구에 몰두하다가 1917년 S. Hens가 「아동, 정상 성인, 정신병자에 적용되는 무형 반점에 의한 상상력과 검사」라는 논문을 발표한 바 있었는데 이것이 H. Rorschach로 하여금 잉크반점에 관한 연구를 본격적으로 시작하게 한 직접적인 동기가 되었다고 한다.

Hens의 논문이 1917년에 발표된 후 3년 뒤 H. Rorschach는 그의 주저 '심리진단학'을 1921년에 탈고하였으나 출판을 못한 채 1922년 4월 2일 작고하였다. 그는 잉크반점 검사의 심화와 발전을 위해 노력하였으며, 이러한 결과가 H. Rorschach의 동료이었던 E. Oberholzer에 의해서 사후에 출판되었으며, 또한 Rorschach Test로 명명되었다.

③ Rorschach Test의 발전

Rorschach의 사후, Oberholzer는 Rorschach의 방법을 널리 이용하게끔 한 주류파의 일인자가 되었고, 그는 D. M. Levy를 교육시켰던 바, Levy는 미국에 Rorschach Test를 처음으로 소개한 사람이 된 것이다. Levy는 1925년 시카고에서 미국에 있어서의 최초의 세미나를 개최하였고, 1년 후, 그는 American Journal에 Rorschach Test에 관한 최초 발표를 행하였다. 그것은 이전에 발표된 논문들의 번역이었다.

그 후, Oberholzer의 밑에서 연구하였고 또한 Levy의 영향을 받은 S. J. Beck가 이 방법에 관한 자료를 출판한 최초의 미국 심리학자가 되었고, 1932년에 취한 그의 학위논문은 미국에서의 Rorschach 연구에 관한 최초의 논문이 되었다. 얼마 후, M. R. Hertz가 바로 그 뒤를 이었으며, Rorschach의 방법론적 측면을 연구하였다. 특히 Hertz는 검사의 표준화를 강조하기도 했다. 그리고 B. Klopfe는 1936년에 "Rorschach Research Exchage(1949년 이후부터는 Journal of Projective Techniques 라고 개명)"의 편집에 착수하였으며, 1939년에는 뉴욕에 Rorschach 연구소를 설립하였다. 또한 같은 해에 Rorschach학회가 조직되어 연구 및 훈련 센터로 발족하게 되었다.

잉크반점을 사용한 Rorschach Test의 성공은 전체적인 투사법의 발전을 자극하였으며, 모든 투사법적 검사에 관련된 분야에 대한 관심의 성장과 연구범위의 확대 및 그 필요성이 인식됨에 따라서 Rorschach학회는 1948년 Society for Projective Techniques로 발전되었으며, 1949년에는 스위스에서 국제 Rorschach 회의가 열려 기관지 'Rorschachiana'가 간행되기에 이르렀다.

### 3 Murray의 TAT

TAT(주제통각검사 : Thematic Apperception Test)는 미국 Harvard 대학의 H. A. Murray와 C. D. Morgan의 공동연구로서 1935년 완성, 발표된 이래 주로 개인이 갖고 있는 욕구 · 압력 단계를 비롯한 여러 가지 심리적 역동관계를 분석, 진단, 해석하려는 것으로 다른 여러 가지 투사법과 더불어 임상장면에서의 임상진단과 치료뿐만 아니라 교육, 사회, 산업장면에까지 아주 폭넓게 활용되고 있는 검사이다.

#### ① Murray 이전의 공상연구

1907년에 L. H. Brittain은 「A Study in Imagination」에서 그림에 의한 상상력 연구의 중요성을 강조함으로써 오늘날 TAT에서 강조되고 있는 상상(imagination)과 공상(fantasy)에 대한 연구의 관심과 주의를 환기시키게 되었다. Brittain의 연구

에 이어서 1908년에 W. Libby는 10세에서 14세까지의 아동과 고등학생들을 대상으로 이들의 상상력을 분석하여 'American Journal of Psychology'에 연구결과를 발표하였다. 그는 어린 아이들일수록 객관적인 이야기가 많고 연상의 아동들은 주관적인 것이 많아 13세와 14세간에는 유의미한 연령차가 있었다고 한다. 그는 특히 발달적인 문제에 관심을 갖고 상상력을 분석 · 비교하고자 하였다.

그 후 1932년 정신의학자인 L. A. Schwartz에 의해서 비로소 오늘날 우리가 말하는 주제분석법(thermatic method)에 의한 personality연구가 시도되었다. 그는 정신의학적 면접을 하는 과정에서 면접에 필요한 의사와 환자간의 대화의 소통과 감정의 교류를 원활히 할 수 있는 방법의 필요성을 절감하고 있었다. 이리하여 그는 소년원에 수용되어 있는 10~20세까지의 청소년 40명을 대상으로 도덕적 성격을 띤 8장의 그림(Social Situation Picture Test)을 3분간씩 제시하여 각자가 본 그림의 이야기를 서술토록 함으로써 그 이야기 속에 투사된 개인의 personality의 일면을 분석하려 하였다. 이러한 이야기 내용을 일반적 · 공통적인 것과 개별적 · 특수적인 것으로 분석하였으며, 이러한 방법은 또한 정신의학적 면접을 시작하기 위해서도 효과적임을 강조하였다.

이러한 흐름 속에서 점차로 심리검사 같은 심리학적 방법이 정신병리학에 도입됨에 따라서, 1935년 TAT가 C. D. Morgan과 H. A. Murray에 의해 '공상연구의 한 방법'으로서의 최초로 소개되었으며 이는 1938년에 Murray의 personality이론과 통합을 보게 되었다.

② Murray의 연구

1936년의 원 도판에 3회의 개정을 거듭하여 1943년 Murray에 의해 최초의 TAT 해설이 발표되었으며, 남녀공용, 남성용, 여성용, 3개의 아동전용 도판을 포함한 31개의 도판이 정식으로 출판되었다. 이것은 오늘날까지 한 번도 변경되지 않고 그대로 전세계적으로 사용되고 있는 TAT-Harvard 도판이다.

이어서 TAT에 대한 연구는 급속한 발전을 보였으며, 1938년경 이미 R. R. Holt가 「Journal of Projective Techniques」에 신간소식으로 소개한 바에 의하면 이에 관계된 논문의 총수가 377편에 달하였으며, 1951년에는 489편에 달한 것으로 나타났다. 이후 TAT에 관한 많은 논문이 각종 심리학 잡지에 매년 수록되고 있다.

③ TAT의 발전

오늘날 TAT는 심리검사 이론과 실제라는 입장에서 볼 때 Rorschach Technique와 더불어 전세계적으로 가장 널리 적용되고 있는 투사법의 하나이다. Rorschach법이 주로 개인의 personality 구성이나 구조를 밝히려는 것인데 비해서 TAT는 개인의 personality 내용을 구명하는 데 유용한 방법임이 인정되고 있다.

오늘날 TAT를 연구하는 입장은 주로 각 피검자의 반응에 나타난 특징을 특정 임상군의 특질과 비교하여 일정한 법칙성을 찾으려는 법칙 발견적 입장, 즉 증후 연구(sign approach)와 TAT에 의해 personality연구의 이론적 가설과 검정을 모색코자 하는 이론적 접근(theoretic approach)으로 대별할 수가 있으며, TAT반응 내지 결과에 대한 분석과 해석의 방법 또한 여러 가지로 제시되고 활용되고 있다.

TAT는 주로 개인의 퍼스낼리티의 연구나 부적응자와 이상성격자의 임상적 연구에 적용되고 있으나, TAT의 새로운 적용 가능성도 끊임없이 대두되고 있다. 임상장면에 있어서 TAT는 개인의 적응과 퍼스낼리티 진단뿐만 아니라 치료장면에 대한 환자의 태도나 심리치료의 효과를 측정하는 등 심리치료에도 응용되고 있으며, 그 밖에 TAT는 성취동기의 측정, 인간관계의 진단을 비롯해서 상담활동에서도 중요한 위치를 차지하게 되었다. 뿐만 아니라 TAT는 사회, 문화와 퍼스낼리티의 상호작용 관계의 연구에 대한 새로운 접근을 자극하였고, 최근에는 개인의 사회적 태도와 편견의 조사, 종업원의 사기조사, 소비자의 동기조사, 문화집단의 차이를 밝히는 등 군대, 산업분야에 있어서도 광범하게 적용되고 있다.

### 4 Bender의 BGT

오늘날 임상심리학자나 상담심리학자 및 카운슬러들에게 가장 널리 알려져 있고, 또 많이 활용되고 있는 투사법적 심리검사로써는 Rorschach, TAT, DAP(인물화검사) 그리고 BGT를 들 수 있다. BGT는 Bender Gestalt Test의 약자로서 그 원명칭은 Bender Visual Motor Gestalt Test이다. 이 검사는 L. Bender 여사가 1938년 미국 예방정신의학협회(American Orthopsychiatric Association)의 연구지 제3

호에서 「시각-운동형태검사 및 그 임상적 활용(A visual motor gestalt test and its clinical use)」이란 논문의 발표에서 비롯되고 발전된 것이다.

그 이름이 시사하고 있듯이 이 검사의 이론적 근거는 형태심리학(Gestalt Psychology)의 개념에 의거하고 있다. 따라서 이 검사의 자료도 형태심리학자인 M. Wertheimer(1932)가 지각의 형태심리학적 법칙을 설명하기 위하여 고안한 도형에서 가져온 것이다. 그러나 이 검사는 시각적 기억이나 상상력을 측정하려는 것이 아니라 지각과 운동기능의 검사이다.

BGT는 9매의 간단한 기하학적 도형으로 구성되어 있으며 이들을 피검자에게 한 장씩 차례로 보여주고(시각적 visual), 그것을 종이 위에 그리도록 한 다음(운동기능 drawing : motor function), 그 결과(production)에 대하여 형태심리학적 이론을 기초로 개인의 심리적 과정을 분석하고 해석하고자 하는데 그 목적이 있다.

그러나 이 검사는 '전체장면에 대한 전체적 반응(total recation to the total situation)'이란 형태심리학의 원리에 역동심리학(dynamic psychology)의 개념도 아울러 부가시키고 있다. 따라서 BGT는 피검자가 무엇을 어떻게 지각하고 있는가 하는 점을 고려할 뿐만 아니라 지각이 어떻게 이용되는지의 방법도 아울러 평가한다. 그러므로 이 검사는 모든 투사법의 기본 개념과 일치하고 있어서 개인의 성격기술과 임상진단적 도구로서의 효능도 아울러 갖추고 있다.

이 검사의 임상적 적용범위로서는 기술적 뇌장애, 정신분열증, 정서장애, 신경증, 조울증 및 정신박약증 등을 들 수 있다.

### 5 Rosenzweig의 회화욕구 좌절 진단검사

P-F Study(Picture Frustration Study)란 S. Rosenzweig가 1944년에 고안한 것으로서 회화욕구 불만검사라고도 부른다. 이것은 그림 속에 욕구불만의 장면을 표시하여 이에 대한 반응을 기입시켜 그 반응을 분석함으로써 그 개인의 성격을 판단하고자 함이다.

분석에 있어서는 장면의 전체에 걸쳐 공격의 방향(타인에 의한 벌, 자책, 무벌) 및 반응형태(장애 우위형, 자아 방위형, 요구 고집형)의 두 가지 차원의 분석을 통해, 욕구불만 장면의 인물에 투사된 그 개인의 성격이 역동적으로 해석된다. 검사 시간도 비교적 짧고(약 20분), 결과의 정리도 비교적 쉬우면서 또한 객관화시킨 부분도 있어서 임상장면 등에 이용되는 수가 많다.

### 6 문장완성법(SCT : Sentence Completion Test)

이것은 연상검사(assocation test)의 응용으로서 발전한 것이다. 처음에는 Galton에 의해 자연연상법(free assocation test)이 연구되고, W. Wundt와 J. M. Cattell에 의해 다시 단어연상법(word assocation test)으로 발전하였고, E. Kräepelin과 Jung의 임상적 연구에 이어 D. Rapaport와 그의 동료들의 연구에 의해 단어연상법이 투사법으로서의 성격진단의 유효한 방법으로 확립되었다. 그 후 단어연상법은 다시 문장완성법으로 더욱 발전하게 되었고 그 대표적인 검사는 WUSCT(Washington University Sentence Completion Test)이다.

이 검사는 미완성의 비교적 짧은 문장(예컨대, "나는 자주 사람들로부터……" 등)을 제시하에 공백부분을 연상하되, 자기 자신의 이야기로 자유롭게 써 넣게 함으로써 하나의 문장으로 완성시키는 검사법이다. 해석은 성격적 요인으로써 ① 지적 능력 측면 ② 정의적 측면 ③ 가치 지향적 측면 ④ 정신역동적 측면에 대해서, 또한 결정적 요인으로서는 ① 신체적 요인 ② 가정적 · 성장적 요인 ③ 대인적 · 사회적 요인에 대해서 분석되며, 그 분석을 통해 그 개인의 성격이나 적응상태 등을 이해하게 된다.

반응시간은 제한이 없다. 심리진단은 개인들의 프로토콜(protocal)에서 강한 정동적 반응, 반복적 반응, 비평범반응, 정보제공적 반응 등에 유의하고, 부정이 작용한 생략문항 또는 유머적 반응에서도 의미를 찾고자 한다. SCT는 다른 투사법보다 신뢰도는 낮지만, 초보자가 추리하는 훈련에는 더 적합하다.

### 7 단어연상 검사

단어연상 검사(word assocation test)는 피검자에게 일련의 자극어를 제시하고, 첫 번째의 연상어를 반응시키는 검사다. C. G. Jung은 최초로 정신과 환자의 콤플렉스의 진단 가능성을 연구하고자 100개 자극어의 검사를 만들었다. 임상적으로는 Jung이나 Kent와 Rosanoff가 제시한 단어 목록들을 많이 이용한다. 특정피검자

의 정동적 관념을 연상시킬 때는 다른 자극어들이 선택될 수 있다. 의미 있는 반응은 반응시간이 매우 긴 것이나 짧은 것, 무반응, 곤란을 보이는 자극어, 반복되는 반응, 음향연상, 재검사에서의 다른 반응, 자극어의 오해 등이다. 근래에 단어연상 검사의 이용은 감소경향이 있으나, 연구용으로는 가치가 있다.

### 8 인물화성격 검사

인물화성격 검사(draw a person test)는 흔히 'DAP'라 부른다. DAP는 K. Machovre의 저서 『인물화에 나타난 성격 투사(1949)』에 의해 처음으로 소개된 후 세계적으로 보급되었다. 검사재료는 지우개가 있는 연필과 백지를 피검자에게 주고 사람을 그려보라는 지시를 하며, 검사자는 그리는 순서와 평가를 기록하고, 다 그린 후에는 먼저와 다른 이성을 그리도록 한다. DAP에서 신체상은 곧 자아상을 반영한다는 입장, 그림에서 강조된 신체기관은 의사소통수단, 관념화, 욕구체계, 성적 능력, 갈등, 좌절경험, 성장력 등을 반영한다고 한다. 이것은 아동과 성인에게 개별적 또는 집단적으로 실시할 수 있고 간편하면서도 유익한 것이다. 임상적으로는 기질적 장애를 보기 위한 목적으로도 많이 이용된다.

## (3) 태도 측정이론의 발달

심리검사가 태도나 가치의 측정에도 적용되면서 P. E. Vernon은 E. Sprauger(1928)의 이론에 입각하여 이론적, 경제적, 심리적, 사회적, 정치적, 종교적 등 6개의 카테고리로 분류하는 가치척도를 만들었다(1931년). L. L. Thurstone과 E. J. Chave(1929)는 인간의 태도는 본래 복합적인 것이어서 일반적인 태도형으로서는 측정될 수 없으나 특정의 차원에 입각할 때는 그 차원에 관한 한 극단적인 의견으로부터 반대되는 극단의 의견에 이르기까지 어디엔가 각자의 태도를 태도 연속체의 어디엔 가에 못박아 그 위치를 파악하게 되면 사람들의 태도를 순위나 거리(또는 간격)로서 비교할 수 있게 된다고 보았다. 문제는 태도의 단위인 것이다. 즉, 다수의 의견을 모으고 이것을 전문가에게 판정시켜 보면 그 평정치는 결코 무질서하게 분포되어 있지 않고 어떤 값의 근처에 높은 확률적 밀도로 분포되기 마련이다. 그 대표치를 척도치로 정하게 되면 타당성 있는 척도치가 될 것이다.

그러나 L. L. Thurstone은 등간격(等間隔)으로 펼친 의견을 모아서 척도를 만들면 일정한 단위를 가진 동간척도가 된다고 생각하여 11단계 평정척도인 등현간격법(等現間隔法, method of equal appearing intervals)을 개발하였고 이를 토대로 「교회에 대한 태도척도」 등 태도검사를 제작 · 발표하였다.

Thurstone법의 출현은 세상에 나온 이래로 태도 측정의 역사에 있어서 획기적인 이정표 구실을 했다. 이 법이 나오기까지는, 태도는 각 연구자의 주관에 의해서 작성된 질문지에 의해서 측정하는 것에 불과하였다.

1932년에는 R. Likert는 질문지반응에 있어서 「절대반대」=1, 「약간반대」=2, 「보통」=3, 「약간찬성」=4, 「대단히 찬성」=5라고 득점화시켰을 때 태도치의 평균은 0, 표준편차는 1을 가진 단위정규분포곡선(unit normal curve : N=1, M=0, $\sigma$ =1의 곡선)상의 득점과의 상관을 분석한 결과 의외로 0.99 정도의 극히 높은 상관이 있음을 발견하여 시그마치법 대신에 간편한 5, 4, 3, 2, 1의 5단계 평정법인 누적평정법(累積評定法, method of summated rating)을 발표하였으며, 1944년에는 L. Guttman의 척도분석법(scalogram analysis), 1950년에는 P. F. Lazarsfeld의 잠재구조분석법(latent structure analysis) 등이 연이어 개발되었다. 그리고 1954년에는 A. L. Edwards는 강제선택법(forced choice method)을 이용하여 개인욕구검사(Edwards Personal Preference Schedule, EPPS)를 제작하였으며, 1967년에는 C. Osgood에 의해서 특정개념의 심리적 의미를 분석하여 의미공간(semantic space)상의 위치로 표현하는 측정방법인 의미판별법(semantic differential technique), 즉 「SD기법」이 개발되었다.

## 3. 심리검사의 분류

### 1) 측정영역에 의한 분류

#### (1) 지능검사(intelligence test)

지능의 명확한 정의를 진술하는 것은 매우 어렵지만 지능검사라고 불려지는

검사는 아주 많이 만들어지고 있고 또한 연구도 많다. 지능검사에는 지적 능력의 각 요소를 요인별로 세부적으로 나누어 보는 것(Thurstone의 PMAT 기본정신 능력검사), 언어적(verbal)인 것과 비언어적(non-verbal)인 것으로 나누어 보는 것(α 형, β 형), 또는 언어성(verbal)과 동작성(performance)으로 나누어 보는 것(WISC, WAIS) 혹은 세부적으로 나누지 않고, 일반 지적 능력(general mental ability)을 보는 것(Binet식) 등이 있다.

그리고, 학년 단계나 발달단계에 따라 세부적으로 나누어 그 단계에 대응된 검사를 실시하는 것도 있다(K. Anderson식), 또한 문화적 배경에 따라 지능지수에 차가 발생하는 불공평을 최소화하기 위한 Culture Fair Test도 구안되고 있다(Cattell의 Culture Free Test, Raven의 Progressive Matrices Test 등), 이들 대부분은 비언어적이다.

### (2) 학력검사(achievement of proficiency test)

표준화 절차에 의해 작성된 학력검사는 대부분이 객관식 검사이며 결과표시법도 표준점수방식에 의한 것이 많다.

학력검사는 교과내용이 전국적으로 공통되거나 또는 그 범위 내에서 가능하다. 규준은 학년별, 학기별 또는 성별, 지역별 규준 점수 등이 마련되어 있거나 교과별 규준 등이 제시되어 있다.

### (3) 적성검사(aptitude test)

학력검사가 특정 교과목의 이수달성 정도를 측정하는데 목적이 있는네 비추이 적성검사는 앞으로 이수하고자 하는 교과목에 대해 달성 가능성을 알아보는데 목적이 있다. 이 중에는 대학에 입학하여 충분히 수학할 수 있을까 여부를 알아보는 진학적성검사(Scholastic Aptitude Test)나 직업지도 내지 진로지도를 취한 적성검사(General Aptitude Test Battery, Diffentail Aptitude Test) 등이 있다.

특수 기능의 습득에 관한 적성검사로서는 사무능력 적성검사(Clerical Aptitude Test)나 기계이해검사(Mechanical Comprehension Test), 또는 음악적성검사, 미술적성검사 또는 운전적성검사 등이 있다.

적성검사와 학력검사와의 차이도 엄밀히 따진다면 그렇게 명확하지가 않다. 예컨대, 진학적성검사는 일반적 능력에 비중을 두게 되면 지능검사와의 차이가 뚜렷하지가 않게 되며, 교과내용에 비중을 두게 되면 학력검사와의 차가 확실하지가 않게 된다. 또한 음악적성검사나 기계 이해검사 등도 여태까지 다소간 이러한 검사에 접하는 기회가 많았었던 사람은 유리하게 되어, 순수하게 이들 발달 가능성을 알아볼 수 있겠는가 하는 문제는 의문시된다. 따라서 적성검사의 대부분은 사용 목적에 따른 명칭을 고려함이 자연스럽다고 하겠다.

### (4) 성격검사(personality test)

성격검사는 성격이나 행동특성면의 측정을 목적으로 만들어진 검사이다. 스스로 질문에 답하는 자기보고법(MMPI, 향성검사 등), 주어진 과제에 대해 일정한 작업을 수행하는 작업검사법(Kräepelin 정신 작업검사 등) 그리고 아무런 의미가 없는 자극도형을 보여주고 피검자의 자유스러운 회답을 얻어내는 투사법(Rorscharch 검사, TAT, CAT, BGT, Picture Frustration Study, 문장완성검사 등) 등으로 나누어진다.

자기보고법은 채점이 객관적으로 이루어지고 동시에 많은 사람들에게 실시할 수 있기 때문에 실용적이지만, 입학시험이나 채용시험 등에서는 수험자가 자기자신을 좋게 나타내려는 경향(facking effect)이 작용하여 진실된 회답을 기대하기가 어렵다. 이런 점에서 작업검사법은 피검자가 검사 목적을 알지 못하는 가운데 실시할 수 있는 이점이 있으며 또한 안다 할지라도 자기 마음 먹은 대로 회답을 바꾸기 어렵다.

투사법은 자기보고식 검사에서는 파악하기 힘든 성격의 숨겨진 면이 투사된다고 보고 있다. 그러나 사람을 짧은 시간에 처리할 수 없다는 제한점을 갖고 있다. 그래서 투사법은 병원이나 상담소 등 한 사람 한 사람을 임상적으로 검사할 수 있는 장소에서 사용되는 경우가 많다. 또 한 사람씩 검사하는 데도 시간이 많이 소요되기 때문에 슬라이드 등을 이용한 집단 Rorscharch법도 강구되고 있다.

한 마디로 성격이라 할지라도 그것은 다양한 개념을 지니고 있기 때문에 기질검

사(Guilford Zimmerman Temperament Survey)라던가, 향성검사 또는 적응성 검사 등으로 나누어진 것도 있다. 또한 MMPI와 같이 여러 가지 종류의 성격 면을 다각적, 종합적으로 진단하고자 하는 것도 있다. 투사법의 대부분은 이와 같은 개별적 특성으로 나누지 않고 성격을 종합적으로 진단하고자 하는데 그 특징이 있다.

#### (5) 흥미검사(interest inventory)

자기의 직업, 교과목 또는 일의 유형 등에 대한 흥미의 방향을 알아보는 것으로서 어느 것이 맞고 어느 것이 틀리는지를 판정하는 것이 아니기 때문에 '테스트'라고는 말하지 않고 '인벤토리'(inventory) 또는 '레코드'(record) 등의 말이 영어로 사용되고 있다. 그러나 우리 나라에서는 검사를 넓은 뜻으로 사용하여 이 경우에도 흥미검사 또는 흥미테스트라고 부르는 수가 많다(Strong Vocational Interest Bland, Kuder Preference Record, Lee-Thorpe의 Occupational Interest Inventory, 직업흥미검사, 학습흥미검사 등).

이들은 어느 것이나 진로상담이나 직업선택 지도상 유효한 정보를 제공한다. 한편, 흥미검사는 아니지만 그 밖에 가치의 척도(Allport-Vernon의 Study of Values)나 여러 가지의 태도척도(Shaw & Wright, 1967) 등이 있다.

### 2) 측정방법에 의한 분류

#### (1) 기구에 의한 검사(apparatus test)

기구를 사용하는 검사는 아주 커다란 기계를 사용하는 것에서부터 극히 간단한 기구를 사용하는 등 여러 가지가 있다.

기구를 사용하는 검사는 적성검사(GATB) 등에서 많이 찾아볼 수 있으며 또한 지능검사에서도 동작성검사(WISC 등)에서는 기구를 사용하는 것이 있다.

Rorscharch도형을 슬라이드로 보이거나 MMPI의 질문사항을 카드에 기입하여 보여주는 것도 간단한 기구를 쓰는 경우라 하겠다.

큰 경우는 예컨대 우주항공사나 열차운전수의 적성검사를 위한 모의 운전장치(시무레타)도 하나의 검사기구로서 이용되고 있다.

통상 기구검사로 불려지는 경우에는 책상 위에 둘 수 있을 정도의 간단한 기구를 가리키며, 그 중에는 형태판에 나무조각을 끼워 맞추게 하여 공간지각의 빠르기나 정확성을 측정하거나, 눈 또는 손의 협응동작을 시험하기 위한 손가락 작업검사 등이 포함된다.

#### (2) 종이와 연필에 의한 검사(paper and pencil test)

기구검사에 비해 지필검사는 값이 아주 싸기 때문에 대부분의 심리검사는 지필검사로 되어 있다. 물론, 최근에는 채점을 기계화하기 위해 특수용지에 지시하는 대로 기호로 회답을 표시하게 하는 방법도 있지만 질문이 종이에 인쇄되어 있고, 그 회답을 피검자가 연필이나 사인펜으로 기입한다는 점에서 종래의 지필검사와 본질적으로 다름이 없다.

### 3) 목적 · 용도에 의한 분류

교육용 검사를 포함하여 넓은 의미에서의 심리검사는 여러 가지 분야에서 사용된다. 예컨대 ① 교육, ② 임상의학, ③ 카운슬링, 가이던스, ④ 산업, ⑤ 범죄, 분류심사, 교정 등의 분야에서 사용되고 있으며, 또한 그 용도도 다음과 같이 다양하다.

① 문제발견 · 진단용
② 선발
③ 승진 · 배치용
④ 진단 · 분류심사용
⑤ 예측 · 예언용
⑥ 교육훈련용
⑦ 교육 · 심리연구용

교육의 분야에서는 교육개시 이전에 학생의 준비도를 알아보기 위한 진단검사 또는 적성별로 학급을 편성하기 위한 적성검사나 지능검사가 이용될 수 있으며, 학기도중에는 학생의 진도를 점검하거나 학습부진아의 조기발견을 위한 진단용 검사가 이용될 수가 있다.

학기말에 가서는 학생의 학습 정도를 평정하기 위한 학업성취검사(achievement test)가 행해질 수 있다. 이 경우 학생의 학업성취를 공정히 평정하기 위해 때로는 표준화 학력검사가 사용되기도 한다.

교육 가운데 진로지도나 적성지도가 문제가 되는 경우엔 적성검사나 흥미검사가 필요할 때도 있다. 경우에 따라서는 전문상담소나 카운슬러에게 검사를 위촉할 수도 있다. 그리고 학생 중에 부적응 학생이나 문제아가 있을 경우엔 성격검사나 적성검사가 요구될 때도 있다.

산업계에서도 검사는 사원이나 공원의 채용시험에 선발용으로 이용되기도 한다. 여기에선 학력검사는 사용되지 않고, 성격검사나 적성검사가 많이 사용되고 있다.

임상분야에서의 검사는 진단을 위한 정보수집을 목적으로 이용되는 것이 많다. 이 경우의 가장 전형적인 예는 병원이나 상담소에서 행하는 지능검사나 성격검사인 바 이를 통해 정신이상자의 발견, 분류가 이루어지거나 정신박약아의 진단이 이루어지고 있다.

또한 법무부 소속의 소년분류심사원 등에서는 지능검사나 성격검사를 실시하여 앞으로의 재범여부나 비행 가능성을 예측하여 그 결과를 법원판결 자료로 제공하기도 한다.

예측 문제는, 범죄 교정면에서도 중요한 과업이다. 범죄의 유발요인이었던 정신면, 성격면의 이상성을 발견 분류하기 위해 심리검사가 사용되기도 하지만 범죄 예측이나 교정가능성의 예측의 문제에도 사용될 수 있다. 이러한 행동예측 문제는 본래 심리검사가 갖고 있는 여러 가지 역할 중의 하나이기도 하다.

제2장

# 심리검사의 신뢰도와 타당도

1. 바람직한 심리검사의 준거
2. 표준화
3. 신뢰도
4. 타당도

## 1. 바람직한 심리검사의 준거

심리검사란 하나의 구체적 진단이 기대되기 때문에, 진단구조 그 자체로서의 검사는 우리가 질적인 측면에서 검증해 두지 않으면 안 되는 것이다. 일상적 검사도구로서의 준거점은 오랜 연구활동 끝에 개발된 것이다. 그것에 따르면 하나의 검사법은 세 가지의 주요 우량 준거점을 충족시켜야만 한다. 즉, 표준화, 신뢰도 및 타당도 등이 우량준거점에 도달되어 있어야 한다.

## 2. 표준화

표준화는 관찰방법, 다시 말해서 어떻게 검사하고, 채점 · 기록하고 또 해석처리해야 하는지를 확정짓는 데에서 성립한다. 한 검사가 표준화되어 있을 경우는 동일한 검사가 상이한 시점이나 상이한 장소에서 동일한 양상으로 실시될 수 있도록 실시 과정, 절차와 해석 체계(평가 처리 규정)가 확정되어 있을 때이다.

결과가 검사자와 외적 조건에 구애받지 않도록 하면서 검사자의 행동과 검사상황(검사진행, 검사자료, 지시, 연습 본보기, 처리시간 등)을 정확하게 미리 확정해 두지 않으면 안 된다. 검사는 모든 단계에서 그 절차가 표준화되어 있어야만 한다. 즉, 피검자의 반응을 기록해 두는 일과 꼭 마찬가지로 행동을 유발시키는 일, 해석하는 일과 평가 처리하는 과정에서도 절대 요청된다. 검사자 행동과 검사상황의 변동성이 바로 오차 유발요인으로 작용할 수 있다. 표준화라는 개념은 한 검사가 목표인 집단에서 '규준화'되어 있다는 것(행동표집의 한계화)을 표시할 때에도 역시 우리가 이용하고 있다. 이 준거점을 충족시키는 것은 검사결과를 비교하게 해 주는 전제들을 충족시키는 것이 된다. 표준화되어 있지 못한 검사방법에서는 '검사'라는 말이 부적합하다. 표준화 Ⅱ부 제4장에서 자세히 설명하기로 한다.

## 3. 신뢰도

### 1) 신뢰도의 개념

#### (1) 신뢰도의 정의

신뢰도는 '얼마나 정확하게', '얼마나 오차없이' 측정하고 있느냐의 개념이며, 측정하고 있는 정도의 일관성(consistency)이 있느냐의 문제에 관계한다. 즉, 신뢰도는 측정의 오차가 얼마나 작으냐 하는 문제에 관련되며 또한 신뢰도 개념은 측정치의 안정성(stability), 신뢰성(dependability), 예언성(predictability), 정확성의 뜻 등을 의미한다.

#### (2) 신뢰도계수의 의미

위에서 언급한 바와 같이 검사점수의 안정도(신뢰도)를 측정하기 위하여 각 개인의 두 점수의 분포간의 관계를 나타내는 상관계수를 사용하게 된다. 여기에 사용되는 상관계수는 K. Pearson의 적률상관계수(積率相關係數, Pearson product moment correlation coefficient) 를 말한다. 신뢰도를 표시하기 위하여 상관계수를 사용하게 되는데, 이런 경우 이 상관계수를 신뢰도계수라고 특별히 부른다. 즉, 신뢰도계수란 두 다른 시기에 같은 집단에 같은 검사를 실시한 검사점수간의 상관관계를 말한다. 이와 같이 정의된 신뢰도는 관찰분산에 대한 진분산의 비라고 정의한 신뢰도의 개념과 동일하다.

어떤 특정한 신뢰도계수는 그 측정장치가 얻어진 특수조건, 검사를 받은 집단의 특성, 또한 그 측정치에 영향을 줄 수 있는 오차의 근원에 따라 달라질 수 있다.

신뢰도계수란 검사점수의 신뢰성 또는 안정성의 정도와 크기를 나타내는 지수로서 검사점수가 얼마만큼 변동할 수 있는가를 가르쳐 주지만 왜 변동되는가의 이유는 말해 주지 않는다.

## 2) 검사-재검사 신뢰도

### (1) 개념

검사-재검사 신뢰도(test-retest reliability)는 동일한 검사를 동일한 피검자들에게 두 번 시행하고 그 결과에 대하여 상관관계를 산출하는 신뢰도 추정치이다. 한 시기에서 다른 시기 사이에 검사점수의 변동이 얼마나 있는가, 반대로 말하면 측정하고자 하는 특성이 얼마나 안정성이 있는가 하는 것을 나타내므로 일명 안정도계수(安定度係數, coefficient of stability)라고도 부른다.

### (2) 검정절차

검사-재검사 신뢰도 측정에서 가장 심각한 문제는 검사시행간에 나타날 수 있는 이월효과(移越效果, carry over effect)의 가능성이다. 즉, 첫 번째 검사시행이 두 번째 검사에 영향을 미칠 수 있다는 점이다. 즉, 재검사 신뢰도는 전후검사의 실시간격, 검사실시에서의 여러 가지 조건 등의 요인의 작용으로 진짜 신뢰도보다 과대 추정될 가능성이 많다. 연습의 효과나 기억의 효과 외에도 기분, 건강, 동기 등 개인에 관계되는 모든 요인에 의한 일상의 변화는 이 신뢰도계수에 영향을 주며 또한 검사간의 기간이 길 때에는 학습이나 훈련 등이 동시에 영향을 주게 된다.

따라서 재검사 신뢰도계수를 산출하기 위한 실시간격은 보통 5~6일 사이로 잡는 수가 많다. 특히 검사-재검사 신뢰도 추정은 이월효과에 민감하지 않고 시간

간격에 비교적 안정된 특성을 측정하는 검사에 가장 적당하다고 하겠다.

신뢰도나 타당도 계수 산출은 상관계수 산출법을 이용한다. 즉, 다음과 같은 Pearson의 적률상관계수(r)의 산출공식 (A)를 이용한다.

$$r_{xy} = \frac{N\Sigma XY - (\Sigma X)(\Sigma Y)}{\sqrt{[N\Sigma X^2 - (\Sigma X)^2][N\Sigma Y^2 - (\Sigma Y)^2]}} \cdots\cdots\cdots\cdots\cdots (A)$$

**예제** 다음 자료는 재검사법에 의해 검사지의 신뢰도를 검정하기 위해 10명의 동일교사들에게 똑같은 검사지를 1주일 간격으로 두 번 실시한 결과이다. 재검사 신뢰도 계수를 구하라.

| 교 사 | *A* | *B* | *C* | *D* | *E* | *F* | *G* | *H* | *I* | *J* |
|---|---|---|---|---|---|---|---|---|---|---|
| 월요일 조사($X$) | 13 | 12 | 10 | 8 | 7 | 6 | 6 | 4 | 3 | 1 |
| 토요일 재조사($Y$) | 7 | 11 | 3 | 7 | 2 | 12 | 16 | 2 | 19 | 16 |

* $X$, $Y$ 점수는 개인별 설문지 반응의 각각 총점

**풀이** 위 자료를 공식 (A)에 적용 대입하면

| $X$ | $Y$ | $X^2$ | $Y^2$ | $XY$ |
|---|---|---|---|---|
| 13 | 7 | 169 | 49 | 91 |
| 12 | 11 | 144 | 121 | 132 |
| 10 | 3 | 100 | 9 | 30 |
| 8 | 7 | 64 | 49 | 56 |
| 7 | 2 | 49 | 4 | 14 |
| 6 | 12 | 36 | 144 | 72 |
| 6 | 16 | 36 | 36 | 36 |
| 4 | 2 | 16 | 4 | 8 |
| 3 | 19 | 9 | 81 | 27 |
| 1 | 16 | 1 | 36 | 6 |
| 70<br>$\Sigma X$ | 65<br>$\Sigma Y$ | 624<br>$\Sigma X^2$ | 533<br>$\Sigma Y^2$ | 472<br>$\Sigma XY$ |

$$r = \frac{10 \times 472 - (70)(65)}{\sqrt{[10 \times 624 - (70)^2][10 \times 533 - (65)^2]}}$$

$$= \frac{4720 - 4550}{\sqrt{(6240 - 4900)(5330 - 4225)}}$$

$$= \frac{170}{\sqrt{1340 \times 1105}}$$

$$= \frac{170}{\sqrt{1480700}} = \frac{170}{1216.84} = +0.14$$

$r = +.14$는 $X$, $Y$ 자료간에 아주 낮은 상관관계가 있음을 보여주고 있다. 즉 이 검사지의 신뢰도계수는 아주 낮다(r= + .70 이상 되어야만 신뢰도가 높다고 볼 수 있다).

### 3) 평행형검사 신뢰도

#### (1) 개념

평행형검사 신뢰도(parallel forms reliability)의 추정치는 두 평행검사의 관찰점수간의 상관계수이다. 검사-재검사 신뢰도에서와 같이 그 사이의 기간이 짧을 때에는, 어떤 특정한 문항을 기억함으로써 검사의 신뢰도가 사실 이상으로 높아지는 것을 피할 수 있는 방법의 하나는 같은 검사를 두 번 실시하는 것이 아니라 문항은 다르지만 같은 특성을 같은 형식으로 측정하도록 제작된 평행검사(parallel test)를 실시하는 것이다. 같은 집단에 대해서 두 평행검사를 각각 다른 시기에 실시하여 얻은 점수간의 상관관계를 구하는 것을 동형검사 신뢰도(同型檢査信賴度, equivalent form reliability)라고도 부른다.

#### (2) 검정절차

두 검사가 실제로 평행한다는 것을 검정하기가 불가능하기 때문에 평행검사 대신에 때로는 대형검사(代型檢査, alternate form test)를 사용한다. 대형검사는 두 검사가 평행하도록 노력하여 제작한 검사이다. 따라서, 같은 집단에 실시한 검사 점수의 평균, 표준편차 및 각 검사의 문항간의 공분산(inter item covariance)이 같아진다.

검사의 내용에 대한 동질성은 합리적인 판단에 의존하는 수밖에 없다. 단지 검사 제작자가 측정하고자 하는 내용이나 특성의 전집을 명확히 정의 및 분류하고 대형검사의 문항의 선정에 있어서 유층적 표집방법(stratified sampling)을 사용하는 경우에 두 검사는 내용면에 있어서 동등한 검사라는 자신을 가질 수 있다. 이와 함께 대형검사에 대한 통계적 기준에 의하여 판단할 때 합당하다고 판단되면 두 검사는 사실상 평행검사라는 확신을 갖게 된다. 즉, 두 대형검사가 평행이거나, 평행검사 점수의 선형함수이고, 이월효과와 시간에 따라 점수의 변화가 상관계수에 영향을 미치지 않는다면 두 대형검사의 관찰점수간의 상관계수는 검사신뢰도의 좋은 추정치가 된다.

## 4) 반분신뢰도

### (1) 개념

검사를 한 번 시행하여 추정하기 때문에 검사를 반복 시행하는 데서 나타나는 문제점을 제거할 수 있다. 이러한 접근방법을 사용하는 가장 널리 알려진 방법은 반분신뢰도의 추정치이다.

① 반분신뢰도(split half reliability)는 한 개의 평가도구 혹은 검사를 한 피검자 집단에 실시한 다음 그것을 적절한 방법에 의해서 두 부분의 점수로 분할하고 이 분할된 두 부분을 독립된 검사로 생각해서 그 사이의 상관을 내는 방법이다.

② 반분신뢰도는 재검사 신뢰도가 부적당할 때, 또 평행검사를 만들기가 어려울 때 쉽게 사용할 수 있는 방법이다.

③ 반분신뢰도는 두 부분의 검사 사이의 상관이 기초가 된다.

④ 이 때 얻은 신뢰도는 검사 전체의 신뢰도가 아니라 반분된 부분검사의 신뢰도

가 된다. 따라서 검사의 반이 서로 평행한다면 이 두 부분을 합쳤을 때의 검사 전체의 신뢰도 계수($r'$)를 계산하기 위해 Spearman-Brown 공식을 사용해서 교정해야 한다.

$$공식 : r' = \frac{2r}{1+r}$$

### (2) 검정절차

평행검사 신뢰도에서와 마찬가지로 어떻게 한 검사를 두 개의 동등한 부분으로 나누어 평행검사 성립기준에 맞도록 하느냐가 문제이다. 가장 엄밀한 방법은 문항분석을 하여 문항의 난이도, 내용 및 변별도 등을 고려하여 두 문항이 가장 동등한 것을 선정하여 양쪽으로 동등하게 나누어 나가는 방법이다. 이것이 이상적인 방법이긴 하나 실제에 있어서는 이러한 문항통계치를 구하는 복잡성을 피하기 위하여 간편한 다른 몇 가지 방법을 쓰고 있다.

#### 1 **전후반분법**(successive half mathod)

검사를 반분하는 가장 단순한 방법으로서 검사의 처음 반과 나중 반을 따로 나누어 이 반분된 두 검사간에 상관계수를 내는 방법이다. 그러나, 이러한 방법은 평행검사로 나누어졌다는 보장을 하기 가장 어려운 방법이다. 특히 검사의 속도요인이 많이 포함되었거나 또는 검사문항이 난이도의 순위로 나열된 경우에 더욱 그러하다.

따라서 검사의 시간이 검사결과에 중요한 영향을 주는 검사에서는 전후반분법이 적당하지 못하다.

#### 2 **기우반분법**(odd-even half method)

한 검사를 평행검사로 나누는 방법으로 가장 흔히 쓰이는 방법이다. 그러나 이 방법에 의해서 계산된 신뢰도계수는 평행검사 신뢰도와 비교할 때 불합리하게 높게 나오는 경향이 있다.

기우반분법(奇偶半分法)을 적용할 때 검사의 상호의존성이 있나를 조심해야 한다. 만약에 한 문장에 정답할 가능성이 다른 문항에 정답할 가능성과 서로 관련이 되어 있다면 신뢰도는 사실 이상으로 높게 나오게 될 것이다. 기우반분법은 검사를 기수문항과 우수문항의 둘로 나누어 채점하여 상관관계를 계산하는 것이기 때문에 문항의 의존성을 두 검사에 균등하게 분배하는 것이 된다.

또한 기우반분법에서는 두 검사시간 사이에 검사점수에 영향을 주는 오차요인의 작용 가능성이 전연 없을 뿐만 아니라 한 검사를 받아 나가는 과정 중에서 생기는 피로라든가 연습효과 등이 주는 오차요인까지도 완전히 통제하게 됨으로 신뢰도계수는 다른 어떤 방법보다도 높게 나오게 마련이다.

### 3 검사의 길이에 따른 신뢰도 측정

검사 길이를 변화시킬 때(검사문항의 수를 가감할 때) 신뢰도에 미치는 영향을 예측하는데 Spearman-Brown의 예언공식(Spearman-Brown prophecy formula)을 이용한다. 그 일반공식은 다음과 같다.

$$r_{xx'} = \frac{nr_{YY'}}{1+(n-1)r_{YY'}}$$

$r_{YY'}$ =실제로 계산된 검사의 신뢰도
$n$ =늘이거나 줄인 검사 길이의 곱수(평행검사 문항의 수)
$r_{xx'}$ =검사 길이를 $n$배만큼 늘이거나 줄였을 때 기대되는 신뢰도

## 5) 내적 일관성 신뢰도

### (1) 개념

검사를 구성하고 있는 문항간의 내적 일관성 또는 합치도(internal consistency)의 정도를 나타내 주는 지수 또는 측정치를 Cronbach의 내적 일관성 신뢰도(內的一貫性信賴度, internal consistency reliability, α 계수)라고 부르며, 검사의 동질성계수(同質性係數, homogeneity coefficient)라고도 부른다.

이와 같은 내적 일관성의 신뢰도는 검사문항의 동질성지수 또는 문항반응과

전체검사 점수와의 상관도를 나타내게 된다. Cronbach의 $\alpha$ 계수는 검사의 내용이나 문항성분의 동질성의 정도를 추정해 주는 신뢰도 계수이다. $\alpha$ 계수(coefficient α)란 1951년 L. J. Cronbach가 명명한 것이다.

## 6) 채점자 신뢰도

### (1) 개념

채점기간 또는 채점자 내의 채점자 일치도, 즉 객관도를 말한다. 즉, 채점자의 채점이 어느 정도로 신뢰롭고 일관성이 있느냐 하는 개념이다.

### (2) 검정절차

대부분의 객관식 검사에 대해서는 채점자 신뢰도를 고려할 필요가 없다. 그러나 주관식 검사나 다양한 평정척과 같은 측정치에 대해서는 채점자나 평정자에게서 비롯되는 오차를 고려하여야 한다.

검사 답안지의 표본을 두 채점자가 독립적으로 채점하였다면 단일 채점자의 신뢰도를 추정하기 위해서 Pearson의 적률상관계수를 사용할 수 있다.

두 채점자의 신뢰도를 추정하려고 한다면 Spearman-Brown의 공식을 적용할 수 있다. 두 사람 이상의 채점자가 있을 때에는 채점의 합에 관한 점수의 신뢰도를 추정하기 위해서 분산분석의 절차를 적용하여 내상관계수(內相關係數)를 산출할 수 있다. $n$채점자가 채점을 하는 경우에 두 사람의 채점 사이에 상관계수를 구하고 그 값을 Spearman-Brown의 예언공식에 대입하여 점수의 합에 대한 신뢰도를 구할 수 있다.

## 7) 신뢰도에 영향을 주는 요인

앞에서 지적한 바와 같이 특정한 신뢰도를 추정하는 방법에 따라서 신뢰도 계수는 영향을 받을 뿐만 아니라, 검사문항의 수, 속도, 집단의 동질성, 문항난이도,

그리고 객관도와 같은 요인이 신뢰도 계수에 영향을 끼친다.

# 4. 타당도

## 1) 타당도의 개념

### (1) 타당도의 정의

타당도란 한 검사 또한 평가도구가 측정하려고 하는 것을 어느 정도로 측정하고 있느냐의 정도를 의미하며 얼마나 충실하게 목적하는 바를, 즉 "무엇을 재고 있느냐"의 개념이다. 타당도의 개념에는 준거(criteria)의 개념이 수반된다(타당도가 있다는 주장 뒤에는 무엇에 비추어 보아서인가라는 질문이 수반된다).

타당도는 측정하려고 한 이외의 것을 재지 않는 순수성의 정도를 나타내게 되며 또한 한 검사나 평가도구에 의미를 주고 실용적 가치를 부여하게 된다.

### (2) 신뢰도와 타당도와의 관계

신뢰도($r_{xx}$)와 타당도($r_{xy}$) 간에는 다음과 같은 관계가 있다.

$$r_{xy} \geq \sqrt{r_{xx}}$$

이 공식은 한 검사 $x$가 다른 어떤 기준 $y$와의 상관관계, 즉 타당도계수는 그 검사의 신뢰도계수의 제곱근을 초과하지 못한다는 것을 보여주고 있다. 즉, 일반적으로 말하면 한 검사의 타당도는 그 검사의 신뢰도에 의해서 제한을 받는다.

## 2) 내용타당도

### (1) 개념

내용타당도(cotent validity)는 중요한 목표와 내용을 측정도구가 빠뜨리지 않고 포괄하고 있는가의 정도를 말한다. 즉, 측정도구가 측정하려고 하는 내용이나 개념을 어느 정도로 충실히 측정하고 있는가 하는 타당도이다.

### (2) 유형 및 검정절차

내용타당도는 검사내용에 대한 합리적 분석을 통하여 결정되며 그 결정은 개인의 주관적 판단에 입각한다. 내용타당도는 안면타당도와 논리적 타당도로 분류된다.

탁상타당도(armchair validity)라고도 하는 안면타당도(face validity)는 어떤 사람이 검사를 검토하고 그 검사는 적절한 특성을 측정한다고 결론을 내림으로써 결정된다. 안면타당도에 대한 평가는 전문가로부터 피검자에 이르기까지 누구나 할 수 있다.

논리적 혹은 표집타당도(logical or sampling validity)는 안면타당도보다 정밀한 타당도이다. 논리적 타당도의 평가절차는 검사가 측정하려고 하는 행동영역에 대한 정의와 이 영역의 중요한 분야를 모두 포함하는 문항의 논리적 설계를 수반한다.

내용타당도는 주관적 판단에 기초하기 때문에 다른 형태의 타당도보다 오차를 범하기 쉽다. 그러나 내용타당도는 모든 검사 제작과정에서 일차적으로 고려되어야 할 사항이며 내용타당도를 만족하도록 이원(二元) 분류표를 이용해서 검사문항을 작성해야 한다.

## 3) 준거관련 타당도

### (1) 개념

준거관련 타당도(criterion related validity)는 검사점수와 외적 준거(external criteria)

사이의 관계를 실증적으로 연구하여 검사가 준거행동의 수행능력을 어느 정도 잘 예언하고 있는지를 계량적으로 나타내는 것이다.

준거관련 타당도는 검사(예측)점수와 준거점수 사이의 상관계수로 나타낸다. X를 검사점수, Y를 준거점수라고 하면 상관계수 $r_{xy}$가 타당도계수이다. 타당수계수 $r_{xy}$는 예언타당도나 공인타당도를 추정한다.

내용타당도의 준거는 내적 준거(internal criteria)이지만 준거관련 타당도는 실제적인 외적 준거에 관련시켜 해석한다.

### (2) 예언타당도 계수

#### 1 개념

예언타당도(predictive validity)란 한 측정도구가 그 검사결과로서 피검자의 미래의 행동이나 특성을 어느 정도로 정확하게 또한 완전하게 예언하느냐의 능률의 정도를 말한다.

#### 2 검정절차

예언타당도 계수는 피검자의 미래행동(예 : 대학재학성적)을 예측하기 위하여 검사점수(예 : 수능성적)를 사용할 때 추정한다. 피검자에게 검사를 시행한 후 준거가 나타날 때까지 시간을 기다려 준거점수를 수집하고, 검사점수와 준거점수 사이의 상관계수를 계산하여 예언타당도 계수(predictive validity coefficient)를 추정한다.

### (3) 공인타당도 계수

#### 1 개념

공인타당도 계수(共因妥當度係數, concurrent validity coefficient)는 검사점수와 준거점수를 동시에 수집할 수 있을 때, 두 점수 사이의 상관계수이다. 준거의 성질이 예언이라 데 있지 않고 공통된 요인이 있느냐 없느냐에 있다.

② 검정절차

미래행동을 예측하기 위해 검사를 사용할 때 예언타당도는 확보되어야 한다. 예측 상황에서 좀 바람직하지는 못하지만 대안으로 공인타당도 계수를 사용할 수 있다. 그러나 공인타당도 계수는 예언타당도 계수를 과소추정하기 쉽다.

따라서 검사점수를 가지고 미래준거를 예측하기보다는 공인준거를 추정하려고 할 때, 공인타당도 계수가 적절하다.

### 4) 구인타당도

#### (1) 개념

검사의 구인타당도(構因妥當度, construct validity)란 검사가 측정하려고 하는 이론적 구인(theoretical construct)이나 특성을 측정한 정도이다. 실증적으로 한 검사의 타당도를 결정하려는 입장은 앞에서 말한 예언타당도나 공인타당도와 같지만 그 두 가지 타당도들이 어디까지나 준거를 기준으로 하고 있는 반면에 이 구인타당도는 준거 없이 타당도를 검증하려 하고 있다는 점에 큰 차이를 엿볼 수 있다. 구인타당도는 Cronbach의 말을 빌린다면, 한 검사에서 나온 점수의 의미를 심리학적 개념(psychological concepts)으로 분석하는 것이라고 할 수 있다.

#### (2) 검정절차

구인타당도를 검정하는 방법에는 여러 가지 종류가 있다. 중요한 방법으로는 다음과 같은 것들을 들 수 있다.

① 집단간의 차이의 비교

교회에 대한 태도를 측정하는 검사를 교인과 비교인에 실시하여 비교한다.

2 요인분석(factor analysis)

상관계수의 행렬식을 기초로 하여 한 검사가 실제로 재고 있는 요인을 통계적으로 추출하는 방법으로써 요인분석법이란 것이 있는데, 여기서 추출된 요인이 바로 구인에 해당된다.

3 검사의 내부구조의 연구

문항 사이의 상호상관 계수나 문항-검사간 상관계수의 검토를 통해서 구인을 짐작할 수 있다.

4 검사점수의 변동에 관한 연구

재검사 신뢰도를 통해서 구인을 짐작할 수 있는 경우가 있다.

5 검사과정의 분석

수험하는 과정을 엄밀하게 관찰한다. 예컨대, 수학문제를 소리를 내서 풀게 하면 흔히 문항이 요구하는 능력을 세밀히 분석할 수 있다.

6 타검사와 상관

일반 지능검사와 어휘검사 사이의 상관도는 이 일반 지능검사의 구인을 밝혀준다.

## 5) 요인타당도

### (1) 개념

요인타당도(factorial validity)는 요인분석을 통하여 입증되는 구인타당도의 한 형태이다. 요인분석(factor analysis)은 일련의 변수들의 상관을 분석하고 변수들을 몇 개의 요인(factor)으로 수렴 분류하여 상호관계를 설명하는 수리적 절차이다.

### (2) 검증절차

각 검사의 항목별 점수간의 상관계수를 각각 구하여 상관행렬표를 만들고 이를 토대로 요인분석을 실시함으로써 검정된다.

상관행렬에 대하여 요인분석을 할 때 요인에 의해 영향을 받는 검사는 그 요인에 높은 요인부하량을 갖는다. 또는 그 요인에 높이 부하되었다고 한다. 요인부하량(factor loading)은 크기와 의미에 있어서 상관계수와 같다. 요인 서로간에 상관이 없으면, 부하량은 검사와 요인간의 상관계수와 같다. 만약 상관이 있으면 부하량은 상관계수로 해석할 수 없다. 그러나 요인간에 상관이 높지 않을 때는, 부하량은 상관계수와 같이 해석한다.

## 6) 타당도계수의 표현과 해석법

### (1) 상관계수법

타당도를 보고하는 데는 Pearson의 적률 상관계수(r)가 일반적으로 가장 많이 사용되는 절차이다. 타당도계수를 나타내는 상관계수는 기호 $r_{xy}$를 사용한다.

### (2) 결정계수법

상관계수의 다른 표현방법은 결정계수(coefficient of determication)라고 부르는 상관계수의 제곱 $r_{xy}^2$을 사용하는 것이다. 여기서 $r_{xy}^2$는 검사에 의해서 설명될 수 있는 준거분산(criterion variance)의 비율을 나타낸다. $r_{xy} = .60$이라면 $r_{xy}^2 = .36$, 즉 Y검사의 분산의 36%를 X검사의 점수로 예측 · 설명될 수 있다.

### (3) 최대의 타당도계수

일반적으로 준거척이나 검사의 신뢰도는 타당도계수의 크기에 직접적인 영향

을 미치며, 이런 관계를 다음과 같은 수식으로 표시할 수 있다.

$r_{\max} = \sqrt{r_{xx}}$

$r_{\max}$ = 나올 수 있는 최대의 타당도계수

$r_{xx}$ = 준거척과 검사의 신뢰도 중에서 낮은 신뢰도계수

즉, 한 검사와 준거척 사이의 상관도는 이 둘 중에서 신뢰도가 낮은 쪽의 신뢰도계수의 평방근보다 절대로 높게 나오지 않는다. 예컨대, 신뢰도가 낮은 쪽의 신뢰도계수가 .60이라면 검사와 준거척 사이에 아무리 공통요인이 많다 하더라도,

$$r_{\max} = \sqrt{.60}$$
$$= .77$$

이상은 절대로 나올 수 없다는 말이 된다.

### (4) 검사의 길이와 타당도계수

검사의 길이가 길어지면 신뢰도계수가 증대된다는 사실은 앞에서 다룬 일이 있는데 타당도계수에도 이 검사의 길이가 똑같은 작용을 한다. 이런 관계를 수식으로 표시하면 다음과 같다.

$$r_{(xy)y} = \frac{r_{xy}}{\sqrt{\frac{1-r_{xx}}{n} + r_{xx}}}$$

$r_{(xy)y}$ = 검사의 길이가 $n$배가 되었을 때의 타당도계수

$r_{xy}$ = 원래의 검사의 타당도계수

$r_{xx}$ = rxx=원래의 검사의 신뢰도계수

$n$ = 새로운 검사의 원래의 검사의 길이에 대한 비

그러나, 무턱대고 검사의 길이가 길어지면 타당도가 높아지는 것은 아니다. 검사의 새로 길어진 부분과 원래의 부분의 검사가 완전히 동질적이어야 한다는 조건이 성립될 때에만 위 공식을 사용할 수 있다.

### 7) 타당도에 영향을 미치는 요인

가장 중요한 요인은 검사의 준거측정치의 신뢰도이다. 또한 집단의 이질성 요인, 즉 다른 조건이 같을 때 집단이 이질적일수록 타당도계수는 높아진다. 그 밖에 피검자의 반응경향(response tendency or set)이나 허위반응(faking response) 등이 영향을 주기 쉽다.

제3장

# 심리검사의 규준점수

1. 규준점수의 의미
2. 규준점수의 유형

# 1. 규준점수의 의미

## 1) 원점수의 특성

### (1) 측정수준

#### 1 숫자의 일반적 특성

수(數)는 구별성, 순서(크기의 순서), 거리(간격, order, 숫자간의 차이의 순서) 및 절대영점(distance, 零, 0이라고 표시되는 고유한 출발점, origin) 등의 특성을 지니고 있다.

개개인의 심리적 속성에 배정된 숫자가 위에 열거한 네 가지 특성 중 몇 개의 특성을 가지고 있느냐에 따라 네 가지 유형의 척도(type of scales)로 분류된다.

#### 2 측정수준

측정은 네 가지 서로 다른 수준, 즉 위의 네 가지 특성에 관한 정보를 얼마만큼 내포하고 있느냐에 따라 명명척도(命名尺度, norminal scale), 서열척도(序列尺度, ordinal scale), 동간척도(同間尺度, interval scale) 및 비율척도(比率尺度, ratio scale) 등의 네 가지 측정수준(level of measurement)으로 나누어진다. 즉, 측정수준은 네 가지 속성, 즉 구별성, 크기의 순서, 간격의 동일성 여부 및 절대 0점의 유무에 따라 결정된다.

① 명명척도

가장 기본적인 측정의 방법을 '분류'라고 생각한다면, 이 분류의 기초가 되는 기준을 명명척도라고 부를 수 있을 것이다.

예컨대, 남자를 1로 표시하고 여자를 2로 표시한다든가, 집단을 1, 2, 3……으로 표시한다든가 하는 경우다. 이런 측정치는 대소(大小)의 조건, 동간의 조건, 절대영점의 조건도 없고, 다만 '이름 대신'이라는 명명적 역할밖에 없다. 여기서(1+2)라는 계산은 마치 (B+C)의 덧셈이 불가능한 것처럼 무의미한 것이다. 또 비단 이러한 덧셈뿐만 아니라 가 · 감 · 승 · 제와 같은 일체의 산수적인 계산이 불가능하다. 요컨대, 여기서의 1, 2의 차는 양이나 대소의 차이가 아니라, 다만 질적인 차이를 나타낼 뿐이다.

② 서열척도

예컨대 나무토막 10개가 있는데, 그것을 길이대로 배열해 놓고 짧은 것에서부터 1, 2, 3……, 10이라고 수치번호를 붙였다고 하자. 이 경우에 확실히 1<2, 혹은 2<3, 7<10, 즉 후속하는 측정치 사이에 대소의 서열이 지어져 있다.

그러나 10번 나무가 5번 나무보다 2배 길다. 즉, 10=5×2라는 말은 물론, 4번 나무와 3번 나무의 길이의 차는 2번 나무와 1번 나무와의 차와 같다고, 즉 4-3=2-1이라는 말은 할 수 없다. 이런 척도에서는 가 · 감 · 승 · 제 해도 거의 의미가 없다. 절대영점도 없으려니와, 후속하는 단위가 사실상의 동간성을 표시하는 것도 아니다. 측정치는 가령 5, 6, 7도 동간적으로 보일 수 있으나 측정요인(보통의 경우 길이) 자체의 5-6, 6-7, 6-7 사이 양적 길이는 동일하지 않을 수 있다. 이런 척도를 서열척도(序列尺度, ordinal scale)라고 한다.

③ 동간척도

예컨대 섭씨 온도계를 생각해 보자. 10℃는 5℃보다 열량이 많다. 즉, 5<10라고 하는 말은 사실에 비추어 타당하다. 또 4℃와 6℃와의 차는 8℃와 10℃와의 차와 같다. 즉 6-4=10-8이라는 말도 성립된다. 그런데 10℃는 5℃의 열량의 2배, 즉 10=5×2라는 말은 할 수 없음을 주의해야 한다.

0℃란 열량이 전혀 없는 상태를 말하는 것이 아니기 때문이다. 절대영도인 -273°를 기점으로 10℃와 5℃를 비교해야 한다. 환언하면 이런 척도에는 비교척도에서보다 절대영점이라는 조건 혹은 성질이 부족하다. 척도라고 모조리 다 의미있는 절대영점이 있는 것이 아니다. 이런 척도를 동간척도(同間尺度, interval scale)라고 한다.

이 동간척도에서는 다음과 같은 여러 가지 관계가 반드시 성립되어야 한다.

① $A=A'$, $B>0$이면 $A+B>A$

② $A+B=B+A$

③ $A=A'$, $B=B'$이면 $A+B=A'+B'$

④ $(A+B)+C=A+(B+C)$

교육학이나 심리학에서 다루게 되는 측정치에는, 앞에서 말한 서열척도와 동간척도에 해당되는 것이 많다. 따라서, 이런 척도들의 수학적 결함 때문에 실제의 수학적 운용에 상당히 큰 제한을 받게 된다.

④ 비율척도

명명, 서열, 동간척도의 여러 원리를 다 만족시키며, 그 외에 절대영점을 갖고 있는 척도를 비율척도(比率尺度, ratio scale)라고 한다. 예컨대, 동간척도에서는 "한 사물이 다른 사물보다 얼마의 측정 단위만큼 더 크냐?"의 수량적인 비교적인 판단이 가능했지만, 이 비교척도에서는 "한 사물이 다른 사물보다 몇 배로 더 크냐?"하는 비교적인 판단도 할 수가 있다.

이런 점에서 볼 때, 이 비교척도는 여러 척도 중에서 가장 완전하며, 모든 수학적 운용이 다 가능한 척도인 것을 알 수 있다. 8/12은 2/3로 약분될 수 있으며, 이 모든 수치가 실제의 수량과 일치한다. 보통 CGS단위가 이에 속한다.

## (2) 원점수의 본질

### 1 원점수의 정의

심리검사를 치르게 되면 우선 채점되어 나오는 점수가 소위 원점수 또는 소점(素點, raw score)이다. 한 검사에서 얻어진 원점수는 그 자체로서는 어떤 의미를 갖지 못한다. 한 검사 결과를 어떤 비교하고자 하는 집단의 검사 결과와 비교할 때, 한 개인의 검사점수를 의미있게 해석할 수 없다. 비교하고자 하는 집단의 검사 결과를 규준이라고 하는데 어떤 규준과 비교하느냐에 따라 한 개인의 검사결과의 해석은 전연 달라진다.

### 2 원점수의 단점

첫째, 이 원점수 척도에는 의미있는 의거점(reference point)이 없다. 따라서 어떤 일정한 점수가 어떤 속성의 일정한 크기(magnitude)를 절대적으로 지시해 주지는 못한다. 가령, 물리측정에 있어서의 cm 척도에는 0cm라는 것이 그 척도의 의거점이다. 0cm는 길이가 전혀 없는 상태이고, 이를 기초로 해서 모든 길이가 비교되고 판단된다. 그런데 검사에서 나온 0점이란 것도, 어떤 능력의 절대적인 결핍상태를 가리키는 것은 아닐 것이다. 또 이 0점이 검사의 난이의 정도에 의해서 심하게 동요하는 불안정한 수치라는 것도 우리는 잘 알고 있다. 따라서 이 원점수 척도의 0점은 소위 그 척도의 절대영점과 일치되지 않으며, 의미있고 유용한 의거점의 구실을 거의 전혀 하지 못하고 있는 셈이다.

둘째, 여러 가지 원점수 척도는 서로 비교될 수 없다. 가령, 한 학생이 A검사와 B검사에 다 같이 75점을 얻었다고 해서, 이 학생의 이 두 검사가 재는 두 가지 능력이 꼭 같다고는 할 수 없을 것이다. A검사의 75점은 이 학생이 속해 있는 학급의 최고점수일 수도 있으며, B검사의 75점은 극단적으로 그 학습의 최하점수일 수도 있기 때문이다. 검사가 다를수록 우리는 성질이 전혀 다른 척도를 쓰고 있는 셈이다.

셋째, 이 원점수 척도에는 단위의 동간성이 없다. 원점수 척도는 측정척도의 종류 중 대개 서열척도에 속하며 서열척도 중에서도 가장 조잡한 것이라고 할 수 있다. 예컨대, 한 검사에서 90~70점의 능력의 차이와 50~30점의 능력의 차이가 동일하지 않으리라는 것은 쉽게 짐작할 수가 없다.

원점수 척도는 이와 같은 여러 가지 단점 때문에 엄밀하고 그 정확한 진단결과 표시를 필요로 하는 표준화검사나 심리진단에서는 사용되지 않고, 좀더 안정성이 높고 합리적인 다른 표준점수척도로 환척해 쓰게 된다.

## 2) 규준집단

한 개인의 검사 점수를 해석하기 위하여 어떤 기준집단의 결과와 비교할 때,

이 집단을 규준집단(norm group)이라고 부른다. 한 검사에 대해서 한 집단 또는 여러 집단의 결과를 나타낸 표를 규준표(norm tables) 또는 단순히 규준이라고 한다. 한 검사 점수를 해석하기 위하여 어떤 규준을 사용할 것인가 하는 것은 검사를 받은 피검사자의 특성과 그 검사가 사용하게 된 목적에 따라 다르게 된다. 하여간 한 개인의 점수는 그 피검사자와 어떤 특성에 있어서 공통적이라든가 또는 그가 열망하는 어떤 참조집단(reference group) 등 그와 어떤 점에서 비슷한 집단에 대해서 비교하게 된다.

검사점수를 규준집단에 의해서 해석되어야 한다는 것은 결국 심리검사의 결과가 절대적 측정이 아니라 상대적이라는 것을 의미한다. 심리검사에 있어서 절대적인 기준을 사용하는 경우는 극히 드물다.

규준집단이란 한 표준화집단의 검사 점수의 분포로서 한 개인 점수의 비교의 기초가 된다. 규준점수는 흔히 규준표라는 형식으로 제시되는데, 각 점수나 또는 어떤 점수의 범위에 드는 규준집단의 비율을 나타낸다. 검사의 목적과 사용 범위에 따라서 규준에 대한 일반적인 성격은 결정되기는 하지만 이러한 범위 내에서도 규준집단이 될 수 있는 집단의 한계는 상당히 넓다.

따라서 규준집단의 특징과 성격에 관해서 간결하고도 명확한 기술이 있어야 한다. 규준집단의 특징을 명확히 설명해 주는 한 예를 들면 다음과 같이 기술할 수 있을 것이다. “규준집단은 2012년 3월 첫 주일에 검사를 받은 500명의 신입생으로 구성되었다. 10개의 대학교에 속한 사범대학에 등록한 학생으로부터 남자 250명, 여자 250명으로 도합 500명을 무선적(random)으로 각각 표집하였다. 이 10개의 대학교는 모든 국 · 공립 및 사립대학교에서 무선적으로 추출되었다.”

결과의 안정성을 위하여 어느 정도 최소한의 표집의 크기는 유지하여야 하지만 표집이 크지만 그 한계가 명료하지 않은 규준집단보다는 오히려 표집의 크기는 작지마는 전집을 잘 대표하게끔 표집된 규준집단이 더 바람직하다고 하겠다.

# 2. 규준점수의 유형

## 1) 백분위점수

### (1) 백분위점수의 의미

검사점수를 의미있게 해석하기 위하여 가장 흔히 사용되는 방법이 백분위(percentile rank)이다. 어떤 한 점수의 백분위는 한 규준집단에 있어서 그 주어진 점수보다 낮은 점수를 받은 사람의 전체에 대한 백분율로 정의된다. 따라서 백분위 78이란 규준집단에 있는 사람 중에 78%가 그 점수(백분위 78에 해당하는) 밑에 놓여 있다는 것을 의미한다. 또는 한 검사에서 소점(원점수) 26이 백분위 5에 해당한다면 그 규준집단의 5%에 해당하는 사람이 26점보다 낮은 점수를 받았다는 것을 나타낸다. 어떤 선정된 백분위에 해당하는 점수분포상의 점수를 백분위점수(percentile score or percentile), 약하여 P점수라고 한다.

P점수의 본보기는 〈표 3-1〉과 같다.

### (2) 백분위점수의 장단점

백분위점수의 장점은 우선 누구나 이해하기 쉽다는 것이다. 비교하고자 하는 집단에 대해서 한 개인의 상대적인 위치를 나타내 주므로 모든 사람에게 그 의미가 단순하고 직접적이며 이해하기 쉽다. 대부분의 경우 한 집단 내에서 한 사람의 서열을 나타내는 것으로 충분하며 보다 복잡한 소점의 전환이나 유도점수가 필요가 없을 경우에 적합하다.

백분위점수는 반면에 두 주요 단점을 갖고 있다. 첫째로 이 점수 척도는 서열(또는 등위)을 나타내므로 측정의 수준으로 볼 때 서열척도이다. 따라서 동간척도가 아니므로 가감승제를 하는 것은 적절한 방법이 되지 못한다. 이것은 하나의 검사점수를 해석하는 사람에겐 단점이 된다고 볼 수 없으나 검사점수를 가지고 연구하는 사람에게는 상당히 심각한 문제가 된다.

백분위점수의 두 번째 단점은 검사점수 해석의 경우에 문제가 된다. 분포의 중앙에 있어서 조그마한 소점의 차이는 상당히 커다란 백분위의 차이를 가져오는 반면에 분포의 극단에 있어서는 검사소점상으로 상당한 차이를 보일 때 백분위로는 조그마한 차를 보인다. 따라서 검사의 소점과 백분위간의 관계를 명확히 이해하고 명심하지 않는 이상 백분위간의 차를 잘못 해석하기 쉽다. 특히 분포의 중앙에 있어서 백분위간에 어느 정도 과장된 큰 차를 나타내고 있는 경우에 정말로 커다란 의미있는 차가 있는 것처럼 지나치게 해석하기가 쉽다.

### (3) 백분위점수의 계산

백분위점수를 찾는 방법에는 두 가지가 있다. 그 한 가지는 누가백분율 곡선을 그려서 〈표 3-1〉에서 대응하는 백분위와 백분위점수를 읽어 내면 되는 것이다. 또 한 가지의 방법은, 사분편차의 계산방식을 통해서 각 백분위에 해당하는 백분위점수를 계산을 통해서 구하는 방법이다.

#### 1 누가백분율($cf$) 곡선의 그림을 통한 방법

① 첫째, 얻은 빈도분포의 누가백분율을 기입한다.

② 이 누가백분율 분포를 기초로 하여 누가백분율 곡선을 그린다. 누가백분율 곡선을 그릴 때에는, 횡축에 원점수를 두고 종축에 누가백분율을 두어, 각 급간의 상한계 위에 누가백분율 빈도를 찍어 나가서 그 찍힌 점들을 이으면 된다. 이렇게 해서 만들어진 곡선을 오지이브(ogive)라고 한다. 〈표 3-1〉의 자료에서 그린 누가백분율 곡선이 〈그림 3-1〉에 표시되어 있다.

③ 〈그림 3-1〉과 같은 누가백분율 곡선이 완성되면, 이 곡선이 원활하게 되도록 수정하는 것이 보통이다.

④ 이 수정된 누가백분율 곡선에서, 종축에서 옆으로 가서 마주치는 곡선의 교차

점으로부터 다시 아래로 내려가면 해당하는 점수, 즉 백분율 점수를 읽을 수 있다. 이 분포에서는 제1사분점 $Q_1$(25%)에 해당하는 점수가 20점이고, $Mdn$(50%)이 약 26.5 정도이고, 제3사분점 $Q_3$(75%)이 약 30.7 정도이다. 반대로 횡축에서 위로 올라가서 마주치는 곡선의 교차점으로부터 다시 옆으로 가면 해당되는 누가백분율, 즉 백분위를 알 수 있다. 이 분포에서는 23점에서 해당하는 백분위가 약 34.5%이고, 38점은 약 95%인 것을 읽어낼 수 있다.

**표 3-1** **누가백분율의 계산**

| $X$ | $f$ | $cf$ | $cp$ | $u.l$ (상한계) |
|---|---|---|---|---|
| 41-43 | 1 | 86 | 100.0 | 43.5 |
| 38-40 | 4 | 85 | 98.8 | 40.5 |
| 35-37 | 5 | 81 | 94.2 | 37.5 |
| 32-34 | 8 | 76 | 88.4 | 34.5 |
| 29-31 | 14 | 68 | 79.1 | 31.5 |
| 26-28 | 17 | 54 | 62.8 | 28.5 |
| 23-25 | 9 | 37 | 43.0 | 25.5 |
| 20-22 | 13 | 28 | 32.6 | 22.5 |
| 17-19 | 8 | 15 | 17.4 | 19.5 |
| 14-16 | 3 | 7 | 8.1 | 16.5 |
| 11-13 | 4 | 4 | 4.7 | 13.5 |
| 8-10 | 0 | 0 | 0.0 | 10.5 |
| 계 | 86 | | | |

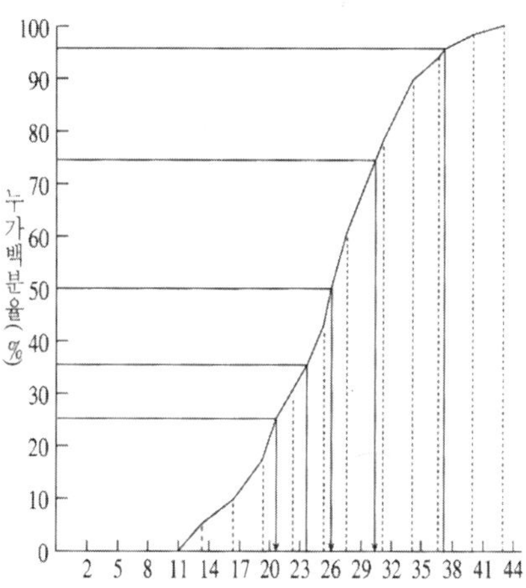


**[그림 3-1] 누가백분율 곡선**

## 2 $Mdn$ (또는 $Q_1$, $Q_3$) 산출공식을 통한 방법

도표를 이용하지 않고, 계산을 통해서 일정한 백분위에 해당하는 백분위점수를 구하는 방법은 앞에서도 말한 바와 같이 $Mdn$(중앙치, median)이나 $Q_1$, $Q_3$를 계산하는 방법과 꼭 같다. 이 계산 방법은 〈표 3-2〉에 예시한다.

표 3-2 **백분위점수의 계산(표 3-1의 자료사용)**

| (1) 백분점 하의 사례의 %(백분위) | (2) 백분점 하의 사례 수 | (3) 백분점수가 있는 바로 아래 급간까지의 누가빈도 | (4) 백분점수가 있는 급간의 하한계 | (5) 하한계와 백분점수의 거리 | (6) 백분위 점수 | (7) 정수로 표시한 백분위점수 |
|---|---|---|---|---|---|---|
| 90 | 77.4 | 76 | $34.5+\frac{1.4\times 3}{5}$ | | 35.3 | 36 |
| 80 | 68.8 | 68 | $31.5+\frac{.8\times 3}{8}$ | | 31.8 | 32 |
| 70 | 60.2 | 54 | $28.5+\frac{6.2\times 3}{14}$ | | 29.8 | 30 |
| 60 | 51.6 | 37 | $25.5+\frac{14.6\times 3}{17}$ | | 28.1 | 29 |
| 50 | 43.0 | 37 | $25.5+\frac{6\times 3}{17}$ | | 26.6 | 27 |
| 40 | 34.4 | 28 | $22.5+\frac{6.4\times 3}{9}$ | | 24.6 | 25 |
| 30 | 25.8 | 15 | $19.5+\frac{10.8\times 3}{13}$ | | 22.0 | 22 |
| 20 | 17.2 | 15 | $19.5+\frac{2.2\times 3}{13}$ | | 20.0 | 20 |
| 10 | 8.6 | 7 | $16.5+\frac{1.6\times 3}{8}$ | | 17.1 | 18 |

〈표 3-2〉에서는 모든 백분위에 해당하는 백분위점수를 다 계산하지 않고, 편의상 10% 단위로 십분점수(decile)만을 계산해 두었다. 각 백분위에 대한 백분위점수도 이 십분점수의 계산에 준해서 구하면 된다.

백분위점수를 구하는 방법을 일반적인 수식으로 나타내면 다음 공식과 같다.

$$P.S.=l.l.+i\frac{P_r\times N-F_c}{F}$$

여기서, $P.S.$ = 백분위점수

$l.l.$ = 백분위점수가 들어있는 급간의 정확한계 하한계

$P_r$ = 백분위

$i$=급간의 크기
$F_c$=백분위점수가 들어 있는 급간 아래 급간까지의 누가빈도
$F$=백분위점수가 들어 있는 급간의 빈도
$N$=사례수

$$Mdn(중앙치) = l.l. + i\frac{N/2 - F_c}{F}$$

$$Q_1(제1사분점) = l.l. + i\frac{N/4 - F_c}{F}$$

$$Q_3(제3사분점) = l.l. + i\frac{\frac{3}{4}N - F_c}{F}$$

### (4) 원점수와 백분위점수의 비교

어떤 학급 학생들의 원점수와 백분위점수를 그림으로 비교해 보면 〈그림 3-2〉와 같다.

〈그림 3-2〉에서는 원점수보다 백분위 점수가 학생들의 상대적 위치를 잘 짐작케 하고 있다. 이것은 백분위점수 자체가 학생은 100명으로 생각한 등위를 바탕으로 하고 있기 때문이다.

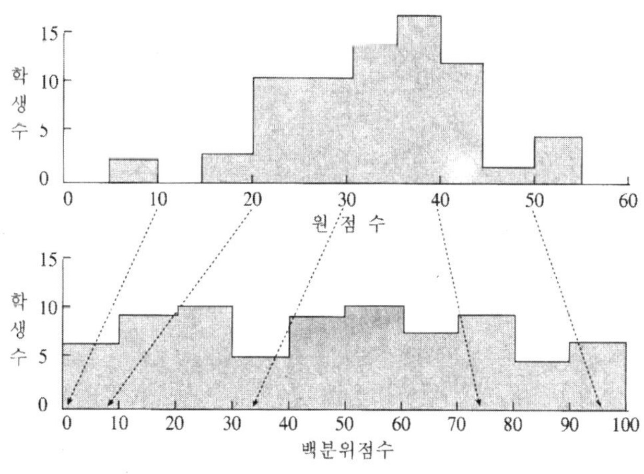


[그림 3-2] 동일집단의 원점수와 백분위점수의 비교

## 2) 표준점수

### (1) 표준점수의 의미

백분위점수는 100단위로 한 등위(rank)를 나타내는 서열척도(ordinal scale)이었다. 검사점수를 가지고 여러 가지 복잡한 통계적 처리를 하고자 할 때에 이 점수를 동간척도(interval scale), 즉 각 단위가 모두 같은 크기를 나타내는 점수로 전환시킨다는 것은 상당히 중요한 일이다. 전환점수의 하나인 표준점수(standard score)는 이와 같은 동간성(interval)을 가정하는 점수척도이다. 모든 표준점수 체계의 기본 단위는 표준편차(standard deviation)가 된다. 따라서 '표준점수'라는 말도 여기서 유래한다. 어떤 종류의 표준점수이건 간에 이것은 하나의 소점을 그 평균으로부터의 편차점수(deviation score)로 전환시킨 다음 이것을 표준편차의 단위로 나타낸 것이다.

#### 1 Z점수

가장 기본적인 표준점수인 Z점수는 다음과 같이 어떤 소점(원점수)을 가지고 거기에 해당되는 표준점수 Z를 구할 수 있다.

$$Z = \frac{X - M}{\sigma^*}$$

* 표준편차(Standard Deviation, SD, $\sigma$ )계산법
원점수(측정치)에 의한 계산법은 다음과 같다.
〈공식〉

$$\sigma = \frac{1}{N}\sqrt{N\Sigma X^2 - (\Sigma X)^2}$$

〈계산 예〉

| 학생 | A | B | C | D | E | F | G | H | I | J | $N = 10$ |
|---|---|---|---|---|---|---|---|---|---|---|---|
| $X$(원점수) | 13 | 17 | 15 | 11 | 13 | 17 | 11 | 13 | 11 | 11 | $\Sigma X = 132$ |
| $X^2$ | 169 | 289 | 225 | 121 | 169 | 289 | 121 | 169 | 121 | 121 | $\Sigma X^2 = 1794$ |

$$\sigma = \frac{1}{10}\sqrt{10(1794)-(132)^2}$$
$$= \frac{1}{10}\sqrt{17940-17424}$$
$$= \frac{1}{10}\sqrt{516}$$
$$= \frac{22.7}{10}$$
$$= 2.27$$

여기에서 영문대문자 Z는 어떤 소점에 해당되는 표준점수이고 X는 어떤 주어진 소점, M과 $\sigma$ 는 각각 소점분포에 있어서 얻어진 평균과 표준편차를 나타낸다. 소점을 표준점수(이 경우는 특히 Z점수라 함) 즉, 평균이 0이고 표준편차가 1인 정규분포 곡선의 척도로 전환되게 되며 이 때에 표준편차가 측정의 단위가 된다.

여기에 이 표준점수의 몇 가지 특징을 열거해 본다. 우선 첫째로 표준점수의 절대값은 분포의 평균으로부터 그 점수가 얼마나 떨어져 있느냐의 거리를 나타낸다. 둘째로 평균보다 큰 점수는 +부호가 붙고 평균보다 작을 때에는 -부호가 붙는다. 셋째로 표준점수는 동간척도라고 가정함으로써 가감승제의 여러 가지 복잡한 수리적인 조작을 할 수 있다. 넷째로 소점과 표준점수와는 직선적인 관계(linear teansformation)를 갖고 있으므로 표준점수의 분포의 형태는 소점의 분포와 꼭 같다. 즉, 소점의 분포가 정규분포에 가깝다면 Z점수의 분포도 정규분포에 가깝고, 또 소점이 편포(skewed)되었다면 Z점수도 똑같이 편포를 이룬다. 마지막으로 소점의 분포가 정규분포에 근사하게 접근할 때에는 Z점수의 분포의 범위는 대략 -3으로부터 +3이 된다. Z점수는 동간척도라는 장점을 가지고 있지만 소수점 이하의 숫자와 음수를 갖게 되는 단점이 있다.

### 2 T점수

$$T = 10Z + 50$$

위와 같이 전환된 척도는 소수점과 음수를 제거할 수 있으며 만약 본래의 소점의 분포가 정규분포에 가까우면 이 때에 얻어진 T점수(M=50, S=10)는 대략 20부터 80점까지의 점수분포, 즉 그 분포의 범위가 약 60점이 된다. 필요에 따라서는 자기가 원하는 어떤 평균과 표준편차를 가진 새로운 척도로 변화시킬 수 있을 것이다.

이와 같이 평균이 50이고 표준편차가 10으로 전환된 표준점수(normalized standard score)를 흔히 T점수라고 부른다. 1982년에 McGall은 이 표준점수를 심리학자 Thorndike와 Terman을 기념하기 위하여 T점수라고 부르자는 것을 제안하여 오늘에 이르고 있다.

다음 〈표 3-3〉은 원점수가 정규분포로 나타냈을 때의 Z점수, T점수 그리고 백분위점수의 상호관계를 나타낸 표이다.

**표 3-3 원점수가 정규분포일 때, Z점수, T점수, 백분위점수 상호간의 관계**

| Z점수 | T점수 | 백분위점수 | 분포 끝 부분의 사례수(%) | 백분위점수 | T점수 | Z점수 |
|---|---|---|---|---|---|---|
| 3.0 | 80 | 99.9 | 0.1 | 0.1 | 20 | -3.0 |
| 2.9 | 79 | 99.8 | 0.2 | 0.2 | 21 | -2.9 |
| 2.8 | 78 | 99.7 | 0.3 | 0.3 | 22 | -2.8 |
| 2.7 | 77 | 99.6 | 0.4 | 0.1 | 23 | -2.7 |
| 2.6 | 76 | 99.5 | 0.5 | 0.5 | 24 | -2.6 |
| 2.5 | 75 | 99.4 | 0.6 | 0.6 | 25 | -2.5 |
| 2.4 | 74 | 99.2 | 0.8 | 0.8 | 26 | -2.4 |
| 2.3 | 73 | 99 | 1 | 1 | 27 | -2.3 |
| 2.2 | 72 | 99 | 1 | 1 | 28 | -2.2 |
| 2.1 | 71 | 98 | 2 | 2 | 29 | -2.1 |
| 2.0 | 70 | 98 | 2 | 2 | 30 | -2.0 |
| 1.9 | 69 | 97 | 3 | 3 | 31 | -1.9 |
| 1.8 | 68 | 96 | 4 | 4 | 32 | -1.8 |
| 1.7 | 67 | 96 | 4 | 4 | 33 | -1.7 |
| 1.6 | 66 | 95 | 5 | 5 | 34 | -1.6 |
| 1.5 | 65 | 93 | 7 | 7 | 35 | -1.5 |
| 1.4 | 64 | 92 | 8 | 8 | 36 | -1.4 |
| 1.3 | 63 | 90 | 10 | 10 | 37 | -1.3 |
| 1.2 | 62 | 88 | 12 | 12 | 38 | -1.2 |
| 1.1 | 61 | 86 | 14 | 14 | 39 | -1.1 |

| Z점수 | T점수 | 백분위점수 | 분포 끝 부분의 사례수(%) | 백분위점수 | T점수 | Z점수 |
|---|---|---|---|---|---|---|
| 1.0 | 60 | 84 | 16 | 16 | 40 | -1.0 |
| 0.9 | 59 | 82 | 18 | 18 | 41 | -0.9 |
| 0.8 | 58 | 79 | 21 | 21 | 42 | -0.8 |
| 0.7 | 57 | 76 | 24 | 24 | 43 | -0.7 |
| 0.6 | 56 | 73 | 27 | 27 | 44 | -0.6 |
| 0.5 | 55 | 69 | 31 | 31 | 45 | -0.5 |
| 0.4 | 54 | 66 | 34 | 34 | 46 | -0.4 |
| 0.3 | 53 | 62 | 38 | 38 | 47 | -0.3 |
| 0.2 | 52 | 58 | 42 | 42 | 48 | -0.2 |
| 0.1 | 51 | 54 | 46 | 46 | 49 | -0.1 |
| 0.0 | 50 | 50 | 50 | 50 | 50 | 0.0 |

### 3 C점수

#### ① C점수의 정의

T점수는 앞에서도 말한 바와 같이 다른 척도들이 갖추지 못한 여러 가지의 장점을 가진 이상적인 척도이지만, 그 단위가 너무 자세하여 이것이 때로는 지나치게 '엄밀한' 척도라는 느낌을 줄 때가 있다. 특히 측정방법의 신뢰도가 부족할 때에는 이런 자세하고 엄밀한 척도화의 필요성이 희박해지는 것이 사실이다. 여기서, 척도의 단위를 좀 굵직하게 묶은 거치른 척도가 요구된다.

C점수 척도는 바로 이러한 요구에 알맞게 만들어진 표준첨수 척도의 일종으로 시 척도의 단위를 .5$\sigma$ 로 하여 0으로부터 10까지의 점수범위로 표시한다. 따라서 평균점은 5가 되고, $\sigma$ 가 2인 표준척도가 되는 것이다.

그런데 C점수 척도치는 다른 척도와의 달리 척도상의 한 점을 가리키는 것이 아니라, 척도상의 한 '거리'를 지시한다. C점수척도의 성질을 나타낸 다음의 〈표 3-4〉에서 볼 수 있는 바와 같이, C척도의 10점은 Z점수의 +2.25~+2.75에 해당하며, C척도의 0점은 −2.75~−2.25에 해당하는 것이다.

#### ② C점수의 장단점

C척도는 T척도와 같이 정상화된 척도이기 때문에 T척도가 갖는 장점을 다 갖춘 표준척도이다. T척도와의 유일한 차이는 척도의 단위가 거칠다는 것인데, 실제로

학습지도나 생활지도를 위한 대책을 세운다든가, 분단을 한다든가 할 때에는 이렇게 거치른 척도가 오히려 도움이 되는 수도 있다. 그러나 엄밀한 점수가 필요한 선발, 진급 등의 목적을 위해서는 C척도는 적합하지 못한 셈이다.

C척도의 점수 범위를 때로는 1점부터 11점까지로 표시하는 수도 있다. 이것은 특히 생활지도나 카운셀링에서 점수를 학생에게 알려주어야 할 경우 0점이라는 점수를 사용하는 것이 현명하지 못하기 때문이다.

**표 3-4** **C점수 척도의 내용**

| C척도 점수 | Z점수의 한계점 | 누가백분율 | 각 급간 내의 % | 정수로 표시한 % |
|---|---|---|---|---|
| | +2.75 | 99.7 | | |
| 10 | | | 0.9 | 1 |
| | +2.25 | 98.8 | | |
| 9 | | | 2.8 | 3 |
| | +1.75 | 96.0 | | |
| 8 | | | 6.6 | 7 |
| | +1.25 | 89.4 | | |
| 7 | | | 12.1 | 12 |
| | +0.75 | 77.3 | | |
| 6 | | | 17.4 | 17 |
| | +0.25 | 59.9 | | |
| 5 | | | 19.8 | 20 |
| | −0.25 | 40.1 | | |
| 4 | | | 17.4 | 17 |
| | −0.75 | 22.7 | | |
| 3 | | | 12.1 | 12 |
| | −1.25 | 10.6 | | |
| 2 | | | 6.6 | 7 |
| | −1.75 | 4.0 | | |
| 1 | | | 2.8 | 3 |
| | −2.25 | 1.2 | | |
| 0 | | | 0.9 | 1 |
| | −2.75 | 0.3 | | |

### 4 Stanine 점수

#### ① Stanine 점수의 정의

9간점수(또는 9단계점수)라고도 불리우는 이 Stanine 척도는 제2차 세계대전 중 미해군 심리학자들이 쓰기 시작한 것으로서, C척도의 양극단의 두 점수를 합하여 1점부터 9점까지의 점수범위로 표시한 9단계 척도이다. Stanine이란 말은, Standard nine의 약어이다. C척도의 양극단의 두 점수를 합했으므로, Stanine 척도의 양극단인 1점과 9점에 해당하는 사례수의 백분율은 〈표 3-5〉와 같이 각각 4%씩이 된다는 것을 알 수 있다.

표 3-5 **Stanine척도와 C척도의 사례수(면적)**

| | | | | | | | | | | | | |
|---|---|---|---|---|---|---|---|---|---|---|---|---|
| 스타나인 | 점수 | - | 1 | 2 | 3 | 4 | 5 | 6 | 7 | 8 | 9 | - |
| | % | - | 4 | 7 | 12 | 17 | 20 | 17 | 12 | 7 | 4 | - |
| C 척도 | 점수 | 0 | 1 | 2 | 3 | 4 | 5 | 6 | 7 | 8 | 9 | 10 |
| | % | 1 | 3 | 7 | 12 | 17 | 20 | 17 | 12 | 7 | 3 | 1 |

② Stanine점수의 계산예

어떤 학급에서 50명의 학생에게 수학고사를 치루고 수학시험의 원점수를 Stanine점수로 환산하는 간편 계산법을 제시하면 다음과 같다.

표 3-6 **원점수를 Stanine점수로 환산하는 예**

| 원점수 | Stanine |
|---|---|
| 95 | 9 |
| 93 | ↑ |
| 93 | 8 |
| 92 | |
| 88 | ↓ |
| 86 | ↑ |
| 83 | |
| 83 | |
| 82 | 7 |
| 80 | |
| 77 | ↓ |
| 76 | ↑ |
| 75 | |
| 72 | |
| 71 | |
| 70 | 6 |
| 68 | |
| 66 | |
| 64 | |
| 64 | ↓ |
| 63 | ↑ |
| 61 | |
| 59 | |
| 58 | |
| 55 | |
| →Mdn | 5 |
| 55 | |
| 54 | |
| 53 | |
| 53 | |
| 50 | ↓ |
| 49 | ↑ |
| 49 | |
| 47 | |
| 45 | |
| 45 | 4 |
| 42 | |
| 42 | |
| 40 | |
| 39 | ↓ |
| 36 | ↑ |
| 35 | |
| 34 | |
| 34 | 3 |
| 31 | |
| 31 | ↓ |
| 29 | ↑ |
| 24 | |
| 21 | 2 |
| 19 | ↓ |
| 17 | 1 |

**〈절차〉**

1. 중앙치(Mdn)을 찾는다.
2. 중앙치 아래 위로 각각 5명씩(50명의 20%)의 점수를 끊는다. 여기에 해당하는 원점수들은 Stanine점수 5에 해당한다.
3. 50명의 17%는 8.5인데 반올림하여 9명으로 잡고 중앙치의 위 아래 쪽에서 9명의 원점수를 끊는다. 이 경우의 원점수들은 Stanine점수가 각각 6점과 4점이 된다.
4. 계속하여 중앙치 위 아래 쪽을 향하여 6명씩의 원점수를 끊어 나간다(50명의 12%), 이때 Stanine점수는 7과 3이 된다.
5. 50명의 7%는 3.5명인데, 반올림하여 4명으로 잡고 각 위 아래에서 4명의 원점수를 끊는다.
   이것이 Stanine점수 8과 2가 된다.
6. 나머지는 Stanine점수가 각각 9와 1점이 된다.

## (2) 표준점수의 장단점

여러 가지 종류의 표준점수는 서열척도가 아닌 동간척도로 검사점수를 나타낸다. 따라서 동간척도는 여러 가지 수리적 처리가 가능하므로 여러 가지 점수를 종합한다든가 또는 어떤 복잡한 통계적 처리를 하고자 할 때 적합한 점수이다. 또한 모든 표준점수는 공통적인 측정단위를 사용하고 있으므로 여러 가지 다른 검사로부터 얻은 소점은 그것이 동일한 규준집단에서 유도된 표준점수라면 직접적으로 상호 비교할 수 있는 장점을 갖고 있다. 뿐만 아니라 정상화된 표준점수는 정규분포와 직접 관련시켜 줌으로써 보다 단순한 백분위점수로 환원하여 해석할 수 있는 장점도 갖고 있다.

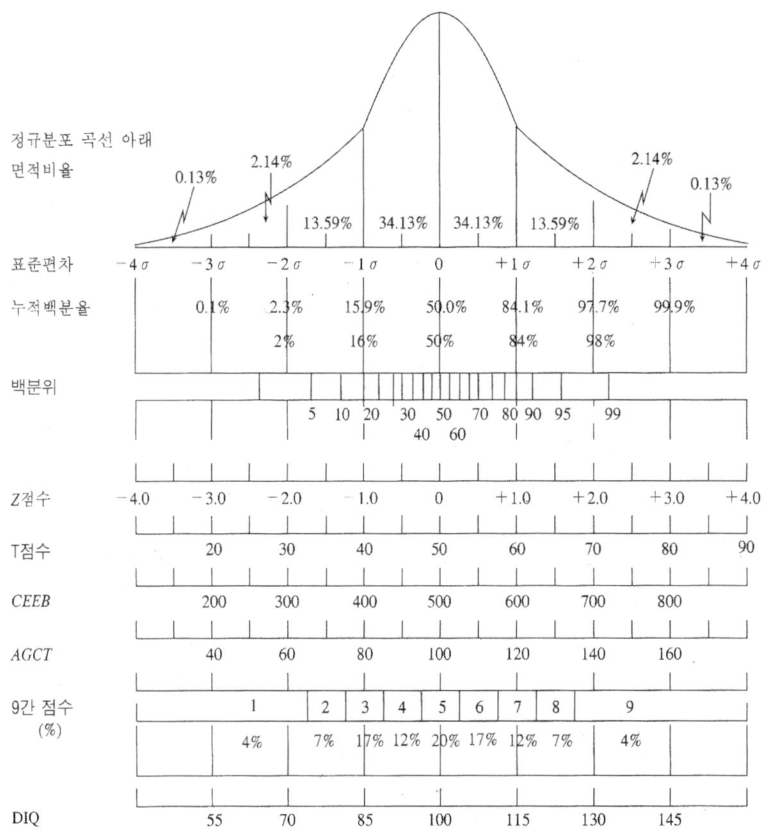


**<그림 3-3> 각 표준점수의 비교**

검사점수를 표준점수로 전환하는 과정은 백분위 점수보다 더 복잡하지만 각종 전자계산기와 컴퓨터가 앞으로 일반화되면 이것은 하나의 단점으로 볼 수는 없을 것이다. 표준점수는 일반사람에게 잘 알려지지 않아서 이해하기가 어렵다(각종 규준점수간의 비교는 〈그림 3-3〉의 비교표를 참조 바람).

A학생의 네 교과목 성적의 원점수(100만점 득점)를 표준점수로 전환한 예는 〈표 3-7〉과 같다.

**표 3-7** **원점수의 표준점수 전환 성적표**

| | 소속 학년 학생 | 득점 | 평균 점수 | 표준 편차 | Z점수 | T점수 | A학생보다 성적이 더 좋은 학생 수 |
|---|---|---|---|---|---|---|---|
| 영어 성적 | 1000명 | 80 | 74 | 6 | 80-74/6=+1.00 | 10×1+50=60 | 159명 |
| 수학 성적 | 1000명 | 75 | 65 | 10 | 75-65/10=2.00 | 10×2+50=70 | 23명 |
| 국어 성적 | 1000명 | 85 | 81 | 4 | 85-81/4=+1.00 | 10×1+5=60 | 159명 |
| 물리 성적 | 1000명 | 70 | 52 | 6 | 70-52/6=+3.00 | 10×3+50=80 | 1명 |

〈표 3-7〉에 의하면, 원점수에 의거한 네 교과목 성적 중 가장 좋은 교과목 성적은 국어 85점으로 가장 좋고, 70점인 물리성적이 가장 나쁘다. 반면, T점수에 의한 성적평가는 정반대로 물리성적이 가장 좋고 영어와 국어성적이 상대적으로 많이 떨어지고 있음을 보여주고 있다. 특히 물리성적은 천재적 수준임을 시사해 주고 있다.

따라서 성적평가나 심리검사 결과의 해석에 있어서 원점수에만 의존할 때에는 큰 오류를 범하게 된다.

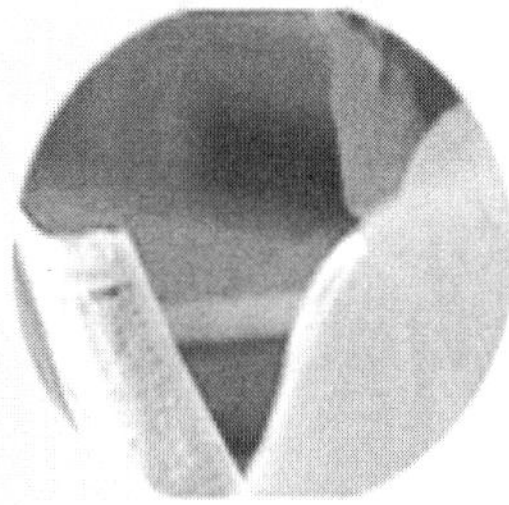

## 제 2 부

# 표준화 검사

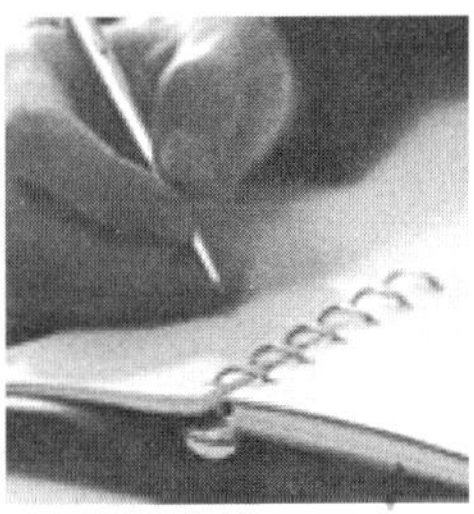

제4장

# 심리검사의 표준화

1. 표준화의 개념과 표준화 검사의 특징
2. 표준화 검사의 선택과 실시법
3. 표준화 검사의 제작과정과 방법

# 1. 표준화의 개념과 표준화 검사의 특징

표준화란 도구의 표준화, 절차의 표준화, 채점 및 해석의 표준화를 말한다.

## 1) 검사도구의 표준화

심리진단 검사는 인간의 행동특성 또는 행동경향성을 측정하게 되는 것이므로 검사도구가 그러한 인간의 행동특성을 측정하기에 충분한 문항들로 구성되어야 함은 당연한 일이다. 그러나 개인의 많은 행동을 낱낱이 문항에 비추어 알아본다는 것은 실제적으로 불가능한 일이다. 그러므로 그 행동의 일부분을 표집하여 그것으로 전체 행동을 미루어 볼 수밖에 없다.

따라서 도구의 표준화는 타당성 있는 측정도구를 만들기 위한 필수요건이라 할 것이다. 즉, ① 제작되어 나온 도구가 측정하려고 하는 내용(또는 목적)을 제대로 분석하고 있으며, ② 그 분석된 내용을 나타내는 행동 증거를 적절히 수집하고 있으며, ③ 검사실시 대상에 실시하여 정규분포의 측정치를 얻을 수 있는가의 문제 등은 곧 도구의 표준화와 직결되는 일이요, 도구의 표준화 그 자체인 것이다.

이와 같이 표준화 검사의 도구는 측정도구가 표준화되어 있다는 점이 큰 특징을 이루고 있다.

## 2) 절차의 표준화

표준화 검사에서는 검사의 제작에서부터 액세서리 편집, 실시, 채점, 해석, 활용에 이르기까지 반드시 요구되는 조건에 맞추어야 한다. 이 중에서도 검사실시 절차의 표준화는 더욱 지켜야 할 일이다. 도구 작성자가 절차의 표준화를 위한

지시를 명백히 하는 것은 물론이려니와 실제검사 실시에 있어 이 절차가 지시한 대로 지켜지지 않는다면 표준화 검사의 결과는 믿을 수 없는 것이 되고 만다. 가령 검사시간 45분이라는 시간 제한이 있는 데도 그것이 엄격하게 지켜지지 않았다면 규준집단의 결과(규준)와 비교해 볼 근거를 상실하고 만다.

표준화 검사는 시공간을 초월하여 언제 어디서나 실시할 수 있다는 장점을 지니고 있지마는 그 전제가 되는 것은 절차의 표준화에 있는 것이다. 만약 실시에 있어서 표준화된 절차에 따르지 않는다면 엉뚱한 결과를 가져올 것이며 해석, 활용에 있어 그릇된 방향으로 이끌어 갈 것이다. L. J. Cronbach는 절차가 잘 표준화된 검사라야 규준(norm)을 마음놓고 이용할 수 있다고 말하고 있다.

### 3) 채점 및 해석의 표준화

채점 및 해석도 위의 절차의 표준화에 속하는 것이 되겠지만 표준화검사에서는 검사결과를 비교해 볼 수 있는 '규준'을 마련하고 있음이 그 특징의 하나다. 채점이 표준화되어 있다면 거기에다 얻은 결과를 가지고 전국적인 수준에서 개개인의 위치를 알아낼 수 있는 것이다.

개인뿐만 아니라 전국적인 수준에 비추어 본 자기 학급의 능력수준을 알아볼 수 있을 것이며 따라서 해석도 제대로 할 수 있을 것이다.

표준화 검사의 우수성은 이러한 개인 또는 집단의 능력을 규준에 비추어 비교 가능하게 하는데 있다. 따라서 규준집단의 선정은 검사의 표준화를 위해 대단히 중요시되고 있다. 규준집단은 선정에 있어 모집단을 잘 대표할 수 있도록 표집이론이 엄격하게 지켜져야 하며 규준집단의 검사실시 결과는 정규분포이거나, 정규분포에 가까워야 한다. 이렇게 하여 뒤따르는 통계적 절차를 거쳐 마련된 '규준'에 의해 어떤 개인의 검사 결과는 옳게 비교되고 해석되는 것이다.

# 2. 표준화 검사의 선택과 실시법

## 1) 선택의 기준

### (1) 검사도구의 타당도

타당도는 하나의 검사도구가 측정하려고 하는 내용이나 목표를 충실하게 측정하고 있는가의 문제이다. 이와 같은 사려 깊은 주의(thoughtful attention)는 다음과 같은 면에서 행해져야 할 것이다.

① 타당도 또는 타당성이 보고되어 있는가?
② 보고된 타당도는 어떤 준거에 의한 것이며 그것은 합리적인가?
③ 문항제작이 잘 되어 있으며, 행동증거의 수집이 적합한가?
④ 검사도구에 대한 전문가나 비판자들은 그 도구에 대하여 어떤 의견을 가지고 있는가?

### (2) 검사도구의 신뢰도

검사도구가 일관성 있는 결과를 가져오지 않는다면 신뢰도는 낮은 것이다. 신뢰도의 검사상 필요한 요건은 다음과 같다.

① 무슨 형의 신뢰도가 결정되었는가?
② 측정의 표준오차는 검사결과를 신뢰할 수 있을 정도로 작은가?
③ 신뢰도를 결정할 때에 사용된 표본집단의 크기는 적절한가?
④ 검사전문가나 비판가들의 의견은 어떠한가?

### (3) 규준점수

표준화 검사의 중요한 특징은 규준의 유용성(availability)에 있다. 그러므로 다음과 같은 면에서 규준이 살펴져야 한다.

① 어떤 규준척도가 사용되고 있으며, 또한 지역별, 성별 또는 연령별 규준이 보고되어 있는가?
② 규준의 기초가 되는 소점의 분포에 관한 기록이 있는가?
③ 표준화집단의 표집의 방법, 크기는 적절하며, 표집대상자의 연령, 성별이 기록되어 있는가?
④ 같은 종류의 검사도구의 규준과의 비교도 언급되었는가?
⑤ 검사를 실시하는 학년 또는 학급과의 비교가 가능할 수 있도록 규준이 작성되었는가?

### (4) 검사실시의 용이성

검사실시의 용이성 문제, 즉 실시방법은 미리 훈련받은 교사라야만 검사를 실시할 수 있는가? 복잡한 시간의 조절절차는 없는가? 피검자에게 주는 불필요한 지시 또는 부적당한 연습문제는 없는가? 실시에 필요한 시간은 너무 길지 않은가? 답안지는 따로 마련되어 있는가? 인쇄의 오식은 없는가 등의 면이 조사되어야 한다.

### (5) 채점의 용이성

채점에 대한 설명이 자세하게 기록되어 있는가? 또는 객관적인 채점이 가능하도록 되어 있는가? 등이 살펴져야 한다.

### (6) 기타 조건

위와 같은 기준 외에도 검사요강 · 검사제작 연도 · 평판 · 해석 · 활용 · 인쇄 · 경비 등의 면이 고찰되어야 한다.

## 2) 검사의 실시법

### (1) 분위기 및 동기조성

개인검사로 되어 있는 표준화 검사는 전문적 소양이 있는 검사자에 의하여 검사가 시행되어야 하겠지만, 집단검사로 되어 있는 표준화 검사는 보통 검사자에 의하여 실시될 수 있다. 담임교사가 시행할 경우에는 학생들의 수검 동기를 유발시킬 수 있으며 쉽게 학생들과의 래포(rapport)를 형성할 수 있는 장점이 있지만, 학생들에게 최선을 다하여 검사를 받도록 동기를 유발해 주어야 할 것이다.

### (2) 지시의 정확화

검사를 시작하는 데 있어 인쇄된 지시만을 읽을 때에는 문장을 빠뜨리거나 대체 첨가함이 없도록 해야 할 것이며, 지시의 불완전한 이해로 말미암아 시행이 무효화될 수도 있다. 검사 시간이 정확하게 지켜져야 할 경우에는 스톱워치(stop watch)를 사용하는 것이 바람직하겠으나 불가능할 때는 시작할 때의 '분과 초'를 기록해 두는 것이 매우 중요한 일이다. 시간을 정확하게 지키는 일을 기억에 의존하는 방법은 금물이다.

### (3) 실시시간

검사실시의 시간은 되도록 오전 중을 택하는 것이 좋다. 피검자들이 충분히 그 능력을 발휘할 수 있도록 조용한 장소, 좋은 날씨, 피로하지 않은 시간 등 조건을 갖추어 주는 것이 바람직하다.

### (4) 결과의 해석

이상과 같이 실시하여 얻은 검사의 결과는 '현재 피검자의 능력이 어느 정도인

가'를 지시하는 식으로 해석되어야 한다. 검사의 결과를 영구적 또는 반영구적으로 해석한다는 것은 위험한 일이다. 비교적 영구성을 띠고 있는 것으로 알려져 있는 지능지수도 변동이 있음이 연구결과로 보고되고 있다.

또한 표준화 검사는 어느 학교 어떤 교실에서도 사용될 수 있도록 최대공약수적인 내용으로 구성되어 있어 교사의 학습지도의 목표 내용을 전부 포함하지 못하는 단점이 있으므로 이 점도 해석에 있어 아울러 고려되어야 할 것이다.

#### (5) 검사지 처리

검사결과의 기록 정리가 끝나면 사용했던 검사용지를 소각해 버리는 것이 도구 자체의 효용기간을 길게 하는데 도움이 될 것이다.

수량화된 검사의 결과는 다음에 올 교육활동에 유효하게 사용되어야 하며 쓸데없이 학생에게 알리지 않는 것이 좋다.

#### (6) 유의점

마지막으로 표준화 검사의 실시는 학교 교육계획의 일환으로 계획성 있게 실시되어야 한다. 표준화 검사는 그리 빈번하게 시행될 수 없는 것이므로 그 종류 · 횟수 · 시기 등이 합리적으로 연구되고 실천되어야 할 것이다.

### 3) 표준화 검사의 활용

표준화 검사가 활용되는 면은 ① 인간행동의 이해, ② 동질집단의 조직, ③ 감별 진단치료 및 교정학습, ④ 생활지도와 상담, ⑤ 개인차의 진단, ⑥ 특수아의 발견과 연구, ⑦ 심리 또는 교육연구 등이다.

# 3. 표준화 검사의 제작과정과 방법

## 1) 검사 제작계획의 수립

### (1) 검사목적의 확립

구체적인 용어로 우선, 검사의 일반적인 목적을 상세히 정의해 두는 일이 필요하다. 이런 정의 속에서, 검사가 측정하려고 의도하는 것이 무엇이며, 검사는 어떤 사람들에게 쓰일 수 있으며, 그리고 이 검사의 용도는 무엇인지가 지적되어야 할 것이다. 이 검사목적의 정의는, 이후의 제작활동 전반을 인도하고 통제하는 기반이 된다.

### (2) 검사개요의 작성

일반적인 목적의 정의 내지 확립이 끝나면, 다음에 할 일이 검사개요(outline)의 작성이다. 이 검사개요의 작성에는, 검사내용의 결정, 검사내용의 비중결정, 측정행동의 분석과 정의, 검사의 길이결정 등이 있다.

#### 1 검사내용의 결정

여기서, 검사내용이라고 하는 것은, 검사에서 측정될 행동과 그 행동이 관련되는 내용을 총칭하는 말이다. 이러한 검사내용은, 행동과 내용의 이원적 분류표로 정리해 두면 편리하다.

#### 2 검사내용의 비중결정

한 검사가 몇 개의 행동을 동시에 측정하는 경우 혹은 한 검사가 한 행동을 측정한다고 하더라도 이 한 행동이 몇 가지로 더 분류될 수 있을 때에는, 그 여러 가지 행동에 얼마만한 무게를 주어서, 취급할 것이냐 하는 문제이다.

#### 3 측정행동의 분석과 정의

검사에서 측정될 여러 행동을 자세히 분석하고 정의하는 일이다.

#### 4 검사의 길이결정

검사길이를 결정하는 일은 문항을 몇 개나 만들며, 검사를 받는데 소요될 시간을 얼마로 할 것인가 하는 문제이다.

보통, 교육검사는 학교의 시간에 들어맞게 길이를 조정하여 실시하기 쉽게 하는 일이 흔하지만, 이것도 엄밀히 말한다면 검사의 목적 또는 용도에 따라서 결정되어야 할 것이다.

### (3) 문항작성을 위한 준비

여기서 우선 고려해야 할 점은, 채점의 객관성이다. 될 수 있는 대로 객관적으로 채점될 수 있는 문항형식을 택한다. 객관적으로 채점될 수 있는 문항형식 가운데서도, 예컨대 덜 객관적인 '완성형'보다는 더 객관적일 수 있는 '선다형'이 좋을 것이다. 그리고 채점이 객관적일수록 채점 자체가 용이해진다는 것도 잊어서는 안 된다.

둘째로는, 실시하기가 쉽도록 문항형식이 선택되어야 한다. 다른 말로 한다면, 한 검사안에 너무 많은 종류의 문항형식이 동시에 사용되어서는 안 된다는 말이 된다.

#### 1 문항난이도와 범위 결정

문항의 형식을 결정한 다음에 생각할 문제는, 검사문항의 난이도의 정도와 범위를 정하는 일이다. 검사 제작자들의 주관적인 판단과 협의를 통해서, 적당한 난이도를 각 문항들이 갖추도록 노력해야 한다.

2 기타

이 밖에도, 검사 제작계획 수립의 단계에서 결정되어야 할 일들이 많다. 예를 들면 문항들을 누가 작성하느냐의 문제, 제작된 문항들을 누가 어떤 방법으로 사전 검토할 것이냐 하는 문제, 예비실시에 따르는 표집선택의 문제와 그 통계적 처리의 문제 등 표준화 검사 제작의 전 단계에 걸친 세밀하고 주도한 계획수립이 필요한 것이다.

## 2) 문항의 작성

계획수립이 끝나고, 문항제작의 진용이 결정되면 문항작성의 과업이 시작된다. 문항이란, '채점상의 한 단위'라는 말로 정의된다. 그리고 검사는 이러한 문항들의 집합체라고 할 수 있다.

### (1) 문항 작성자에게 필요한 소양

좋은 문항을 작성하는 데에는 몇 가지의 기본적인 능력 혹은 소양이 필요한 것으로 알려지고 있다.

첫째, 검사가 관여하는 분야에 관한 철저한 이해가 있어야 한다. 학습성과 검사를 위해서는 학과의 내용에 관하여, 인성검사를 위해서는 인성의 이론에 관하여 철저한 이해를 가져야 한다.

둘째로, 필요한 소양은, 검사제작에 관한 이론과 기술을 터득하고 있어야 한다는 것이다. 잘 알고만 있으면 좋은 문항이 '저절로 나오는 것'이 아니다. 좋은 문항을 만드는 기술은 오랜 경험과 연구 끝에 결과가 있는 것이다. 여기서 한 마디 더 첨가하면 문항작성 활동이란, 근본적으로 예술적인 창작활동과 같다고 볼 수 있다.

### (2) 검사내용 이원분류표와 문항의 작성

우선 검사내용을 행동과 내용별로 이원분류표를 만들고 이에 따라 문항을 만들어 간다. 수검자가 한 문항에 답을 하는데에 필요한 능력은, 행동을 분석할 때에 정의된 바로 그런 능력을 요구하는 문항이어야 하고, 이 문항들은 그런 능력을 전체적으로 잘 대표하는 중요성을 띈 문항들이어야 한다. 그리고 문항작성자 자신이 수검자가 된 마음으로, 문항을 풀어 보고 어떤 능력이 소요되는 문항인가 음미하는 것도 좋은 방법이다.

#### (3) 문항의 형식

문항의 형식은 표준화 검사의 특수성 때문에, 대개 객관식의 문항이 사용되는 것이 보통이다. 채점의 객관성, 통일성을 기할 수 있고, 또 채점이 간편해지기 때문이다. 객관식 문항형식 중에서도 근래에는 완성형, 연결형, 진위형보다 선다형이 주로 많이 사용된다.

### 3) 예비검사의 실시와 그 통계적 처리

#### (1) 예비검사 실시의 중요성과 그 과제

문항의 작성이 완료되면, 예비검사를 위한 예비실시형을 편집한다. 이 예비검사를 하는 이유는 다음과 같다.

첫째, 이 예비검사를 통하여 불량한 문항, 수정을 필요로 하는 문항들을 발견한다. 더 구체적으로 말한다면 모호한 문항, 오답 구실을 못하는 오답지, 지나치게 어렵거나 쉬운 문항, 잘하는 수검자와 못하는 수검자를 잘 변별해 내지 못하는 문항 등을 빌견한다.

둘째, 검사 전체로 하여금 적합한 난이도를 갖게 하기 위하여, 각 문항의 난이도를 알아낸다.

셋째, 검사 전체로 하여금 유효한 측정도구가 될 수 있게 하기 위하여, 각 문항의 문항변별력(item discrimingting power)을 알아낸다.

넷째, 완성된 표준화 검사형에서 쓰일 적당한 문항의 수를 결정한다. 경우에 따라서는 계획수립의 단계에서 결정된 문항수의 반으로 줄일 수도 있고 또는 갑절로 늘여야만 하는 경우도 생긴다.

다섯째, 완성된 표준화 검사형의 적합한 실시시간을 결정한다.

마지막으로, 수검자에게 하는 지시, 수검 절차상의 문제들, 연습문제, 인쇄양식 등에 관하여 수정을 가할 필요가 있는 부분을 발견하는 일이다.

### (2) 예비실시

#### 1 표집의 크기

검사 제작자는 그 표준화 검사가 사용될 전체 모집단의 성질을 잘 대표하는 표집을 얻도록 힘써야 한다. 예컨대, 서울특별시 내에서 표집된 20,000명보다는 전국에서 표집된 400명의 표집이 우리 나라 인구를 더 잘 대표한다. 이 예비검사에 필요한 표집의 크기는 최소 500명 정도 이상은 되어야 한다고 알려져 있다.

#### 2 실시조건

예비검사상의 제일 원칙은, 완성된 표준화 검사가 실시될 조건과 될수록 같은 조건하에서 예비실시되도록 하라는 것이다. 왜곡된 결과를 얻지 않도록 하는 한 수단이다. 만일에, 예비검사 도중 예기하지 않은 장애나 사태가 벌어졌을 경우에는 자세한 보고를 받아둘 준비를 해 두는 일이 필요하다.

#### 3 예비검사의 편집

한 가지 원칙은, 문항을 난이도의 순서에 따라서 쉽다고 생각되는 문항부터 어려운 것으로 배열하는 방법이다. 그리고 검사가 몇 개의 소검사로 나누어 있을 때에는 이 소검사별로 편집하는 방법도 생각할 수 있다. 그러나 이 때에도 소검사 내에서는 문항들이 난이도의 순서로 배열된 것이 바람직하다.

### (3) 예비실시 결과에 대한 문항양호도 검증

#### 1 문항난이도(item difficulty)

한 문항의 난이의 정도를 가리키는 수치이다.

### 2 문항변별도

문항의 타당도를 우리는 일반적으로 문항변별력(item discriminating power)이라고 부르며, 특히 준거가 이 검사 이외의 외부준거(external criteria)인 경우에는 문항타당도(item validity), 준거가 바로 이 검사의 총점, 즉 내부준거(internal criteria)인 경우에는 문항 내적합치도(item internal consistency)라고 부르기도 한다.

### 3 문항 반응분포의 음미

문항의 통계적인 조작에 의한 분석은 난이도와 변별도의 검증으로 일단 끝나는 셈이며, 다음으로는 문항 반응분포(item response distribution)를 살펴봐서 실제적으로 이상한 문항분포 여부를 분석해야 할 단계인 것이다.

## 4) 표준화 검사의 편집

위의 예비검사와 그 통계적 처리의 과정이 끝나면, 다음에는 표준화 실시에 쓸 검사의 편집을 하는 단계가 된다. 표준화 검사의 편집 단계에서 할 일은 문항난이도 · 문항변별력 · 문항 반응분포 등 3가지 조건에 비추어 불량한 문항들을 제거 혹은 개정하여, 일정한 방식에 따라서 문항들을 배열 · 편집하는 과정이다. 문항배열의 순서는 앞에서도 말한 바 있지만, 다른 특별한 이유가 없는 한 쉬운 문항부터 어려운 문항의 차례로 배열하는 것이 좋다. 그리고 여기서 편집되는 검사는 그대로 표준화 실시의 과정을 거쳐 발행될 검사의 최종형으로, 편집뿐만 아니라 검사의 외면적 체제, 인쇄 등의 면에서도 면밀하고 수도한 소심과 배려가 필요하다.

## 5) 표준화 실시와 규준의 작성

### (1) 표집선택의 문제

예비검사의 단계에서도 표집선택의 문제가 대두되었지만, 표준화 실시 단계에서는 그 문제가 한층 더 중대한 문제로 나선다. 표집선택이 잘못되면, 이 검사는 결국 왜곡된 결과를 나타내는 검사가 될 것이다.

어떤 방법을 써서 표집을 하든, 표집은 전집 모집단의 성질을 잘 대표해야 한다는 점이다. 이것은 어떤 경우에도 움직일 수 없는 철칙이 된다. 편파된 표집으로 왜곡된 규준을 작성하는 것은, 어느 모로 보나 규준을 차라리 만들지 않은 것만 같지 못하다.

### (2) 표준화의 실시와 유의점

첫째 검사시간의 엄격한 준수가 필요하다. 이것은 표준화 검사의 실시에서 범하게 되는 가장 흔하고 중대한 과오의 하나이다.

둘째, 수검자에 대한 검사의 지시는 가장 분명한 것이어야 한다. 장황하고 뜻이 분명하지 않고, 중요한 대목을 빠뜨린 지시들은 의외의 낭패를 가져오는 수가 많다.

셋째, 선택식의 검사에서 추측을 어느 정도로 할 것이냐가 명백히 지시되어야 한다. 지시가 없으면, 어떤 수검자는 추측을 많이 해서 성적을 올리고, 어떤 수검자는 자신이 없는 문제는 일체 제외항으로 남겨 둘지 모른다. 그래서 틀리는 문항에 대해서 감점을 하느냐 안하느냐가 명시되어야 한다.

넷째, 검사 장소의 환경, 혹은 물리적 조건(physical conditions)이다. 넓은 책상 적당한 실내, 기온과 광선, 알맞은 통풍상태 등의 조건하에서 실시되는 검사와 춥고 어둡고 텁텁한 분위기 속에서 치러지는 검사의 결과에는 상당한 차이가 있다는 여러 가지 실험연구가 있다. 검사집단 사이에 이런 물리적 조건의 차이가 심하게 벌어지지 않도록 적당한 조치를 취해야 한다.

다섯째, 수검자의 동기상태, 혹은 심리적 조건의 문제이다. 우리는 물론, 수많은 수검자의 동기상태(motivation)나 심리적 조건(psychological conditions)을 완전히 동일하게 통제할 수는 없다. 그러나 이런 점에서도 여러 검사집단이 서로 비교적 동일해지도록 가능한 노력은 기울여야 한다.

### (3) 규준의 작성

규준이란 것은, 결국 검사의 결과로써 얻은 점수 또는 성적을 의미있게 해석하기 위한 방법이다. 검사에서 나온 원점수, 혹은 소점(raw score)이 그 자체로는 어떤 의미를 캐낼 수 없는 것이란 점은 더 말할 필요가 없다. 그 원점수 또는 소점을 다른 의미있는 점수 체제로 바꿔 놓아야 비로소 우리는 거기서 무슨 의미를 찾아낼 수 있는 것이다. 이 때에 그 의미 있는 점수체제로 우리가 백분위 점수를 채택한다면 백분위 규준이 되고, 다른 표준점수들을 채택한다면 표준점수 규준이 된다.

한편, 규준의 뜻을 더 엄격히 정의한다면 '한 규준은 특정한 한 집단이 어떤 검사에서 거두는 평균성적'이라는 것이다. 이 특정한 집단이 같은 연령의 수검자의 집단일 때는 연령규준이 되고, 같은 학년의 수검자의 집단일 때는 학년규준이 된다. 지능검사에서는 보통 연령규준을 써서, 정신연령이라는 것이 계산되어 나오고, 학습성과 검사에서는 학년규준을 써서, 예컨대 국어 연령, 영어 연령 따위가 계산되어 나온다.

검사의 성질에 비추어, 위의 4가지 규준 가운데서 한 가지 혹은 한 가지 이상의 규준을 만든다. 그런데, 경우에 따라서는 표준화 실시에서 그 성적에 남녀차나 지역차 등이 너무 심하게 나올 때에는 남녀별로, 혹은 지역별로 규준을 만들 필요성이 있을 때도 있다. 지역별로 규준을 만들 때는 전국 규준을 만들고, 그 아래로 지역별 규준을 구별해서 준비하는 것이 보통이다.

이 단계에서 규준 이외에도 할 일이 있다. 예를 들면 이 표준화 실시와 동시에 꼭 검사의 신뢰도와 타당도에 대한 연구도 병행되어야 한다. 이런 일들이 대강 끝나면 표준화 검사를 발행할 준비는 그의 완성된 셈이다. 남은 일은 검사용지와 답안지의 대량 인쇄, 검사요강(manual)의 작성 등의 일이다.

## 6) 검사 액세서리의 작성

### (1) 검사요강

검사요강이란 것은 검사의 실시를 맡은 사람, 검사점수에 대하여 해석을 가하고 이를 여러 가지 문제에서 이용할 사람들을 위해서 준비된 안내서이다. 이 안내서에 수록될 내용은 적어도 다음과 같은 것이 포함되어 있어야 한다.

첫째, 검사의 측정 목적과 용도에 대해서 명백한 설명이 있어야 한다. 검사의 이름이 인성검사라고 해서 그대로 믿을 것이 못된다. 구체적으로 어떤 인성특성들을 측정하는 검사인지, 어떤 용도에 쓰일 수 있는 검사인지 분명히 지시되어야 한다.

둘째, 검사의 실시와 채점절차에 관한 상세한 설명이 있어야 하며, 실시자와 채점자가 이 검사를 다루는 데에 어느 정도의 숙련이 필요한가도 지시되어야 한다.

셋째, 수검자들에 어떤 지시를 할 것인지도 통일하여 지정되어야 한다.

넷째, 검사의 신뢰도와 타당도가 반드시 명시되어야 한다. 신뢰도의 경우에는, 그 신뢰도를 얻은 방법에 대해서도 상술되어야 한다. 타당도에 관해서는 그것이 어떤 종류의 타당도인지, 방법은 무엇인지, 대상집단은 무엇이었는지 밝혀져야 한다.

다섯째, 규준에 있어서도 규준집단, 규준집단의 표집방법, 표준화 실시의 시간과 조건 등에 관해서 명백한 설명이 있어야 한다.

### (2) 채점판의 준비

채점판 혹은 채점지의 작성으로 표준화 검사 제작의 전 과정은 끝난다. 답안지와 문제지가 따로 되어 있을 때에는 구멍 채점판을 만드는 것이 좋다.

문제지 속에 답을 적어 넣게 되어 있는 검사에서는, 모범답이 적힌 채점지가 있어서 대조해 가면서 채점할 수 있게 한다.

이 채점판 이외에도 필요한 대로, 검사점수의 해석을 편리하게 하기 위한 프로파일(profile)이 작성 · 제시되어야 한다.

# 제5장

# 지능검사

1. 지능검사의 종류와 지능표시법
2. MENSA의 천재 · 수재판별 지능검사
3. 우리나라 지능검사

# 1. 지능검사의 종류와 지능표시법

## 1) 지능검사의 종류

### (1) 피검자의 수에 따라

① 개별 지능검사 ② 집단 지능검사로 구분된다.

### (2) 측정재료에 따라

① 언어성 검사(verbal or linguistic test) ② 비언어성 검사(non-verbal or nonlinguistic test) ③ 혼합검사(component test) 즉, 특히 언어성 검사는 $\alpha$식 검사, 비언어성 검사는 $\beta$식 검사라고도 부른다. R. B. Cattell은 $\beta$식 검사를 Culture free intelligence test라고 칭하였다. 또한 혼합식 검사는 $\alpha\beta$ 혼합식 검사, $\alpha\beta$ 병용검사, $\alpha\beta$식 검사 등으로도 부른다.

### (3) 검사시간 제한의 유무에 따라

① 속도검사(speed test) ② 역량검사(力量檢査, power test)가 있다. 후자는 시간을 무제한으로 주어서 피검자의 능력 수준을 보는 검사로서 단체검사에서는 불가능하다.

### (4) 측정수준에 따라

① 개관검사(槪觀檢査, survey test) ② 분석적 검사(analytical test)가 있다. 전자는 지능이란 전체적, 통일적인 것이어서 요소적으로 분석할 수 없다는 Binet식의

일반 지능설적인 입장에서 전체로서의 지능수준을 크게 개관하고자 하는 검사이다. 지능지수, 지능 편차치 등의 측정결과의 표시법은 이런 생각을 전제로 한 것이다. 후자는 지능을 여러 가지 요소에 의한 구성체로 보고 그것을 분석하고자 하는 검사로서 지능요인 또는 그것을 그림으로 프로파일식으로 그 구조를 표현한다. 진단검사(diagncstic test)라고도 부른다. 오늘날 추세는 개관검사에서 분석적 · 진단적 검사에로 옮아가는 경향을 나타낸다.

#### (5) 검사문제의 구성에 따라

① omnibus검사 ② battery검사가 있다. 전자는 Binet식처럼 여러 개의 내용을 가진 문제를 한 개의 검사에 다 집어 넣어 전체로서 측정하지 따로따로 나누어지지 않는 개관검사이다. 후자는 같은 내용의 하위검사별로 결과가 표시될 수 있는 진단적 검사이다.

#### (6) 적용범위에 따라

① 연령단계에 대응하여 유아용, 취학전 아동용, 중고생용, 성인용 등 ② 특수대상자에게 대응하여 정신박약자용, 맹인용, 시청각 장애인용 등으로 구분된다.

### 2) 지능의 표시법

#### (1) 정신연령(MA)

이것은 지능검사에 의해 측정되는 것으로서, '지능연령'으로도 불린다. '지능수준'을 나타내는 지표의 하나이다. 이것은 Binet의 착상에 의한 것으로 아동의 지능발달에 상응하는 연령별 문제가 있고(소위 연령척도, age scale), 이에 대한 해답률의 정도에 따라 연령을 가지고 그 아동의 지능발달의 정도를 표시한 것이다. 이에 대한 개념이 생활연령(CA)이다. 이것은 출생해서 그 시점까지의 실제 달력 나이인 것이다.

### (2) 퍼센타일 순위(percentile rank)

검사의 결과 원점수(raw score)를 백분위, 즉 50을 중간으로 하여 0에서 100까지에 이르는 능력의 척도로 환산하는 방법이다. 결국 퍼센타일 순위, 즉 P점수는 각 집단의 사람수의 많고 적음에 관계없이 그것을 100명의 집단으로 생각해서 그 100명의 중에 자리잡은 개인의 상대적 위치를 나타내는 방법이다. 예컨대, P점수=95percentile이라 한다면 그 사람이 속해 있는 집단의 100명 중 95명이 그 이하의 득점이고, 그것을 능가하는 사람은 불과 5명에 지나지 않는 우수한 성적임을 표시하게 된다.

### (3) 지능편차치(知能偏差值, intelligence standard score : SS)

이것은 표준편차(standard deviation, SD)를 이용하여 검사 원점수를 환산하는 방법을 표준점수법이라 말하고 그 환산 점수를 표준편차치 또는 표준점수라고 부르며 그 대표적인 것이 Z점수와 T점수이다. 각각의 공식에 의해 환산할 수 있다.

$$Z = \frac{X - M}{SD} \qquad T = 10Z + 50$$

* X=개인의 원득점
M=집단의 평균점수
SD=표준편차

보통 T점수가 사용되고 50이 보통(평균)의 지능 정도를 나타내고 50 이상은 우수하고 50 이하는 지체되고 있음을 나타낸다.

### (4) 지능지수(IQ)

이것은 정신연령을 생활연령과 비교하여 지능의 정도를 표시하는 방법이다. 실제로는 다음의 공식이 사용된다. 즉, 생활연령 100일 때 정신연령이 어느 정도 되는가를 나타내는 것이다.

$$\text{지능지수(IQ)} = \frac{\text{정신연령(MA)}}{\text{생활연령(CA)}} \times 100$$

예컨대, 생활연령이 5세인 아동이 지능검사를 실시한 결과 정신연령이 6세 2개월이었다고 하면 지능지수는 다음과 같이 계산하여 IQ는 123이다.

$$IQ = \frac{6:2}{5:0} \times 100 = \frac{74(\text{개월})}{60(\text{개월})} \times 100 = 123$$

### (5) 편차지능지수(deviation intelligence quotient)

Wechsler는 이름은 지능지수(IQ)라고 사용하고 있지만, 실제로는 지능편차치를 구하는 다음의 공식에 의해서 IQ를 표시하고 있다. 이것을 편차지능지수(DIQ)라고 한다. 공식은 다음과 같다.

$$DIQ = 15Z + 100$$

이 공식에서는 100이 보통의 지능(평균)이고, 100 이상의 경우에는 우수하고 100 이하는 지체되고 있음을 나타낸다.

표 5-1 지능지수와 지능편차치의 비교

| 지능단계 | 지능지수 | | 지능편차식 | Binet식과 지능편차치(%) | Wechsler식(%) |
|---|---|---|---|---|---|
| | Wechsler식 | Binet식 | | | |
| 최우수 | 130 이상 | 141 이상 | 75 이상 | 1 | 2.2 |
| 우수 | 120~129 | 125~140 | 65~74 | 6 | 6.7 |
| 중상 | 110~119 | 109~124 | 55~64 | 24 | 16.5 |
| 중 | 90~109 | 93~108 | 45~54 | 38 | 50.0 |
| 중하 | 80~89 | 77~92 | 35~44 | 24 | 16.1 |
| 열등 | 70~79 | 61~76 | 25~34 | 6 | 6.7 |
| 최열등 | 60 이하 | 60 이하 | 24 이하 | 1 | 2.2 |

## 2. MENSA의 천재 · 수재판별 지능검사

이 검사는 지능지수가 극히 높은 사람들의 모임인 친교클럽 'MENSA'의 입회자격(IQ가 150 이상) 검사로 사용되고 있으며, MENSA 회원의 협력하에 1994년 Madsen Pirie와 Eamonn Butler가 만든 천재 · 수재판별용 지능검사이다.

두 사람은 다 같이 오랜 세월에 걸쳐 지능과 그 측정법의 연구에 전념해 왔으며 두 사람은 각각 영국의 Adam Smith연구소의 소장과 부장을 역임하였으며, 특히 Pirie는 MENSA(본부: 런던에 소재)의 국제사무국장으로 근무한 바 있다. 이 검사는 현재 국제적으로 천재 · 수재판별 검사로 많이 이용되고 있다.

여기선, 여러 가지 검사 중, 두 가지 검사만 소개하고자 한다.

### 1) A형 검사(문제: 80문항, 제한시간: 1시간)

| |
|---|
| 다음 문제들은 각각 어떤 규칙에 따라 문자나 숫자 또는 도형들이 나열되고 있는 바 ? 의 란에 어떤 문자나 숫자 또는 도형을 기입하면 좋은지 그 답을 ? 의 란에 써 넣으시오. 선다형의 답지가 있는 경우는 그 기호를 써 넣으시오.<br>예 : 1 2 4 8 16 ?<br>**정답** : 32(수가 매회 두 배씩 늘어나고 있다) |

**1.** B D F H ?
**2.** S V Y B ?
**3.** A Z C X B ?
**4.** B C H I N ? ?
**5.** A E J P ?
**6.** T S Q N ?
**7.** M N J Q G ?
**8.** U B I P ?

9. H V G T F R ? ?
10. J E Z U ?

11.

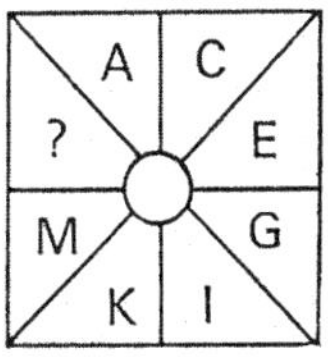


12.

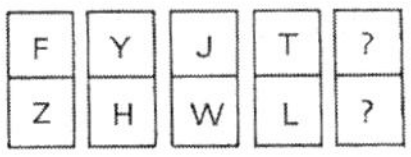


13.

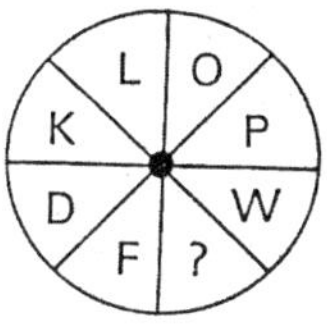


14.

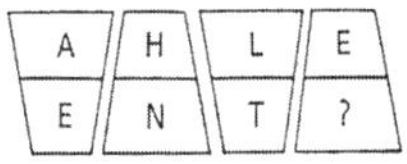


15.

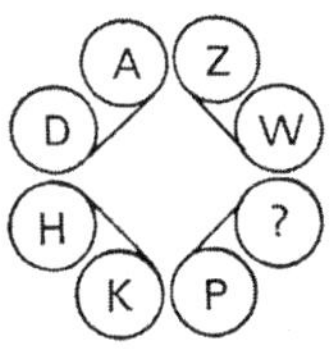


16.

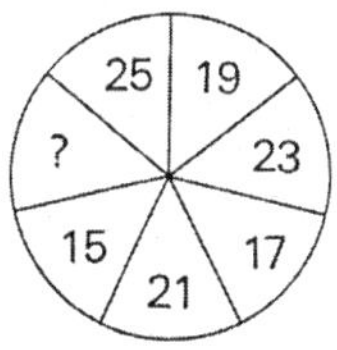


17.

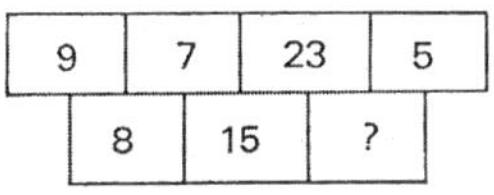


18.

19.

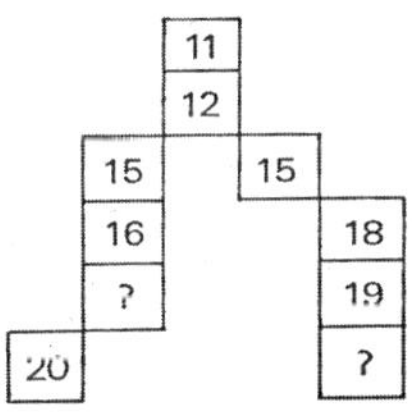


20.

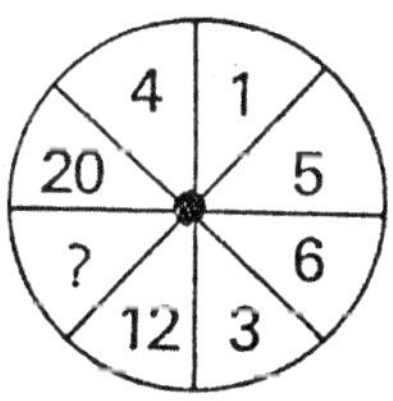


21. 7 9 13 ? 37
22. 285 253 221 189 ?
23. 5 10 15 25 40 ?
24. $3\frac{2}{3}$ $2\frac{1}{3}$ 1 $-\frac{1}{3}$ ?
25. 2 3 5 8 13 ?
26. 4 52 19 39 52 28 103 ?
27. 905 576 329 247 ?
28. 12 8 14 7 16 ? ?

**29.** 9 6 16 10 30 ? 58 34

**30.** 68 81 ? 113 132

**31.**

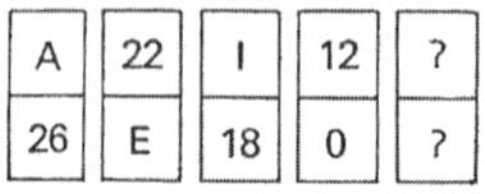


**32.**

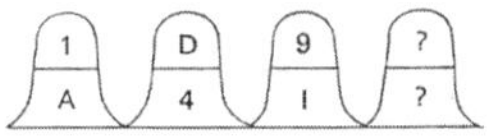


**33.**

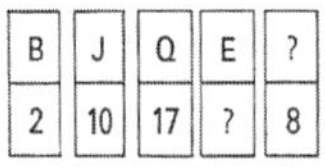


**34.**

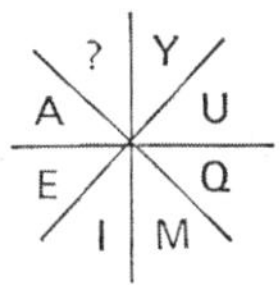


**35.**

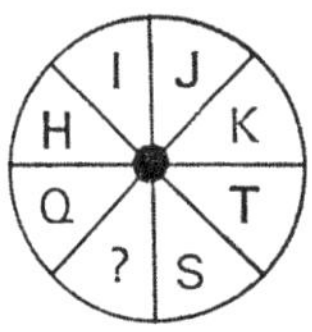


**36.**

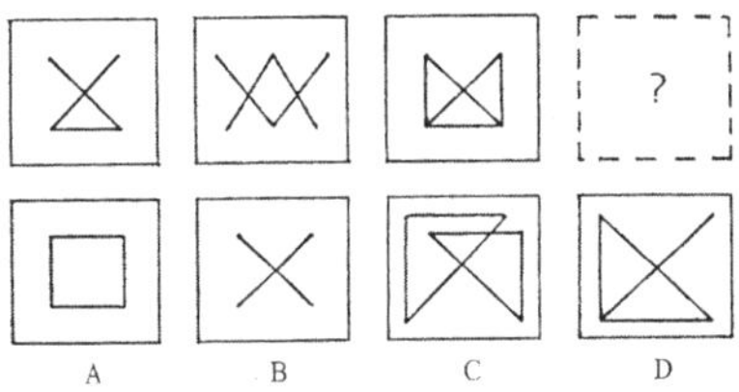


**37.**

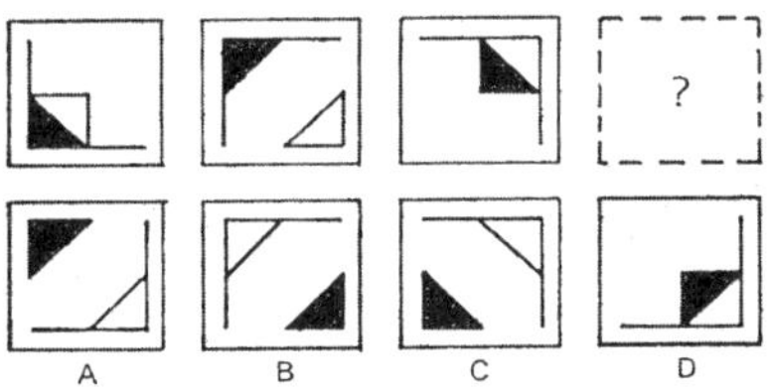


**38.**

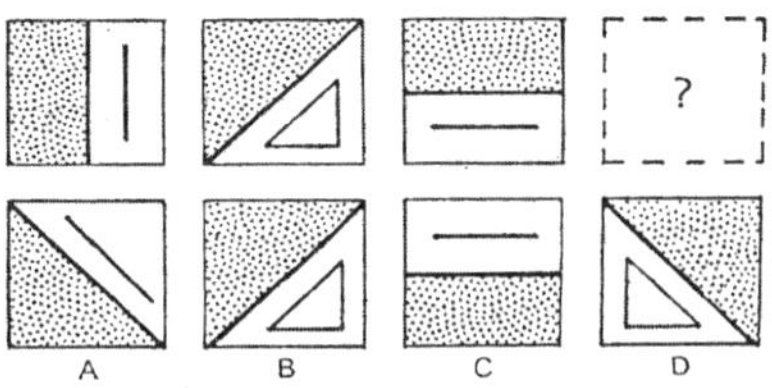

**39.**

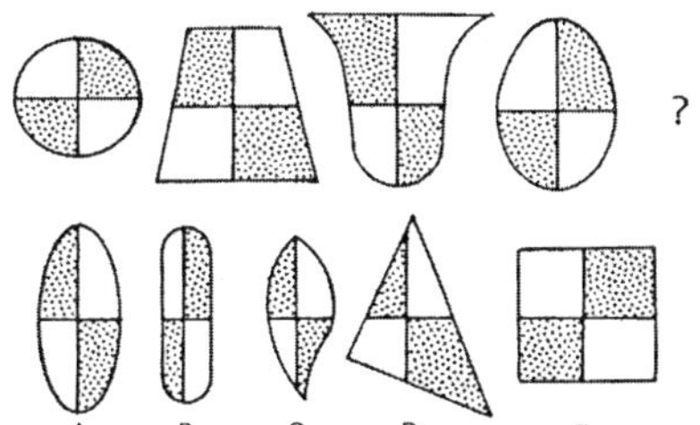

A B C D E

**40.**

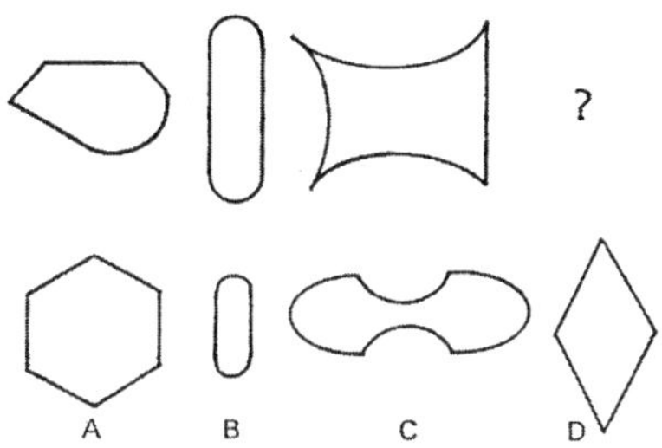

A B C D

**41.** 8723 3872 2387 ?

**42.** 3 12 48 192 ?

**43.** 9 4 8 5 7 6 ? ?

**44.** 5 7 11 19 35 ?

**45.** 48 24 72 36 108 ?

**46.** 87 56 177 28 357 14 ?

**47.** $2\frac{1}{2}$ 6 $15\frac{1}{2}$ 34 $64\frac{1}{2}$ ?

**48.** 1 2 8 9 15 16 ?

**49.** 5 12 ? 54 110

**50.** 5 28 11 23 17 18 23 ?

**51.**

| 4 | 3 | 2 | 9 | 8 |
|---|---|---|---|---|
| 5 | 2 | ? | 35 | |

**52.**

| 9 | 10 | 8 | 11 | ? |
|---|---|---|---|---|
| 26 | 25 | 27 | ? | 28 |

**53.**

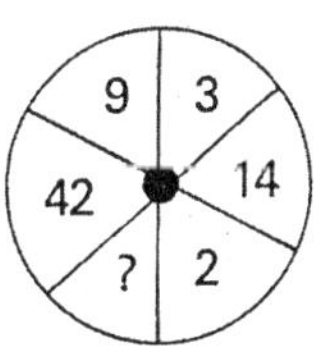


**54.**

| 19 | 25 | 32 |
|---|---|---|
| 14 | | ? |
| 10 | | 49 |
| 7 | | |

**55.**

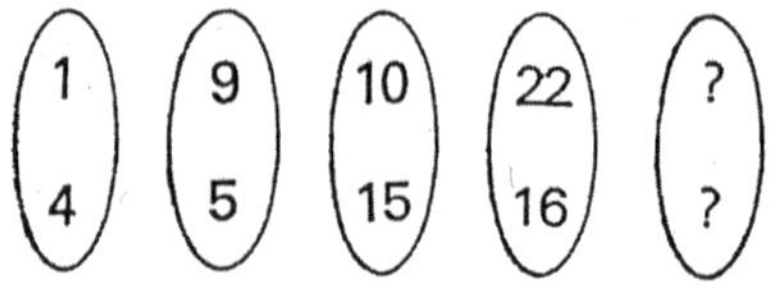


**56.**

| C | F | I | L | ? |
|---|---|---|---|---|
| X | U | R | O | ? |

**57.**

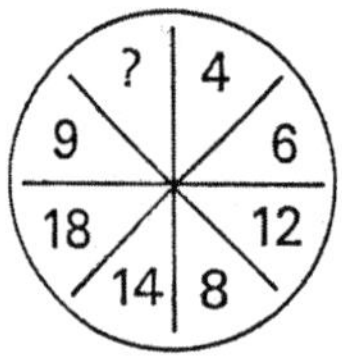


**58.**

| 3 | 1 | 9 | 6 | 12 | 4 |
|---|---|---|---|---|---|
| 3 | 11 | 5 | 8 | 0 | ? |

**59.**

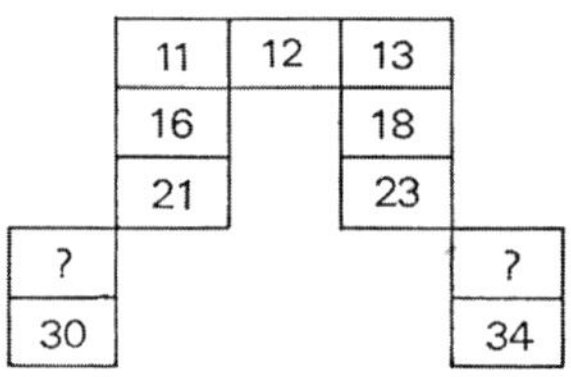


**60.**

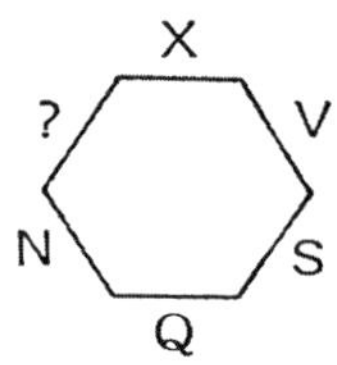


**61.** A 7 H 4 L 11 W 1 ?

**62.** DK MH LO ? ?

**63.** A C B E C G D ? ?

**64.**

| A | L | ? | P | I |
|---|---|---|---|---|
| J | C | N | G | ? |

**65.**

| L | N | ? | U |
|---|---|---|---|
| D | F | I | ? |

**66.** 2 5 9 14 20 ?

**67.** 53 48 50 45 47 ?

**68.** 1 2 5 26 ?

**69.** 5 8 7 6 10 3 ?

**70.** 0 16 64 144 ?

**71.** 3 8 ? 21

**72.** 0 3 15 63 ?

**73.** 381 378 373 366 ?

**74.** 11 17 29 53 ?

**75.** 2 9 28 ?

76.

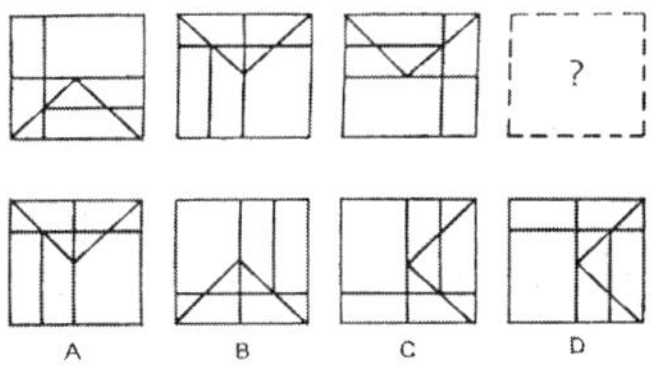

77.

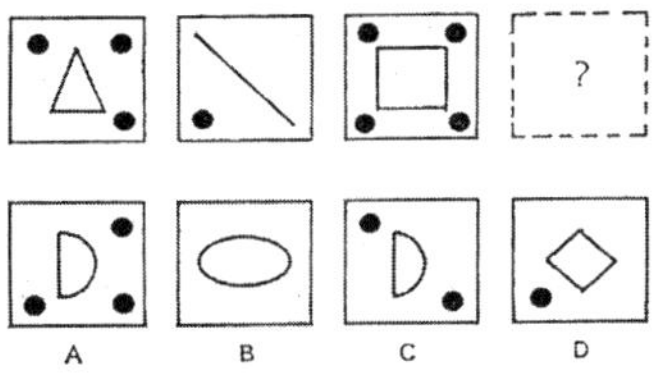

78.

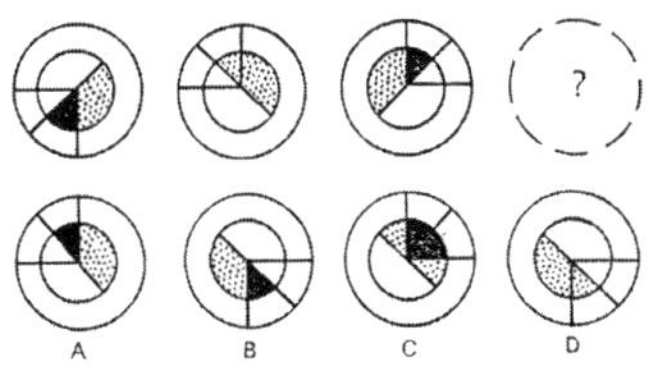

79.

| 3 | 8 | 2 | 9 |
|---|---|---|---|
| 14 | 9 | 6 | 17 |
| 19 | 1 | 4 | ? |

80.

| 10 | 18 | 34 | 66 | ? |
|---|---|---|---|---|

## 2) B형 검사(문제 : 40문항, 제한시간 : 1시간)

다음 문제들은 각각 도형이나 숫자가 어떤 규칙에 따라 나열되고 있는 바, ?의 란에 어느 것을 기입하면 좋은지 { }안에서 그 답을 고르시오.

예 :

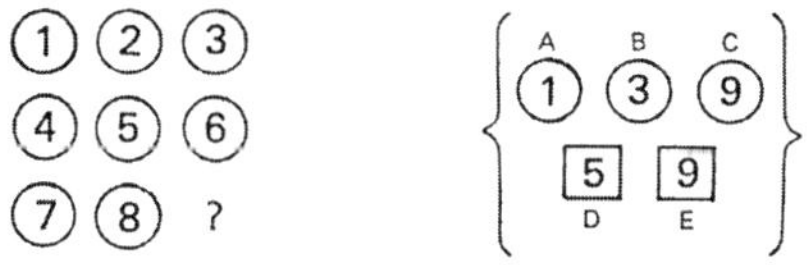

답 : C(각 행마다 오른쪽으로 1씩 수가 늘어나고 있으며 각 열마다 밑으로 3씩 수가 늘어나고 있다.)

1.

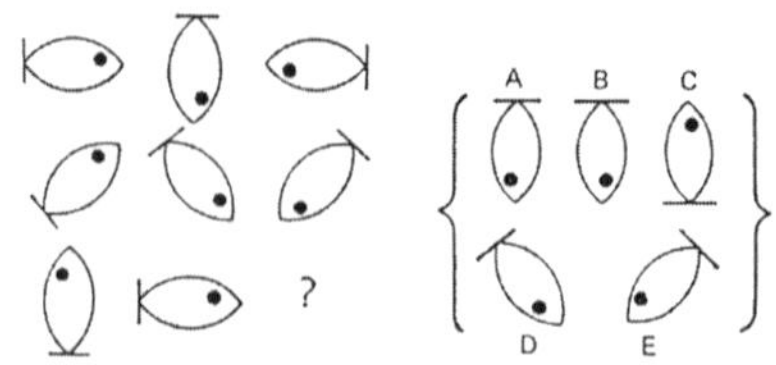


2.

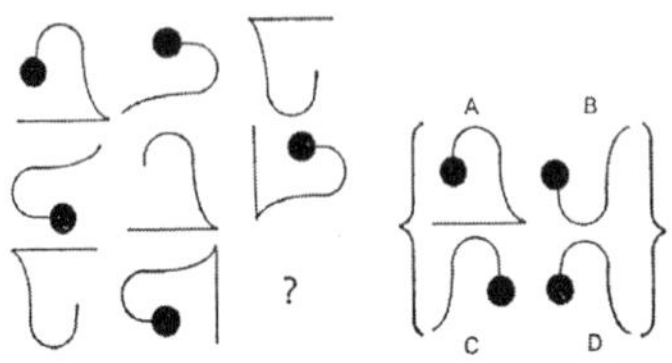


3.

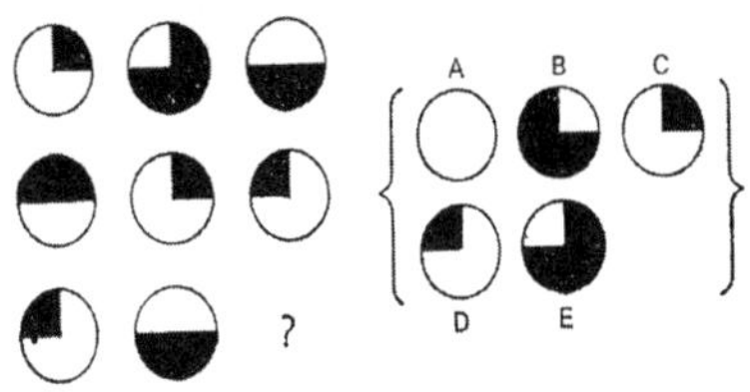


4.

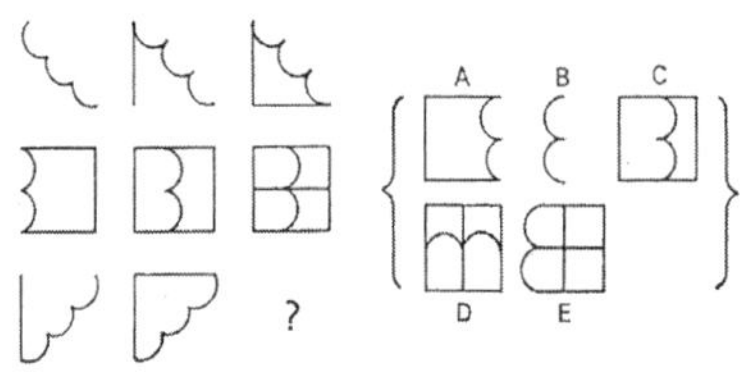


5.

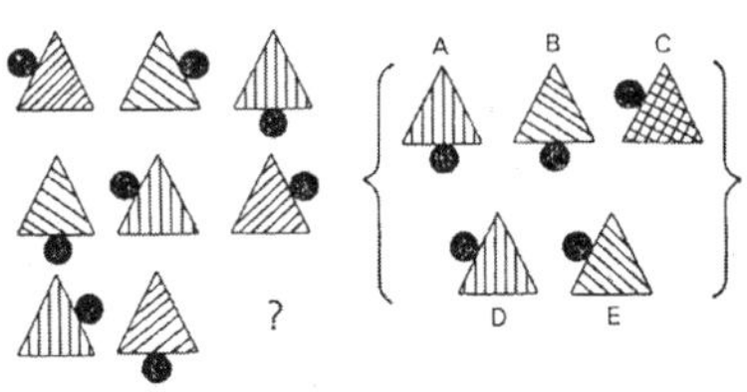


6.

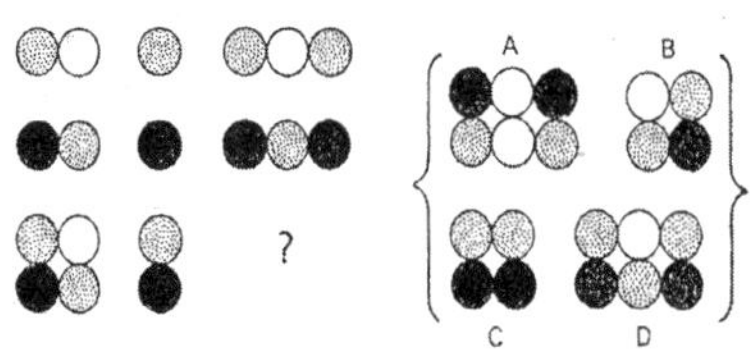


7.

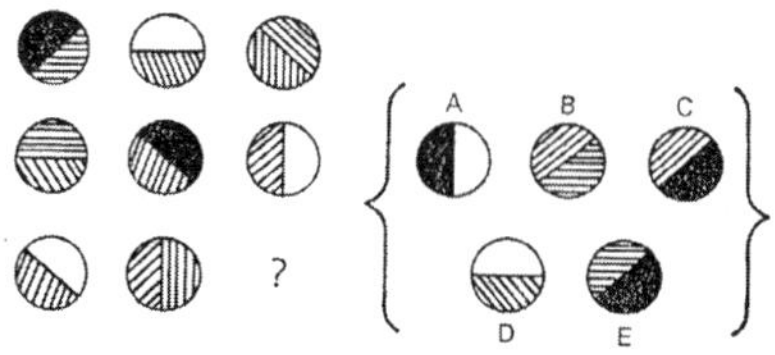

**8.**

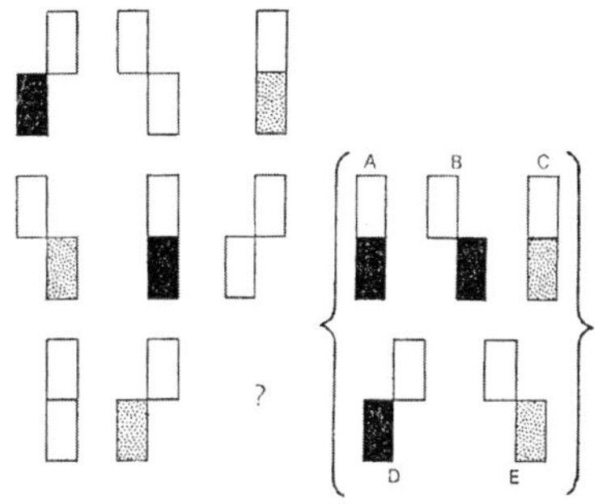


**9.**

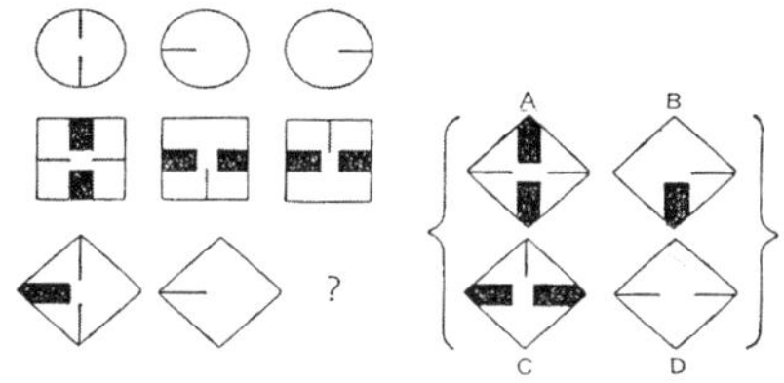


**10.**

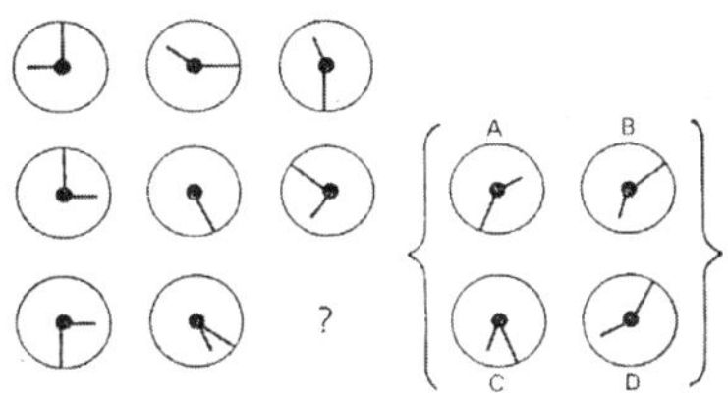


**11.**

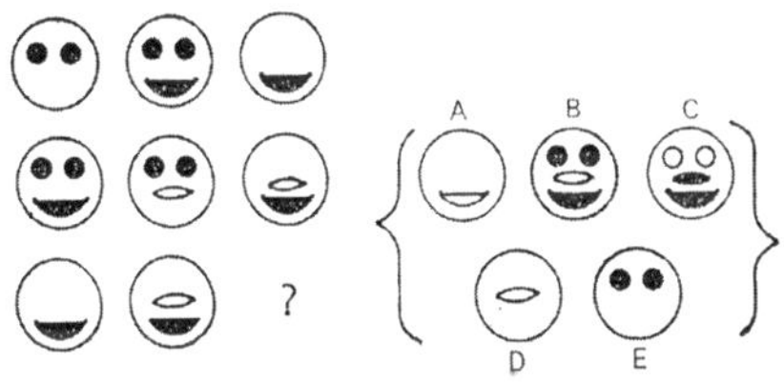


**12.**

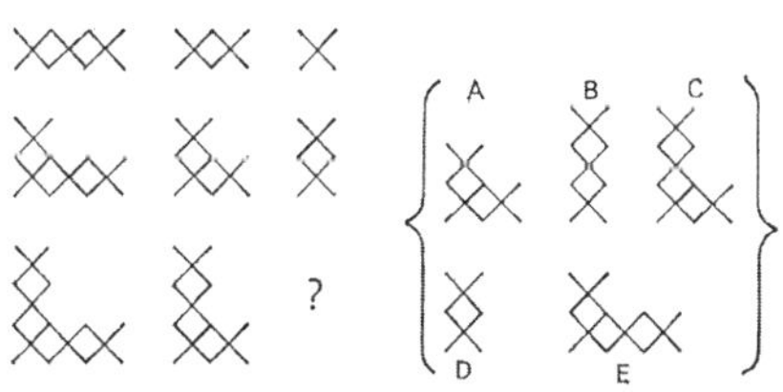


**13.**

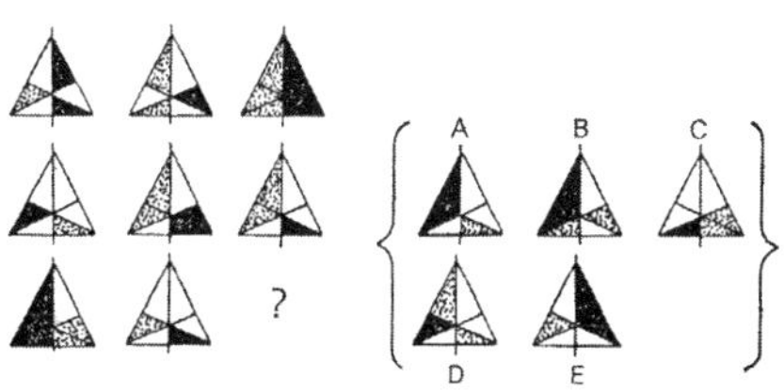

14.

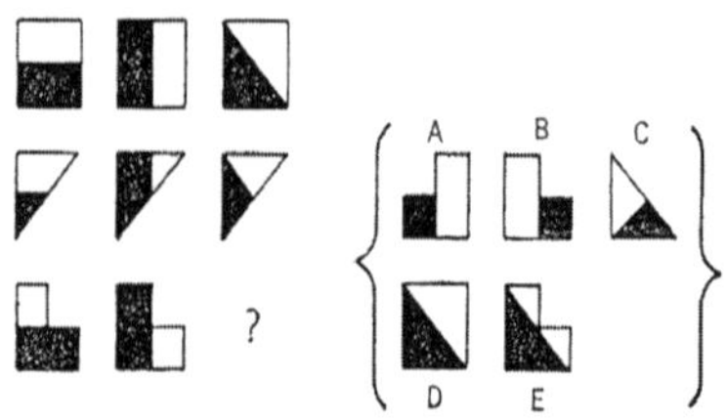

15.

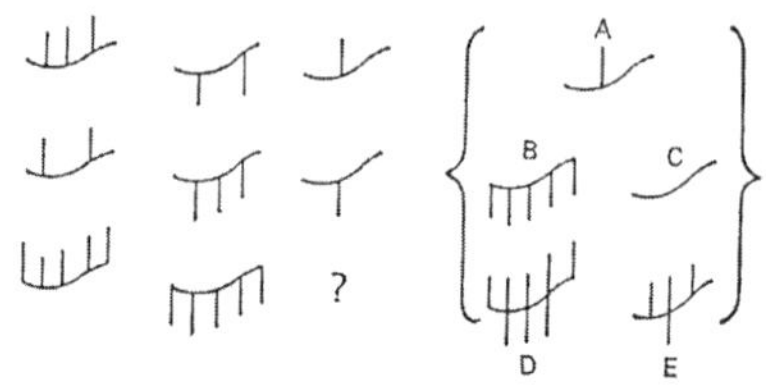

16.

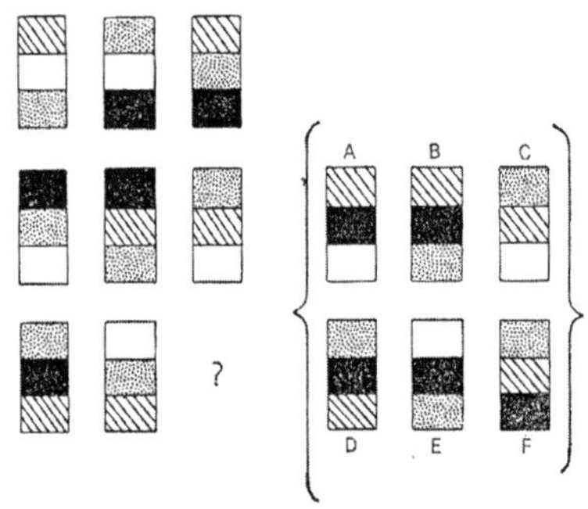

17.

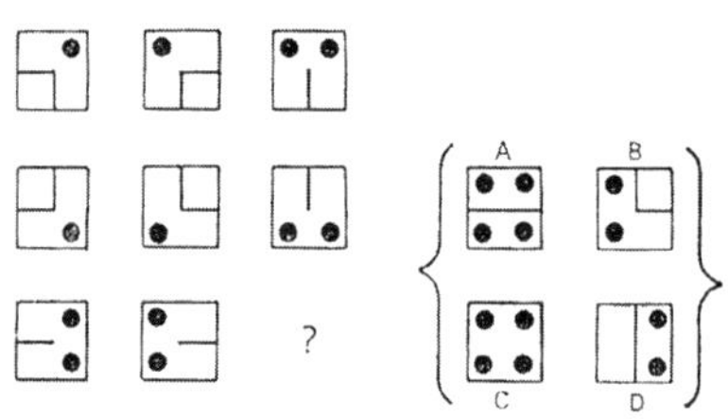

18.

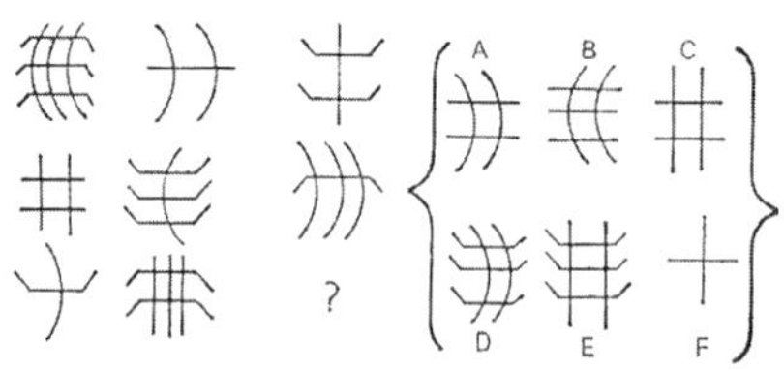

19.

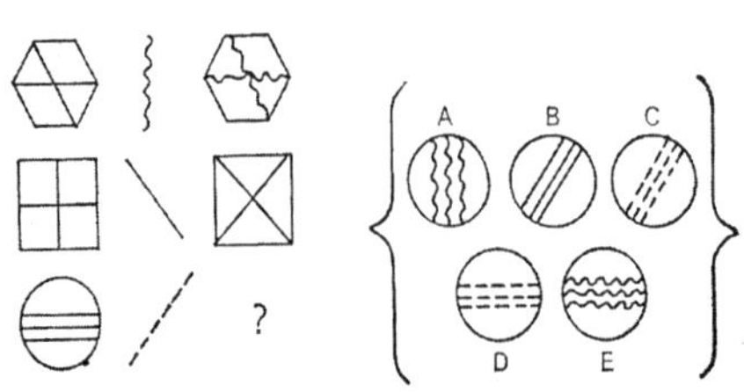

20.

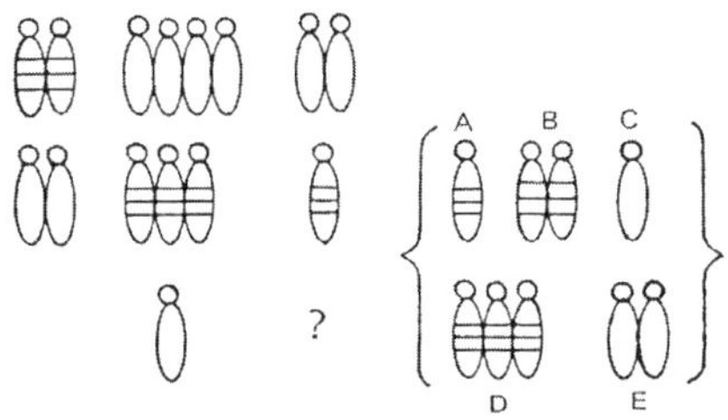

21.

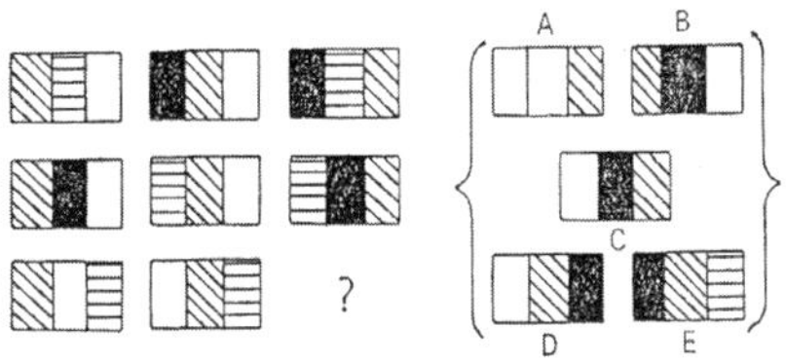

22.

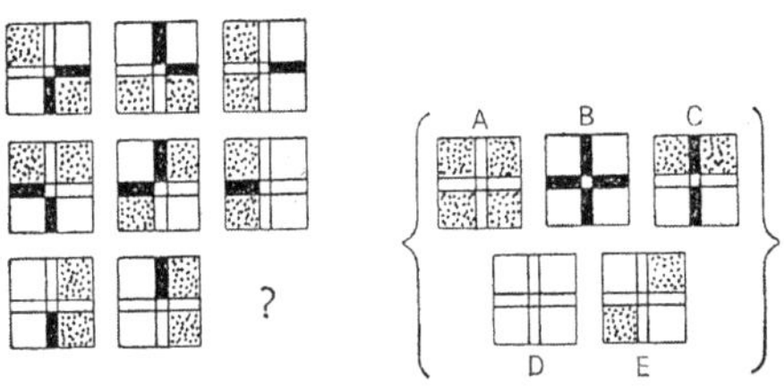

23.

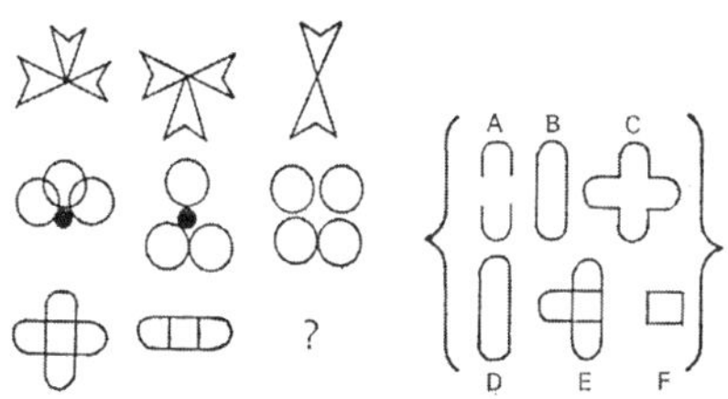

24.

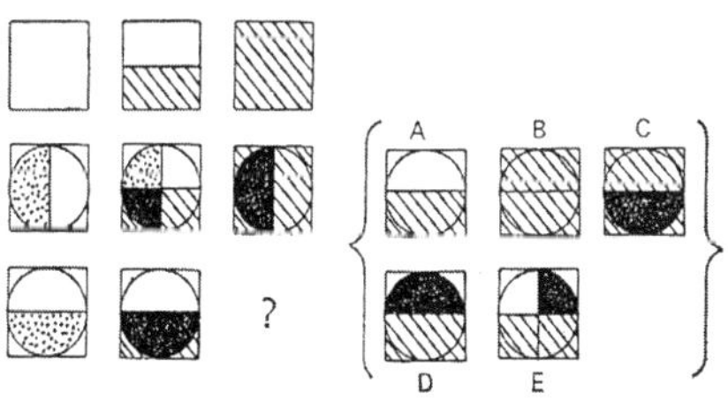

25.

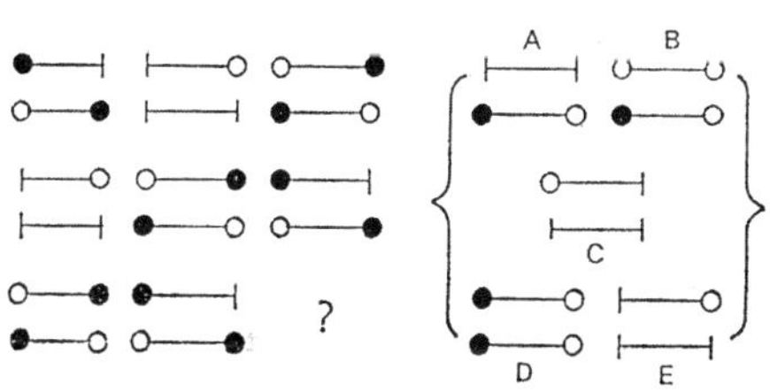

26. 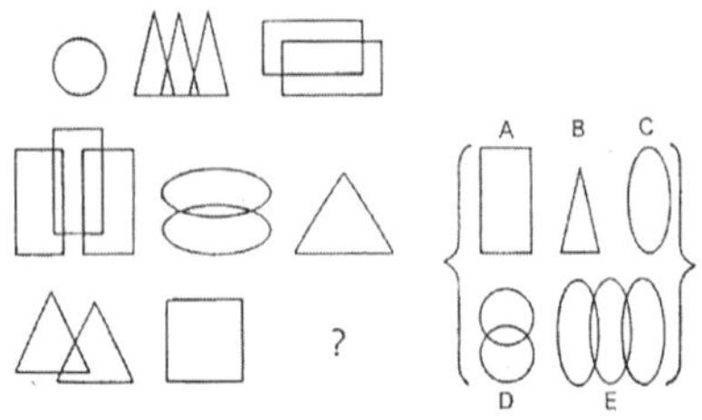


27. 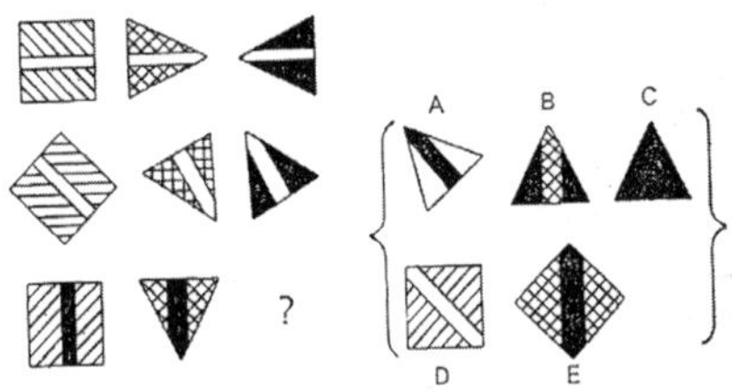


28. 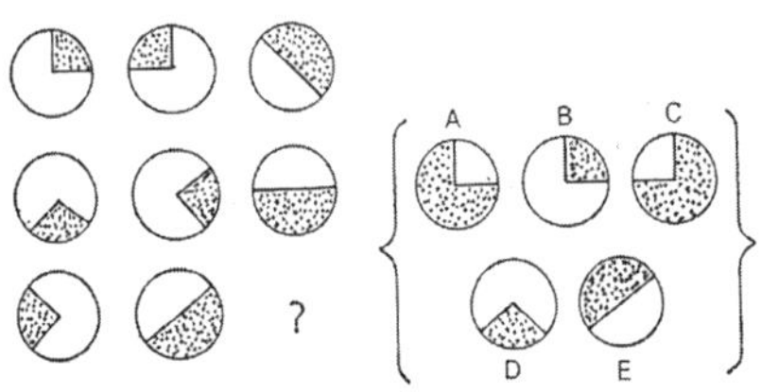


29. 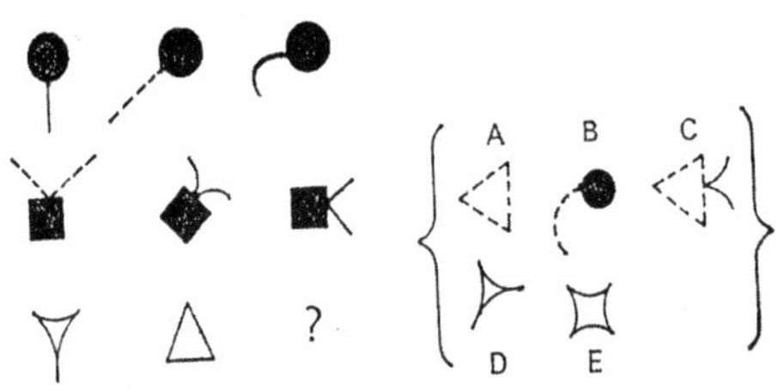


30. 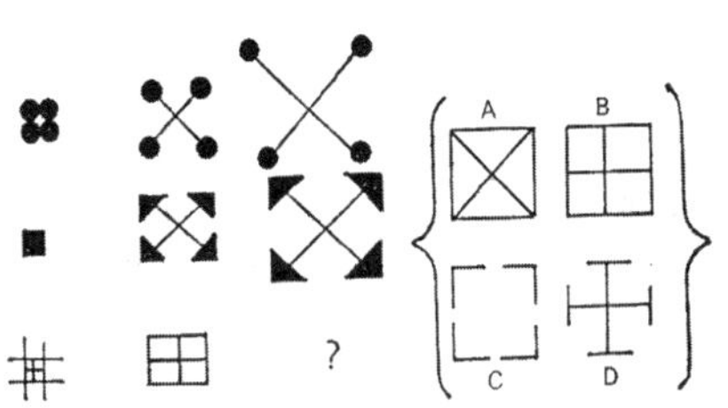


31. 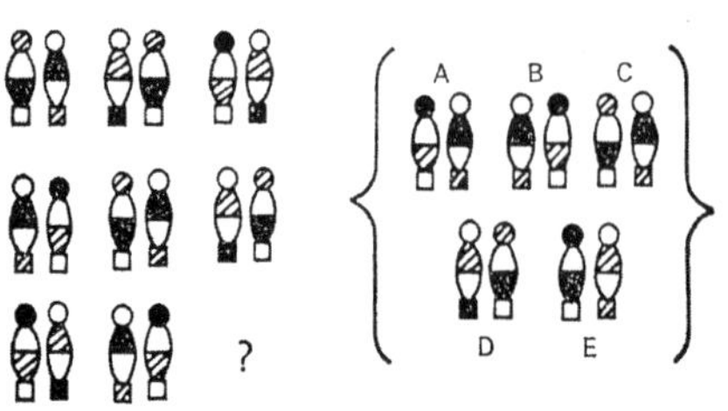

32.

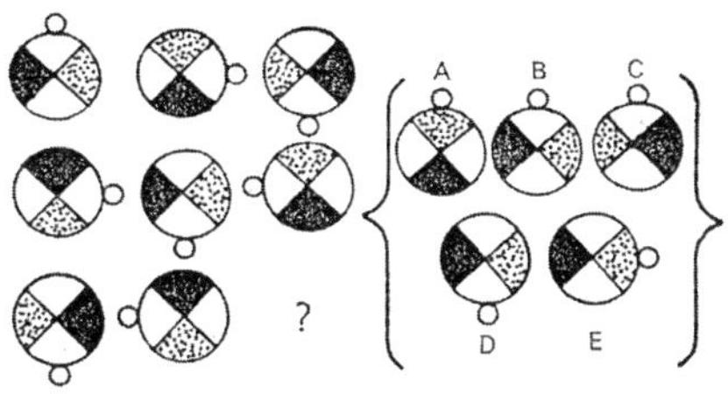

33.

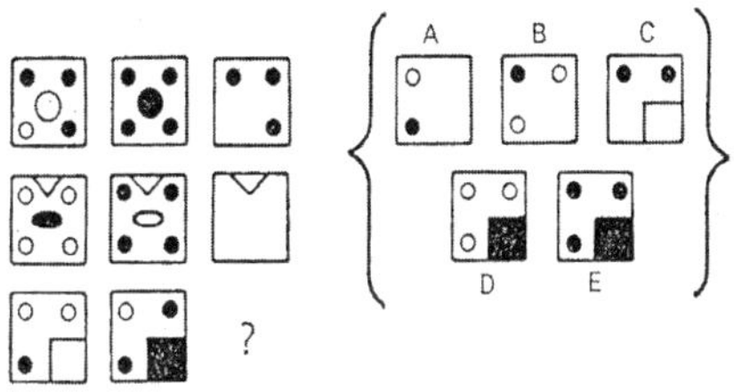

34.

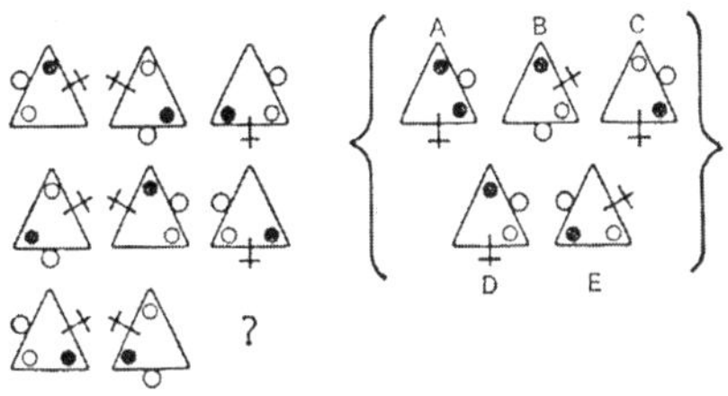

35.

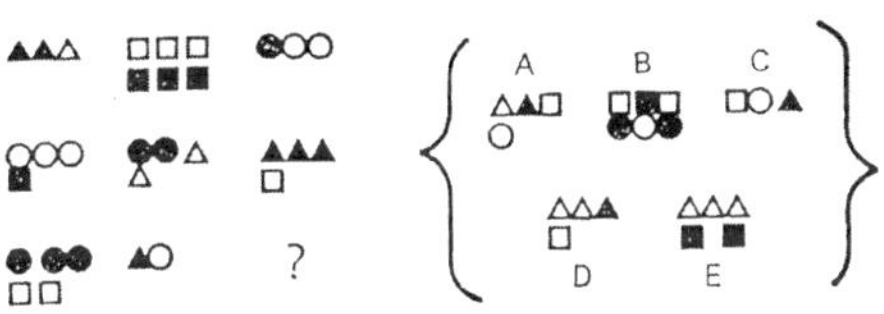

36.

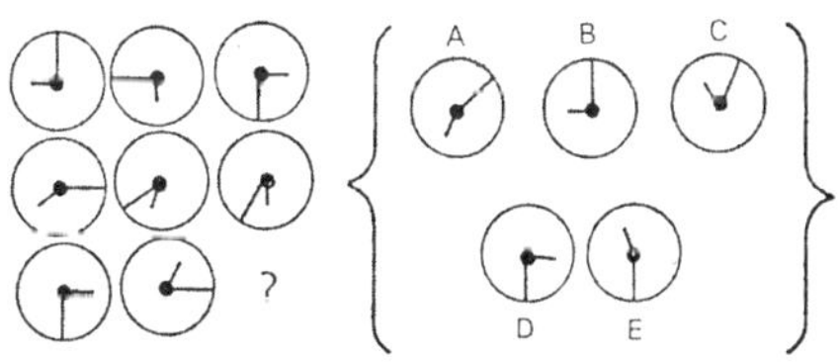

37.

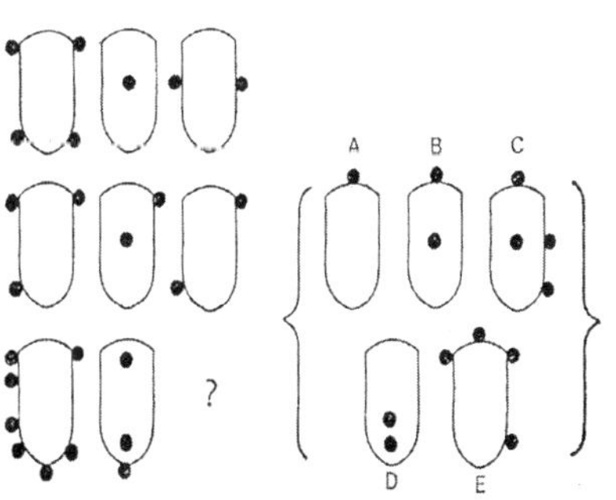

38.

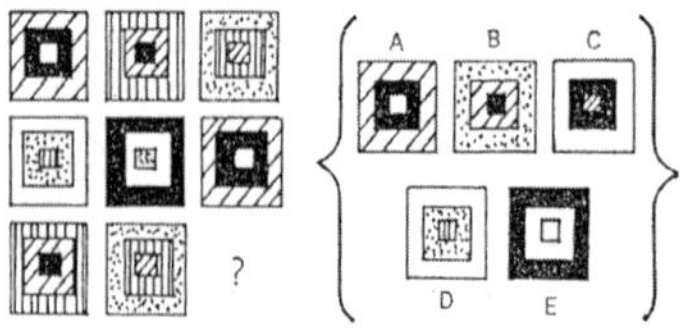

39.

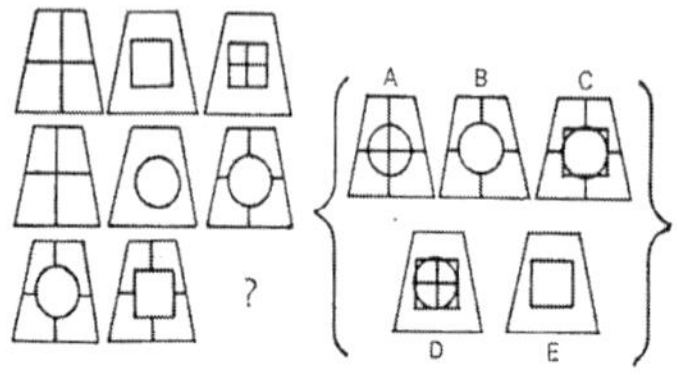

40.

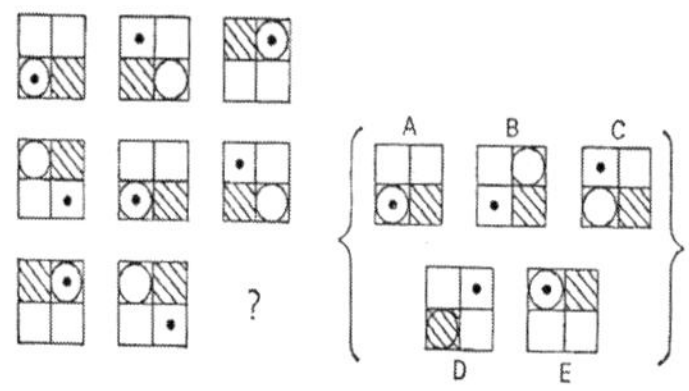

해답 : A형 검사

| 1 | 2 | 3 | 4 | 5 | 6 | 7 | 8 | 9 | 10 | 11 | 12 | 13 | 14 | 15 | 16 | 17 | 18 | 19 | 20 |
|---|---|---|---|---|---|---|---|---|---|---|---|---|---|---|---|---|---|---|---|
| J | E | Y | O, T | W | J | T | W | E, P | P | O 또는 Y | N, P | U | O | S | 19 또는 21 | 14 | 45 | 17, 20 | 24 |
| 21 | 22 | 23 | 24 | 25 | 26 | 27 | 28 | 29 | 30 | 31 | 32 | 33 | 34 | 35 | 36 | 37 | 38 | 39 | 40 |
| 21 | 157 | 65 | $-1\frac{2}{3}$ | 21 | 19 | 82 | 6, 18 | 18 | 96 | U, 6 | P, 16 | H, 5 | C 또는 W | R | C | A | D | D | C |
| 41 | 42 | 43 | 44 | 45 | 46 | 47 | 48 | 49 | 50 | 51 | 52 | 53 | 54 | 55 | 56 | 57 | 58 | 59 | 60 |
| 7238 | 768 | 6, 7 | 67 | 54 | 717 | 110 | 22 | 26 | 13 | 8 | 7, 24 | 6 | 40 | 23, 30 | O, L | 7 | 2 | 25, 29 | L 또는 A |
| 61 | 62 | 63 | 64 | 65 | 66 | 67 | 68 | 69 | 70 | 71 | 72 | 73 | 74 | 75 | 76 | 77 | 78 | 79 | 80 |
| X | QP | I, E | E, R | Q, M | 27 | 42 | 677 | 14 | 256 | 14 | 255 | 357 | 101 | 65 | B | C | D | 16 | 130 |

B형 검사

| 1 | 2 | 3 | 4 | 5 | 6 | 7 | 8 | 9 | 10 | 11 | 12 | 13 | 14 | 15 | 16 | 17 | 18 | 19 | 20 |
|---|---|---|---|---|---|---|---|---|---|---|---|---|---|---|---|---|---|---|---|
| B | D | B | A | E | D | E | B | B | B | D | B | A | E | C | E | C | B | C | C |
| 21 | 22 | 23 | 24 | 25 | 26 | 27 | 28 | 29 | 30 | 31 | 32 | 33 | 34 | 35 | 36 | 37 | 38 | 39 | 40 |
| A | D | A | C | E | E | C | A | A | D | C | B | A | D | E | C | E | D | C | A |

## 3) 규준점수 그래프

〈A형 검사〉

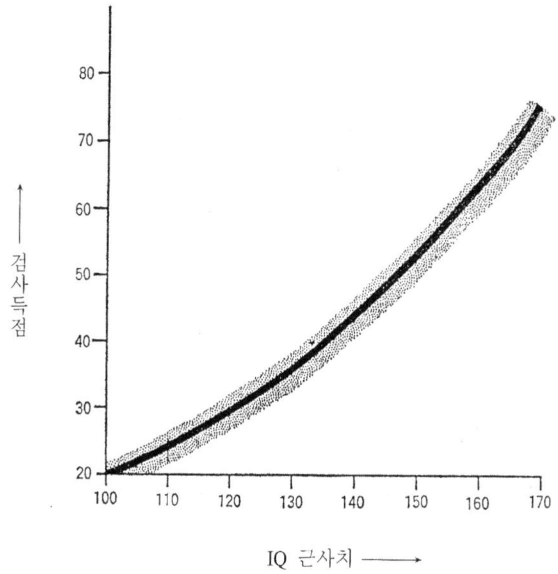


〈B형 검사〉

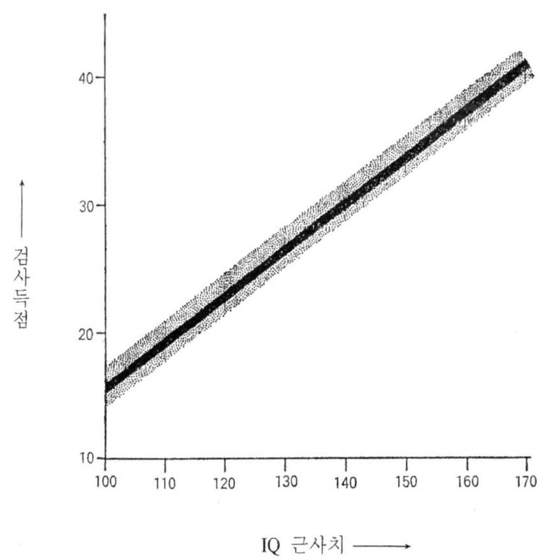

# 3. 우리나라 지능검사

## 1) 코리안 테스팅 센터(K.T.C) 발행의 집단지능검사

이종승이 제작한 '최신지능진단검사'를 개관하면 다음과 같다.

### (1) 검사대상

이 검사는 초 · 중 · 고 학생들의 일반적인 지적 능력을 측정할 수 있도록 만든 검사이다. 초등학교(4~6년), 중학교 1~3학년(11~15), 고등학교 1~3학년(14~18세)에 해당하는 연령범위의 개인 또는 집단을 대상으로 지적 능력을 측정하기 위하여 제작된 표준화 지능검사이다.

### (2) 검사의 구성 내용

본 지능검사는 개인의 일반적인 언어능력, 수리능력, 지각능력, 추리능력을 측정하기 위해 언어검사, 수리검사, 도형검사(비언어검사)의 세 하위검사로 구성하였다.

[1] 검사 1 : 언어검사

① 언어추리

언어로 표상되는 개념간의 관계를 파악할 수 있는 능력을 측정하기 위한 것으로서, 여기에는 왼편에 짝지어진 두 낱말의 관계를 파악한 후, 오른편에 있는 낱말에서도 그와 같은 관계가 성립하도록 가장 적당한 낱말을 찾아내는 문제이다.

② 문장완성

어휘력을 알아보는 문제로서 여기에는 문장의 뜻이 가장 잘 통하도록 적당한 낱말을 찾아 넣는 문제들로 구성되어 있다.

③ 언어분류

단어의 공통적 속성을 파악할 수 있는 능력을 측정하는 문제로서, 다섯 개의 낱말 중에서 네 개는 서로 뜻이 비슷하거나 같은 종류에 속하고 한 개는 그 뜻이 다르거나 종류가 다른데, 나머지 것들과 다른 낱말을 찾아내는 문제이다.

### 2 검사 2 : 수리검사

① 수열추리

주어진 수열에서 일정한 관계를 찾아내는 능력을 측정하는 것으로서, 각 수열의 숫자가 어떤 순서로 배열되어 있는가를 알아내어 문제의 마지막 숫자 다음에 올 숫자를 답지 중에서 찾아내는 문제들로 구성되어 있다.

② 문제해결

이것은 수리적 문제를 얼마나 잘 풀 수 있는가를 알아보는 검사로, 주어진 수량적 문제사태에서 해답을 찾아내는 문제들로 구성되어 있다.

③ 수식계산

정리되지 않는 수와 수학 기호들로부터 수리적 문제를 구조화할 수 있는 능력을 측정하는 검사로서, 이것은 주어진 문제의 숫자와 수학기호를 모두 사용해서 얻을 수 있는 여러 수식계산의 값들 중 하나를 골라내는 문제들로 이루어졌다.

### 3 검사 3 : 도형검사

① 도형추리

도형으로 표상되는 어떤 특성이나 상징성간의 관계를 파악할 수 있는 능력을 측정하기 위한 것으로서, 문제의 왼편에 있는 첫 번째 그림과 두 번째 그림의 관계가 어떠한가를 파악하여, 셋째 그림과 넷째 그림도 그러한 관계가 유지될 수 있도록 주어진 답지 중에서 하나를 골라내는 문제들로 구성되어 있다.

② 종이 접기

공간적 지각능력을 측정하는 검사로서, 정사각형 종이를 한두 번 접고 구멍을 뚫거나 오려낸 다음 다시 그 종이를 펼쳤을 때 어떤 모양으로 될 것인지를 알아내는 문제들로 이루어졌다.

③ 방향지각

도형을 공간에서 좌우로 회전시켰을 때의 모양을 제대로 시각화할 수 있는가를 알아보는 검사로서, 주어진 문제의 왼쪽에 있는 그림과 똑같은 그림을 오른쪽에 있는 다섯 개의 그림 중에서 찾아내는 문제로 구성되어 있다.

표 5-2 **최신 지능진단검사의 구성내용**

| 하위검사 | 측정요인 | 문항수 |
|---|---|---|
| 언어검사 | 언어추리<br>문장완성<br>언어분류 | 15<br>15<br>15 |
| 수리검사 | 수열추리<br>문제해결<br>수식계산 | 15<br>15<br>15 |
| 도형검사 | 도형추리<br>종이접기<br>방향지각 | 15<br>15<br>15 |
| 합 계 | | 135 |

### (3) 검사의 측정 요인

본 검사에서는 이상의 각 하위검사에서 측정하는 능력을 다음과 같이 4개의 기본적인 측정요인으로 묶어서 검사결과로 나타내는데, 이들 능력 요인에 대하여 간략히 기술하면 다음과 같다.

### 1 언어력

낱말의 뜻을 파악하고, 언어로 표현된 개념의 의미를 분석하고 추리하는 능력을 말한다. 여기에는 언어로 표상되는 개념간의 관계를 분석하고 추리하는 언어추리 문제, 단어의 뜻과 그 용도를 가려내는 문장완성 문제, 그리고 주어진 다섯 개의 단어 중에서 공통적인 속성을 가진 단어와 그렇지 않은 단어를 찾아내는 언어분류 문제가 포함되어 있다.

### 2 수리력

수를 다루는 능력, 수의 관계를 분석하고 추리하는 능력, 수량적 문제해결력을 말한다. 여기에는 일련의 수열에서 일정한 관계를 분석하고 추리하는 수열 추리문제, 주어진 숫자와 수학기호를 이용한 여러 가지 수식계산 문제, 수량적으로 표현된 문제 사태를 풀 수 있는 능력을 알아보는 문제해결 문제들로 구성되어 있다.

### 3 지각력

평면, 입체, 방향 등의 공간적 위치를 식별하고, 공간적 관계를 분석하고 추리하는 능력을 말한다. 여기에는 나열된 도형에서 일정한 관계를 분석하고 추리하는 도형추리 문제, 정사각형의 종이를 몇 번 접고 구멍을 뚫거나 오려낸 다음 다시 그 종이를 펼쳤을 때 어떤 모양으로 될 것인지를 알아내는 종이접기 문제, 그리고 주어진 그림을 여러 각도로 회전시켰을 때 방향만 다를 뿐 원래 그림과 똑같은 그림을 찾아내는 방향지각 문제가 포함되어 있다.

### 4 추리력

어떤 현상이나 문제사태를 논리적으로 분석하고 종합하고 평가하는 능력을 말한다. 여기에는 언어로 표상되는 개념간의 관계를 분석하고 추리하는 언어 추리문제, 일련의 수열에서 일정한 관계를 분석하고 추리하는 수열 추리문제, 그리고 나열된 도형에서 일정한 관계를 분석하고 추리하는 도형 추리문제가 포함되어 있다.

### 2) 한국가이던스 발행의 개인지능검사

그 동안 한국판 Wechsler형 지능검사가 KWIS(전용신, 12세 이상-성인용, 교육과학사, 1963), K-WIS(이창우 · 서봉연, 초등학교용, 교육과학사, 1963), KEDI-WISC(한국교육개발원, 5~15세, 특수교육, 1987) 등이 제작되어 사용되어 오던 중 한국가이던스에서 임상심리학회(염태호 외 4명)에 위탁하여 새로 표준화한 K-WAIS(웩슬러 성인용 개인지능검사)를 발행한 바 그 내용을 보다 구체적으로 살펴보면 다음과 같다.

#### (1) K-WAIS의 제작과 구성 내용

1981년판 WAIS-R(Wechsler Adult Intelligence Scale-Revised)은 1939년판 W-BIS(Wechsler Bellevue Intelligence Scale)의 Form 1을 개정한 1955년판 WAIS(Wechsler Adult Intelligence Scale)의 재개정판이다. 그리고 K-WAIS(케이-웨이즈)는 WAIS의 한국판 KWIS에 대한 첫 번째 개정판이다.

1 K-WAIS의 제작

K-WAIS(Korean Wechsler Adult Intelligence Scale)는 WAIS-R(1981)이 WAIS(1955)의 내용을 대부분 포함하되 오래된 문항은 삭제하고 새로운 문항을 추가했던 개정 절차와 마찬가지로, WAIS-R의 기본원칙을 수용하면서 한국 실정에 알맞은 내용으로 문항을 보완하여 제작하였다. 새로운 K-WAIS에 포함된 문항들의 실시 순서는 문항 난이도에 따라서 재배열되었고 일부 문항들에 대한 채점기준은 새로운 자료와 분석결과에 따라 변경되기도 하였다.

K-WAIS의 각 소검사 문항 내용은 WAIS-R이 문항이 그대로 수용되거나 문항의 내용이 약간 수정될 경우와 문화적 요인을 고려하여 새로운 문항으로 대치된

경우로 분류할 수 있다. 숫자 외우기와 바꿔 쓰기, 토막 짜기 등의 3개 소검사는 전체문항이 WAIS-R과 동일하다. 반대로 어휘문제의 대부분의 문항은 새로운 단어로 대치되었다. 그 밖의 다른 소검사들은 WAIS-R과 동일하거나 유사한 문항과 새로 제작된 문항을 모두 포함한다.

K-WAIS에서는 WAIS-R의 실시방법과 마찬가지로 언어성 검사의 1개 소검사와 동작성 검사의 1개 소검사를 번갈아 가며 실시하도록 하였다. 이는 피검자가 흥미를 잃지 않고 관심을 지속적으로 유지하며 검사를 받도록 하기 위한 것이다.

### 2 K-WAIS의 특성

K-WAIS는 WAIS 또는 WAIS-R과 마찬가지로, 11개의 소검사로 구성되어 있다. 이 중에서 6개는 언어성 검사이고, 5개는 비언어성(동작성) 검사에 해당되는 것이다. 언어성 검사와 동작성 검사는 나누어 실시할 수도 있고, 한꺼번에 실시할 수도 있다. 검사시행의 결과로 언어성 IQ와 동작성 IQ 그리고 전체 IQ를 얻게 된다. 이 때 언어를 이해하거나 활용하기가 어려운 사람은 동작성 검사만 실시할 수도 있고, 시각장애나 운동기능 장애가 있는 사람에게는 언어성 검사만을 실시할 수도 있다.

그러나 언어성 검사와 동작성 검사를 둘다 실시해야만 피검자 개인이 자신의 전반적 능력을 나타낼 수 있는 기회를 가질 수 있다. 그리고 검사자의 입장에서도 피검자의 전반적 능력들을 평가할 수 있는 더 좋은 기회를 얻게 된다.

현재 우리 나라에 있는 지능검사는 거의가 아동용 내지는 학생용이다. 이들의 지능검사는 일반적으로 속도에 중점을 두고 있는데 이는 속도와 정확성 사이에 밀접한 관계에 있어 속도에 중점을 두어도 무방하나 성인에 있어서는 속노로서 일반적 지능을 추정할 수는 없다.

또 이들의 검사에서는 문제의 깊은 의미와 이해를 취급하는 것보다 대개 세부적인 표현이나 어휘의 정확성을 더 많이 취급하고 있기 때문에 성인지능의 올바를 측정에는 부적절한 점이 있다. K-WAIS는 이러한 점을 극복하여 성인용으로도 사용할 수 있게 제작되었다.

### (2) 소검사의 구성과 측정영역

#### 1 언어검사의 구성내용

① 기본지식 문제

29개의 문항으로 구성되어 있으며, 개인이 소유한 기본지식(상식)의 정도를 측정한다.

② 숫자 외우기

바로 따라 외우기 7문항과 거꾸로 따라 외우기 7문항으로 구성되어 있으며, 각 문항에는 제 1시행과 제 2시행이 있다. 이 검사는 청각적 단기기억과 주의력을 측정한다.

③ 어휘문제

35개의 단어목록으로 구성되어 있다. 이 검사는 일반지능을 나타내는 중요한 지표로서 학습능력과 일반개념의 정도를 측정한다.

④ 산수문제

16개의 문항으로 구성되어 있으며, 수개념의 이해와 주의집중력을 측정한다.

⑤ 이해문제

16개의 문항으로 구성되어 있으며, 일상경험의 응용능력이나 도덕적, 윤리적 판단력을 측정한다.

⑥ 공통성 문제

14개의 문항으로 구성되어 있으며, 유사성의 관계 파악능력과 추상적 사고능력을 측정한다.

### 2 동작성 검사의 구성내용

① 빠진 곳 찾기

20개의 문항으로 구성되어 있으며, 20장의 그림카드를 도구로 사용한다. 이 검사는 사물의 본질적인 부분과 비본질적인 부분을 구별하는 능력과 시각적 예민성을 측정한다.

② 차례 맞추기

10개의 문항으로 구성되어 있으며, 10벌의 그림카드 세트를 도구로 사용한다. 이 검사는 전체 상황에 대한 이해력과 계획 능력을 측정한다.

③ 토막 짜기

9개의 문항으로 구성되어 있으며, 모형이 그려진 9장의 카드와 9개의 나무토막(빨강-흰색의 정육면체)을 도구로 사용한다. 이 검사는 지각구성 능력과 공간적 표상능력, 시각-운동 협응능력을 측정한다.

④ 모양 맞추기

4개의 문항으로 구성되어 있으며, 4개의 상자에 들어있는 모양 맞추기 조각들을 도구로 사용한다. 이 검사는 지각능력과 재구성 능력, 시각-운동 협응능력을 측정한다.

⑤ 바꿔 쓰기

7개의 연습문항과 93개의 본 문항으로 구성되어 있으며, 검사는 연필과 지우개를 사용하여 검사용지에 실시한다. 이 검사는 단기기억 능력 및 민첩성, 시각-운동 협응능력을 측정한다.

## 3) K.T.C 발행의 창의성 검사

K.T.C에서 발행한 이영덕과 정원식이 민든 '간편 창의성 검사'(초등학교용)의 내용을 살펴보면 다음과 같다.

### (1) 창의성 측정요인

본 검사에서는 창의성이 다음과 같은 요인으로 구성된다고 정리하였다.

1 유창성(Fluency)

이 요인은 주어진 자극에 대하여 제한된 시간 내에 얼마나 많은 양의 변화를 보일 수 있는가를 측정하는 것이다. 따라서 반응의 질이 문제가 아니라 양을 측정하는 것이다.

2 융통성(Flexibility)

사고과정의 융통성이란 한 가지 문제사태에 대하여 접근하는 방법이 얼마나 다양한가를 측정하는 요인이다. 주어진 어떤 문제를 해결하는 방법으로서 한 가지 방법에 집착되지 않고, 여러 가지 접근에 의한 해결을 보는 것은 그만큼 융통성이 있다는 것을 의미한다.

3 독창성(Originality)

사고의 결과로 나타난 반응의 독창성을 의미한다. 기득지식의 통합이나 재구성이 아니라 새로운 반응의 도출을 말하는 것이다. 독창적인 반응은 새로운 것이어야 함은 물론이려니와 청명(clever)하여야 하고 흔히 볼 수 없는(uncomon) 것이어야 한다.

### 4 조직성(Organization)

조직성이란 복잡한 문제사태를 보다 간결하게 하여 새로운 의미를 부여하고 사물 또는 사상간의 연관성을 고려하여 서로 관련지을 수 있는 능력을 말한다.

### 5 지각적 개방성(Openness)

문제사태에 대하여 민감하게 사실대로의 지각을 할 수 있는 능력을 말한다. 특히 관련성이 없는 자극에 의하여 혼돈되거나 장애를 받지 않고 독립적인 지각을 할 수 있는 것을 의미한다. 이른바 독립적인 지각성(field-independent perception)이다.

### 6 성격적 요인(Personality factor)

창의성은 지적 능력만으로 결정되는 것이 아니라 성격적 요인이 상당한 정도로 내포되어 있다는 관점에서 도합 45개의 진술문으로 된 창의적 성격특징을 알아보도록 한 것이다. 이 요인은 전체점수에 가산되지 않고 참고로 사용하게끔 마련되어 있다. 간편형에서는 이 검사를 사용하지 않았다. 따라서 간편형에서는 유창성, 융통성, 독창성, 지각적 개방성 등 4개 요인을 6개의 하위검사로 측정하고 있다.

## (2) 검사의 내용과 형식

검사의 형식은 각 소검사마다 다르며 지능검사처럼 획일적인 형식이 되지 못한다. 비교적 단답을 요하는 형식이 많으나 채점은 상당한 정도의 객관성을 유지할 수 있도록 되어 있다.

표 5-3

## 측정요인과 검사 내용

| 요 인 | 검 사 내 용 | 검사번호 | 검 사 명 |
|---|---|---|---|
| 유창성 | 4문제가 주어지는데 이것은 주어진 글자를 지시에 따라 낱말의 첫자 또는 끝자로 사용하여 낱말을 될 수 있는대로 많이 생각해 내어 쓰게 하는 검사이다. 시간은 5분이다. | 검사 3 | 낱말쓰기 검사 |
| | 도합 40개의 원이 주어지고 그 원을 하나씩 사용하여 어떤 그림이 되도록 하는 것이다. 주어지는 시간은 5분이다. | 검사 2 | 그림완성 검사 |
| 융통성 | 제1부, 제2부, 제3부로 되어 있다. 제1부는 네 가지 색깔의 이름을 뒤섞어 놓고 그 색깔의 이름을 약자로서 답란에 기입하도록 되어 있으며 1분이 주어진다.<br>제2부에는 네 가지 색깔이 뒤섞여서 인쇄되어 있고 그 색깔을 보고 색깔의 이름을 약자로서 답하게 되어 있다. 시간은 역시 1분간이다.<br>제3부는 네 가지 색깔의 이름이 서로 다른 색깔로 인쇄되어 있다. 이 경우에 인쇄된 색깔의 말은 무시하고 색깔만을 보고 그 색깔의 이름을 역시 약자로서 답하게 되어 있다. 문항수는 100개이며 시간은 2분이 주어진다. | 검사 5 | 색채 어휘 검사 |
| | 여러 개의 성냥개비를 조합하여 여러 개의 사각형과 삼각형이 있는 그림이 주어진다. 그림 중에서 일정한 수의 사각형이나 삼각형이 남도록 하는 문제이다. 10분간에 주어진 6개의 문제에서 14개의 다른 해답을 하도록 요구된다. | 검사 4 | 성냥문제 검사 |
| 독창성 | 짤막한 동화의 끝맺음 부분이 미완성된 상태로 주어지고 그것을 피험자가 완전하게 하는 검사이다. 4개의 동화가 주어지고 각 동화마다 '재미있게' '슬프게' 끝을 맺도록 한다. 시간은 10분간이다. | 검사 6 | 동화 검사 |
| 지각적 개방성 | 비교적 복잡한 도형 속에 보기로 주어진 몇 개의 간단한 도형 중의 하나가 숨겨져 있고, 되도록 빨리 숨겨진 도형을 찾아내는 검사이다. 16개 문항으로 되어 있고 검사 시간은 10분이다. | 검사 1 | 도형찾기 검사 |

# 제6장

# 적성검사

1. 적성검사의 기능과 종류
2. 우리나라 적성검사

# 1. 적성검사의 기능과 종류

## 1) 적성검사의 기능

적성검사(aptitude test)란 특정학업 과정이나 직업에 대한 앞으로의 수행능력과 적응도를 예측하는 검사를 말한다. 지능검사가 학업이나 직업에 직접 관련 지우지 않고 사람이 지니는 일반적인 지적 능력을 측정하는 검사라면, 적성검사는 개인이 지니는 지능이나 학력 · 기능을 여러 직업의 특성에 비추어서 측정하여 앞으로 어떤 분야의 학업이나 직무를 잘 수행하고 그 생활에 적응할 수 있을 것인가를 예언하는 검사인 것이다.

인간의 특정활동에 대한 적성에서 개인간차가 있으며 또한 동일 개인안에 있어서도 개인내간차(interaindividual difference)가 있다.

이와 같이 개인간 특히 개인내간의 적성의 차를 측정하여 특정학업 또는 직업과 개인간의 적합정을 알아내려는 것이 적성검사인 것이며, 또한 적성검사는 장차 교육훈련에 대하여 특정지식, 기능 등을 습득(학습)하는 능력의 적정수준을 예측하려는 예언적 검사(prognostic test)라고 하겠다. 그러므로 적성검사의 목적은 크게 둘로 대별하여 생각할 수 있겠는데 첫째는 학업 및 직업의 측면으로서의 접근으로서 생산성을 높이고 능률을 올리며 교육성과의 증진을 위한 적소(適所)의 발견이라는 목적이며, 둘째는 개인의 측면으로부터의 접근으로서 개인의 적성에 적합한 학업 및 직업을 선택한다는 목적으로 사용된다. 진학진로 지도에 있어서는 이 개인의 측면으로서의 접근이 특히 중요한 것이다.

## 2) 적성검사의 종류

적성검사는 일반적인 지식 · 지능과 특수한 지식 · 지능에 대한 성공 가능성을 예측한다는 관점에서 전자를 일반적성검사(general aptitude test), 후자를 특수적성검사(special aptitude test)라고 칭한다. 학업적성검사(scholastic aptitude test, SAT)와 일반직업적성검사(general aptitude test battery, GATB) 등은 일반적성검사에 속하며 사무적성검사, 기계적성검사, 음악적성검사, 미술적성검사 등은 특수적성검사에 속한다. 또한 적성이 문제시하고 예언하고자 하는 구체적 활동 · 작업 내용에 비추어서 구분되기도 하는데 학업성취에 관련된 것을 학업(진학)적성검사, 직업활동에 관련된 것을 직업적성검사(occupational aptitude test) 등으로 분류하기도 한다.

### 3) GATB

GATB는 미국노동청의 고용위원회(U.S. Employment Service)가 1945년에 연구개발한 일반적성검사로 현재는 미국노동청에서 직업 · 채용상담의 자료를 얻기 위하여 사용되고 있다. 이를 일반직업적성검사라고 하는 이유는 인간성능에 대한 요인분석(factor analysis)에 의하여 일반능력(G), 언어적성(V), 수적성(N), 공간적성(S), 형태지각(P), 운동조정속도(K), 손가락의 교치도(F), 손의 기교도(M), 사무지각(Q) 등 총 9종류의 기본적 능력을 추출하여 이들을 측정할 수 있는 15종의 검사로 종합검사(test battery)를 구성하여 각종 직업에 대한 직무분석과 직업적성군별 기준을 정하여 개인이 어떤 직업군에 적합한가를 볼 수 있게 한 검사이기 때문인 것이다.

이 GATB는 적성능력의 측면을 측정하는 검사로서 세계 각국에서 널리 사용되고 있다. 우리나라 노동부에서 발행한 일반직업적성검사(1997)도 이 GATB를 기준점으로 삼은 검사이다.

### 4) 적성검사의 양호도

적성검사는 표준화된 검사로서 학업 또는 직업의 소요성능의 요인분석 · 직업분석이 선행되고 검사제작 과정(test constuction process)을 거쳐서 완성되는 것으로 검사대상 모집단으로부터의 표집에 대하여 규준(norm)이 설정되어 있어 개인간 및 개인내간의 특성의 차의 고저가 척도치(scale value)에 의하여 밝혀지며, 검사측정 목적에의 합치여부를 뜻하는 타당도와 검사결과의 안정성을 나타내는 신뢰도가 검증되어 있어 검사양호도가 높은 검사인 것이다. 특히 적성검사는 미래의 성공 가능성을 예측하려는 예언적 검사이므로 예언타당도(predictive validity)가 높을 것이 요청된다.

## 2. 우리나라 적성검사

### 1) 노동부 발행의 일반직업 적성검사

노동부 산하 중앙고용정보관리소에서 제작 · 발행한 일반직업적성검사는 우리나라에서 각 학교 또는 기업체나 노동부 산하 교육훈련장에서 가장 많이 사용되고 있으며 타당도와 신뢰도가 높은 직업적성검사로서 1982년에 처음 제작되었으며 1997년에 개정신판을 발행한 바, 그 내용을 살펴보면 다음과 같다.

#### (1) 검사구성과 측정요인

1 검사의 목적

일반직업적성검사는 다양한 직업 분야에서 자기가 맡은 직무를 성공적으로 수행하기 위하여 요구되는 몇 가지 적성요인의 측정을 목적으로 고안되었다.

이 검사에 의하여 얻어진 자료는 학생 및 구직자가 선택하려고 하는 직업의 직무수행 요건과 적성요인을 비교하여 능력에 적합한 직업의 선택과 지도에 활용된다.

### 2 검사의 내용구성

일반직업적성검사는 직무수행에 필요하다고 판단되는 9종의 적성요인을 측정하기 위한 15가지 검사로 되어 있다.

이 15가지 검사 중 11가지의 검사용지와 필기구(볼펜, 연필)에 의한 지필검사이며, 나머지 4가지는 측정도구에 의한 기구검사이다.

즉, 지필검사는 적성검사 문제지의 검사 1부터 11까지로 되어 있으며, 기구검사는 손재능 검사판을 사용하는 검사 12 및 13과 손가락재능 검사판을 사용하는 검사 14 및 15의 14가지 검사로 되어 있다.

### 3 검사종목

| 검사종목 | 검사의 내용 |
|---|---|
| 검사 1<br>공구 비교검사 | 왼쪽에 제시한 간단한 공구의 도형을 보고 오른쪽의 4가지 도형들 중에서 왼쪽의 도형과 동일한 것을 찾아내는 검사 |
| 검사 2<br>명칭 비교검사 | 좌우 2개의 문자 또는 숫자를 비교하여 동일 여부를 가려내는 검사 |
| 검사 3<br>종선기입검사 | H의 양쪽 종선에 닿지 않도록 H의 횡선에 짧은 종선을 가능한 한 많이 긋는 검사 |
| 검사 4<br>계산검사 | 더하기, 빼기, 곱하기, 나누기의 계산검사 |
| 검사 5<br>평면도 판단검사 | 왼쪽에 제시한 그림 중 위치나 방향이 바뀌진 도형을 오른쪽 5개의 기하학적 도형 중에서 찾아내는 검사 |
| 검사 6<br>타점 속도검사 | 연이어 나열된 사각형 안에 점 3개씩을 가능한 한 빨리 찍는 검사 |
| 검사 7<br>입체도 판단검사 | 평면도를 보고 접거나 둥글게 말아서 만들어지는 입체도형을 가려내는 검사 |
| 검사 8<br>산수 응용검사 | 산수 응용문제를 푸는 검사 |
| 검사 9<br>어휘검사 | 제시된 4개의 낱말 중 서로 비슷하거나, 반대의 의미를 지닌 두 개의 낱말을 가려내는 검사 |
| 검사 10<br>기호<br>기입검사(II) | 사각형 안에 정해진 기호를 가능한 한 빨리 기입하는 검사 |

| 검사 11<br>형태 비교검사 | 숫자로 기록된 도형과 가, 나, 다, 라로 기록된 도형 중에서 모양과 크기가 동일한 도형을 찾아내는 검사 |
|---|---|
| 검사 12<br>환치검사 | 손재능 검사판 위에 꽂혀 있는 나무막대를 양손으로 동시에 하나씩 뽑아서 아래구멍에 꽂는 검사 |
| 검사 13<br>회전검사 | 한 손으로 꽂혀있는 나무막대를 뽑아낸 후 같은 손으로 막대의 상, 하를 거꾸로 회전시켜 같은 구멍에 꽂는 검사 |
| 검사 14<br>조립검사 | 손가락 재능 검사판 위에 꽂혀 있는 쇠못을 뽑고 다른 한 손으로 옆 원주에 꽂혀 있는 고리를 하나씩 빼서 이를 조립한 후(쇠못에 고리를 끼움) 쇠못을 뽑은 손으로 아래 구멍에서부터 위로 꽂아 나가는 검사 |
| 검사 15<br>분해검사 | 아래 구멍에 꽂혀 있는 쇠못과 고리를 뽑아서 분해한 후 한 손으로 고리를 원주에 다시 꽂고 다른 손으로는 쇠못을 뽑아 아래구멍에서부터 위로 꽂아 나가는 검사 |

### 4 측정요인

일반직업적성검사에서 측정하는 적성요인은 아래와 같이 9가지가 있다.

| 적성요인 | 적성요인 설명 |
|---|---|
| G-학습능력 | 설명, 예시 및 여러 가지 원리를 이해하는 능력, 추리하고 판단하는 능력, 새로운 환경에 신속히 적응하는 능력 |
| V-언어능력 | 단어의 의미 및 그와 관련된 개념을 이해하고 적절히 구사하는 능력, 단어 상호간의 관계 및 문장의 의미를 이해하는 능력, 정보나 자신의 생각을 표현하는 능력 |
| N-수리능력 | 계산을 정확하고 신속히 하며 응용문제를 추리, 이해하는 능력 |
| Q-사무지각 | 낱말, 인쇄물, 전표류 등을 세부까지 정확하게 지각하는 능력, 낱말이나 숫자를 직관적으로 비교 판별하며 사실과 다른 점을 발견하고 교정하는 능력 |
| S-공간판단력 | 입체도형의 이해나 평면도형과 입체도형의 관계를 이해하는 능력, 청사진을 읽거나 기하문제를 푸는 능력, 2차원, 3차원의 형체를 상상하거나 생각하는 능력 |
| P-형태지각 | 사물이나 도형을 세부까지 정확하게 지각하고, 비교 판별하는 능력, 도형의 형태와 음영의 근소한 차이 및 넓이나 길이의 근소한 차이를 식별하는 능력 |

| K-운동조절 | 눈과 손 또는 손가락을 정확하게 움직여 신속히 작업을 수행하는 능력, 반사적인 동작을 정확하고 바르게 하는 능력, 눈으로 보면서 손의 신속한 운동을 빠르게 조정하는 능력 |
| --- | --- |
| F-손가락재능 | 손가락을 빠르고 정확하게 움직여 작은 물건을 재치있게 다루는 능력 |
| M-손재능 | 손을 마음대로 재치있게 움직이는 능력, 물건을 집어 올리거나 내려놓거나, 바꾸어 잡거나, 회전시킬 때 손과 손목의 운동이나 손목놀림을 자유롭게 할 수 있는 능력 |

## (2) 검사 실시방법

### 1 검사실시 시기

검사는 원칙적으로 개인에 대한 정보가 필요할 때 실시한다. 학생의 경우 직업지도의 진척 상황, 학교의 여러 가지 행사, 검사의 실시 목적, 검사결과의 활용방법 등을 감안하여 종합적으로 결정하여야 할 것이지만 통상 중학생은 2학년 1학기, 고등학생은 1학년 1학기 또는 2학기에 실시함이 적당하다.

### 2 검사방식

① 지필검사와 기구검사의 2가지 방식이 있다.

② 검사에는 각기 시간제한이 있다. 즉 각 검사마다 초시계(stop watch)로 시간을 측정하여 검사를 실시하게 된다. 검사시간 내에 다할 수 없을 만큼 검사 문제수가 많이 출제되어 있는 경우도 있다.

③ 검사는 개별적으로 또는 집단적으로 실시할 수 있다.

## (3) 검사결과 처리방법

### 1 수작업 처리방법

① 정답표에 의해서 답이 맞는지 틀리지를 판정한다.

단, 검사 3(종선기입검사), 검사 6(타점소도검사), 검사 10(기호기입검사)의 경우에는 작업량을 명확히 하여야 한다.

② 해답란에 V표시로서 답해야 하는 검사에 있어서 V표시를 하지 않고 다른 표시를 하였을 때도 그것이 맞는 경우에는 정답으로 한다.

예를 들어 검사 7(입체도판단검사) 1번에 있어서 V표시를 하지 않고 '4'라든지 '원통형'으로 기입해도 정답으로 한다. 그것은 이 검사의 목적이 설명을 하는 것이 아니고 문제를 푸는 능력을 알아보는 것이기 때문이다.

③ 답이 하나밖에 없는 문제에 두 개 이상의 답을 기입했을 때는 오답으로 한다. 이 경우 두 개의 답 중에서 어느 한쪽이 정답일지라도 고려할 필요는 없으며, 한 개의 답만을 채점대상이 되는 것이다.

### 2 전산처리 방법

적성검사 결과의 채점, 환산 및 적성직업군 분류는 전산으로 처리한다. 전산처리 방법으로는 실 답안 입력과 원점수 입력의 2가지 방법이 있다.

실 답안이나 원점수 입력 개별검사의 경우에는 각 검사별 응답결과를 해당검사 문항별로 입력하는 실 답안 처리방법이, 다량으로 검사결과를 처리하게 되는 단체검사의 경우에는 채점은 수작업으로 처리한 후 원점수 입력 방식을 이용하는 것이 바람직하다.

실 답안이나 원점수에 의한 방법으로 개인별 검사결과의 수치나 그 밖의 다른 표시방법으로 해당검사별로 검사결과를 입력하면 즉시 결과 통보서와 적성요인별 그래프, 보관용 결과 통보서가 출력된다.

보관용 결과통보서에는 피검자에게 가장 적합한 직업 또는 개인의 잠재 능력을 가장 잘 발휘할 수 있는 직업을 파악하기 위하여 피검자 개인의 경력 사항과 자격, 면허, 기타 상담이 필요한 인적사항 등을 구체적으로 기록하고 상담내용을 함께 기재하여 보관토록 한다.

## (4) 직업적성 유형의 진단

검사결과 피검자의 직업성적은 다음과 같은 15개 유형으로 분류 · 진단 · 통보된다.

### 1 G-V-N(인문사회과학 분야의 전문적 직업)

법률, 문학, 사회학, 경제학 등 인문사회과학 분야의 직업 및 신문, 잡지의 취재, 편집 등 언어 또는 문자의 이해, 표현과 그와 관련된 전문지식을 필요로 하는 직업분야이다.

이들은 고도의 응용능력, 창의력이 요구되는 분야와 전문적이지만 응용능력이 그렇게 요구되지 않는 분야로 구분된다.

### 2 G-V-Q(언어능력이 특히 필요한 사무적 직업)

특정직업의 관리, 운영에 수반되는 문서 등의 기안, 내용의 감사, 조회, 전기 등을 주로 하는 사무적인 일 또는 대인교섭에 있어서 상대방의 말을 이해하고 자기 생각을 상대방에게 전하는 것이 필요한 직업분야이다.

이들은 복잡한 조직 구조를 충분히 파악, 관리할 수 있는 전문직과 전문직을 도와서 실무처리를 행하는 직업 및 전형적 사무직의 3분야로 나뉜다.

### 3 G-N-S(자연과학 분야의 전문적 직업)

토목, 전설기계, 전기, 의학 등 자연과학계통의 전문지식을 필요로 하는 일 및 수표, 계산기 등 계산 용구를 사용해서 전문적 지식을 활용 또는 응용하는 일이 주된 직업분야이다.

이들은 고도의 선분지식을 활용하고 응용하는 분야와 이미 정해져 있는 일을 해내는 전문분야 및 이들 전문직의 기술을 보조하는 직업분야 등의 3분야로 나뉜다.

### 4 G-N-Q(수리능력이 필요한 일반 사무적 직업)

회계, 경리의 원칙에 의한 가격 계산, 결산 및 그 분석, 감사 또는 통계, 조사, 조직의 운용 등의 기획, 입안 등 일반사무직종 중에서 수리적 작업에 필요한 분야이다.

이는 고도의 전문지식의 응용을 필요로 하는 전문직과 이미 정해진 사무처리직 및 계산, 기록직의 3분야로 나뉜다.

### 5 G-Q-K(기계적 사무직업)

특정 문자, 기록, 활자에 대한 지식으로 속기, 통신을 정확하게 행하는 직업, 타이프의 조작작업, 손 또는 기계에 의한 식자, 문선, 인쇄 관계 작업 등 일반적 지식과 정확한 대조작업을 주로 한다.

이들은 정확성과 속도를 요구하는 것, 정확한 대조, 주의를 요구하는 것의 2군으로 나뉜다.

### 6 G-Q-M(기계장치의 운전 및 경비의 직업)

도로, 자동차 등의 운전, 건설기계 등의 장치, 기계운전, 기계장치 등을 관찰하고 기계, 장치의 구조를 이해하여 점검, 확인, 조작을 정확히 할 수 있는 능력이 필요한 분야이다.

이들은 기계장치를 스스로 운전, 조작하는 것과 점검, 확인, 부분적 조작, 조정을 요하는 것 등의 2분야로 나뉜다.

### 7 G-Q(일반적인 판단 및 주의력이 필요한 직업)

간호조무사, 조산사, 비서 등과 같이 상식적인 판단과 비교적 넓은 주의를 요하는 분야이다.

이는 전문직의 보조과정에서 스스로의 판단이 필요한 것과 기타 지시, 의뢰에 의하여 그것을 분명히 처리하는 것의 2분야로 나뉜다.

### 8 G-S-P(미술적 작업의 직업)

선전인쇄물, 신문, 잡지 등의 광고, 공업제품, 가구 등의 색채 · 형태 · 구조를 창안하고 상상하며 조합하는 일, 점포 · 실내의 장식효과를 높이기 위해 상품을 진열 · 배치하는 등의 창조성이 필요한 분야이다.

이들은 입체적인 형태를 통합하는 능력이 필요한 것과 기능적 기술이 필요한 것의 2분야로 나뉜다.

### 9 N-S-M(설계 · 도안 및 전기관련 직업)

건축, 기계설비 분야에서의 조사 · 설계 · 제도 관련직 및 전기 · 설비기능직 등 수치 계산을 기초로 하며 손재능이 특히 요구되는 분야이다.

이는 전문지식으로써 전 조건을 고려한 후 종합적 계획과 설계를 하는 것과 구체적 물품에 대한 계획 설계 및 손재능이 필요한 것의 3분야로 나뉜다.

### 10 Q-P-F(제판, 제도관련 직업)

여러 재료, 제품을 품질, 형태, 등급 등의 기준에 의해 육안이나 간단한 측정기구로 검사하고 분류하거나 불량품을 가려 내는 직업분야이다.

이들은 검사의 정밀도 및 그 속도에 의해 2분야로 나뉜다.

### 11 S-P-F(조립 및 손가락 재능의 직업)

전자기구, 정밀기계, 광학기계 등의 조립, 수정, 수리 등 청사진을 독해함과 아울러 정확히 손가락을 움직여야 하는 분야 및 직업적으로 그림을 그리거나, 조율, 치과기공, 수공예 등과 같이 손가락 재능이 특히 요구되는 분야이다.

이들은 정밀성, 형태변별의 난이도, 손가락 재능 요구도에 따라 2분야로 나뉜다.

### 12 S-P-M(조립 및 손재능의 직업)

비교적 큰 기계금속 부품의 조립, 조정, 수리 또는 금속재료의 가공작업 및 도면해독과 수공구, 기계 등을 사용해서 공작하는 손재능이 특히 요구되는 분야이다.

이들은 조립, 수리, 조정 등 대상제품의 정밀도에 의해 2분야로 나뉜다.

13 P–M(손재능의 직업)

제조공정 내에서 제품의 가공정도를 살펴가면서 기계를 조작하고 조정하는 일이나 그 관련기구의 조작 또는 검사, 수정을 하는 분야이다.

이들은 가공제품이 요구하는 형태변별의 정밀도에 따라 2분야로 나뉜다.

14 K–F–M(신체적 작업의 직업)

제조공정 내에서 비교적 간단한 감사작업을 포함하는 기계조작, 가공, 조립작업 및 손, 팔, 손가락의 반복작업, 빠르지 않은 속도 작업 등 육체노동을 주로 하는 분야이다.

## 2) 중앙적성연구소 발행의 적성진단검사

중앙적성연구소(중앙적성출판사)에서는 이상로와 김경인이 제작한 적성진단검사(중학생-성인용)을 발행한 바, 그 내용을 살펴보면 다음과 같다.

### (1) 검사의 특징

일선 학교나 직장의 요구에 비추어 진학적성과 직업적성이 동시에 파악될 수 있도록 하였다. 학생들의 진학지도와 직업선택에 필요한 직업성적을 동시에 파악하여 장기적인 교육 및 생활지도 계획 수립에 도움이 되도록 하였다.

### (2) 검사의 형식

이 검사는 실시의 편의상 11개의 하위검사로 나뉘어 구성되어 있다. 이들 하위검사는 모두 지필검사(paper & pencil test)로서 개인 또는 집단을 대상으로 실시할 수 있도록 한 시간제한 검사(time limit test)이다. 11개 하위검사 중 언어사용력, 언어추리, 계산능력, 수리력, 추리력, 수계열, 공간관계, 물상추리, 생물추리의 9개 검사는 사지선다형의 객관식 필답검사의 형식을 취하고 있으며 지각 속도검

사는 양자 택일식의 객관식 검사(속도검사, speed test)이고, 미로추적 검사는 단답 주관식 검사이다.

그리고 본 검사는 시간제한 검사의 형식을 취하고 있으므로 각 검사의 문항수는 특별히 우수한 자가 아닌한 제한 시간 내에 모든 검사문항을 다 해결할 수 없을 정도의 많은 문항을 포함하고 있고 각 검사별로 문항은 난이도순에 따라 배열하였으며, 검사실시 과정에서 생기는 비객관성, 즉 추측요인을 배제하기 위하여 감점 방식을 채용하고 있다.

### (3) 적용범위

본 검사는 중학교 이상의 학력 수준을 가진 정상적인 개인 또는 집단에게 적용된다. 따라서 대체로 본 검사를 실시할 수 있는 범위는 중학교 1학년생(1학년 2학기 이후)에서 성인까지이다.

### (4) 검사의 구성 내용

이 검사는 일반능력요인(G)과 5개의 적성요인(언어, 수리, 사고, 공간지각, 과학기계)을 측정할 수 있는 11개의 하위검사로 구성되어 있으며, 하위검사들을 결합하여 20개의 직무군으로 개인의 학업 및 직업적성의 영역과 그 수준을 분석, 진단하도록 되어 있다. 본 검사의 6개 성능 요인과 11개 하위검사는 각각 다음과 같다.

#### 1 성능요인

본 검사에서 측정되는 6개의 성능요인, 즉 1개의 일반능력 요인과 5개의 적성요인은 다음과 같다.

##### ① 일반능력(G)

이는 개인의 일반능력 수준(general ability)을 나타내는 것으로 일반적으로 이해력, 추리력, 문제해결력 등과 같은 기본학습 능력 또는 적용력을 말하며 지능수준과 비교적 높은 상관을 갖고 있다. 이 검사에서는 언어추리(V), 수리력(N), 추리력(연역추리;RD), 수계열(귀납추리;Ri), 지각속도(P), 공간지각(S)의 6가지 하위검사의 득점으로 일반능력(G)을 측정하고 있다. 이 일반능력은 피검자의 적성준거 내지 지능수준을 평가하는데 기준이 되는 준거이다.

② 언어적성(V)

언어개념, 언어사용력, 언어적 추리력을 포함하며 이는 어문계통의 전문직에 크게 소요되는 성능으로서 언어사용력(L)과 언어추리(V)의 2가지 하위검사로서 측정하도록 하였다.

③ 사고적성(R)

추리와 판단의 과정을 통해서 사고하는 능력을 알아보려는 것으로 연역추리력을 측정하는 추리력검사(Rd)와 귀납추리력을 재는 수계열 검사(Ri)의 2개 하위검사로서 측정하고 있다.

④ 수리적성(N)

수량과 관계되는 실제문제나 수량간의 관계를 알아보는 수리 능력을 말하며 이는 수량적 학습능력이나 직무와 관계되는 것으로서 계산능력 검사(C)와 수리력 검사(N)로서 측정하고 있다.

⑤ 공간지각 적성(SP)

주로 시각작용에 의한 입체구성 능력, 공간정위나 공간관계력, 공간적 식별력, 지각속도 등을 말하는 것으로 지각속도 검사(P)와 공간관계 검사(S)로 구성되어 있다.

⑥ 과학기계 적성(SM)

이공계통에서 특히 요구되는 일반과학에 관한 이해력, 추리력, 판단력 및 감각운동의 정확성과 속도 및 협응력과 공학적 원리 및 기능에 관한 능력을 말하며 특히 일반대학의 자연계에 요구되는 적성이다.

이는 물상 및 기계 추리력을 재는 생물추리 검사(B) 및 수공능력을 재는 미로추적 검사(F)로 구성되어 있다.

### 2 하위검사

이미 6개 성능요인에서 그 명칭을 밝힌 바 있으나 그 구체적인 내용은 다음과 같다.

#### ① 언어사용력 검사(L)

어휘력, 단어연상, 언어의 적절한 사용력을 알아내려는 문제들로서 각 문장이 완전한 문장이 될 수 있도록 각각 그 ( ) 속에 들어갈 적당한 낱말을 네 개의 답지 가운데서 골라내도록 되어 있다. 모두 20개의 문항이다.

#### ② 언어추리 검사(V)

추리와 판단의 과정을 통해서 사고하는 능력을 알아내려는 문제로서 왼쪽 두 사물 또는 사실의 관계와 같은 관계를 가진 낱말을 오른쪽 4개의 낱말 중에서 골라내어 세 번째 낱말과 짝지우도록 되어 있다. 모두 20개의 문항으로 구성되어 있다.

#### ③ 계산능력검사(C)

빨리 그리고 정확하게 수량을 계산하는 능력을 알아보는 것으로 여러 가지 계산 문제의 답을 네 개의 답지 가운데서 골라내도록 되어 있으며, 이 검사는 20개의 문항으로 구성되어 있다.

#### ④ 수리력검사(N)

수랑과 관계되는 실제문제나 수량과의 관계 등을 포함하는 수량적 추리능력을 알아내려는 문제로서 수량적 추리를 요하는 산수응용 문제의 답을 네 개의 답지 가운데서 골라내도록 한 검사이다. 이는 전체 15개의 문항으로 구성되어 있다.

⑤ 추리력검사(Rd)

연역적 추리력을 알아보기 위한 검사로서 문항의 그림에 찍혀져 있는 점(·)의 위치와 동일한 조건의 위치에 점을 찍을 수 있는 그림을 네 개의 제시된 그림 가운데서 골라내도록 한 위상관계 문항이며 이는 R. B. Cattell과 A. K. S. Cattell이 제작 표준화한 CFIT(Culture Fair Intelligence Test) Scale 2와 Scale 3의 위상관계 검사문항을 기초로 발췌, 개편된 것이다. 전체 15개의 문항으로 구성되어 있다.

⑥ 수계열검사(Ri)

귀납적 추리력을 알아내는 검사로서 일정한 순서와 법칙에 따라 배열해 놓은 여러 개의 수계열 마다 각 수계열을 맨 마지막 부분에 들어갈 적당한 숫자를 네 개의 답지 가운데서 골라내도록 되어 있으며 20개의 문항으로 되어 있다.

⑦ 지각속도검사(P)

얼마만큼 빨리 그리고 정확하게 사물을 식별해 내는 능력을 갖고 있는가를 알아보려는 검사로서 이는 각각 짝지어져 있는 왼쪽과 오른쪽의 글자나 부호의 모양과 순서가 틀린 것을 골라내게 되어 있으며 전체 50개의 문항으로 구성되어 있다.

⑧ 공간관계검사(S)

이는 공간지각이나 공간적 관계에 관한 능력을 측정하는 공간지각 검사로서 여러 가지 모양의 전개도를 보고 그것이 어느 도형을 펼쳐 그린 그림인지를 알아내어 네 개의 답지 가운데서 하나씩 골라내도록 한 공간지각 검사이며 이 검사는 모두 15개의 문항으로 구성되어 있다.

⑨ 물상추리검사(H)

물상 과학적인 이해력과 추리력 및 각종 기계나 도구 및 공학적 원리의 이해력과 추리력을 측정하기 위한 검사로서 여러 가지 물상과학 추리 및 기계의 움직임과 원리문제에 대한 답을 각각 주어진 네 개의 답지 가운데서 골라내도록 되어 있다. 전체 20개의 문항으로 구성되어 있다.

⑩ 생물추리검사(B)

생물과학적인 이해력과 추리력을 재기 위한 문제로 20개의 생물과학적인 추리 문제의 답을 각각 네 개의 답지 가운데서 골라내도록 되어 있다.

⑪ 미로추적검사(F)

감각운동 능력과 손의 기교도, 눈과 손의 협응도(coordination), 수공능력을 알아내는 문제로 여러 가지 모양의 그림으로 나타내고 있는 통로를 따라 선을 빨리 그리고 정확하게 그려나가도록 한 20개의 미로추적 문제로 구성되어 있다.

제7장

# 성격검사

1. MMPI
2. 상황-특성불안 검사
3. 우리나라 성격검사

# 1. MMPI

## 1) 검사의 특징

MMPI(The Minnesota Multiphasic Personality Inventory)는 세계적으로 가장 널리 쓰이고 가장 많이 연구되어 있는 객관적 성격검사이다. 원래 MMPI는 1940년대 미국 미네소타 대학의 심리학자인 S. R. Hathaway와 정신과 의사인 J. C. McKinley에 의하여 비정상적인 행동을 객관적으로 측정하기 위한 수단으로 만들어졌다. MMPI의 일차적인 목적은 정신과적 진단분류를 위한 측정으로 만들어진 것이지 일반적 성격특성을 측정하기 위한 것은 아니다. 그러나 병리적 분류의 개념이 정상인의 행동과 비교될 수 있다는 전제하에 MMPI를 통한 정상인의 행동 설명 및 일반적 성격특성에 관한 유추도 어느 정도 가능할 수 있다. 다시 말하면, MMPI는 개인의 인성특징의 비정상성 혹은 징후를 평가하여 상담 및 정신치료에 기여하기 위함은 물론, 비정상적이고 불건전한 증상이 진전될 가능성을 미리 찾아내어 예방 및 지도책을 도모하기 위한 검사이다.

질문지형 성격검사 문항에 대한 반응을 검토해 보면, 때로는 피검사자가 제시하는 자기보고와 타인의 그의 행동을 보고 느끼는 것에 차이가 있을 수 있다. 그 이유는 첫째로, 비록 검사문항을 제작한 사람들은 각 문항이 모든 피검사자에게 똑같은 의미로 해석되리라고는 하지만 항상 그런 것은 아니다. 예를 들면 "나는 자주 머리가 아프다."라는 문항이 있을 때, '자주'라는 말은 사람에 따라 하루에 한 번 혹은 한 달에 한 번 등으로 달리 해석될 수 있고, 이에 따라 '그렇다' '아니다'의 반응이 달라진다. 이렇게 검사문항에 내재하는 모호성 때문에 객관적으로 신뢰도가 높은 자기기술을 얻는 것은 어려운 일이다.

둘째 이유로는, 사람들 간에는 자기인식이나 적절한 행동을 보고자 하는 의지나

능력면에서 차이가 있기 때문이다.

이러한 문제들은 MMPI의 문항내용을 해석하는 과정에서 불가피하게 있기 마련인데 그렇다고 해서 MMPI 기능이 손상되는 것은 아니다. 실제로 Hathaway와 McKinley가 사용한 문항선택의 경험적 방법은 이런 문제를 회피할 수 있게 하는 것으로, 문항선택에 있어 피검사자의 자기보고가 기준이며, 자기보고와 행동간의 관계에 대해서는 여하한 연역적 가정도 전제로 하지 않았기 때문이다. 즉, MMPI가 질문지형 검사인데도 상당한 정도의 투사법적 함축성을 띠고 있다는 것이 MMPI 특징 중 하나이다.

MMPI의 또다른 특징 중의 하나는 검사태도를 평가할 수 있는 타당성 척도 4개를 포함하고 있는 것이다. 자기보고형 검사가 피검자의 행동을 얼마나 정확히 반영할 수 있는가 하는 문제와 더불어 피검자가 검사문항에 반응할 때 보이는 정직성 혹은 솔직한 태도 역시 중요하다. 타당성 척도에 대한 구체적인 설명은 척도내용에서 상세히 설명할 것이다.

### 2) 검사의 형식

MMPI의 검사형식에는 카드형(개인검사용으로 상자 안에 들어 있음)과 필답식 소책자형(집단검사용)의 두 가지 형이 있으며, 집단용에는 축소형(shortened version) 등의 세 가지의 형식이 있다. 축소형은 검사시간이 적고 간편하게 쓰기 위한 비상용이라 할 수 있는 것으로 366문항으로 되어 있는 것이다. 그러나 저자들은 개인용 카드식 사용을 가장 권장하고 있으며, 한편 특수한 경우를 제외하고는 필답식 집단용은 전 검사문항이 수록되어 있는 소책자형을 사용할 것을 강조하고 있다.

### 3) 집단 검사용 소책자형의 검시실시법

이 검사(한국판 MMPI, KTC 발행, 진위교, 김형립 제작)에는 검사문항지(소책자)와 답안지가 따로 마련되어 있으며 피검사자는 검사지가 아니라 답안지에 응답을 기입하게 되어 있고, 문항지 번호와 답안지 번호를 맞추어 가면서 답해 나가게 되어 있다. 검사지에 실려 있는 검사문항은 566개이나 실은 550개에 16문항이 같은 것이 중복되어 있으며, 수검자는 각 문항에 대하여 '그렇다', '아니다', 또는 '말할 수 없다(결정, 판단할 수 없다)' 등 세 가지 중 어느 하나로 대답하게 되어 있는 바, 말할 수 없는 경우에는 답 칸을 그대로 비어두면 된다. 이 검사에는 다음과 같은 척도가 있다.

### 4) MMPI의 구성 척도

#### (1) 타당성 척도

- 허위척도(lie … L)
- 무반응점수(Question Score … ?)
- 신뢰성점수(Validity Score … F)
- 교정척도(K Score … K)

#### (2) 임상척도

- 심기증 척도(Hypochondrisis Scale … Hs)
- 우울증 척도(Depression Scale … D)
- 히스테리 척도(Hysteria Scale … Hy)
- 정신병질 척도(Psychopathic Deviate Scale … Pd)
- 남향성-여향성 흥미 척도(Masculinity-Femininity Scale … Mf)
- 편집증 척도(Paranoia Scale … Pa)
- 정신쇠약증 척도(Psychasthenia Scale … Pt)
- 정신분열증 척도(Schizophrenia Scale … Sc)
- 경조증 척도(Hypomania Scale … Ma)
- 사회적 내향성 척도(Social Introversion Scale … Si)

이상과 같은 척도의 원점수(raw score)를 표준화 결과 작성된 규준(T점수척)에 비추어 성격비교표(profile)에 그려 넣어 해석하게 되어 있다.

## 5) 검사의 내용과 실시법

### (1) 검사의 내용

본 검사를 구성하고 있는 문항은 총 26개 범주의 내용영력을 걸쳐 총 550개 문항으로 구성되어 있다. 〈표 7-1〉은 문항 내용영역의 보기이고 〈표 7-2〉는 MMPI의 문항내용의 예이다.

표 7-1 **MMPI 문항내용 영역**

| 범주 | 내용 영역 | 문항수 | 범주 | 내용 영역 | 문항수 |
|---|---|---|---|---|---|
| 1 | 일반적인 건상상태 | 9 | 14 | 성적 태도 | 15 |
| 2 | 일반신경계통 | 19 | 15 | 종교적 태도 | 14 |
| 3 | 뇌신경에 관한 것 | 11 | 16 | 정치적 태도 | 46 |
| 4 | 근육조정 및 운동기능 | 6 | 17 | 사회적 태도 | 76 |
| 5 | 감각기능 | 5 | 18 | 우울상태 | 32 |
| 6 | 혈관운동신경, 영양, 분비선 | 10 | 19 | 조상태 | 24 |
| 7 | 심장호흡계통 | 5 | 20 | 강박상태 | 15 |
| 8 | 소화기계통 | 11 | 21 | 망상, 환각, 착각, 관계망상 | 31 |
| 9 | 생식비뇨기계통 | 5 | 22 | 공포증 | 29 |
| 10 | 습관 | 20 | 23 | 가학성, 피학성 경향 | 7 |
| 11 | 가족 및 결혼에 관한 것 | 26 | 24 | 사기(의욕) | 33 |
| 12 | 직업 | 18 | 25 | 남향성, 여향성 | 55 |
| 13 | 교육 | 13 | 26 | 믿을 수 없도록 자신을 바람직하고 착하게 나타내 보이려고 애쓰느냐 않느냐를 지시하는 문항들 | 15 |

표 7-2

MMPI 문항 내용의 예

- 조그만 소리에도 잠을 잘 깬다(그렇다, 아니다).
- 범죄에 관한 신문 기사를 즐겨 읽는다(그렇다, 아니다).
- 목에 무엇이 꽉 막혀 있는 것 같은 때가 많다(그렇다, 아니다).
- 사람은 꿈을 이해하려고 노력해야 하며 또 꿈의 길흉을 믿어야 한다(그렇다, 아니다).
- 일을 하려면 나는 굉장히 긴장하고 애를 써야 된다(그렇다, 아니다).
- 차마 입 밖에 낼 수 없을 정도로 나쁜 일을 생각할 때가 가끔 있다(그렇다, 아니다).
- 확실히 내 팔자는 나쁘다(그렇다, 아니다).
- 가끔 집을 몹시 떠나고 싶을 때가 있다(그렇다, 아니다).
- 때때로, 갑자기 웃음과 울음이 터져서 참지 못하는 때가 있다(그렇다, 아니다).
- 귀신이 나를 지배할 때가 있다(그렇다, 아니다).
- 나에게 부당한 짓을 하는 자에게는 할 수 있다면 반드시 보록해야 할 것이며, 또 그래야 마땅하다(그렇다, 아니다).
- 때때로 욕설을 퍼붓고 싶어지는 때가 있다(그렇다, 아니다).
- 며칠마다 무서운 꿈을 꾼다(그렇다, 아니다).
- 일에 정신을 집중하기가 어렵다(그렇다, 아니다).
- 아주 기이하고 이상한 경험을 할 때가 있다(그렇다, 아니다).
- 미워하는 사람들이 없었더라면, 나는 더 성공했을 것이다(그렇다, 아니다).
- 내 건강에 대해서 걱정하는 일이 많다(그렇다, 아니다).
- 어려서, 한 때 조그만한 도둑질을 한 적이 있다(그렇다, 아니다).
- 가끔 무엇이고 때려 부수고 싶어지는 때가 있다(그렇다, 아니다).
- 언제나 일하는 것보다 앉아서 공상하고 싶다(그렇다, 아니다).
- 엄두를 못내서 며칠, 몇 주, 몇 달 동안이나 일을 해 내지 못할 때가 있다(그렇다, 아니다).
- 말썽스러울 때는 입을 다무는 것이 상책이라고 믿는다(그렇다, 아니다).

## (2) 검사의 실시방법

### 1 일반적 주의

본 검사는 결과의 해석 및 활용에 비하여 실시방법은 비교적 간단하며 피검사자들 자신이 검사지 책자 표지에 있는 지시를 읽고서 스스로가 할 수 있게 되어 있다. 또한 이 검사는 능력검사가 아니기 때문에 시간제한이나 그밖에 까다로운 제한은 많지 않다. 그러나 다른 표준화검사와 마찬가지로 혹은 그 이상으로 세심한 주의가 필요하다.

첫째, 검사를 실시하는 방의 분위기가 조용하고 안정되어 있어야 하고 따라서 피검사자에게 방해가 될만한 조건은 될 수 있는 대로 제거되어야 한다.

둘째, 피검사자들이 피로해 있지 않고 권태를 느끼지 않는 시간(될 수 있는대로 오전 중)을 선택할 일이다.

셋째, 피검사자가 환자이고 개인적으로 실시하는 경우에는 검사자와 피검사자 사이에 바람직한 친화관계(rapport)가 특히 잘 형성되게끔 신중하게 배려를 기울여야 한다.

넷째, 피검사자의 독해력 여부를 확인하는 일이다. MMPI를 제대로 응답할 수 있느냐의 가장 중요한 요인의 하나는 독해력이다. 원래 MMPI의 문항제작시 초등학교 6학년 수준의 문장으로 구성했으므로 초등학교 이상의 정규교육을 받은 사람이면 별 어려움 없이 MMPI를 할 수 있다고 한다.

### 2 실시방법

검사지 배부 전에 검사실시 취지를 간단히 설명할 필요가 있다. 피검사자의 현재의 인성적 특징 및 경향을 파악하여 성격적 경향을 시정하고 개인생활을 행복하게 하도록 도와 주며, 개인적 · 사회적 적응을 촉진시켜 주려는 것이라는 것을 납득시키도록 할 것이다. 환자인 경우에는 치료를 위한 진단의 한 방식이라는 것을 이해시켜야 할 것이다. 이 때에 각 검사문항이 무엇을 재는 것이라든가 각 검사영역에 관해서는 일체 설명해서는 안 된다. 그렇게 하면 피검사자 중에는 의식적 · 계획적으로 '그렇다', '아니다' 또는 '말할 수 없다'를 결정지어서 답하는 사람이 나타날 우려가 있기 때문이다.

검사지를 배부하면 피검자 자신이 표지에 있는 지시를 읽고 답하는 예를 보게 한다. 검사자가 필요하다고 생각하는 경우에는 지시와 답하는 방법을 읽어 주어도 무방하다. 그 다음에 지시에 대한 질문을 받고 수검자가 이해하고 있음을 확인한 다음 답안지에 이름, 연령, 성별, 직업, 교육정도 등 필요한 사항을 기입하게 한다. 특히 검사지의 문항번호와 답안지의 번호를 잘 맞추어 나가도록 주의를 환기할 것이다. 그리고 답함에 있어서 현재의 심정, 느낌, 생각 등을 대답하되 문항 문장 내용이 과거형으로 되어 있는 것에는 과거의 경험을 상기하여 응답하게 한다.

검사시간에는 제한이 없다. 그러나 본 검사는 유례가 없을 정도로 많은 문항을 수록하고 있는 방대한 검사이기 때문에 될 수 있는 대로 빨리 답해 나가도록 해야 할 것이며(각 문항을 읽고 곰곰이 오래 생각하는 것보다 가장 먼저 떠오르는 생각대로 대답하게 하는 것이 좋음), 시간은 평균 100분인데 늦으면 2시간이나 소요된다.

검사 도중에 너무 많고 지루해서 더 못하겠다는 수검자가 있는 경우에는, 다 끝마치도록 격려해야 할 것이고, 잠깐 휴식하게 한 다음 끝마치도록 하는 것도 한 방법이다. 또 될 수 있는 대로 무반응점수가 최소한도가 되도록 노력해야 할 것이다.

### 6) 검사 결과의 채점 및 프로파일 작성

#### (1) 답안지 검열

답안지 검열부터 시작한다. '그렇다', '아니다'의 두 칸에 모두 표한 것은 색연필로 두 줄을 그어 무응답으로 간주한다. 무응답이 30개 이하여야 하는데 100개가 넘으면 그 검사는 무효로 취급한다. 무반응한 각 항목은 개인면접을 통하여 그 원인을 찾아보고 확인한다.

#### (2) 척도별 채점

다음에는 각 척도별로 채점판을 이용하여 채점한다. 5번 Mf척도는 남녀별로 구분되어 있다. 채점판에 나타난 소점(원점수)을 세어 그 수치를 답안지 하단의 해당란에 기입한다.

#### (3) K 교정

척도별로 채점이 끝나면 1(Hs), 4(Pd), 7(Pt), 8(Sc), 9(Ma)의 5개 척도에 대하여는 K척도의 소점 수치로 K교정이라는 통계적 조작을 가하여 이들 척도의 신뢰성과 타당성을 높여 주고 있다.

K교정 비율은 다음과 같다.

Hs : + 0.5K

Pd : + 0.4K

Pt : + 1K

Sc : + 1K

Ma : + 0.2K

K교정이 끝나면 이 교정값을 해당 척도에 가산한다.

### (4) 표준점수(T) 환산

각 척도의 채점이 끝나면 위의 다섯 임상척도를 K교정하여 답안지 해당란에 기록한다. 그 다음 13개의 검사척도의 원점수(K교정을 한 다섯 척도 포함)에 해당하는 T점수로 환산한다. 이 때는 피감사자의 조건에 맞는 규준표를 찾아, 각 척도 원점수에 해당하는 T점수를 답지 맨 아래 칸에 써넣고 그 값에 따라 프로파일 용지 위에 프로파일을 그린다.

### (5) 프로파일의 작성

프로파일 작성은 척도별 T점수를 점으로 찍은 후, 3개의 타당도(L, F, K)와 10개의 임상척도별로 각각 실선으로 연결하며, 이 때 타당도 척도와 임상척도간은 연결하지 않는다.

프로파일을 그리는 것은 타당성 척도와 임상척도를 개별적으로 볼 뿐 아니라 피검사자의 전체적인 인성특징을 패턴형태로 판정하려는데 그 목적이 있다.

### (6) 프로파일의 기호화

임상척도는 일반 정상인의 인성 판정에 사용할 경우 정신의학적 개념에서 빌린 척도명이 부적절할 뿐 아니라, 척도명에서 오는 관념 때문에 그릇된 판정을 하게 되는 원인이 될 수도 있으므로 MMPI 제작자들은 임상척도를 숫자로 코드화하여 표현하는 방법을 도입하였다.

코드방식은 Hathaway법과 Welsh법의 두 가지가 있고 또 이 방식을 수정하여 사용하는 사람들도 있다.

### 1 Hathaway법

Hathaway(1947)의 코딩방식에선, T점수 크기순으로 임상척도를 코드로 표기하되, T점수가 70 이상을 때는 prime부호인 (′)표, 55 이상 70 미만일 때는 dash 부호인 (-)표, 46 이상 55 미만일 때에는 아무런 표기가 없으며 서로간에 같은 유사점수대(예컨대 90, 91 등) 또는 인접점수대(예컨대 49, 50등)일 때는 밑줄(underline)로 표기한다. 그리고 10개의 임상척도 중 가장 낮은 점수에 해당되는 척도의 코드는 무조건 dash(-) 표기 바로 다음란에 코드번호를 기입한다.

타당도 척도 L. F. K는 각 소점을 임상척도 오른쪽에 기록한다.

**보기 1**

| 소 점 | | | | T 점수 | | | | | | | | | | |
|---|---|---|---|---|---|---|---|---|---|---|---|---|---|---|
| 타당도 척도 : | L | F | K | 임상척도 : | 1 | 2 | 3 | 4 | 5 | 6 | 7 | 8 | 9 | 0 |
| | 1 | 10 | 10 | | 34 | 56 | 56 | 90 | 63 | 50 | 66 | 73 | 91 | 43 |

Hathaway 코드 : 948′7523-1 1 : 10 : 10

위 보기에와 같이 척도 9, 4, 8은 T점수가 70점 이상이기 때문에 prime 부호(′) 오른쪽에 기재되었고, 척도 9가 가장 높기 때문에 순서대로 첫머리에 기재된 것이다. T점수 55 이상 70 미만인 척도들은 prime 부호 오른쪽에 크기순으로 기재되었고 척도 2와 3, 9와 4는 같은 점수대임으로 밑줄이 그어져 있다. 척도 1은 가장 낮은 점수이기 때문에 dash 부호(-) 오른쪽에 기재되어 있다. L. F. K 척도는 소점으로 기록한다.

**보기 2**

| 소 점 | | | T 점수 | | | | | | | | | |
|---|---|---|---|---|---|---|---|---|---|---|---|---|
| L | F | K | 1 | 2 | 3 | 4 | 5 | 6 | 7 | 8 | 9 | 0 |
| 2 | 7 | 12 | 49 | 89 | 62 | 50 | 67 | 62 | 79 | 63 | 38 | 70 |

Hathaway 코드 : 270′5836-914 2 : 7 : 12

## 2 Welsh법

G. S. Welsh(1948)의 코딩방식은 다음과 같다.

| T 점수 | 코딩부호 |
|---|---|
| 90 이상 | *(asterisk) |
| 80-89 | ″(double prime) |
| 70-79 | ′(single prime) |
| 60-69 | -(dash) |
| 50-59 | /(slash) |
| 40-49 | :(colon) |
| 30-39 | #(sharp) |
| 29 이하 | #표의 오른쪽에 기재 |

이 밖에 타당도 척도는 소점보다는 T점수 크기 순서대로 임상척도 오른쪽에 기재하며 같은 점수 대에 놓여 있는 임상척도 점수 밑에 밑줄 긋는 것은 Hathaway 방식과 같다. 한 가지 크게 다른 점은 해당점수가 없는 경우에도 해당부호는 그대로 그 위치에 기재하는 점이라 하겠다.

**보기 3**

| 소 점 | | | T 점수 | | | | | | | | | |
|---|---|---|---|---|---|---|---|---|---|---|---|---|
| L | F | K | 1 | 2 | 3 | 4 | 5 | 6 | 7 | 8 | 9 | 0 |
| 40 | 66 | 46 | 34 | 56 | 56 | 90 | 63 | 50 | 66 | 73 | 91 | 43 |

Welsh 코드 : 94*8′75-236/0 : 1# F- KL

**보기 4**

| 소 점 | | | T 점수 | | | | | | | | | |
|---|---|---|---|---|---|---|---|---|---|---|---|---|
| L | F | K | 1 | 2 | 3 | 4 | 5 | 6 | 7 | 8 | 9 | 0 |
| 44 | 60 | 49 | 49 | 89 | 62 | 50 | 67 | 62 | 79 | 63 | 38 | 70 |

Welsh 코드 : 2″70′5836-4/1 : 9# F-KL

위에서 살펴본 코드유형(code type)들은 프로파일 형태 중 두 개 내지 세 개의 가장 높은 T점수에 해당되는 임상척도가 무엇인지를 쉽게 규정하는데 큰 도움이 된다.

### 7) 검사결과의 해석법

#### (1) 타당도 척도의 해석법

MMPI의 가장 현저한 특징의 하나인 타당도 척도는 원래 성격특징을 진단하기 위한 것이 아니라 임상척도의 여러 점수의 신빙성과 타당성을 즉각적으로 판정하려고 작성된 것이었으나 현재까지의 임상연구 결과 이 척도 자체가 꽤 유의한 성격요인을 드러내 주고 있음이 점차 밝혀지고 있다. 전통적으로 타당도 개념은 검사가 측정하려고 하는 바를 실제로 측정하고 있느냐는 문제를 다룬다. 그러나 MMPI에서의 타당도 개념은 다소 다른 의미로서, 피검사자의 검사태도(test taking attitude)를 의미한다. MMPI의 타당도는 실제로 피검사자가 일관성 있게 검사 문항에 응답했는가를 의미하는 것이므로 '신뢰도'란 말이 더 적절한 표현이 될 것이다. 신뢰도 중에서도 내적 일치도(internal consistency)와 부합하는 것으로 검사나 척도에서 일관된 모양으로 반응하는 정도를 나타낸다.

아래에 제시된 4개의 타당도 척도들은 잘못된 검사태도를 탐지하게 할 뿐만 아니라, 임상척도와 더불어 검사 이외의 행동에 대하여 유추할 수 있는 자료까지도 제공해 주며, 타당도 척도 자체가 유의미한 인성요인을 밝혀 준다는 것은 여러 임상결과에서 입증되었다.

##### 1 척도별 해석법

① 무반응점수(?)

응답하지 않은 또는 응답하지 못한 문항의 수가 바로 이 점수인데 무반응수의 크기는 다른 척도점수에 영향을 미치게 된다. 그리하여 이 점수가 클수록 그 답안지의 타당성이 의심되며 가령 100 이상일 경우에는 그 피검사자의 검사결과는 해석을 타당하게 할 수 없으므로 무효가 된다. 가끔 정신쇠약증(Psychasthenia)이나 우울증 상태에 있는 피검자에게서 이러한 경우가 나타난다. 무반응 점수가 100 이상이면 채점대상에서 제외시킨다.

② 허위척도(L)

15개의 문항으로 성립되어 있는 가장 작은 척도로서, 선험적 판단에 의한 보편적 내용으로 된 문항으로 구성되어 있다. MMPI의 모든 척도가 철저한 경험적 방법에 의하여, 도출 작성되어 있는데 비하여, 이 척도만은 논리적인 판단에 의하여 작성된 것이다.

L척도 문항은 바람직하나 실제로는 그렇지 않은 내용이며 피검사자의 부정직을 알아낼 수 있는 함정의 역할을 하기도 한다. 남에게 아주 착하고 훌륭하게 보이려는 의도에서 자기의 솔직한 심정을 얼마나 왜곡하고 있느냐를 재려는 것이다. L점수가 높으면 의식적으로 거짓말을 하고 있다고 해석할 수 있다. 즉, 이때는 비교적 신빙성이 적고 방어적이며(높은 K척도 점수의 경우와 같음), 긴장하거나 자신의 동기나 행위에 대한 인식이 없고 자신에 대해서 불안정하거나 피동적임을 의미한다.

L척도는 방어적인 검사태도를 시사하는 것 이외에도 L척도가 높은 사람은 지나치게 관습적이고, 사회에 순응적이며 독창성이 부족하며, 완고하고 도덕적이며, 스트레스에 대한 인내력이 부족하며 자신을 과대 평가한다.

L척도가 낮은 사람들은 자신의 인간적인 약점을 솔직히 인정하는 사람으로 자기 지신에 대해 충분한 자신감을 가진 사람이다. 이들은 자기신뢰감이 높은 사람이다.

③ 신뢰성 점수(F)

64개의 문항으로 성립되어 있는 척도로서, 채점되는 방향으로 반응하는 일이 정상건강인 집단에서는 극소한 문항들로 구성되어 있다. 하나의 타당성 척도로서의 이 F는 지시나 문항내용을 오독, 오해한 데서 온, 말하자면 동문서답식 반응이나 수검자의 부주의, 경솔 또는 채점에서의 착오 등을 포착하기 위한 척도이며,

동시에 비정상적인 반응의 지표가 됨으로써 유의한 진단적 역할을 해 주는 척도이다.

F척도는 임상적으로 세 가지 중요한 기능을 하는데, 첫째는 검사태도의 지표로 이상반응의 경향을 탐지하는데 효과적이며, 둘째는 프로파일의 무효(invalidity)가 아님이 확인될 때 F척도는 정신병리를 나타내는 지침이 되며, 셋째는 F척도 점수를 통해 그의 일반적인 적응 행동에 대한 추론을 가능케 한다.

#### ④ 교정척도(K)

30개의 문항으로 구성되어 있는 타당성 척도의 하나로서 K라고만 표시하거나 호칭하는 경우가 많다. 자기옹호와 자기방어, 혹은 반대로 자신의 결함이나 심리적 약점, 고민을 노출시키는 정도를 나타내는 수검태도(test-taking attitude)를 재는 척도이다. 따라서 이 척도는 교정요인으로 사용되는 바 임상척도에서 정상건강인과 다름없는 점수를 얻는 이상자(환자)와 정말(진짜) 정상자를 변별해 내고, 이상자와 비슷한 점수를 얻는 정상자와 정말 이상자와를 비교적 여실히 구별해 준다는 것이다.

K척도가 낮으면 임상 프로파일은 흔히 높아지게 되는데, 특히 정신병적 척도군(척도 6, 7, 8, 9)에서 그러하며, K척도가 높아지면 일반적으로 프로파일은 낮아지나 신경증적 척도군(척도 1, 2, 3)이 높은 K척도 득점은 심리적 약점에 대한 방어적 태도를 나타내며 높은 L척도와 마찬가지로 바람직한 방향으로 왜곡하려는 방어적 태도를 나타내는 것이다.

낮은 K득점은 방어적 태도가 엷어져 과도하게 솔직하고 자기 비판적임을 나타낸다. 그러나 높은 F척도와 마찬가지로 낮은 K척도는 바람직하지 않는 득점을 얻으려고 고의로 조작하거나 나쁜 인상을 주려고 하는 때에도 생기므로 주의를 요한다.

### 2 프로파일 형태별 해석법

#### ① 제멋대로형

F척도가 T점수 100보다 높고 L, K가 T점수 60 근처에 놓여 있는 〈그림 7-1〉은

피검자가 제멋대로 응답한 프로파일 형태이다. 정서적 혼란상태(예컨대, 화가 나 있거나)에 있거나 검사태도가 거부 내지 저항하는 경우일 때는 검사결과가 이렇게 왜곡된다. 따라서 제멋대로형(random responding) 프로파일 형태는 타당성이 없기 때문에(invalid) 검사를 다시할 것이 요구된다.

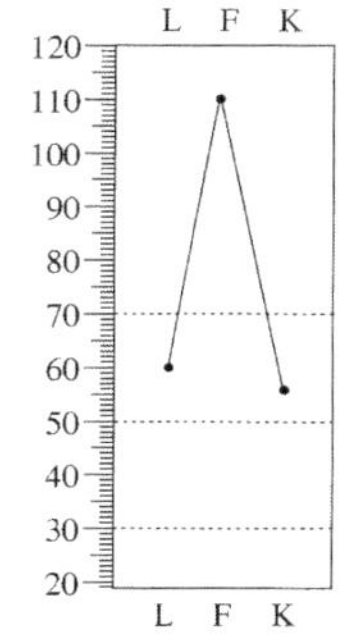


<그림 7-1>
제멋대로형

② 전부 그렇다는 형

〈그림 7-2〉는 F척도 점수가 극단적으로 높은 각 항목에 대하여 전부 '그렇다'고 응답하는 형(all true responding)이다. 일반적으로 정신병 척도군의 모습을 보인다.

피검자가 검사사태에 대한 두려움이나 화가 나 있는 경우에 이런 왜곡된 결과가 나올 수 있다. 프로파일은 타당하지 못함으로 검사를 다시 해야 할 것이다.

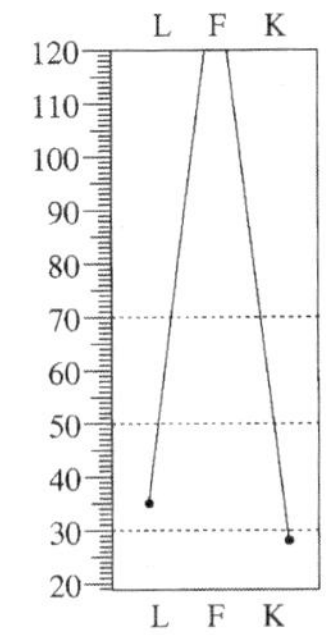


<그림 7-2>
전부 그렇다형

③ 전부 아니다 형

〈그림 7-3〉의 프로파일은 L, F, K 등 세 척도가 모두 80 내지 그 이상에 놓여 있다. 즉, 각 항목에 대하여 전부 '아니다'(all false responding)로 응답하는 형이다.

건사사태에 대한 분노나 저항심이 작용할 때 나타날 수 있는 왜곡된 결과로서 프로파일은 타당성이 없다. 재검사가 요구된다.

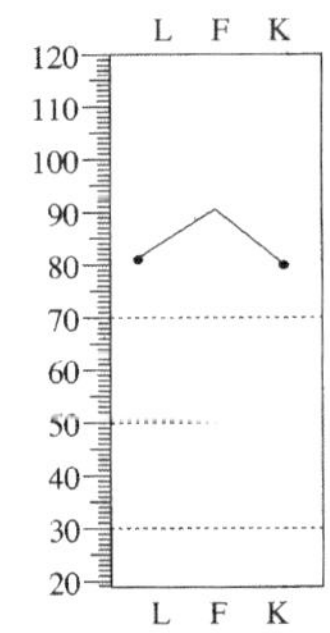


<그림 7-3>
전부 아니다형

④ 위선형

〈그림 7-4〉에선, 높은 L점수는 자기 약점을 부인하고, F점수는 어떠한 심리적 고통도 완전히 부인하고 있음을 시사하고 있다. 높은 K점수는 방어적으로 부인하고 있음을 보여주고 있다. 〈그림 7-4〉와 같은 프로파일 형태는 타당성이 약한(broderline valid) 편에 속한다(만약 L과 K가 T점수가 75 이상일 때에는 타당성이 전혀 없다).

자기의 약점이나 심리적 갈등을 부인하고 자기의 좋은 점만을 의도적으로 보여

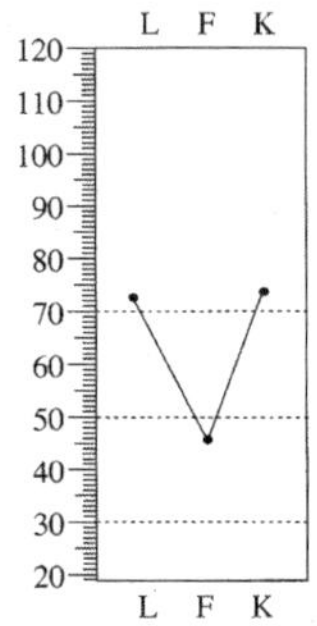

<그림 7-4>
위선형

주려는 사람들에게서 흔히 나타나는 프로파일 형태이다. 즉, 자기 자신의 감정이나 태도, 신념을 정확하게 나타내지 않고 바람직한 사람만이 하리라고 예측하는 응답 형식으로 각 항목을 선별하여 좋게 보이도록 응답하는 사람들에게서 발견되는 형태이다.

⑤ 위악형

'V자형' 반대로 '∧자형'으로 나타나는 프로파일은 위선형과는 달리 자기의 심리적 꾀병을 앓는 사람에게서 흔히 발견되는 '위약형'이다. 〈그림 7-5〉가 이에 해당된다. 갈등이나 고뇌 등을 구원 또는 지지받기 위해 과장하거나 위악형 역시 프로파일 형태는 그 타당성이 의문시 될만큼 악한 편이다.

〈그림 7-5〉에선 L점수가 낮아 자기 약점을 인정하는데 솔직함을, 높은 F점수는 자기 고뇌를 스스로 인정하고 있음을, 그리고 낮은 K점수는 낮은 자아존중감, 낮은 자아기능을 시사하고 있다.

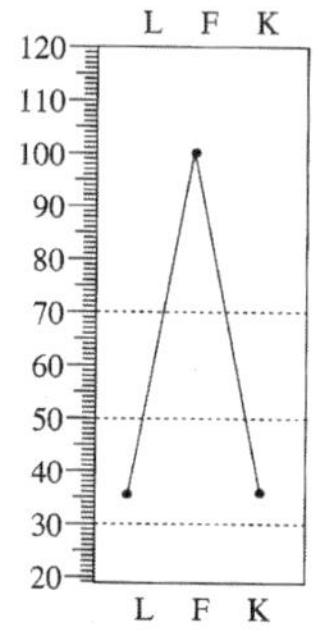

<그림 7-5>
위악형

⑥ 개방형

〈그림 7-6〉에서 조금 높은 F점수는 심리적 불안이 약간 있음을 시사하고 있다. 어쨌든 피검자는 K점수가 평균보다 높다는 점에서 자아기능이 강하고 L점수가 낮다는 점에서 자기의 약점을 인정하고 있는 솔직한 사람임을 시사하고 있다. 즉 〈그림 7-6〉의 프로파일 형태는 타당성이 높음을 나타낸다. 개방형에 해당되는 응답자들은 현재 당면하고 있는 심리적인 곤란점을 개방적으로 정직하게 응답하고 있으며 또한 개인적 · 정서적 갈등을 일반적으로 잘 자각하고 있음을 보여 준다. 그렇다고 그러한 난관을 잘 극복했었다는 경험을 반영하는 것은 아니다.

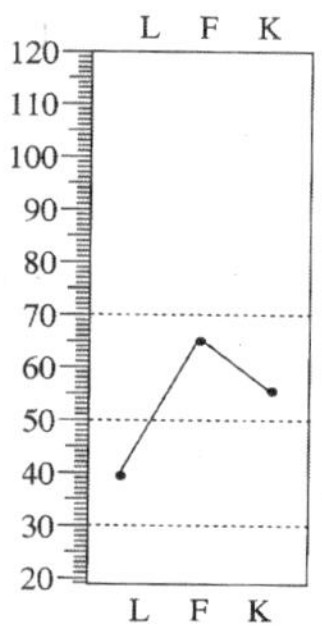

<그림 7-6>
개방형

⑦ 비합리적 방어형

이 프로파일은 타당한 형태이다. 피검자는 정서적으로 위축되어 있고 긴장되고 있음을 시사하고 있다. 이러한 정서적 방어자세는 검사 상황 조건에 기인되는 수도 있지만 스트레스에도 불구하고 참고 견디는 사회적 관계를 반영하기도 한다.

극히 낮은 점수인 L은 부인하지 않는 지나치게 솔직함을, 높은 점수인 K는 심리적 고통이나 스트레스로 인한 말못할 갈등이 있음을 시사하고 있다.

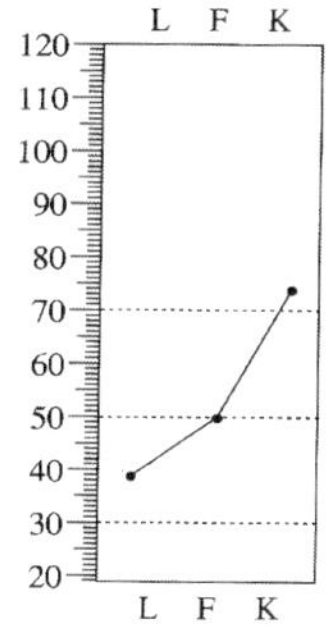


**<그림 7-7>**
**비합리적 방어형**

⑧ 순박 개방형

이 프로파일 형태는 타당하다. 피검자는 심리적으로 천진난만하며 K점수가 낮다는 점에서 개방적이며 솔직담백한 반면 자아존중감이 낮다. 그리고 낮은 F점수는 심리적 고통이 별로 없음을 시사하고 있다.

높은 L점수는 세상을 단순히 흑백논리로 본다던지 사고방식의 천진성 또는 도덕적 성향을 시사하고 있다.

간혹 교육을 제대로 받지 못한 사람 중에서 엿볼 수 있는 형태이다.

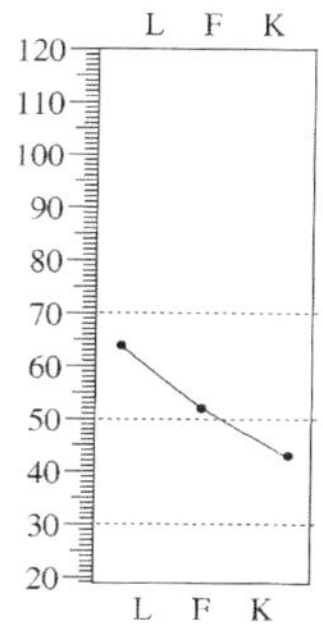


**<그림 7-8>**
**순박 개방형**

⑨ 순박 개방 불안형

이 프로파일 형태는 타당하다. 비교적 높은 F점수는 불안감이 대체로 높음을, 약간 높은 L점수는 도덕적 비판에 쉽게 상처받기 쉬우며 사고방식이 흑백논리에 입각한 단순함을 시사한다.

낮은 점수는 K는 자아존중감이 없으리만큼 솔직하고 자아비판적임을 시사하고 있다.

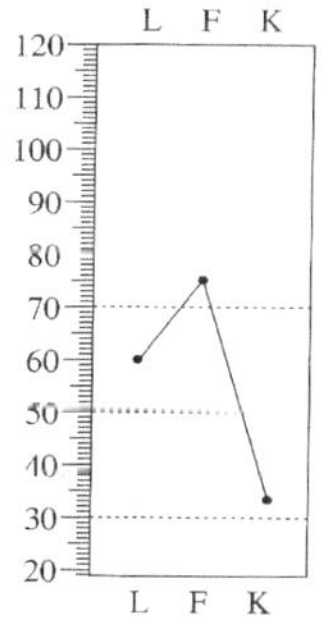


**<그림 7-9>**
**순박 개방 불안형**

### (2) 임상척도의 프로파일 형태

표준적인 프로파일은 T점수 50선을 기준으로 하여 대체로 ±5의 범위 내에서 그려지게 된다. 척도가 T점수 30선과 70선의 범위 내에 있으면 보통 통계적으로는 '정상'으로 보며, 프로파일 전체가 이러한 범위 내에 있으면 그 피검사자는 '정상' 범위 내의 인성을 가진 것으로 풀이된다. 그러나 정상범위라 하여도 T점수가 70에 가까울수록 정상범위에서의 일탈 정도가 심한 것으로 생각할 수 있으며, 70선을 넘을 경우에는 넘는 정도가 높을수록 이상 경향이 심하다고 생각할 수 있다.

T점수가 낮은 경우에는 일반적으로 높은 경우와는 달리, 소극적인 해석 경향을 보이고 있지만 척도에 따라서는 반드시 그렇지도 않다. 임상적으로는 정상의 범위를 65선과 35선의 범위로 보는 것이 좋을 것이다.

각 척도를 개별적으로 보는 것과는 달리, 검사에서 얻어지는 인성의 프로파일 형태는 개성의 표현으로 여러 가지 모양을 나타내기도 하는 것이므로, 이러한 프로파일을 유형화하여 보는 것도 판정에 도움을 줄 것이다.

### 1 정상형

T점수 50선을 기준으로 하여 각 척도의 T점수가 ±5 이내에서 분포하는 형태가 통계적으로 가장 평균적인 모습이다. 임상적으로는 임상척도가 상한 55에서 하한 45선의 범위 내에 각 척도가 분포하는 경우를 정상형으로 볼 것이다.

### 2 하강된 정상형

프로파일 전체가 대략 T점수 50~30의 범위 내에 있는 경우다. 형태의 배경을 이루는 특징은 ① 최고 척도가 일반인의 평균보다 그다지 높지 않을 것, ② 대부분의 T점수가 40선 혹은 30선 부근에 있을 것이 등이다.

이같은 프로파일은 왜곡된 마음가짐 때문에 생기는 경우가 있으므로 해석시에는 타당성 척도에 특별히 주의해야 한다.

### 3 경계선급형

대부분의 임상척도가 T점수 55 이상의 값을 나타내고 몇 개의 척도는 70선 가까이에 육박하고 있는 모습을 말한다. 임상적으로는 T점수 65선을 경계선으로 함이 좋을 것이다.

### 4 고도 상승형

2개 내지 3개의 척도가 현저하게 높고 기타의 척도는 중간 정도이거나 낮은 척도인 것을 포함한다.

### 5 신경증 3척도군

Hs, D, Hy의 3개 척도가 기타의 척도들보다 월등히 높은 형태를 말한다.

3개의 척도의 조합은 여러 가지 있는데, 이중에서 D척도가 제일 낮은 때, 즉 프로파일이 V자형을 이룰 때는 전환성 히스테리를 생각해 봄직하다.

### 6 정신병 4척도군

정신병적 징후와 관련이 있는 Pa, Pt, Sc Ma의 4개 척도는 해석시 하나의 범주로 묶어서 취급하면 편리하다. 또 Pa, Sc Ma의 3개를 정신병 3척도군이라고도 한다. 해석시 가장 주의해야 할 것에 Pa, Sc의 2개 척도가 예리한 형상으로 높은 때인데 이를 Paranoid valley라고 한다.

### 7 비행성 성격척도군

Pd, Pa, Sc, Ma의 4개 척도군이 기타 척도보다 높은 형태를 말한다.

F척도도 따라서 높아진다. 비행성이 심화되어 교정이 어려운 문제소년에서 잘 보이는 형태이다.

### 8 이상성(二相性)형태

신경증 3척도군과 정신병 4척도군 중에서 각 1개의 척도가 상대적으로 고립된 형태로 첨예하게 높게 보이는 형대를 말한다.

## (3) 개별 임상척도의 해석법

본 검사의 목적을 달성하는 주된 검사내용인 이 임상척도는 인간의 정신신경증적, 정신병적 및 반사회적 성격특질을 측정하려는 것이다. 이 척도들은 정신병리학적 입장에서 크게 분류한다면, Hs, D, Hy(그리고 Pt)는 신경적 경향, Pa, (Pt), Sc, Ma는 정신병적 징후, Pd, Mf, Ma는 정신병질(psychopathy) 등의 범주에 속한다고 할 수 있다. 본 검사결과의 해석을 위해서는 다음에 서술하는 각 임상척도의 의미를 깊이 파악해야 할 것이다.

### 1 심기증 척도(1…Hs)

33개 문항으로 구성되어 있는 Hs는 주로 자신의 신체적 기능 및 건강에 대하여 과도하고 병적인 관심(신경증적 관심)을 갖는 히포콘드리어증을 측정한다. 신체적 징후에 대한 이러한 관심과 편견은 신체진단 결과 허약이나 결함의 반증이 뚜렷해지더라도 그대로 고집, 집착하는 것이 히포콘드리어증 환자의 증후이다.

Hs점수가 높은 사람은 자기의 건강에 대한 병적 관심을 나타내며 동통과 장애를 많이 호소한다. 우울증에서 Hs점수가 높을 수가 있는데 이 때는 우울증이 없어지면 이것도 함께 없어진다. 그러나 신체적 증상이 우울증의 원인으로 작용하는 경우가 있다.

### 2 우울증 척도(2…D)

60개 문항으로 된 우울증의 임상적 징후형의 정도와 농도를 측정하는 척도다. 우울증의 특징은, 일반적으로 인생과 장래에 대한 비관 · 염세 · 무망감 내지 절망감, 자기무력감 · 자기무가치감 · 주관적 불행감, 사고와 행동의 완만, 무기력, 죽음과 자살의 편견에 사로잡히는 것이다. 내적으로 우울증에 있으나 외적 관찰로는 명랑해 보이는(smiling depression) 사람은 MMPI의 결과가 내적 비관을 잘 드러내준다고 한다.

한편 임상상황에서는 D척도의 경우, 정신과 환자에서 가장 빈번하게 상승하는 척도이다. 환경적 요인에서 오는 방응성 우울증(또는 신경증성 우울증)에서는 중간 정도의 상승을 보인다. 또 중한 신체적 질병에서도 D점수가 높아지는 수가 있는데 그 정도가 심하면 예후(prognosis)가 좋지 못하다. 앞에서 언급한 바, 임상적으로 말하는 smiling depression에서 D가 높은 점은 주의해야 한다. 자살의 위험이 있는 것은 중간 정도의 상승에서 더 많으며, Pt척도도 함께 높으면 보통 자살을 결행하는 일은 드물다. D가 낮은 것은 일반적으로 높은 경우와는 반대의 경향을 나타낸다고 할 수 있으나, 그 임상적 의의는 적다.

### 3 히스테리 척도(3···Hy)

60개의 문항으로 구성되어 있는 임상척도로서 전환 히스테리증(conversion hysteria)의 정도 및 경향을 진단하려는 것이다. 신체적 징후를 수단으로 해서 어려운 갈등이나 난관을 모면, 회피하려 하고, 성숙된 책임을 피하려 하며, 귀찮은 의무 등을 얼버무려 넘기는 것이 특색이다. 정상인 집단에서 Hy척도가 높은 것은 솔직하고 열성적이며 사교적 · 모험적, 인정이 많고 과오를 잘 범하는 경향이 있는 사람의 경우에 볼 수 있다. 반대로 낮은 것은 겸손하고, 활동범위가 좁고, 사람을 싫어하며 사회적으로 격리되는 경향을 보인다.

히스테리 환자의 경우, 신경증의 3개 척도(Hs, D, Hy)가 임상척도 전체에서 가장 높다. 특유한 것은 D척도가 3개 중 가장 낮아서 임상비교표(인성비교표)에서 보면 마치 'V'자 같은 모습을 나타내는 데 이를 'conversion V'라고 한다.

### 4 정신병질-반사회적 이상성격 척도(4···Pd)

50개 문항으로 되어 있는 척도로서 정신병질적인 장애를 가진 비도덕적 · 반사회적 성격경향 및 정도를 재려는 것이다. 이러한 경향의 주요 특징은 첫째 사회적 규범의 무시, 둘째 깊은 정서적 반응의 결핍, 셋째 경험이나 체험(특히 처벌적인 체험)으로부터 학습하고 습득하는 능력의 부족 등을 들 수 있다. 임상에서 자주 진단되는 것은 거짓말을 잘하고 도박, 알코올중독, 약물중독 및 성적 문제 등이다. 정신과 환자들은 흔히 Pa, Ma척도와 관련이 되고 정상인 집단은 Sc척도와 관련된다.

Hs, Hy척도, 혹은 D, Pt척도가 높은데 Pd도 높으면 증오감, 공격성, 가정 또는 부부간의 갈등이 있음을 의미한다. 특히 Pd(4)만 T점수가 70 이상이고 나머지 척도가 70 미만일 때는 Spike 4형으로 호칭된다.

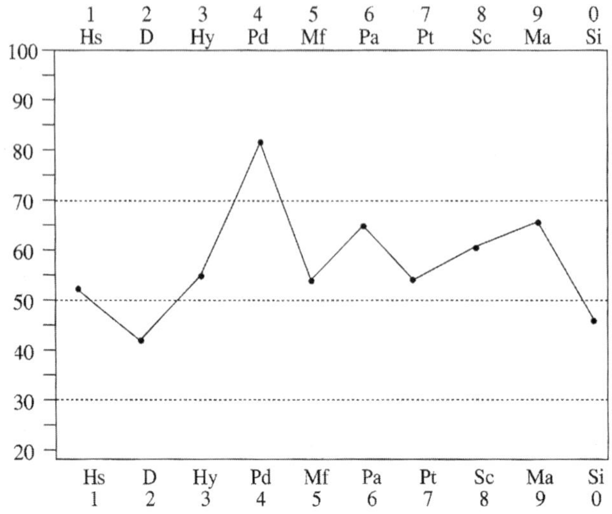


<그림 7-10> **첨탑 4형**

### 5 남향성-여향성 흥미척도(5…Mf)

60문항으로 구성되어 있는 이 척도는 흥미형태의 남향성 경향 또는 여향성 경향을 측정 · 진단한다. 따라서 이 척도는 규준척(T점수)은 남녀별로 따로 되어 있다. Mf척도에 의하여 남성의 경우, 성적도착증—각종 성적 범죄, 동성애 등—에 관련된 성격특징을 확인할 수 있으며, 또 남성의 여성적 경향(feminity)은 성적인 면에서뿐만 아니라, 가치관, 태도, 흥미, 언어의 표현양식에서도 나타난다. 이 척도의 점수가 높은 여성은 기계직, 과학적 분야, 계산활동 등에 흥미를 가지고 있다는 것이다.

### 6 편집증 척도(6…Pa)

40개 문항으로 된 척도로서 집착증, 의심증, 과민성 및 각종망상(피해망상, 관계망상, 과대망상 등)의 정도와 징후를 잰다. 편집증경향(paranoiac tendency)을 가진 사람은 자기의 능력이나 지능에 비하여 너무 높은 것을 그리며, 현재의 처지나 상황을 잘못 파악하고 해석을 내림으로써 공격적인 경향을 나타내며 대인관계에서 과민하고 부드럽지 못하고 원한을 갖는다. 따라서 시비를 걸고 소송하기 좋아한다.

### 7 정신쇠약증 척도(7…Pt)

48개 문항의 이 척도는 신경증적 정신쇠약(psychasthenia)의 정도를 진단하기 위하여 작성된 것으로서 그 내용은 종래의 이른바 '신경쇠약증(neurasthenia)'의 징후가 많다. 병적인 공포, 불안 근심걱정, 강박행동(compulsive behaviour), 우유부단, 지나친 완전주의(perfectionism) 등으로 특징지어지는 성격특징 또는 심리장애를 평가한다. Pt점수가 높은 사람은 입원을 요하는 경우는 비교적 드물고, 대부분은 가지고 있는 증상(징후) 때문에 고통을 겪지마는 그러나 이 같은 증상 때문에 자신의 직무를 감당하지 못하는 경우는 그리 많지 않다.

높은 Pt의 특징은 강박적인 내성적 태도로 규정지을 수가 있다. Pt 척도는 Sc 척도와 관련이 많고, 낮은 Pt는 강박적 성격을 가졌더라도 잘 조정, 통제할 수 있기 때문에 사회생활에서의 적응을 잘 하는 사람에게서도 볼 수 있다.

### 8 정신분열증 척도(8…Sc)

78문항으로 구성된 가장 큰 임상척도로서, 이 척도에서 높은 점수를 나타내는 수검자는 일반적으로 억압되어 있고 현실에 냉담무관심하며 각종 망상, 환각(hallucination, 환시, 환청, 환촉, 환취, 환미), 타인이나 외계와의 두절 또는 괴리, 사고와 행동의 전후모순 등의 증상, 징후를 나타낸다. 이 Sc척도 점수 하나만으로 그 피검사자의 정신분열증적 경향을 속단해서는 안 되며 다른 척도 점수와 임상기록 및 행동관찰 결과를 아울러 참조하여 신중한 판단을 해야 한다.

### 9 경조증 척도(9…Ma)

46개 검사문항으로 된 임상척도로서 Mania의 가벼운 증세, 즉 경조증(hypomania)의 정도를 잰다. 사고와 행동의 과잉, 지나친 정서적 흥분, 관념의 비약, 열광적이며 과도한 낙천주의, 과잉의욕 그리고 경우에 따라서는 사회적 전통을 무시하고 법률문제를 야기하는 것 등이 특징이다. 그런데 이러한 인성특징의 경향은 야심이 있고 활기에 찬 정력적인 정상건강인의 경우와 구별하기 어려운 때가 있다. 이 척도는 대체로 D척도와 반대적인 양상을 띠는 것이며 그러나 Ma척도 점수가 높다고 해서 반드시 개인적 · 사회적 성취, 성공, 생산성을 나타내고 이룩한다는 것은 아니며 오히려 비능률 · 비생산성으로 결과하는 수가 있다.

#### 10 사회적 내향성 척도(O··Si)

70문항으로 된 Si 척도는 개인의 사회적 접촉의 회피, 대인관계의 기피, 비사회성 등의 성격요인을 측정한다. 이 척도에서 높은 점수를 얻는 피검사자는 이상과 같은 성격요인을 나타내며 낮은 점수는 그만큼 사회적 외향성을 나타낸다. 이 척도는 원작자들이 아니라 L. E. Drake에 의하여 작성된 것으로서 임상적 가치가 높아짐에 따라 현재는 MMPI의 임상척도에 포함시키고 있다.

피검사자의 답안지는 위의 각 척도 채점판에 의해서 채점된 각 척도점수를 성격비교표(임상비교표)에 기입하여 규준(T점수 척도)에 비추어 해석한다. 일반적으로 T점수 70 이상이 되면 신경증적 · 정신병적 징후가 농후하다는 적신호이다. 성격비교표의 해석에 있어서, 가장 강조되고 있는 것의 하나는 각 척도의 단독점수 고저보다는 다음의 4)와 5)와 같이 두서너 개의 높은 점수의 척도나 성격비교표의 형태 또는 유형(profile pattern)을 검토해야 한다는 것이다.

이상의 설명 내용을 요약 정리하면 다음 〈표 7-3〉과 같다.

### (4) 2개 척도 상승형의 해석법

모든 임상 척도를 비교하는 것보다 더 간편한 방법으로서 T점수가 70보다 가장 높은 척도 2개를 취하여 그 프로파일을 비교하는 방법은 매우 효율적이다. 이것을 2숫자 기호형 또는 2척도 상승형이라고 한다. 이 경우 2개의 척도는 프로파일의 중요한 퍼스낼리티 특성을 나타내는 것이라고 할 수 있겠다.

인성유형과 결합하기 어려운 Mf와 Si척도를 제외한 8개의 척도로 2척도씩의 조합을 만들면 28종의 2척도 상승형이 만들어지는데, 실제적인 출현율에는 차이가 많다. 임상적으로 중요한 것에는 다음과 같은 것들이 있다. 1 · 2코드는 Hs의 T점수가 가장 높고 다음이 D이고, 2 · 1코드는 그 반대의 경우를 나타낸다.

표 7-3

## 척도별 해석지표

| T점수 \ 척도 | L | F | K | 1 (Hs) | 2 (D) | 3 (Hy) | 4 (Pd) | 5 (Mf) | 6 (Pa) | 7 (Pt) | 8 (Sc) | 9 (Ma) | 0 (Si) |
|---|---|---|---|---|---|---|---|---|---|---|---|---|---|
|  | 방어적<br>완고성 | 정신병리적 징후 | 신경증 징후 | 건강에 대한 병적<br>심경증적<br>불안 | 우울증세<br>염세,<br>장래비관<br>절망감<br>무력감<br>무기력 | 전환<br>히스테리<br><br>정서적<br>미숙성<br>심계항진 | 성격장애<br><br>반사회적<br>행동<br><br>처벌에<br>의한 | (여) 여성적 성역할 갈등 / (남) 남성적 경쟁적 공격적 | 피해망상<br>의심증<br>공격적 | 병적<br>공포, 불안<br>완전주의<br>강박행동<br>죄악감 | 현실냉담<br>각종망상<br>사고, 행동<br>전후모순 | 흥분,<br>낙천적<br>과잉열광<br>관습무시 | 내향적<br>비사교적<br>자기비하<br>인간기피 |
| 70<br>65 | 억압적<br><br>부정적 | 이상행동 | 자기방어적 | 신체기능<br>자신감<br>부족 | 불행감<br>무가치감<br>흥미부족 | 책임감·<br>의무감<br>부족<br>사교적 | 학습력<br>부족<br>비도덕적<br>부적응적 | 사교적 수동적 적극적 | 적대적<br>시비소송<br>대인관계<br>과민 | 우유부단<br>조심,<br>꼼꼼<br>융통성<br>부족 | 대인관계<br>기피 | 정력적<br>충동적<br>경쟁적<br>적극적 | 비사회성<br>고립<br>주관적 |
| 60<br>55 |  | 경솔<br><br>부주의 |  |  |  | 열정적 | 모험적<br>자기<br>중심적 |  |  | 책임감<br>있다 |  | 열성적 |  |
| 50<br>45 | 왜곡성 |  |  |  |  |  |  |  |  |  |  |  |  |
| 40<br>35 | 솔직성 |  | 자기노출적 |  | 정서적 안정<br>자신감<br>낙관적 | 순응적<br>논리적 | 통속적 | 정력적 거칠고, 모험적 소극적 / 소극적 | 수용적<br>자기<br>중심적 | 정서적<br>안정 | 규칙적<br>자기<br>만족감 | 합리적<br>자신감<br>부족 | 객관적<br>사회성<br>발달 |
| 30 | 모른다 | 오독 | 정신병적<br>징후 |  | 능동적<br>자기과시적 | 현실적<br>개방적 | 복종적 | 공격적 / 자기비하적 | 고집 | 낙천적 | 순응적<br>현실적<br>통속적 | 감정<br>억제적 | 사교적<br>외향적 |

### 1 1 · 2 또는 2 · 1코드(Hs와 D)형

이 형의 주된 증상적 특징은 신체적 불편감과 통증, 건강에 대한 지나친 집착, 신체적 고통에 대한 호소이다. 즉 불안장애, 우울장애, 신체형장애로 진단된다. 이들은 기질적 증거가 명백하게 드러나지 않는 경우라 할지라도 자신이 신체적으로 앓고 있다고 생각하고 건강과 신체적 기능에 대해 지나치게 예민하다. 정서적으로 불안, 긴장, 초조감을 경험하며 많은 일에 걱정을 하기도 한다.

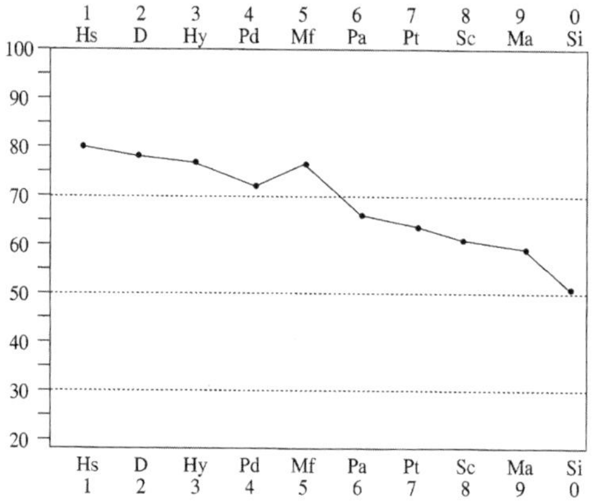


<그림 7-11> 불안신경증형

### 2 1 · 3 또는 3 · 1코드(Hs와 Hy)형

이 형은 전환신경증으로 진단된다. 흔히 '전환 V형'(conversion V)으로 호칭된다.

전환신경증은 감각기관이나 수의운동의 극적인 기능상실을 주증으로 하는 장애로서 실제 신체적 질병없이 단순히 심리적 갈등에 의하여 일어나는 경우를 말한다. 이는 인위적으로 일어나는 것이 아니고 무의식의 과정으로 일어나기 때문에 환자 자신은 적어도 증상이 있는 때는 그것이 심리적 원인임을 모르고 있는 것이 특징이다.

이러한 유형의 히스테리 환자는 아무런 이상이 없는데도 이상하고 극적인(dramatic) 신체증상을 호소한다. 전환반응(conversion reaction)을 보이는 사람들은 손이나 발이 마비되거나 눈이 보이지 않거나 귀가 들리지 않는 경우가 있다. 그들은 신체의 어느 한 부위의 감각을 아주 상실하는 경우가 있다. 장갑마비(glove anesthesia)라 불리는 전환반응의 한 유형을 나타내는 사람들은 손에 장갑을 낀 것처럼 손 전체에 감각을 느끼지 못한다. 그들은 손가락에서 손목 사이의 어느 부분에 핀을 꽂거나 찔러도 아픔을 느끼지 못한다.

기본적인 성격 특징은 미성숙하고 자기 중심적이며 관심과 애정에 대한 강한 욕구를 지니고 있으며 따라서 의존적이며 수동적이다. 그러나 이들은 이러한 의존성을 수용하지 못하고 갈등을 느낀다.

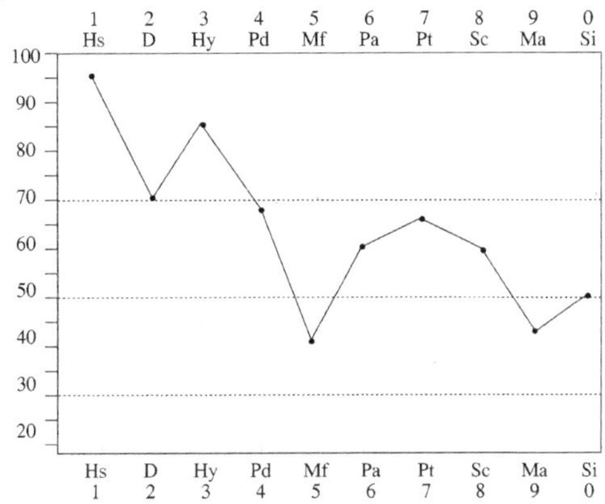


**<그림 7-12> 전환 V형**

### 3 1 · 8 또는 8 · 1코드(Hs와 Sc)형

정신분열성 성격장애로 진단되는 수가 많다. 이들은 공격적이고 적대적인 정서를 적질한 방식으로 직접적으로 표현하지 못하여 감정을 완전히 억누르고 있게 된다. 이러한 억제된 감정이 다양한 신체증상을 가져오게 된다. 이들은 타인에 대한 신뢰감이 결여되어 있으며 타인을 경계하고 이에 따라 소외감을 느낀다. 특히 정서적으로 불행감, 우울감이 높고 대체로 정서가 메마르고 빈곤하다. 사고는 혼란되고 산만하기도 하다.

### 4 2 · 3 또는 3 · 2코드(D와 Hy)형

진단은 우울증세로 나타나는 수가 많다. 주된 증상은 불행감, 우울, 긴장, 불안,

초조 등이다.

이들은 수동적이며 의존적이다. 자아부적절감, 무력감 등 자신에 대한 전반적인 회의 때문에 일상 생활에서 의욕 저하가 엿보인다.

### 5 2·4 또는 4·2코드(D와 Pd)형

임상적으로 우울장애 또는 반사회적 성격장애로 진단되며 약물남용이 많다.

이들은 그들 자신의 성취부족으로 인하여 좌절을 느낄 수 있으며, 스트레스에 직면하면 이들은 술을 마시거나 약물을 남용함으로써 스트레스 상황을 회피하고자 한다.

이들은 대체로 내향적이고 자의식이 강하며 의존적이고 자아부적절감이 높다.

### 6 2·6 또는 6·2코드(D와 Pa)형

인성특성으로 과민성, 공격성, 화를 잘내는 성향을 들 수 있다. 타인의 친절을 거부하고 대인관계에서 끊임없이 적대시하는 경향이 많다.

### 7 2·7 또는 7·2코드(D와 Pt)형

강박관념이 강하고 우울경향이 강하다. 자살 가능성을 생각할 수도 있다. 자기 억제력이 강하나 풀리게 되면 일탈 행동으로 이어지는 경향을 많이 볼 수 있다.

### 8 3·4 또는 4·3코드(Hy와 Pd)형

주요 특징은 분노감이 강하며 적대적이고 공격적이며 충동성이 높다. 특히 거부당하는데 대해 매우 민감하여 타인으로부터 비난을 받게 되면 심하게 적대적 또는 공격적으로 된다. 흔히 공격적 성격장애로 진단된다.

### 9 4·6 또는 6·4코드(Pd와 Pa)형

이 유형의 주요 특징은 억제된 분노와 적개심이라고 볼 수 있다. 정서적으로는 신경질적 정서불안이나 우울감이 나타나고, 자아도취적이며 자기 탐닉적이다.

수동-공격적 성향이 강하다.

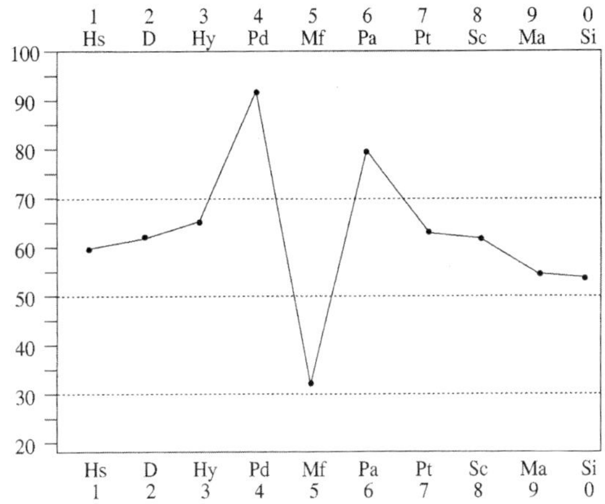


<그림 7-13> **수동-공격성 V형**

### 10 4 · 8 또는 8 · 4코드(Pd와 Sc)형

이 유형의 주요 증상은 충동통제력 상실 및 정서불안정이라고 볼 수 있다. 보다 자세하게 기술한다면 이들은 환경에 어울리지 못하며 타인의 눈에 괴상하고 별나며 기묘하게 보인다. 이들은 정서적으로 변덕스럽고 불안정해지기 쉽고 부적절하며 화를 잘 내며 반사회적인 방식으로 행동한다.

이들은 예측할 수 없는 공격성을 보이며 무분별해 보인다. 주로 망상형 정신분열증장애 또는 성격장애로 진단된다.

### 11 4 · 9 또는 9 · 4코드(Pd와 Ma)형

생각과 행동의 과잉, 갈등, 자기중심적 사고방식으로 타인과의 마찰이 많다. 반사회적 성격장애로 진단된다. 즉 사회적 규범에 대해 무관심하거나 무시하며 반사회적 행동이 흔히 나타난다. 이들은 충동적이고 무책임하며 타인의 관계에서 신뢰성이 없다.

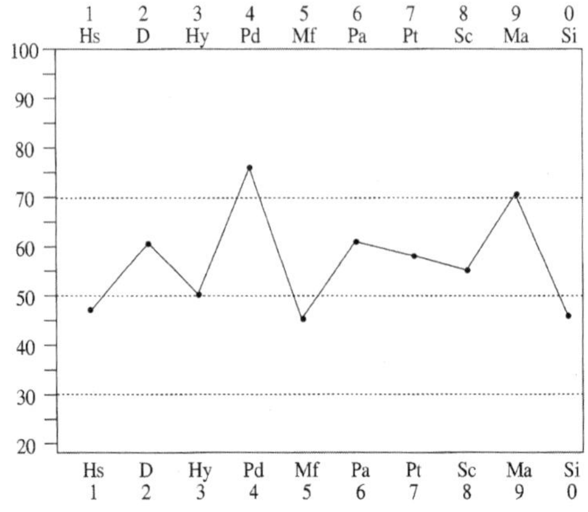


**<그림 7-14> 충동성 정신질환형**

12 6 · 8 또는 8 · 6코드(Pa와 Sc)형

망상형 정신분열병 또는 망상형 성격장애를 의심해 볼만하다. 타인과의 관계는 불안정하고 욱하는 경향이 많다.

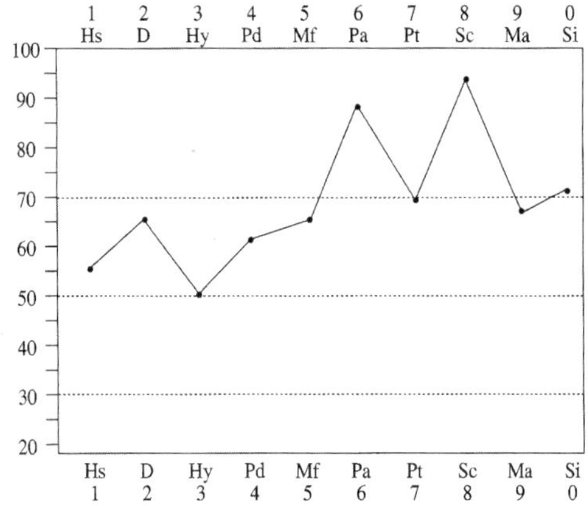


**<그림 7-15> 정신분열증 V형**

이들은 자폐적이고 사고내용은 기괴하다. 집중력과 주의력장애, 기억력장애, 판단력장애가 엿보이며 피해망상과 과대망상 및 환각이 보고되기도 한다. 특히 타인과 정서적으로 관계를 맺지 못하며 타인을 불신하며 타인과의 깊은 관계를 회피한다. 다른 사람의 눈에는 이들이 변덕스럽고 초조하며 무뚝뚝하며 반항적인

것처럼 보인다.

13 6 · 9 또는 9 · 6코드(Pa와 Ma)형

임상진단은 정신분열증장애 망상형이 가장 흔하다. 조그만 스트레스에 대해서도 과잉반응하는 것이 특징적이기도 하다. 스트레스에 대한 전형적인 반응은 현실로부터의 도피이다. 주요 증상은 집중력장애, 강박성, 망상, 환각, 부적절하거나 앞뒤가 맞지 않는 말, 판단력 장애가 나타난다.

### (5) 3개 척도 상승형의 해석법

1 1 · 2 · 3/2 · 1 · 3/2 · 3 · 1코드(Hs·D·Hy)형

이 형은 신체형장애, 불안장애, 우울장애로 진단된다.

2 1 · 3 · 8코드(Hs·Hy·Sc)형

이 형은 초조하고 흥분하기 쉽고 성질이 급하고 안절부절하며 권태감을 갖고 있다. 그리고 심한 신체증상을 호소하는 수가 많다. 이들은 흔히 망상형 성격장애로 진단된다.

3 2 · 4 · 7/2 · 7 · 4/4 · 7 · 2코드(D·Pd·Pt)형

이들은 스트레스에 과잉 반응하며 충동통제력이 낮다. 강한 성취욕구는 있으나 실패에 대한 두려움 때문에 자신감이 낮다.

4 8 · 9 · 6/9 · 8 · 6코드(Pa·Sc·Ma)형

이 형은 '정신분열증형 V형'으로서 심한 정신병리를 암시하며 흔한 임상진단은 정신분열증 망상형이다. 주요 증상은 환각, 망상, 심한 의심이 흔하며 정서는 둔화되어 있다.

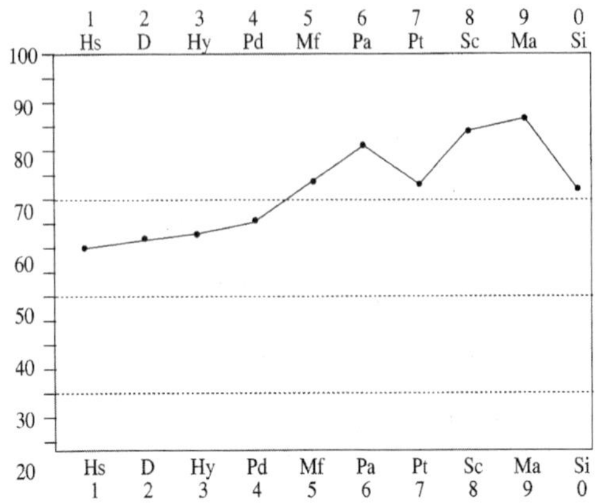


<그림 7-16> 정신분열증형

### (6) 해석상의 유의점

임상척도의 해석에 있어서의 일반적인 원칙을 들면 대체로 다음과 같다.

① 해석에 있어서 명심해야 할 것은 평균에서 이탈하는 비교표(deviant profile)를 보이는 피검자의 대부분이 통상적인 의미에서 반드시 정신적으로 병들어 있는 것도 아니려니와, 또한 심리적 치료를 필요로 하는 것도 아니라는 것이다. 한 피검자에 관하여 그가 중앙(평균)에서 이탈하는 프로파일을 나타낸다는 사실 이외에는 아무런 자료나 정보가 없는 경우에는, 우리는 언제나 그 피검자는 정상범위 내에 있다고 우선 가정하고 들어가야 한다. 전집의 특성을 골고루 잘 반영할 수 있는 대표집단에게 검사를 실시한다면 분명히 전문적인 도움과 치료를 필요로 하는 비정상자들에게 있어서 보다 그런 도움이나 치료를 필요로 하지 않는 정상자들 중에서 더 많은 '평균에서 이탈하는 프로파일'이 나타날 것이기 때문이다.

② 정신병적 증후군은 서로 독립적인 것이 아니다. 환자의 징후들은 언제나 진단적으로 복합성을 띄고 있다. 예컨대 우울증은 심리적 장애가 있는 경우 어디서나 볼 수 있는 경향으로서, 조상태의 특징(manic characteristics)을 가지고 있는 사람에게서도 볼 수 있는 것이다.

③ 대체로 보아 임상가들은 정상자나 비정상자를 막론하고, 그들의 프로파일이

크게 세 가지의 일반화된 형태로 분류될 수 있다는 것을 인정하게 된다. 3개의 범주형태는 신경증적 경향(Hs, D, Hy 등 세 척도에 경우에 따라서는 Pt를 추가할 수 있다), 정신병적 경향(Pa, Pt, Sc, Ma, 등 네 척도), 그리고 반사회적 정신병질(Pd, Mf, Ma 등 세 척도)이다. 그리하여 흔히 척도 1(Hs) · 2(D) · 3(Hy)을 'neurotic triad', 척도 6(Pa) · 7(Pt) · 8(Sc) · (Ma)를 'psychotic tetrad' 그리고 척도 4(Pd) · 5(Mf) · 9(Ma)를 행동장애(behavior disorder or character disorder) 척도라고 부르기도 하는 것이다.

이러한 분류의 중요성은 3대 범주의 다양한 임상적 의미에 관련되며 일반적으로 신경증을 나타내는 피험자는 장애가 덜하고 상담, 치료에 더 잘 반응하는데 비하여 정신병질적 반사회적 성격은 사회와 갈등에 빠지기 쉽고 이 경우에는 환경적인 배려가 크게 중요시된다.

④ 일반적으로 해석 진단에서의 유의한 경계선은 규준척 T점수 70인데, 높은 척도의 해석은 한 척도에 통계상의 이탈이 타 척도에 있어서의 같은 이탈과 어떻게 타당하게 관련되느냐에 대한 이해에 따라 수정될 수 있다. Hs의 T70과 Pa의 T70이 같은 정도의 장애나 이상성을 나타낸다고 할 수는 없다는 것이다.

⑤ 마지막으로 성격비교표의 해석 그 자체가 결정적인 진술이 될 수 없다는 것을 강조한다. 피검자들은 임상적으로 나아지기도 하고 악화되기도 하는 것이다. MMPI와 같은 성격특성의 점수는 지능, 적성, 흥미 혹은 성격검사들을 측정하는 검사들의 점수에 비하여 같은 정도의 안정성 있는 결과를 제시하지 못한다.

### ♠ 실 례

21세의 남자대학생으로서 증상은 관계망상, 피해망상, 피독망상 등의 사고의 내용이상을 주증상으로 하는 환자로서 임상진단은 망상형 정신분열증이었다. 해석에 있어선 가장 높은 척도 두 가지를 중점적으로 보고 다른 척도도 참고로 하는 것이다. 여기에는 Pa, Sc 척도가 가장 높다. 검사결과의 해석도 망상형 정신분열증이라고 판단되는 것이다. 타당성 척도에서 L척도와 K척도가 낮은데 이것은 정신병환자에서 때로 볼 수 있는 현상이고, 또 F척도가 매우 높은데, 심한 정신병에서는 상승하는 수가 많다.

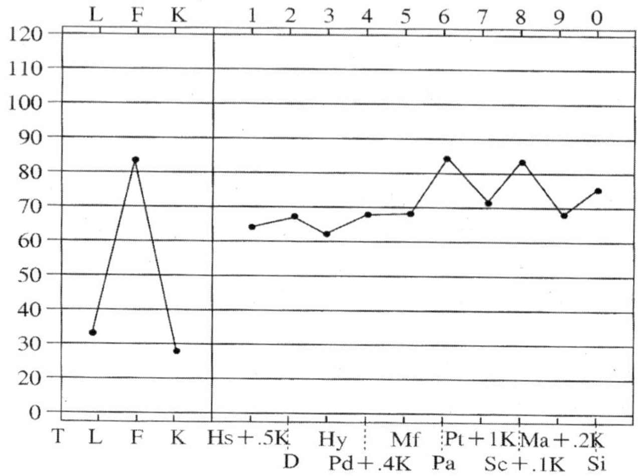


| | | L | F | K | Hs | D | Hy | Pd | Mf | Pa | Pt | Sc | Ma | Si |
|---|---|---|---|---|---|---|---|---|---|---|---|---|---|---|
| | | | | | 1 | 2 | 3 | 4 | 5 | 6 | 7 | 8 | 9 | 0 |
| T | scor | 33 | 85 | 28 | 64 | 67 | 63 | 68 | 69 | 85 | 71 | 84 | 65 | 75 |

**<그림 7-17> MMPI 성격비교표**

이상과 같이 두 척도의 T점수가 70 이상이 되거나 가장 높을 때 해석요령을 정리, 요약하면 다음 표와 같다.

**표 7-4**

**판정지표**

〈T=81 이상 : 아주 심한 증후, T=75~80 : 약간 심함, T=70~75 : 염려스러움〉

| 코드형 · 프로파일 | T점수 | 증 후 | 코드형 · 프로파일 | T점수 | 증 후 |
|---|---|---|---|---|---|
| Spike 1 | 척도 1이 70점 이상 나머지 모든 척도가 척도 1보다 낮다. | 1. 불안장애<br>2. 미숙성<br>3. 수동적<br>4. 집착성<br>5. 신체에 병적 관심 | Spike 2 | 척도 2가 70점 이상 다른 모든 척도점수는 69점 이하 | 1. 무위도식적<br>2. 불면, 성충동 저하, 정력부족<br>3. 죄악감<br>4. 불안감<br>5. 낮은 자아존중감 |

| 코드형 · 프로파일 | T점수 | 증 후 | 코드형 · 프로파일 | T점수 | 증 후 |
|---|---|---|---|---|---|
| 1 · 2 | 척도 1이 가장 높고, 다음으로 척도 2가 높다. | 1. 낙담<br>2. 의존성<br>3. 슬픔<br>4. 수동적<br>5. 변덕이 심한 | 2 · 1 | 척도 2가 70점 이상 가장 높고, 척도 1은 70점 이상이지만 두 번째 높음 | 1. 정신신체 질환 징후<br>2. 불안감<br>3. 낮은 자기 만족감<br>4. 미숙성<br>5. 의존성 |
| 1 · 3 | 척도 1이 가장 높고, 다음으로 척도 2가 높다. | 1. 히스테리가 많다.<br>2. 전환신경증<br>3. 심리적으로 순진<br>4. 의존적<br>5. 신체에 집착 | 2 · 3 | 2 · 3이 모두 70점 이상이나, 척도 2가 가장 높은 경우 | 1. 정신신체 질환<br>2. 낮은 자기 만족감<br>3. 미숙성<br>4. 정서적 지지를 얻기 위해 자기 희생적 |
| 1 · 4 | 척도 1이 가장 높고, 다음으로 척도 4가 높다. | 1. 의존적<br>2. 미숙성<br>3. 충동적<br>4. 수동적, 공격적<br>5. 연극 · 조종적 | 2 · 4 | 2 · 4 모두 70점 이상, 2가 가장 높음 | 1. 분노<br>2. 자기 패배적<br>3. 자살기도<br>4. 의존성<br>5. 연극 · 조종적 |
| 1 · 6 | 척도 1이 가장 높고, 다음으로 척도 6이 높다. | 1. 편집증성향<br>2. 의심 잘하는<br>3. 분노적<br>4. 비난 잘하는 | 2 · 5 | 모두 70점 이상<br>2>5 :<br>(남자는 높고 여자는 낮고) | 1. 수동적<br>2. 의존적<br>3. 민감성 |
| 1 · 7 | 척도 1이 가장 높고, 다음으로 척도 7이 높다. | 1. 불안<br>2. 긴장감 속에<br>3. 책임감 있는<br>4. 걱정이 많은<br>5. 강박적 · 의무적 | 2 · 6 | 모두 70점 이상<br>2>6 | 1. 비통해하는<br>2. 비난적<br>3. 편집증적<br>4. 계략적 · 타산적<br>5. 재도전적 |
| 1 · 8 | 척도 1이 가장 높고, 다음으로 척도 8이 높다. | 1. 혼란스런<br>2. 정신분열증세<br>3. 미숙<br>4. 정신착란증세<br>5. 다분히 정신이상자 증세 | 2 · 8 | 모두 70점 이상<br>2>8 | 1. 정신착란적<br>2. 혼란스런<br>3. 쉽게 포기하는<br>4. 정신이상적<br>5. 사고장애 |
| 1 · 9 | 척도 1이 가장 높고, 다음으로 척도 9가 높다. | 1. 긴장성<br>2. 심하게 추진<br>3. 폭발적 | 2 · 9 | 모두 70점 이상<br>2>9 | 1. 신경질<br>2. 폭발적<br>3. 매우 행동적<br>4. 성급한 |

| 코드형 · 프로파일 | T점수 | 증 후 | 코드형 · 프로파일 | T점수 | 증 후 |
|---|---|---|---|---|---|
| Spike 3 | 척도 3이 70 이상, 나머지는 70 미만 | 1. 미숙성<br>2. 심리적으로 순진<br>3. 의존성<br>4. 부차적 이익 획득형 | 4 · 7 | 둘다 70 이상<br>4>7 | 1. 욕구좌절 내성 모지라는<br>2. 충동적 · 긴장성<br>3. 불안감에 빠진 |
| 3 · 1 | 척도 3과 1이 모두 70 이상<br>3>1 | 1. 정신신체질환<br>2. 불평호소적<br>3. 의존적<br>4. 부인, 부정적<br>5. 아프다는 핑계로 목적 달성(이차적) | 4 · 8 | 둘다 70 이상<br>4>8 | 1. 자타간에 정신착란적<br>2. 분노, 공격적<br>3. 공감성 부족, 신용없음<br>4. 성적 갈등 |
| 3 · 4 | 모두 70 이상<br>3>4 | 1. 과잉통제<br>2. 폭발적<br>3. 타인 조종적<br>4. 충동적 | 4 · 9 | 둘다 70 이상<br>4>9 | 1. 충동적<br>2. 폭발적<br>3. 자기중심적<br>4. 피상적으로 매력적<br>5. 과시적 행동 |
| 3 · 6 | 모두 70 이상<br>3>6 | 1. 편집증적<br>2. 자기통제적<br>3. 투사 잘하는<br>4. 부인, 부정적 | Spike 6 | 척도 6은 70 이상, 나머지는 70 미만 | 1. 의심많은<br>2. 순응적<br>3. 투사형<br>4. 편집증적<br>5. 지나치게 신중 |
| 3 · 7 | 모두 70 이상<br>3>7 | 1. 과잉통제적<br>2. 긴장<br>3. 불안<br>4. 수동적<br>5. 기분나는 대로 | 6 · 7 | 모두 70 이상<br>6>7 | 1. 긴장성<br>2. 논쟁적<br>3. 자아통제적<br>4. 비판경계 |
| 3 · 8 | 모두 70 이상<br>3>8 | 1. 혼란스런<br>2. 성적<br>3. 환각적<br>4. 의식분열적 | 6 · 8 | 모두 70 이상<br>6>8 | 1. 편집증적<br>2. 혼란스런<br>3. 분노<br>4. 포기, 철회<br>5. 다분히 정신이상 |
| 3 · 9 | 모두 70 이상<br>3>9 | 1. 과잉통제<br>2. 폭발적<br>3. 욕심많은<br>4. 광적인<br>5. 칭찬받으려는 | 6 · 9 | 모두 70 이상<br>6>9 | 1. 긴장<br>2. 신경질<br>3. 폭발적<br>4. 다분히 광적인<br>5. 편집증 징후 |

| 코드형 · 프로파일 | T점수 | 증 후 | 코드형 · 프로파일 | T점수 | 증 후 |
|---|---|---|---|---|---|
| Spike 4 | 척도 4는 70이상, 나머지는 다소 높은 | 1. 미숙성<br>2. 의존적<br>3. 수동적 · 공격적<br>4. 조종적<br>5. 적대적 | Spike 7 | 척도 7은 70 이상, 나머지는 70 미만 | 1. 긴장<br>2. 걱정<br>3. 빈약한 자아감<br>4. 죄책감<br>5. 다분히 공포증<br>6. 강박적<br>7. 의무적 |
| 4 · 5 | 4 · 5가 70 이상<br>4>5 | 1. 수동적<br>2. 의존적<br>3. 성적갈등<br>4. 조종적 | 7 · 8 | 둘다 70 이상<br>7>8 | 1. 자기혐오<br>2. 매우 낮은 자아존중감<br>3. 불안<br>4. 긴장<br>5. 걱정 |
| 4 · 6 | 둘다 70 이상,<br>4>6 | 1. 분노적<br>2. 수동적 · 공격적<br>3. 의심많은<br>4. 피해의식 | 7 · 9 | 둘다 70 이상<br>7>9 | 1. 흥분성<br>2. 불안<br>3. 실패공포증<br>4. 자기무력증<br>5. 신경질적 |
| Spike 8 | 척도 8은 70 이상, 나머지는 70 미만 | 1. 정서적 혼란<br>2. 낮은 자아존중감<br>3. 정신착란<br>4. 묵상적<br>5. 공감결핍 | Spike 9 | 척도 9는 70 이상, 나머지는 70 미만 | 1. 정력적<br>2. 비현실적 낙천성<br>3. 과장 잘하는<br>4. 수다쟁이<br>5. 다분히 광적임 |
| 8 · 7 | 둘다 70 이상<br>8>7 | 1. 깊은 불만감<br>2. 심한 의기소침<br>3. 정서혼란<br>4. 주의집중 혼란<br>5. 성적 부적절감<br>6. 빈약한 대인관계 | 9 · 2 | 둘다 70 이상<br>9>2 | 1. 폭발성<br>2. 화나게 자극적<br>3. 변덕이 심한<br>4. 다분히 광적임<br>5. 긴장감 |
| 8 · 9 | 둘다 70 이상<br>8>9 | 1. 긴장<br>2. 신경질<br>3. 정서혼란<br>4. 간혹 정신이상 | 9 · 8 | 둘다 70 이상<br>9>8 | 1. 광적<br>2. 정신이상적<br>3. 자기무력감<br>4. 과장적<br>5. 정서혼란 |

## 8) 검사 사례

### (1) 사례 A

#### 1 척도별 해석

① 타당성 척도

? 척도 : 축소판(383항목)으로 소점 0

L 척도 : 소점 1, T점수 33

F 척도 : 소점 27, T점수 81

K 척도 : 소점 1, T점수 24

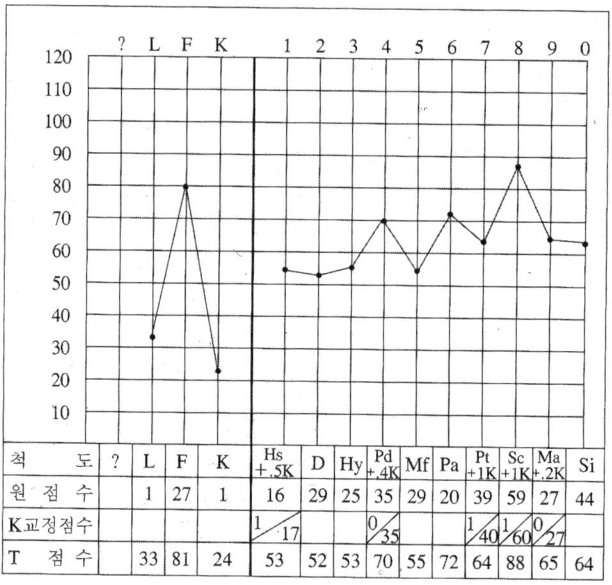


| 척도 | ? | L | F | K | Hs +.5K | D | Hy | Pd +.4K | Mf | Pa | Pt +1K | Sc +1K | Ma +.2K | Si |
|---|---|---|---|---|---|---|---|---|---|---|---|---|---|---|
| 원점수 | | 1 | 27 | 1 | 16 | 29 | 25 | 35 | 29 | 20 | 39 | 59 | 27 | 44 |
| K교정점수 | | | | | 1/17 | | | 0/35 | | | 1/40 | 1/60 | 0/27 | |
| T점수 | | 33 | 81 | 24 | 53 | 52 | 53 | 70 | 55 | 72 | 64 | 88 | 65 | 64 |

- F척도가 높은 것은 문항 해독의 곤란, 이상 행동과 관련된 이상 반응을 시사하고 있다.
- K척도가 극히 낮은 것은 방어적 태도가 거의 없으며, 과도하게 솔직한 자기평가, 문제해결 능력이 제한되어 있음을 시사하고 있다.

② 임상척도

- 척도 4(Pb)가 소점 35, T점수 70으로 반사회적 경향이 보이며, 법제도나 사회제도에 순응하는 데에는 지장이 있을 것이며, 가족과의 갈등을 일으키기 쉽고 친구와도 정서적 접촉을 하기 힘들 것임을 시사하고 있다.
- 척도 6(Pa)이 소점 20, T점수 72로 과민하고 과격하며 의심이 많다. 사고장애를 생각해 봄직하다.
- 척도 8(Sc)이 소점 59, T점수 88로 논리나 생각에 괴이한 버릇이 있고 분열성 사고 과정이 시사된다. 주의집중력과 판단력의 장애를 생각해 봄직하다.
- 척도 9(Ma)가 소점 27, T점수 65로 행동과 사고의 과잉을 조절하는 능력의 부족, 타인과의 마찰 등이 시사된다.

### 2 종합적 해석

높은 F척도와 낮은 K척도는 혼란된 성격상을 보이고 있다. F척도의 높이로 보아서는 임상프로파일의 타당성을 뒷받침하는 것으로 볼 수 있으며, 비정상적인 반응을 하는 것으로 볼 수 있다. 논리나 생각에 괴기한 버릇이 있는데다 과민하고 과격하며 의심이 많아 갈등, 정서적 접촉의 곤란 등으로 타인과의 마찰이 잘 일어날 수 있음을 보이고 있다. 사고장애를 생각해 봄직하다.

더욱이 척도 4, 6, 8, 9가 전체 임상척도 중에서 T점수 65 이상으로 다른 척들보다 높은 점으로 보아 비행성 성격이 형성되었음을 알 수 있고, 특히 척도 8(Sc)의 고도상승에서 분열성 성격을 추측할 수 있다.

## (2) 사례 B

### 1 척도별 해석

① 타당성 척도

? 척도 : 축소판(383항목)으로 소점 0

L 척도 : 소점 5, T점수 48

F 척도 : 소점 25, T점수 77

K 척도 : 소점 10, T점수 44

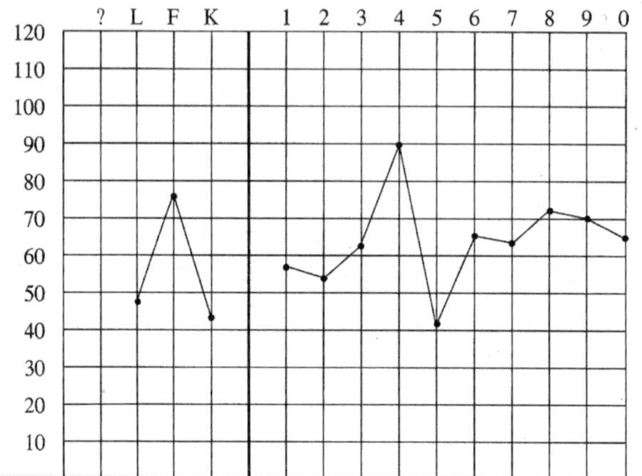


| 척 도 | ? | L | F | K | Hs +.5K | D | Hy | Pd +.4K | Mf | Pa | Pt +1K | Sc +1K | Ma +.2K | Si |
|---|---|---|---|---|---|---|---|---|---|---|---|---|---|---|
| 원 점 수 | | 5 | 25 | 10 | 14 | 30 | 30 | 40 | 22 | 17 | 29 | 39 | 23 | 38 |
| K교정점수 | | | | | 5/19 | | | 4/44 | | | 10/39 | 10/49 | 2/25 | |
| T 점 수 | | 48 | 77 | 44 | 57 | 54 | 63 | 90 | 41 | 65 | 62 | 72 | 60 | 55 |

- F척도가 높은 것은 문항 해독의 곤란, 이상행동과 관련되는 이상반응이 있을 것임을 시사하고 있다.

② 임상척도

- 척도 4(Pd)는 소점 40, T점수 90으로 정서적 반응의 결여, 경험에 의한 학습능력의 결여, 가정 내 갈등, 권위에 대한 적대감, 반항심이 강하다. 자기본위적이고 무계획성, 충동성이 있고 좌절에 대한 인내심이 약하다. 행동은 과시적이고 허세적이며 타인의 욕구나 감정에는 무감각하다. 흥미의 범위는 넓고 여러 가지 활동에 관여하여도 뚜렷한 목표가 없고 행동의 방향도 없다. 무책임감, 신뢰성의 결여, 변덕이 심하다.
- 척도 6(Pa)은 소점 17, T점수 65로 의심이 많고 과민함을 시사하고 있다.
- 척도 8(Sc)은 소점 39, T점수 72로 괴기한 생각이나 행동이 있음을 시사하고 있다.

### 2 종합적 해석

F척도에서 이상반응의 존재를 확인해 주고 있다. 척도 4(Pd)에서 정신병질적 편향성이 심하게 보이며, 척도 6(Pa)과 척도 8(Sc)을 아울러 보면 반사회적 일탈행동이 습관화되어서 있음을 보여주고 있다.

## (3) 사례 C

### 1 척도별 해석

① 타당성 척도

? 척도 : 축소판(383항목)으로 소점 0

L 척도 : 소점 0, T점수 28

F 척도 : 소점 21, T점수 69

K 척도 : 소점 12, T점수 49

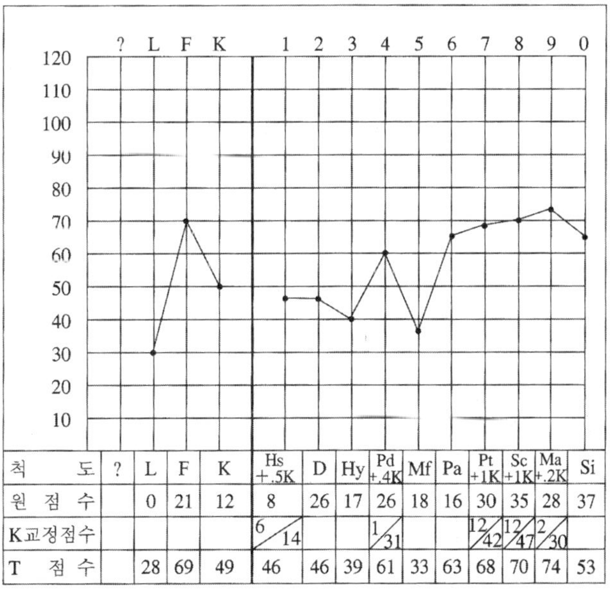


| 척 도 | ? | L | F | K | Hs +.5K | D | Hy | Pd +.4K | Mf | Pa | Pt +1K | Sc +1K | Ma +.2K | Si |
|---|---|---|---|---|---|---|---|---|---|---|---|---|---|---|
| 원 점 수 | | 0 | 21 | 12 | 8 | 26 | 17 | 26 | 18 | 16 | 30 | 35 | 28 | 37 |
| K교정점수 | | | | | 6/14 | | | 1/31 | | | 12/42 | 12/47 | 2/30 | |
| T 점 수 | | 28 | 69 | 49 | 46 | 46 | 39 | 61 | 33 | 63 | 68 | 70 | 74 | 53 |

- F척도가 높은 것은 이상행동에 관련되는 이상반응이 있을 것을 나타내고 있다.
- F척도는 보통 반응으로 자기방어의 태도가 없음을 보이고 있다.

② 임상척도

- 척도 4(Pd)는 소점 26, T점수 61로 정서적 반응의 부족, 경험을 통한 학습 능력의 부족, 개인적 접촉 형성능력의 부족, 사회적 미풍양속의 경시 경향 등을 보이고 있다.
- 척도 5(Mf)는 소점 18, T점수 33으로 심리적 태도의 결여, 공격적 · 모험적이고 거칠고 부주의한 면을 보이고 있다.
- 척도 6(Pa)은 소점 16, T점수 63으로 민감성, 감정적, 공격적인 경향이 있음을 보여주고 있다.
- 척도 7(Pt)은 소점 30, T점수 68로 의존적 관념 또는 강박관념적 행동을 시사한다.
- 척도 8(Sc)은 소점 35, T점수 70으로 괴이한 생각이나 행동이 있는 것임을 시사하고 있다.
- 척도 9(Ma)는 소점 28, T점수 74로 생각이나 행동의 과잉을 스스로 조절 못하고 타인과의 마찰을 잘 일으킨다. 재비행의 가능성을 우려케 하고 있다.

### 2 종합적 해석

타당성 척도의 F척도의 상승에서 임상척도의 프로파일에 나타나는 문제성을 확인해 주고 있다. 9번 척도(Ma), 8번 척도(Sc)가 70선에 머물고 있고 6번 척도(Pa), 7번 척도(Pt)가 T점수 63 이상으로 이 4개의 척도를 한데 묶어 보면 정신병 4척도군을 연상하게 한다. 거기에 낮은 Mf척도가 결부되어 있다. 인성특징으로는 자기통제가 안 되는 적대감과 공격성을 생각할 수 있고 과도한 활동성과 행동으로 나오기 쉬운 경향을 억제하지 못하는 것이 시사된다.

# 2. 상황-특성불안 검사

상황-특성불안 검사(STAI : State-Trait Anxiety Inventory)는 C. D. Spielberger, R. L. Gorsuch, R. E. Lushene 등이 1970년에 만든 검사로서 일시적인 상황 불안과 지속적인 특성불안을 측정하기 위한 목적으로 두 척도가 별도로 각기 20개씩의 문항으로 구성되어 있고, 각 문항은 4단계의 평정을 요구하는 내용으로 진술되어 있다.

## 1) 상황 불안검사의 척도 구성

**지시** : 아래의 문항들은 귀하가 현재 느끼는 감정에 관한 내용들입니다.
각각의 문장을 잘 읽으신 후, 지금 순간의 귀하의 느낌과 가장 일치하는 곳에 'V'로 표시해 주십시오.
옳고 그른 답은 없으므로 바로 답해 주시면 됩니다.

| 항 목 | 전혀 그렇지 않다 | 약간 그렇다 | 대체로 그렇다 | 매우 그렇다 |
|---|---|---|---|---|
| *1. 나는 마음이 차분하다. | | | | |
| *2. 나는 마음이 든든하다. | | | | |
| 3. 나는 긴장되어 있다. | | | | |
| 4. 후회스럽고 서운하다. | | | | |
| *5. 나는 마음이 편하다. | | | | |
| 6. 나는 당황해서 어찌하면 좋을지 모르겠다. | | | | |
| 7. 앞으로 불행이 올 것 같아서 걱정하고 있다. | | | | |

| | | | | |
|---|---|---|---|---|
| *8. 나는 마음이 놓인다. | | | | |
| 9. 나는 불안하다. | | | | |
| *10. 나는 편안하게 느낀다. | | | | |
| *11. 나는 자신감이 있다. | | | | |
| 12. 나는 짜증스럽다. | | | | |
| 13. 나는 마음이 조마조마하다. | | | | |
| 14. 나는 극도로 긴장되어 있다. | | | | |
| *15. 내 마음은 긴장이 풀려 푸근하다. | | | | |
| *16. 나는 만족스럽다. | | | | |
| 17. 나는 걱정하고 있다. | | | | |
| 18. 나는 흥분되어 어쩔 줄 모르겠다. | | | | |
| *19. 나는 즐겁다. | | | | |
| *20. 나는 기분이 좋다. | | | | |

* 도치(倒置)문항

## 2) 특성 불안검사의 척도 구성

**지시** : 아래의 문항들은 사람들이 자신을 표현하는데 사용되어지고 있는 것들입니다. 잘 읽으시고 문장의 오른편에 있는 네 개의 항목 중에서 당신이 일상생활에서 일반적으로 느끼고 있는 바를 가장 잘 나타내 주는 문항 하나를 검게 칠하십시오. 여기에 옳고 그른 답은 없습니다. 한 문자에 너무 오래 머무르지 마시고, 당신의 일반적으로 느끼고 있는 상태를 나타내고 있다고 생각되는 문항에 바로 답을 해 주십시오.

| 항 목 | 거의 그렇지 않다 | 가끔 그렇다 | 자주 그렇다 | 거의 언제나 그렇다 |
|---|---|---|---|---|
| *1. 나는 기분이 좋다. | | | | |

| 2. 나는 쉽게 피로해진다. | | | | |
|---|---|---|---|---|
| 3. 나는 울고 싶은 심정이다. | | | | |
| 4. 나도 다른 사람들처럼 행복했으면 좋겠다. | | | | |
| 5. 나는 마음을 빨리 정하지 못해서 실패를 한다. | | | | |
| *6. 나는 마음이 놓인다. | | | | |
| 7. 나는 차분하고 침착하다. | | | | |
| 8. 나는 너무 많은 어려운 문제가 밀어닥쳐서 극복할 수 없을 것 같다. | | | | |
| 9. 나는 하찮은 일에 너무 걱정을 많이 한다. | | | | |
| *10. 나는 행복하다. | | | | |
| 11. 나는 무슨일이건 힘들게 생각한다. | | | | |
| 12. 나는 자신감이 부족하다. | | | | |
| *13. 나는 마음이 든든하다. | | | | |
| 14. 나는 위기나 어려움을 피하려고 애쓴다. | | | | |
| 15. 나는 울적하다. | | | | |
| *16. 나는 만족스럽다. | | | | |
| 17. 사소한 생각이 나를 괴롭힌다. | | | | |
| 18. 나는 실망을 지나치게 예민하게 받아들이기 때문에 머리 속에서 지워버릴 수가 없다. | | | | |
| *19. 나는 착실한 사람이다. | | | | |
| 20. 나는 요즈음의 걱정거리나 관심거리를 생각만하면 긴장되거나 어찌할 바를 모르겠다. | | | | |

* 도치(倒置)문항

## 3) STAI 규준표

| Raw Score | COLLEGE FRESHMEN | | | | UNDERGRADUATES | | | | HIGH SCHOOL | | | | NP* | | GMS* | | PRISONERS* | | Raw Score |
|---|---|---|---|---|---|---|---|---|---|---|---|---|---|---|---|---|---|---|---|
| | Male | | Female | | Male | | Female | | Male | | Female | | PATIENTS | | PATIENTS | | | | |
| | St | Tr | St | Tr | St | Tr | St | Tr | St | Tr | St | Tr | St | Tr | St | Tr | St | Tr | |
| 20 | | | | | | | | | | | | | 1 | | | 1 | | | 20 |
| 21 | | | | | 1 | 1 | 1 | | | | 1 | | 1 | 1 | 1 | 2 | | | 21 |
| 22 | | | | | 2 | 1 | 2 | 1 | 1 | 1 | 2 | | 2 | 1 | 3 | 3 | | | 22 |
| 23 | | 1 | 1 | 1 | 4 | 2 | 4 | 2 | 2 | 1 | 3 | | 3 | 2 | 6 | 5 | 1 | 1 | 23 |
| 24 | 1 | 1 | 1 | 2 | 7 | 4 | 6 | 3 | 3 | 1 | 5 | 2 | 4 | 3 | 8 | 6 | 1 | 2 | 24 |
| 25 | 1 | 2 | 2 | 3 | 12 | 7 | 9 | 5 | 6 | 2 | 8 | 4 | 4 | 4 | 10 | 7 | 2 | 3 | 25 |
| 26 | 2 | 4 | 3 | 5 | 15 | 9 | 13 | 6 | 8 | 4 | 11 | 5 | 5 | 5 | 13 | 10 | 3 | 4 | 26 |
| 27 | 3 | 7 | 5 | 7 | 17 | 11 | 17 | 7 | 11 | 7 | 15 | 7 | 6 | 6 | 16 | 12 | 4 | 5 | 27 |
| 28 | 4 | 10 | 7 | 10 | 19 | 14 | 23 | 10 | 14 | 10 | 20 | 9 | 8 | 8 | 19 | 13 | 5 | 6 | 28 |
| 29 | 6 | 14 | 10 | 12 | 23 | 19 | 28 | 12 | 19 | 12 | 24 | 11 | 9 | 9 | 20 | 16 | 6 | 8 | 29 |
| 30 | 8 | 17 | 13 | 16 | 28 | 24 | 35 | 15 | 26 | 15 | 29 | 14 | 10 | 11 | 21 | 19 | 7 | 9 | 30 |
| 31 | 11 | 23 | 17 | 19 | 33 | 29 | 39 | 20 | 31 | 18 | 34 | 18 | 11 | 12 | 24 | 22 | 9 | 11 | 31 |
| 32 | 15 | 27 | 21 | 23 | 38 | 34 | 45 | 24 | 34 | 22 | 39 | 21 | 12 | 14 | 26 | 23 | 11 | 13 | 32 |
| 33 | 20 | 31 | 25 | 27 | 41 | 39 | 49 | 30 | 39 | 27 | 43 | 25 | 14 | 15 | 29 | 26 | 12 | 15 | 33 |
| 34 | 24 | 35 | 29 | 32 | 45 | 42 | 54 | 36 | 43 | 31 | 48 | 29 | 15 | 17 | 31 | 29 | 15 | 17 | 34 |
| 35 | 28 | 38 | 34 | 37 | 50 | 46 | 59 | 40 | 48 | 34 | 52 | 33 | 18 | 19 | 33 | 31 | 17 | 19 | 35 |
| 36 | 33 | 42 | 39 | 42 | 54 | 50 | 63 | 45 | 53 | 38 | 56 | 38 | 21 | 21 | 34 | 33 | 19 | 22 | 36 |
| 37 | 39 | 46 | 43 | 49 | 58 | 53 | 65 | 51 | 58 | 43 | 59 | 42 | 23 | 24 | 36 | 37 | 22 | 26 | 37 |
| 38 | 43 | 50 | 47 | 54 | 61 | 55 | 68 | 55 | 60 | 48 | 62 | 45 | 25 | 26 | 38 | 40 | 25 | 29 | 38 |
| 39 | 48 | 56 | 51 | 58 | 65 | 57 | 71 | 60 | 62 | 54 | 65 | 48 | 28 | 28 | 41 | 43 | 28 | 32 | 39 |
| 40 | 52 | 62 | 56 | 62 | 70 | 61 | 74 | 65 | 67 | 60 | 68 | 50 | 30 | 31 | 43 | 46 | 32 | 34 | 40 |
| 41 | 57 | 66 | 61 | 66 | 73 | 64 | 76 | 70 | 72 | 63 | 72 | 53 | 32 | 33 | 46 | 50 | 36 | 37 | 41 |
| 42 | 64 | 72 | 66 | 70 | 75 | 68 | 80 | 73 | 75 | 67 | 75 | 55 | 34 | 36 | 48 | 54 | 39 | 40 | 42 |
| 43 | 69 | 77 | 70 | 73 | 78 | 73 | 83 | 76 | 77 | 70 | 76 | 58 | 37 | 39 | 51 | 57 | 42 | 43 | 43 |
| 44 | 73 | 80 | 73 | 77 | 81 | 76 | 85 | 79 | 77 | 75 | 77 | 62 | 39 | 41 | 55 | 59 | 45 | 45 | 44 |
| 45 | 76 | 82 | 76 | 80 | 83 | 79 | 86 | 81 | 79 | 77 | 79 | 64 | 41 | 45 | 58 | 62 | 47 | 48 | 45 |
| 46 | 80 | 84 | 79 | 84 | 85 | 81 | 87 | 84 | 82 | 80 | 80 | 66 | 43 | 48 | 60 | 65 | 50 | 52 | 46 |
| 47 | 84 | 85 | 83 | 87 | 87 | 84 | 89 | 86 | 84 | 83 | 82 | 69 | 45 | 51 | 61 | 68 | 53 | 55 | 47 |
| 48 | 86 | 87 | 85 | 89 | 88 | 86 | 91 | 86 | 87 | 85 | 83 | 72 | 48 | 54 | 64 | 72 | 56 | 59 | 48 |
| 49 | 87 | 89 | 86 | 91 | 90 | 88 | 92 | 87 | 88 | 86 | 85 | 75 | 52 | 57 | 70 | 75 | 60 | 63 | 49 |
| 50 | 88 | 91 | 88 | 92 | 91 | 89 | 93 | 89 | 89 | 87 | 86 | 78 | 56 | 61 | 75 | 77 | 65 | 67 | 50 |
| 51 | 90 | 92 | 89 | 94 | 92 | 91 | 94 | 91 | 91 | 88 | 87 | 80 | 60 | 64 | 78 | 79 | 68 | 71 | 51 |
| 52 | 91 | 94 | 91 | 94 | 93 | 92 | 95 | 93 | 93 | 89 | 87 | 82 | 63 | 67 | 80 | 82 | 71 | 74 | 52 |
| 53 | 93 | 95 | 92 | 95 | 94 | 93 | 95 | 94 | 94 | 90 | 88 | 85 | 66 | 70 | 82 | 85 | 75 | 79 | 53 |
| 54 | 94 | 97 | 93 | 96 | 95 | 94 | 95 | 94 | 96 | 91 | 89 | 87 | 70 | 72 | 82 | 87 | 76 | 84 | 54 |
| 55 | 95 | 97 | 94 | 96 | 95 | 95 | 96 | 95 | 97 | 93 | 89 | 88 | 73 | 75 | 83 | 89 | 79 | 86 | 55 |
| 56 | 96 | 98 | 95 | 96 | 96 | 96 | 96 | 95 | 97 | 94 | 90 | 89 | 75 | 77 | 84 | 91 | 81 | 87 | 56 |
| 57 | 97 | 98 | 96 | 97 | 97 | 97 | 97 | 96 | 97 | 95 | 90 | 89 | 77 | 79 | 85 | 92 | 83 | 89 | 57 |
| 58 | 98 | 98 | 97 | 98 | 97 | 97 | 98 | 96 | 98 | 95 | 90 | 90 | 80 | 81 | 86 | 92 | 85 | 90 | 58 |
| 59 | 99 | 99 | 98 | 99 | 97 | 97 | 93 | 96 | 99 | 96 | 91 | 91 | 81 | 83 | 87 | 94 | 88 | 92 | 59 |
| 60 | | | 98 | | 97 | 97 | 98 | 97 | | 96 | 92 | 92 | 82 | 85 | 89 | 94 | 91 | 93 | 60 |
| 61 | | | 99 | | 97 | 97 | 98 | 97 | | 96 | 93 | 94 | 83 | 86 | 91 | 94 | 92 | 94 | 61 |
| 62 | | | | | 98 | 97 | 98 | 97 | | 97 | 94 | 95 | 84 | 88 | 92 | 94 | 93 | 95 | 62 |
| 63 | | | | | 98 | 98 | 99 | 98 | | 97 | 95 | 97 | 86 | 89 | 92 | 94 | 94 | 96 | 63 |
| 64 | | | | | 98 | 98 | | 98 | | 98 | 95 | 97 | 86 | 90 | 92 | 94 | 94 | 96 | 64 |
| 65 | | | | | 99 | 99 | | 98 | | 98 | 97 | 97 | 88 | 92 | 93 | 94 | 94 | 97 | 65 |
| 66 | | | | | | | | 98 | | 98 | 97 | 98 | 89 | 94 | 94 | 95 | 95 | 98 | 66 |
| 67 | | | | | | | | 99 | | 99 | 98 | 98 | 90 | 95 | 95 | 95 | 96 | 99 | 67 |
| 68 | | | | | | | | | | | 98 | 98 | 92 | 95 | 96 | 96 | 97 | | 68 |
| 69 | | | | | | | | | | | 98 | 98 | 93 | 97 | 96 | 97 | 98 | | 69 |
| 70 | | | | | | | | | | | 98 | 98 | 95 | 97 | 96 | 97 | 98 | | 70 |
| 71 | | | | | | | | | | | 98 | 98 | 95 | 98 | 96 | 98 | 98 | | 71 |
| 72 | | | | | | | | | | | 98 | 98 | 96 | 98 | 97 | 99 | 99 | | 72 |
| 73 | | | | | | | | | | | | | 97 | 99 | 97 | | | | 73 |
| 74 | | | | | | | | | | | | | 98 | | 98 | | | | 74 |
| 75 | | | | | | | | | | | | | 99 | | 98 | | | | 75 |

* Males only

# 3. 우리나라 성격검사

## 1) K.T.C 발행의 일반 성격검사

K.T.C에서 발행한 김기석 제작의 '일반 성격검사'(중 · 고 · 성인용)의 내용을 살펴보면 다음과 같다.

### (1) 특징

본 검사는 Leonard V. Gordon이 Gordon Personal Profile을 작성하였을 때 채택하였던 4분 강요선택법(Tetrad Fored Choice)과 요인분석(Factor Analysis)의 결과를 참작하여 작성하였다.

### (2) 검사의 내용

#### 1 A요인 – 지배성(Ascendancy)

이 요인은 지배, 복종의 정도를 표시한다. A 점수가 높은 사람은 대인관계에 있어서 자신을 가지고 자기 수장을 내세우녀, 집단상황에서 직극적인 역할을 히고, 또한 독립적인 결정과 행동을 할 수 있다.

A점수가 낮은 사람은 집단에서 소극적 역할을 하고, 집단의 참가자라기보다 방관자인 편이고, 대체로 자기에 대한 자신이 없고, 타인이 자기를 영도하는 것을 좋아하고, 지나치게 타인의 말이나 충고에 귀를 기울이는 성격을 가지고 있다.

#### 2 R요인 – 책임성(Responsibility)

R점수가 높은 사람은 책임을 신중히 생각하고, 맡은 일에 집착하여 이를 완수하

고, 인내성이 많으며 의지가 강하다. R점수가 낮으면 흥미 없는 일에는 들어 붙어 있지를 못하며, 극단의 경우에는 무책임하거나 책임 회피를 하게 된다.

#### 3 E요인 – 정서적 안정성(Emotional Stability)

정신적으로 균형이 잘 잡혀 있으며, 감정이 안정되고, 비교적 근심이 없고, 신경질이 아닌 성격은 E점수가 높다. E점수가 낮은 사람은 과도한 정신적 불안, 심리적 긴장, 신경과민의 특성을 가지고 있으며, 일반적으로 감정의 동요가 심하다. 극히 낮은 E점수는 소위 '노이로제증'을 표시할 때가 많다.

#### 4 S요인 – 사교성(Sociability)

일반적으로 다른 사람들과 같이 놀고, 같이 일하기를 즐기고, 사람들과 잘 어울리며 사교적인 사람은 S점수가 높다. S점수가 낮은 사람은 사교적인 접촉을 제한하고 친지가 적고, 극단의 경우에는 사람과 만나는 것을 회피하게 된다.

#### 5 T점 – 총점(Total Score) : 자신감 – 열등감

T점수는 상기한 A, R, E, S점의 합계 점수인 바 그 자체를 유의미한 성격의 일면을 나타낸다. 즉, T점수의 고저는 자신에 대한 우월감-열등감의 정도를 표시한다.

## 2) K.T.C. 발행의 자아개념 검사

K.T.C.가 발행한 정원식의 자아개념 검사의 내용을 살펴보면 다음과 같다.

### (1) 검사의 목적

임상심리, 그리고 상담심리의 분야에서 연구를 거듭해 온 대부분의 심리학자들은 학생 개개인을 이해하기 위하여 그들의 자아개념, 혹은 자아구조를 알지 않으면 안 된다고 주장하고 있다. 즉 한 개인이 자기 자신에 대해서 가지고 있는 자아개념이 그의 행동에 많은 영향을 주고, 그의 성격과 정신건강에도 직접적인 관계가 있다는 것이다.

자기 자신을 쓸모 없고, 무가치하며 악하다고 보는 사람은 바로 그와 같은 자아체제에 따라 행동하게 되며 자아개념이 비현실적인 사람은 자기의 생활에서, 대인관계에서 비현실적인 방식으로 행동하게 된다.

그러므로 한 개인이 자기 자신을 어떻게 지각하고 있는가를 잘 알 수 있다면 그 개인을 이해하고 돕는데 유용한 지식이 될 수 있을 것이다.

본 자아개념 검사는 한 개인이 그가 처해 있는 생활의 장에서 자기 자신 및 그의 주위환경을 어떻게 느끼고 있는가를 알아보는 검사로서, 자기의 신체사항, 가족사항, 성격적인 면, 도덕적인 관념, 그리고 대인관계의 5가지 외적 측면에서 그 개인의 동일성, 자아의 수용 및 만족 그리고 외적 행동의 적극성과 소극성 등을 측정하는 것이다. 따라서 초 · 중 · 고등학교 카운슬러나 학급교사가 그들이 지도하는 학생의 행동적인 장애나 성격상의 문제를 파악하는데 도움이 될 수 있도록 마련된 것이다.

### (2) 검사의 내용과 형식

본 검사의 문항수는 100개의 자기진술 내용으로서 자기 자신의 영상을 나타내도록 짤막한 문장으로 되어 있다. 피검자는 각 문항을 읽고 그 문항이 일상생활에서 자기 자신과 관련된 정도에 따라 '항상 그렇다'고 생각되면 5에, '대체로 그렇다'고 생각되면 4에, '그렇다'와 '아니다'가 반반이면 3에, '대체로 그렇지 않다'고 생각되면 2에, '그런 경우가 거의 없다'고 생각되면 1에 ○표를 하도록 되어 있다.

본 검사에서 사용한 원문항들은 대부분 임상심리학자들의 상담과정에서 내담자들이 내놓은 이야기 중 자아준거가 되는 진술들로 이루어진 것이다. 이 밖에도 MMPI의 L척도에서 10개의 문항을 첨가하였다.

이렇게 수집된 문항들을 다음과 같은 조직에 따라서 분류하였다. 즉 현상의 장을 내적 자아준거체제와 외적 자아준거체제로 분류하며 전자를 3개의 차원으로 나누고, 후자를 5개의 영역으로 나누어 3×5의 15개의 유목을 형성하였다.

내적 자아준거체제는 ① 자기의 존중의식, ② 자기만족 혹은 자기수용, ③ 자기 행동 경향으로 구분되고, 외적 자아준거체제는 신체적 자아, 도덕적 자아, 성격적 자아, 가정적 자아, 사회적 자아 등 5개의 영역으로 구분하였다. 이 이외에도 타당도 척도인 한 개의 자아평가 유목이 독립되어 있다.

본 검사에서 추출될 수 있는 점수는 도합 14가지로서 그 명칭과 약호는 다음과 같다. 그 중 9개는 자아긍정 점수들이며, 3개는 자아변산성 점수, 1개는 타당도척도이며 그리고 1개의 분포점수로 되어 있다.

① 신체적 자아점수(A : Physical Self Score)
② 도덕적 자아점수(B : Moral Ethical Self Score)
③ 성격적 자아점수(C : Personal Self Score)
④ 가정적 자아점수(D : Family Self Score)
⑤ 사회적 자아점수(E : Social Self Score)
⑥ 자아동일성 점수(I : Self Identity Score)
⑦ 자아수용 점수(II : Self Satisfaction Score)
⑧ 자아행동 점수(III : Self Behavior Score)
⑨ 총자아긍정 점수(P : Total Positive Self Score)
⑩ 총자아변산성 점수(T.V : Total Variability Score)
⑪ 외적변산 점수(R.V : Row Variability Score)
⑫ 내적변산 점수(C.V : Colomn Variability Score)
⑬ 자아평가 점수(S.C : Self Critjicism Score)
⑭ 분포점수(d : Distribution Score)

### (3) 접수의 의미와 해석

본 자아개념 검사는 대별하여 타당성 척도(자아평가)와 자아긍정 척도로 되어 있다. 이밖에 변이성 점수 및 분포점수가 독립적으로 채점되어 독특한 심리적 해석을 할 수 있게 되어 있다.

### 1 자아평가 점수

이 척도는 10개의 문항으로 구성되어 있다. 이것은 MMPI의 허구척도에서 간추려 낸 문항들이다. 모두가 완곡한 자아손상적 의미를 가진 문항들로서 대부분 사람들이 그렇다고 인정하는 것이다. 이들 문항들을 부인하는 사람들은 자기 방어적인 사람이거나, 자기 자신의 좋은 모습만을 나타내려는 태도를 보여준다고 말하고 있다.

일반적으로 이 점수가 높으면 자기비판을 할 수 있는 힘이 정상적이며 건전한 사람이라고 말할 수 있다. 그러나 극단적으로(99% 이상) 높은 점수를 받으면 방어체제가 결핍되어 있다고 볼 수 있어서 자아진술 내용의 극단성을 의심할 수 있다. 반대로 너무 낮은 점수를 받으면 개인의 방어적인 특성을 나타내는 것이며, 그것 때문에 전체점수들이 의도적으로 조작되었다고 판정할 수 있다.

### 2 자아긍정 점수

이 자아긍정 점수는 총점을 비롯해서 8개의 하위점수(Sub score)들로 나누어진다. 즉 내적 자아준거체제로서 자아동일성, 자아만족 그리고 자아행동의 차원으로 나누어지고, 다시 외적 자아준거체제로서 자기 신체, 자기 도덕 기준, 자기의 성격, 자기의 가정, 그리고 자기의 대인관계로 분류된다.

#### ① 총자아긍정 점수

이 점수는 자아개념 검사를 대표하는 가장 중요한 점수이다. 이 점수가 그 개인의 전체적인 자기존중감을 나타내 주는 것이다. 이 총점은 높은 사람은 자기 자신에 대하여 긍정적이고 자기를 가치있고 보람있는 삶을 영위하고 있다고 생각하고 있으며, 자신을 가지고 행동을 한다. 반대로 이 총점이 낮은 사람은 자기 자신의 가치에 대해서 회의적이며, 자기를 무가치한 인물로 보며, 종종 불안을 느끼고, 침울해 있으며, 불행스럽게 느낀다. 따라서 자기 자신에 대해서 확신을 갖지 못하며 그의 행동도 불안정하고 소극적이 된다.

만일 자기평가 점수가 상당히 낮은데 반하여 총점이 높게 나오면 그 검사는 의심스러운 것이며, 아마도 피검자의 방어적인 심리작용 때문에 검사의 반응이 왜곡되었다고 볼 수 있다.

② 자아동일성 점수(Ⅰ)

이 점수는 한 개인이 현재의 자기를 어떠한 존재로 지각하는지를 알아보는 척도이다. 자기를 가치있고 존중받아야 할 인물로 생각하는지 아니면 자기를 무가치한 쓸모없는 인물로서 생각하는지 그 개인의 동일성 정도를 알아보려는 것이다.

이 점수가 높은 사람일수록 자존심이 강하고 자긍심이 있으며 자기의 처지에 대해서 긍정적인 태도를 갖고 있다. 반대로 이 점수가 낮으면 자기 자신을 학대하거나 자기의 처지에 대해서 비굴하거나 열등감을 갖고 있다.

③ 자아수용(Ⅱ)

이 점수는 한 개인이 자기 자신을 어떻게 보며 어떻게 느끼고 있는가를 알아본다. 즉 그 개인의 자기만족과 혹은 그 개인의 자기수용 정도를 반영해 주는 점수가 된다. 어떤 개인이 자아동일성 점수와 자아행동 점수에서는 상당히 높으면서 자아만족점수에서는 낮게 나올 수 있다. 그 이유는 자기 자신에 대해서 너무 높은 기대를 갖거나 높은 평가 기준을 갖고 있을 때 그러하다. 반대로 자기 자신에 대해서 별로 높은 기대를 걸지 않고, 자아행동 차원에서 두드러진 행동을 하지 않으면서도 자기 자신에 만족을 하면 자아만족 점수가 높게 나올 수 있는 것이다. 이와 같이 하위점수들은 상호 비교하면서 심리적으로 의미있는 해석을 가할 수 있다.

④ 자아행동(Ⅲ)

이 점수는 그 개인이 행동하는 방식(적극적, 소극적)이나 실제로 행동하는 경향성을 보여주는 척도이다. 그러므로 이 점수는 한 개인이 자기 자신의 행동에 대해서 어떻게 지각하며 그가 취하는 행동방식에 얼마나 긍정적인가 혹은 부정적인가 하는 것을 알아보는 것이다. 따라서 이 점수가 높은 사람은 자기생활의 장에 알맞게 적극적으로 행동하는 사람이라고 볼 수 있으며, 반대로 낮은 점수의 사람은 그 개인의 행동이 자기의 환경에 소극적이거나 부정적인 경향이 있다고 해석할 수 있을 것이다.

⑤ 신체적 자아(A)

이 점수는 자기 신체에 대한 자신의 견해, 건강상태, 신체적 외모, 재능 및 성적 매력 등을 나나태고 있다. 따라서 이 점수가 높은 사람은 자기의 신체상황을 긍정적으로 보는 사람이며, 이 점수가 낮은 사람은 자기의 신체 사항에 대해서 열등감을 갖고 있다고 해석할 수 있을 것이다.

⑥ 도덕적 자아(B)

이 점수는 개인의 도덕적인 준거체제가 어떠한가를 말해 준다. 도덕적 가치, 자기 자신의 인간됨에 대한 '선' '악'의 의식 등, 자기 자신의 윤리적 면을 본인이 스스로 어떻게 생각하고 느끼는가를 알아보는 것이다. 이 점수가 높은 사람은 그의 도덕적 기준이 높다는 것을 의미하는 것이며 이 점수가 낮은 사람은 그의 윤리적 기준이 낮다는 것을 의미한다.

⑦ 성격적 자아(C)

이 점수는 개인의 자기존중감, 한 사람으로서의 자족의 느낌, 자기 성격에 대한 자신의 평가를 의미하는 것이다. 일반적으로 다른 성격검사에서 볼 수 있는 문항들로 이루어져 있는데 이 점수로 그 사람의 성격적 특징을 알아볼 수 있는 것이다. 이 점수가 높은 사람은 안정되고 바람직한 성격특징을 소유하고 있다고 보는 반면에 이 점수가 낮은 사람은 자기 자신의 성격이 불안정하고 불안한 심리상태에 있다고 볼 수 있다.

⑧ 가정적 자아(D)

이 점수는 한 가정의 일원으로서 그 개인이 얼마나 평안한 마음으로 있으며, 자기의 인간적인 가치가 얼마나 인정되고 있으며, 얼마나 원만한 가정생활을 누리고 있는가를 보여주는 것이다. 따라서 이 점수가 높으면 자기 가정에 대해서 긍지를 가지고 있으며 가정에서의 불화나 갈등이 해소된 사람으로 볼 수 있다. 그러나 이 점수가 낮은 사람은 일단 그 가족에 대한 불만족, 불화, 갈등 적대감 등을 나타내는 것이라고 볼 수 있다.

⑨ 사회적 자아(E)

이 점수는 타인과의 인간관계에서 자신이 보는 관념체제를 진술해 준다. 이 점수가 높은 사람은 대인관계에서 원만한 사회생활을 하고 있는 것이며 반대로 이 점수가 낮은 사람은 대인관계에서 성공하지 못하고, 소외되어 있다거나 제외된 불행한 인간관계에 있다고 판단할 수 있을 것이다.

### 3 변산성점수(V)

변산성점수(V)는 가로, 세로 각 유목간의 점수 차를 양적으로 측정한 것이다. 이 점수가 높은 사람은 자아개념의 항상성이 유동되는 것을 의미하며 낮은 점수는 자아개념의 항상성 및 안정성을 의미하는 것이다.

① 총변산점수(T.V)

이 점수는 R.V와 C.V의 점수를 합친 것이다. 이 점수가 높으면 그 사람의 자아개념은 항상성이 결여되고 통일과 통합이 잘 이루어지지 않은 사람이라고 말할 수 있다.

② 외적 변산점수(R.V)

이 점수는 A, B, C, D, E 각 생활의 장에서 나타난 점수들이 얼마나 편차를 잘 나타내는가를 알아본 것이다. A, B, C, D, E 점수가 서로 비슷하면 그의 자아개념은 통합되어 있는 것으로 판단되지만, A, B, C, D, E 점수의 차가 많아지면 그의 자아개념이 항상성이 없다고 보는 것이다. 예를 들면 B, C, D, E가 서로 비슷한 점수인데 A만 현저하게 낮은 점수를 갖게 되면 신체적 자아 부분에 어떠한 비정상적인 면이 있다고 보아지는 것이다.

③ 내적 변산점수(C.V)

이 점수는 내적 자아준거체제에 의하여 분류된 자아동일성(Ⅰ), 자아만족(Ⅱ), 자아행동(Ⅲ) 점수들 간에 어떻게 점수가 편차되어 있는가를 알아보는 것이다. Ⅰ과 Ⅲ이 높은데 Ⅱ가 낮은 경우는 자존심이 강하고, 자기행동도 매우 적극적이나 자기 자신에 만족하지 못하고 자기에 대한 기대나 표준이 높은 사람이라고 해석되고 있다. 이렇게 외적 변산점수와 내적 변산점수가 합쳐서 총변산성 점수가 된다.

**[4] 분포점수(d)**

이 점수는 각 문항의 5등분 선택에서 피검자가 반응한 방식을 점수화한 것이다. 즉, 극단적인 5나 1에 반응한 사람은 d점수가 높게 나오고 3에 반응한 사람은 d점수가 낮게 나온다. d점수가 높게 나오면 그가 자기 자신에 대해서 한 말이 확실하고 자기의 의사가 분명한 것이라고 해석한다. 그러나 d점수가 낮은 사람은 자기 진술의 애매성을 시사해 주는 것이다. 따라서 이러한 사람은 자기 방어적이며, 경계심이 많은 자아개념을 소유했다고 말할 수 있다.

## 3) K.T.C. 발행의 인성진단검사

K.T.C.에서 발행한 이종승 제작의 '인성진단검사'(초등학교 고학년용 · 중 · 고등학교용)의 내용을 살펴보면 다음과 같다.

### (1) 특징

이 검사는 학생들의 성격특성 뿐만 아니라 근래에 학교나 사회에서 관심이 고조되고 있는 정서지능(EQ)을 측정할 수 있도록 새롭게 개발한 표준화 검사이다.

### (2) 검사의 내용

이 검사는 크게 두 가지 요인군, 즉 인성요인과 정서요인으로 나누어져 있다.

## 1 인성요인

### ① 사회성(Sociability : SOC)

사회성은 비사회성과 대비되는 특성으로서, 사회활동이나 집단활동에 적극적으로 참여하기를 좋아하며, 사교적이고 친절하며, 협동적이고, 인간관계가 원만하며, 대인적응성이 강한 인성특성을 말한다.

### ② 성취성(Achievement Motivation : ACH)

성취성은 비성취성과 대비되는 특성으로서, 자신을 타인보다 나은 존재로 만들려고 하고 어떤 상황에서나 최선의 결과를 얻도록 노력하며, 자기의 능력을 신뢰하고, 과업지향적 · 미래지향적 태도를 갖고, 높은 수준의 성취목표를 갖고 있다.

### ③ 활동성(Activity : ACT)

활동성은 비활동성과 대비되는 특성으로서, 일상생활에서 매우 적극적 · 정력적이고, 생산적이며, 민첩하고 부지런하며, 일을 좋아하고 또한 많은 일을 해내는 인성특성을 말한다.

### ④ 안정성(Stability : STA)

여기서 말하는 안정성은 특히 정서적 안정성(emotional stability)을 지칭하는 것으로서, 정서적으로 안정 · 성숙되어 있고, 극단적인 희로애락의 감정에 흐르지 않고 균형을 유지하며, 침착하고 자아가 통정되어 유사시에도 비교적 마음의 동요가 적은 인성특성을 말한다.

### ⑤ 지배성(Dominance : DOM)

지배성은 복종성과 대비되는 성격특성으로서, 집단행동에서 지휘 · 감독하는 지도적 위치와 역할을 차지하기 좋아하고, 자기 주장을 내세우며, 고집이 세고 공격적이며, 대담하고 권위주의적인 인성특성을 의미한다.

⑥ **자율성**(Autonomy : AUT)

자율성은 타율성과 대비되는 인성특성으로서, 자기의 행동에 대한 책임을 중시하며, 스스로의 행위를 제어하고, 독립적 · 자주적 · 자발적이고, 인습과 전통에 얽매이지 않으며, 자기나름의 독특한 해결책을 모색하고자 하는 주체적인 인성특성을 말한다.

⑦ **사려성**(Reflectiveness : REF)

사려성은 충동성과 대비되는 인성특성으로서, 심사숙고하고, 행동보다 사색을 즐기며, 자기의 감정이나 정서를 잘 조절하고 억제하며, 이론적 · 내성적인 인성특성을 의미한다.

## 2 정서요인

① **정서인식**(Emotion Recognition : EREC)

자신의 감정을 객관적으로 인식하고 그것이 발생한 이유를 이해하며, 감정과 행동간의 차이를 인식하는 능력, 그리고 다른 사람들의 감정 변화를 정확히 이해하고 빨리 알아차릴 수 있는 능력을 말한다. 타인의 감정을 그 사람의 입장에서 이해하여 자신의 것처럼 느끼고 반응하는 감정이입(empathy)의 능력도 여기에 포함된다.

② **정서표현**(Emotion Expression : EEXP)

자신의 느낌이나 감정상태, 기분 등을 적절한 말로 표현하고, 상황에 알맞게 행동이나 표정으로 나타낼 수 있으며, 다른 사람에 대한 자신의 감정을 적절하게 보여줄 수 있는 능력으로 자신의 정서표현과 타인의 정서표현을 측정요소로 한다. 상대방의 기분을 상하지 않게 하면서 자신의 감정을 표현하거나, 흥분하지 않고 담담하게 자신의 감정을 남에게 전달할 수 있는 것 등도 여기에 속한다.

③ **정서조절**(Emotion Regulation : EREG)

자기 자신의 마음을 잘 다스리고 감정을 효과적으로 조절하는 능력으로서, 자신의 정서조절과 타인의 정서조절을 측정요소로 한다. 희로애락의 감정을 갖되 어느 한쪽으로 지나치게 치우치지 않고, 쉽게 흥분하거나 화를 내지 않고 침착하게 상황에 대처하는 능력이다. 걱정이나 우울함 혹은 짜증 등을 털어 버리는 능력도 여기에 속한다.

④ 대인관계(Human Relationships : HREL)

다른 사람들과 얼마나 좋은 인간관계를 맺고 있는가를 나타내는 능력이다. 여기에는 대인관계를 분석하고 이해하는 능력, 타인과 의견이 상충할 때 갈등을 조정하고 협상하는 능력, 좀더 능동적이고 적극적으로 의사소통하는 능력, 다른 사람들을 관용적으로 대하고 이해하는 능력, 민주적으로 일을 처리하는 능력 등을 포함한다.

⑤ 정서지능(Emotional Intelligence : EQ)

이것은 정서인식, 정서표현, 정서조절, 대인관계의 4개 정서요인 점수를 기초로 하여 산출한 값이다. 정서지능이 높으면 그만큼 자신과 타인의 정서상태를 정확히 파악하고, 상황에 알맞게 정서를 표현할 수 있는 능력이 뛰어나며, 자신의 마음과 감정을 잘 조절하고 다스리며, 다른 사람들과 잘 어울려 지내고 있음을 뜻한다.

### 4) 한국심리검사연구소 발행의 MBTI

한국심리검사연구소에서 발행한 심혜숙과 김정택 제작의 '성격유형검사'의 내용을 살펴보면 다음과 같다.

#### (1) 특징

이 검사는 Jung의 성격유형이론에 의거해서 C. C. Briggs와 I. B. Myer가 제작한 'Myer-Briggs Type Indicator'(MBTI)를 심혜숙과 김정택이 한국판으로 표준화한 성격유형검사이다.

### (2) 검사의 목적

MBTI는 성격유형검사로서, 외향성-내향성, 감각-직관, 사고-감정, 판단-인식 지표 중 각 개인이 선호하는 네 가지 지표에 의거한 성격유형을 알아보는 데 목적이 있다.

예컨대, 인간의 행동이 겉으로 보기에는 멋대로이고 예측하기 힘들 정도로 변화무쌍해 보이지만 사실은 매우 질서정연하고 일관성있게 다르다. 이 일관성과 상이성은 각 개인이 외부로부터 정보를 수집하고(인식과정), 자신이 수립한 정보에 근거해서 행동을 위한 결정을 내리는데(판단과정) 있어서 각 개인이 선호하는 방법이 근본적으로 다르다는 Jung의 이론에 입각해서 MBTI는 개인의 심리적 선호성을 진단하는데 목적이 있다.

### (3) 검사의 내용

#### 1 네 가지 선호성 지표

MBTI는 95개의 문항으로 구성되어 있으며, 각 개인의 심리적 선호성을 나타내는 4가지 지표가 있는 바, 각 지표는 인식, 판단기능과 연관된 네 가지 지표적 선호성 중 하나를 대표한다. 이 선호성은 주어진 상황에서 사람들이 무엇에 주의를 기울이는가 뿐만 아니라, 그들이 인식한 것에 대하여 어떻게 결론을 내리는가에 영향을 미친다.

MBTI에서 말하는 심리적 선호성이란 다음과 같다.

- 더 지속적이고 일관성 있게 활용하는 것
- 선택적으로 더 자주, 많이 쓰는 것
- 선택적으로 더 좋아하는 것
- 상대적으로 편하고 쉬운 것
- 상대적으로 더 쉽게 끌리는 것

① 외향성-내향성(EI : Extraversion-Introversion) : EI지표는 개인이 외향성인가 내향성인가를 나타내는 지표

- 외향형(E) 사람들은 주로 외적 세계를 지향하므로 그들의 인식과 판단도 사람과 대상 등 외부세계와 외부환경에 초점을 두는 경향이 있다. 외향성의 사람들은 세상을 이해하기 위해서 외적 경험을 필요로 하고 먼저 행동으로 체험하려는 경향이 있다. 따라서 그들은 활달해 보이고 활동적으로 보인다.
- 내향형(I) 사람들은 주로 내적 세계를 지향하므로 그들의 인식과 판단 역시 개념이나 사상 등 자신의 내부세계에 더 초점을 두는 경향이 있다. 내향성인 사람들은 그들의 업무가 생각을 주로하는 활동을 많이 요구할 때 더 많은 흥미와 편안함을 느낀다. 그들은 세상을 직접 경험하기 전에 먼저 생각 속에서 이해하려고 하는 경향이 있다.

② 감각-직관(SN : Sensing-Intulition) : 정보수집(인식) 기능을 나타내는 지표

- 감각기능형(S)을 선호하는 사람들은 자신의 내적, 외적 세계에 무엇이 존재하는가, 또한 그것들이 어떻게 발생하는가에 대한 정보를 자신의 눈, 귀 그리고 다른 감각기관들, 즉 자신의 오관에 의존하여 받아들이는 경향이 있다. 감각기능은 상황의 실체를 이해하는데 특히 유용하다. 이런 사람들은 대체로 현재를 있는 그대로 즐기고 차근차근 업무를 수행해 나가는 근면성실한 형이며, 구체적인 사실을 보기 위해 때로는 전체를 보지 못할 수 있다.
- 직관기능형(N)을 선호하는 사람들은 오관에 의해 얻어진 정보의 차원을 넘는 가능성이나 보다 심오한 의미와 전체적인 관계를, 우리가 흔히 말하는 육감에 의존하여 얻어 낸다. 직관은 전체를 파악하고 본질적인 패턴을 이해하려고 애쓴다. 직관형은 상상력과 영감에 더 큰 가치와 비중을 둔다. 이런 사람들은 현재 머무르기보다 미래의 성취와 변화, 다양성을 더욱 즐기고 전체를 보기 위해 세밀한 사항은 간과하는 편이다.

③ 사고-감정(TF : Thinking-Feeling) : 의식결정(판단) 기능을 나타내는 지표

- 사고형(T)을 선호하는 사람들은 어떤 특별한 선택이나 행동에 대한 논리적인

결과들을 예측하여 의사를 결정한다. 사고기능을 활용할 경우 객관적인 판단 기준에 근거하여 정보를 분석 · 비교하여 의사결정에 다다른다. 이런 사람들은 일관성과 타당성을 중시하며 내가 그것을 싫어하던 좋아하던 상관없이 원리 원칙에 입각하여 결정한다. 그러므로 무엇이 진실한가에 관심이 많으며, 자신이 개인적으로 느끼는 가치보다는 무엇이 옳고 그른가 하는 객관적인 기준을 중시하는 편이다.

- 감정형(F)의 사람들은 무엇이 중요한지에 더욱 초점을 둠으로 인간중심의 가치에 기초를 둔 결정을 내리게 된다. 감정기능을 활용한다면 객관적인 기준보다는 어떤 가치를 느끼고, 타인에게 어떤 영향을 주는가가 더 중요하게 된다. 감정기능(F)을 선호하는 사람들은 인간관계를 중요시하고, 동정심이 많으며, 남을 인정할 줄 알고, 재치가 있는 편이다. 객관적인 진리보다는 보편적인 선을 더욱 선호한다.

④ **판단-인식**(JP : Judging-Perception) : **외부세계에 대한 태도를 나타내는 지표**

- 판단(J)형을 선호하는 사람들은 생활을 조절하고 통제하기를 원하면서 계획을 세우고 질서있게 살아가는 경향이 있다. 판단기능(J)을 쓸 때는 결정하고, 일에 종결을 짓고, 어떤 일을 수행하는 것을 더 좋아한다. 이런 사람들은 구조화되고 조직화되는 것을 좋아하고 일이 정착되는 것을 더욱 선호한다. 흔히 이들은 계획에 따라 일을 추진하고 미리 준비하는 편이며, 정한 기간 내에 일을 마무리짓는 편이다.
- 인식(P)형을 선호하는 사람들은 상황에 맞추어 적응하며 자율적으로 살아가기를 원한다. 그들은 삶을 통제하기보다는 이해하려고 노력하는 편이다. 이런 사람들은 어떤 순간에도 적응할 수 있는 그들의 능력을 믿고 즐기면서 다양하게 경험할 수 있도록 항상 개방적이기를 좋아한다. 모든 경험에 열려져 있고 정한 시간에 일을 마무리짓지 못할 때도 있으나 그때 그때 자발적으로 상황에 대처해 나가는 편이다.

### 2 16가지 성격유형

MBTI의 4가지 선호지표는 여덟 가지의 선호성을 구성하며, 그 중의 4가지 선호성을 누구나 택하게 되어 있다. 피검자의 성격유형은 MBTI검사를 받았을 때 피검자가 선택한 4가지 선호성의 조합이며 상호작용이다. 만약 각각의 선호를, 그러한 선호를 표시하는 글자로 나타낸다면 피검자의 타입은 네 글자로 코드화되어 나타낼 수 있게 된다. 예컨대, ESTP는 외향성이며(E), 감각(S)기능에 의해 정보를 얻고, 의사를 결정할 때는 사고기능(T)을 이용하고, 외부세계에 대한 태도는 주로 인식적(P)인 사람을 의미한다. ESTP지표에서 반대선호를 가진 사람은 INFJ이다. 이런 사람은 내향적(I)이며, 직관에 의존하여 정보를 얻고(N), 의사결정을 할 때 감정(F)을 이용하고, 외부세계에 대한 판단적 태도(J)를 가진다. 그러므로 MBTI의 성격유형은 다음과 같이 16가지 유형으로 나타날 수 있다.

| ISTJ | ISFJ | INFI | INTJ |
|---|---|---|---|
| ISTP | ISFP | INFP | INTP |
| ESTP | ESFP | ENFP | ENTP |
| ESTJ | ESFJ | ENFJ | ENTJ |

## (4) 검사의 실시방법

MBTI는 먼저 자신의 MBTI를 통해서 성격유형의 역동적인 측면을 경험적으로 인식한 사람만이 다른 사람에게 실시할 수 있다. 그러므로 검사 전에 MBTI Workshop을 통해서 성격유형이론의 역동성을 먼저 체험하도록 권유하고 있는 것이다. 이를 위해서는 Jung의 성격이론에 대한 어느 정도의 이해도 필요하다. 이와 같이 경험과 이론을 통해서 성격유형에 대한 이해가 된 사람은 다음과 같은 과정을 거쳐 검사를 실시할 수 있다. 검사는 필요에 따라 개인 또는 집단으로 실시할 수 있다.

- 먼저 검사지와 답안지를 나누어 주고 인적 사항을 기입하도록 한다.
- 검사지 첫 페이지에 있는 검사를 받기 전에 읽어 볼 사항들을 설명해 준다.
- 검사 도중에는 어떠한 질문에도 직접적으로 설명해 주어서는 안 된다는 사실을 명심해야 한다. 왜냐하면 이 검사는 대부분의 문항이 하나를 선택하도록 되어 있기 때문에(forced choice) 검사실시자의 해석이 검사자에게 영향을 주게 되면 선호성의 방향에 직접적으로 영향을 미칠 수 있으므로 애매한 문항을 해석해 준다거나 큰 소리로 대신 읽어 주지 말아야 한다.
- 따라서 애매한 상황에서 잘 선택할 수 없으면 그 문항은 답하지 않아도 좋다고 설명해 준다.

### (5) 채점방법과 점수해석법

#### 1 점수환산의 방법

① 채점판을 사용할 경우

- 채점판은 모두 다섯 장으로 되어 있는데, 사고와 감정지표(T, F)만은 남녀 채점판이 구별되어 있다. 먼저 채점판 윗부분의 두 구멍과 답안지 양쪽에 표시된 별표(*)를 정확하게 맞춘다.
- ㅁ칸 안에 든 표시는 2점으로, 나머지는 모두 1점으로 계산한다.
- 문항 14번과 93번은 채점판 위에 B, C 두 개가 모두 응답한 것으로 나왔을 때는 B만 1점으로 친다. 그러나 B 혹은 C 하나만 응답한 경우에는 그대로 1점으로 처리한다. 문항 17은 2개의 답이 허용된 문항으로써 채점판 사용시는 별다른 문제가 없다. 채점판에 나타나는 대로 계산하면 된다.

② 컴퓨더로 채점할 경우

컴퓨터 프로그램을 사용하여 응답을 입력시킬 경우 다른 것은 채점판 사용시와 같으나, 문항 14번과 93번은 A, B, C 각 하나씩 응답했을 경우는 별 상관이 없지만, AB 혹은 AC 두 개를 응답했을 경우에는 0점으로 치고 BC를 택했을 경우에는 B에만 점수를 준다. 그리고 문항 17번 A, B, C 각 하나씩 응답했을 경우에는 상관 없지만, AB, BC, AC 두 개를 동시에 표시했을 경우 모두 0점으로 친다.

### 2 각 지표의 최고점

각 지표의 최고점(환산되지 않은 채점원점수)과 환산최고점(원점수를 환산점으로 고친 점수)은 아래와 같다. 그러므로 만약에 각 지표의 채점점수와 환산점의 합계가 최고점을 넘을 때는 환산이 잘못된 것이므로 재검토하여야 한다.

| 구분 | E | I | S | N | T | F | J | P |
|---|---|---|---|---|---|---|---|---|
| 환산 전 최고점 | 26 | 28 | 34 | 25 | 33 | 19(남) 21(여) | 28 | 30 |
| 환산최고점 | 51 | 57 | 67 | 51 | 65 | 39(남) 43(여) | 55 | 61 |

### 3 각 지표의 점수 환산

양극성(반대성향) 지표에서 점수가 높은 쪽이 선호도 방향을 결정한다. 예컨대, E(25) I(10)일 경우에 이 사람은 외향성(E) 경향의 사람으로 나타난다. 이에 따라 각 지표의 선호지표 점수는 선호지표 점수를 환산할 수 있는 환산표가 제시되어 있으므로 이를 사용하면 보다 간단하게 점수를 환산할 수 있다.

### 4 각 지표의 점수 해석

각자의 타입을 나타내는 각 글자 옆에 그와 관련된 점수가 있다. 이 점수는 두 가지 상반된 선호 중에서 한 가지 선호를 일관성 있게 선택했는가 하는 것을 알려주고 있다. 높은 점수는 일반적으로 명확한 선호도를 의미한다. 그렇다고 해서 높은 점수를 곧 어떤 기능이나 태도가 더 개발되어 좋다거나 나쁘다는 의미가 아님을 알아야 한다. 따라서 낮은 점수가 결코 나쁘다는 의미가 아니다. 낮은 점수는 젊은이들에게서 일반적으로 나타나는 현상이다. 그것은 아마도 여러 가지 이유로 선호도가 명확하지 않다는 것을 의미할 수 있다.

MBTI를 만든 Myer-Briggs는 점수의 의미를 다음과 같이 해석하고 있다.

- 1-9 : 약한 선호도(Slight)

- 10-19 : 중간 정도의 선호도(Modest)
- 20-39 : 강한 선호도(Clear)
- 40 이상 : 아주 뚜렷한 선호도(Very Clear)

### (6) 검사결과의 해석 : 16가지 성격유형별 특성의 이해

다음의 16가지 성격유형은 더 좋거나 나쁜 유형은 절대로 없으며 고착화된 상태를 의미하지는 않는다.

#### 1 ISTJ(사고를 보조기능으로 가진 내향성 감각형)

ISTJ형은 신중하며 책임감이 강하다. 집중력이 높고 강한 현실감각으로 실질적이며 조직적으로 일을 처리하며, 직무가 요구하는 그 이상으로 일을 열심히 처리한다. 위기상황에서도 침착하고 충동적으로 일을 처리하지 않으며 일관성 있으나 보수적인 입장을 취하는 경향이 있다. 현재의 문제점을 해결하는 데 있어 과거의 경험을 잘 적용하며, 반복되는 일상적인 일에 대한 인내력이 강하다. 때로는 일의 세부사항에 집착하는 경향이 있으나 업무수행이나 세상일에 대처할 때 행동이 매우 확고하고 분별력이 있다.

ISTJ형 사람들은 철저하고, 한번 관련이 되면 중단하거나 단념하는 것은 어렵다.

ISTJ형은 그들의 조직력과 정확성에 대한 능력이 잘 나타나는 직업을 일반적으로 선택한다.

#### 2 ISTP(감각을 보조기능으로 가진 내향성 사고형)

조용하고 말이 없으며 논리적이고 분석적인 형이다. 일상생활에 있어 매우 적응력이 강하며, 열정적이지만 조용하고 호기심이 많으며, 사람을 사귈 때 친한 친구들을 제외하고는 수줍어한다. 그들은 외부상황을 잊을만큼 그들의 관심거리에 종종 깊이 몰두하게 된다.

ISTP형은 비록 그들이 많은 정보를 제공할 수 있는 어떤 주체에 대해서 꽤 말을 많이 할 수 있어도, 조용하며 표현을 억제하는 편이다. 손재주가 뛰어나고 스포츠와 야외에서 노는 것이나 그들의 지각에 많은 정보를 제공해 줄 수 있는 일들을 좋아한다. 현실감각이 뛰어나고 임기응변력이 풍부하다.

### 3 ESTP(사고를 보조기능으로 가진 외향성 감각형)

읽고 쓰는 것을 통해 배우기보다 직접적인 경험을 통해 배우는 것을 선호하는 형이다. 추상적인 아이디어나 개념에 대한 흥미가 없다.

ESTP형 선호경향을 지닌 사람들은 우호적이고, 적응력이 있는 현실주의자들이다. 그들은 보고 듣고 경험한 것에 의존한다. 그들은 주위의 사실이 무엇이든간에 그대로 수용하고 사용한다. ESTP형은 대체로 개방적이며, 자신을 포함한 모든 사람에게 관용적이고, 긴장을 완화시키거나 서로 갈등을 느끼는 사람들을 잘 화합시킬 수 있다.

### 4 ESTJ(감각을 보조기능으로 가진 외향성 사고형)

일을 조직하고 계획하고 출범시키는 능력이 있다. 현실적이고 사실적이며 체계적, 논리적으로 사업이나 조직체를 이끌어 나가는 타고난 재능을 가졌다.

ESTJ형은 타고난 관리자로써 일의 목표를 설정하고 지시하고 결정권을 이행하는 역할을 즐긴다. 비합리적이고 일관성이 결여된 상황을 쉽게 파악하는 능력이 있다.

ESTJ형은 타고난 지도자 또는 관리자라는 말이 적절한 만큼 업무를 조직화해서 일을 처리하기 좋아한다. 사고(T)에 대한 의존은 그들을 논리적이며, 분석적이고, 객관적, 비판적으로 일하게 하며, 논리적 추론을 제외한 그 무엇으로도 확신을 갖지 않으려는 경향이 있다.

그들은 미래의 가능성보다는 현재의 사실을 추구하는 것에 더 관심이 많다. 이러한 경향이 그들을 사무적, 실용적, 현실적이며, 현실상황에 치중하게 만들기 쉽다. 과거의 경험을 활용하고, 확고한 사실성을 바탕으로 계획, 결정을 내리고 믿는 경향이 있다.

### 5 ISFJ(감정을 보조기능으로 가진 내향성 감각형)

책임감이 강하고 온정적이며 헌신적이다. 세부적이고 치밀성과 반복을 요하는 일을 끝까지 해 나가는 인내력이 높다. 이들이 가진 침착성과 인내력은 가정이나 집단에 안정성을 가져다 준다. 다른 사람의 사정을 고려하며 자신과 타인의 감정 흐름에 민감하다. 위기상황에 대처할 때에도 차분하며 안정되어 있다.

대체로 ISFJ형의 사람들은 열심이며 분별력이 있고 절차에 세심하다.

### 6 ISFP(감각을 보조기능으로 가진 내향성 감각형)

말보다는 행동으로 따뜻함을 나타내며 마음이 따뜻하고 동정적이다. Myer-Briggs의 표현을 빌리면 ISFP형은 마치 양털 안감을 넣은 오버코트처럼 속마음이 따뜻한 사람들이다. 그러나 상대방을 잘 알게 될 때까지 이 따뜻함을 잘 드러내지 않는다.

사람이나 일을 대하는데 있어 ISFP형은 자신들의 내적인 이상향과 개인적인 가치에 준하되 말로 표현하기를 꺼린다. 또한 자신의 주관이나 가치를 타인에게 요구하지 않으며 자기능력에 대해 겸손하다.

그들의 깊은 감정은 거의 표면화되지 않고 내적인 온유함은 고요한 침묵으로 가려져 있다. 일상활동에 있어서 그들은 관용적이고, 개방적이고, 융통성이 있고, 적응력이 있다. 그러나 그들의 내적 충실성이 위험에 직면하면 조금도 양보를 하지 않는다. 그들은 다른 사람에게 감동을 주려하거나 지배하려 하지 않는나.

### 7 ESFP(감성을 보조기능으로 가진 외향성 감각형)

친절하고 수용적이며 현실적이고 실제적이다. 어떤 상황에서도 잘 적응하며 타협적이다. 선입견이 별로 없으며 개방적, 관용적이고 대체로 사람들을 잘 받아들인다. 주위에서 진행되고 있는 일들을 알고자 하고 또한 열심히 참견하고 끼어든다. 다른 사람의 일이나 활동에 관심이 많으며 새로운 사건 혹은 물건에도 관심과 호기심이 많다. 이론이나 책을 통해 배우기보다 실생활을 통해 배우는 것을 선호한다.

ESFP 선호형은 추상적 관념이나 이론보다는 구체적 사실들을 잘 기억하는 편이다. 논리적 분석보다는 인간중심의 가치에 따라 어떤 결정을 내린다. 그러므로 동정적이고 사람들에게 관심이 많고 때로는 재치가 있고 두뇌 회전이 빠르다. 특히 사람들을 접하는 일에 능숙하고 사람이나 사물을 다루는 사실적인 상식이 풍부하다.

ESFP형은 어떤 조직체나 공동체에서 밝고 재미있는 분위기 조성 역할을 한다.

### 8 ESFJ(감각을 보조기능으로 가진 외향성 감정형)

동정심과 동료애가 많다. 친절하고 재치가 있으며 다른 사람들에게 관심을 쏟고 인화를 도모하는 일을 중요하게 여긴다. 양심적이고 정리정돈을 잘하며 참을성이 많고 다른 사람들을 잘 돕는다. 또한 다른 사람들의 지지를 받으면 일에 열중하고 다른 사람들의 무관심한 태도에 민감하다.

비판력과 객관성이 없이 다른 사람들의 의견에 동의하는 경향이 있으며, 다른 사람의 견해에 집착하는 경향이 있다. 일상적인 일에 잘 적응하며 현실적이고 실제적이며 물질적 소유를 즐긴다. ESFJ형은 사람을 다루고 행동을 요구하는 분야에서 능력을 발휘한다. 끈기가 있고 성실하여 작은 일에도 순서를 따르고 다른 사람들에 대하여 자기와 같을 것이라고 기대하는 경향이 있다.

### 9 INFJ(감정을 보조기능으로 가진 내향성 직관형)

창의력과 통찰력이 뛰어나다. 뛰어난 영감으로 말 없이 타인에게 영향력을 가진다. 독립심이 강하며, 확고한 신념과 뚜렷한 원리원칙을 생활 속에 가지고 있으면서 공동의 이익을 가져오는 일에 심혈을 기울이고 인화와 동료애를 중요시하여 존경을 받고 사람들이 따른다. 열정과 신념으로 자신들이 믿는 영감을 구현시켜 나가는 위대한 정신적 지도자들이 INFJ형에 많다. 남에게 강요하기보다 행동과 권유로 사람들의 마음을 움직여 따르게 만드는 지도력이 있다.

직관력과 사람 중심의 가치를 중시하는 분야에서 INFJ형은 능력을 발휘한다. 반복되는 단순작업은 INFJ형이 지닌 직관력과 영감, 새로운 가능성을 찾는 통찰력을 질식하게 하며 비능률적이 되게 한다. 오로지 한 곳에 몰두하는 경향으로 목적달성에 필요한 주변적인 조건들을 경시하기 쉽고 따라서 난관에 부딪힐 때가 많다. 현실을 있는 그대로 수용하거나 현재를 즐기려는 노력이 필요하다. 또한 사실적이고 구체적인 것을 보는 습관과 현실감각을 키우는 것이 필요하다.

### 10 INFP(직관을 보조기능으로 가진 내향성 감각형)

마음이 따뜻하나 상대방을 잘 알기 전에는 표현을 하려들지 않는다. 조용하며, 자신이 관계하는 사람이나 일에 대하여 책임감이 강하고 성실하다. 또한 자신이 지향하는 이상에 대해서는 신념을 지니고 있다.

대체로 관대하고 개방적이다. 그러나 내적인 신의가 위협을 당하면 한치의 양보도 없다. 남을 지배하거나 좋은 인상을 주고자 하는 경향이 거의 없다.

어떤 일에 깊은 관심을 가질 때 완벽주의적으로 나가는 경향이 있다. 노동의 대가를 능가해서 자신이 하는 일에 의미를 찾고자 하는 경향이 있으며 인간이해와 인간복지에 할 수 있는 일을 하기를 원한다.

때로 지나치게 일을 벌려 놓은 경향으로 인해 자신의 이상과 자신이 실제로 성취한 일의 차이점을 발견할 때 필요 이상으로 자신이 부적당한 사람이라는 느낌을 가진다. 자신의 이상과 현실이 안고 있는 실제상황을 고려하는 능력이 필요하다. 또한 너무 많은 사람을 동시에 만족시키고자 하는 부담에서 벗어나려는 노력과 객관적인 입장을 취하는 태도가 때로 필요하다.

### 11 ENFP(감정을 보조기능으로 가진 외향성 직관형)

풍부한 충동적 에너지를 가지고 즉흥적으로 일을 재빠르게 해결하는 솔선수범력과 열성을 갖고 있다. 자신의 열성으로 다른 사람들도 어떤 프로젝트에 흥미를 가지게 하고 다른 사람을 잘 도와 준다.

ENFP형이 가지는 어려움 중의 하나가 반복되는 일상석인 일을 견디지 못하는 경향이다. 새로운 가능성을 추구하고 창의적, 즉흥적으로 일을 시작하고 또 다른 일로 옮겨가는 ENFP에게는 영감과 통찰력 및 창의력이 요구되지 않는 일상적이고 세부적 일은 도무지 흥미를 끌지 못하고 열성을 불러일으키지도 못한다. 또한 한 가지 일을 다 끝내기도 전에 몇 가지 다른 일을 떠벌리기 쉬운 경향을 가지고 있다.

어려움을 당할 때 더욱 자극받고, 어려움을 해결하는 데 매우 독창적이다.

### 12 ENFJ(직관을 보조기능으로 가진 외향성 감정형)

동정심과 동료애가 많으며 친절하고 재치있고 인화를 아주 중요하게 여긴다. 민첩하고 참을성이 많고 성실하다. 다른 사람들의 의견을 존중하고 그 가치를 본다. 공동 선을 위하여서는 대체로 상대방 의견에 동의하고, 새로운 아이디어에 대한 호기심이 많다. 쓰기보다는 말로써 생각을 잘 표현한다. 편안하고 능란하게 계획을 제시하거나 조직을 이끌어 가는 능력이 있다.

사교적이며 사람들을 좋아하고 다른 사람들의 좋은 점을 때로 지나치게 이상화하고 맹목적 충성을 보이는 경향도 있다. 다른 사람들로부터 인정과 칭찬을 받으면 맡은 일에 열중하나 비판에 민감하다. 사람을 다루고 행동을 요구하는 분야의 일에서 능력을 발휘한다.

ENFJ형의 사람들은 주위 사람들에게 주로 관심을 갖고 조화있는 인간관계에 높은 가치를 두며, 우호적이다. 또한 그들은 끈기가 있고 성실하며, 작은 일에도 순서를 따르고, 다른 사람들에 대해서도 자기와 같을 것이라고 생각하는 경향이 있다. 또한 자신이 존경하는 인물, 제도 혹은 이념을 지나치게 이상화하는 경향도 있다.

### 13 INTJ(사고를 보조기능으로 가진 내향성 직관형)

행동과 사고가 독창적이다. 내적인 신념과 비전은 산이라도 움직일만큼 강하다. 16가지 유형 중에서 가장 독립적이고 단호하며 고집이 세다. 자신이 가진 영감과 목적을 실현시키려는 의지와 결단력과 인내심을 가지고 있다. 자신과 타인의 능력을 중요시하며, 목적 달성을 위하여 시간과 노력을 바쳐 일한다. 직관력과 통찰력이 활용되는 분야에서 능력을 발휘한다.

그들의 대담한 직관력은 비교할 수 없는 가치를 가졌으며 일상 반복되는 직종에서는 이 능력을 발휘하지 못한다. 복잡한 문제를 다루기를 좋아하며 자신이 관심을 가지는 일이라면 조직력을 발휘하여 일을 추진시키는 능력이 있다. 목적을 향해 외골수로 치닫는 경향 때문에 다른 사람들의 관점을 경시할 수 있어 문제가 될 수 있다. 때로는 자신과 타인의 감정이나 가치관을 소홀히 다루는 탓으로 반대 입장에 선 사람들로부터 예기치 않았던 힐책을 당할 수 있다.

INTJ형에게는 탁월한 분석력 때문에 일과 사람을 있는 그대로 수용하고 음미하는 것이 어렵다. 그러므로 현실을 있는 그대로 보고자 하고, 구체적이고 사실적인 면을 보고자 하는 노력이 필요하다. 또한 타인의 감정을 고려하고 타인의 관점에 귀 귀울이는 노력이 필요하다.

### 14 INTP(직관을 보조기능으로 가진 내향성 사고형)

조용하고 과묵하나 관심이 있는 분야에 대해서는 말을 잘한다. 매우 분석적이고 논리적이며 객관적 비평을 잘한다. 일의 원리와 인과관계에 관심이 많으며 실체보다는 실체가 안고 있는 가능성에 관심이 많다. 이해가 빠르고 높은 직관력으로 통찰하는 재능과 지적 관심이 많다. 개인적인 인간관계나 파티 혹은 잡담에는 흥미가 별로 없다. 사람을 사귀는데 있어서 그들은 보통 아이디어를 토론하고 나누는 소수의 가까운 사람들을 주위에 두고 있다. 때로는 어떤 아이디어에 몰입하여 주위에서 돌아가고 있는 일을 모를 때가 많다.

뚜렷한 흥미 선호를 나타내므로 그들의 통찰력과 지적 호기심을 활용할 수 있는 분야에서 능력을 발휘한다.

### 15 ENTP(사고를 보조기능으로 가진 외향성 직관형)

독창적인 혁신가이고 창의력이 풍부하며 항상 새로운 가능성을 찾고 새로운 시도를 하는 형이다. 넓은 안목을 가지고 있으며 다방면에서 재능이 많다. 솔선력이 강하며 민첩하고 여러 가지 일에 재능을 발휘하며 자신감이 많다. 사람들의 동향에 대해 기민하고 다른 사람을 판단하기보다 이해하려고 노력한다.

복잡한 문제해결에 뛰어난 재능을 지녔으며 지칠 줄 모르는 에너지를 소유하고 있으며 새 프로젝트를 시작하는 가운데에서 끊임없이 에너지를 충전받는다. 그러나 일상적이고 세부적인 일을 경시하고 태만하기 쉽다. 새로운 도전이 없는 분야의 일에는 큰 흥미가 없으나 관심있는 분야는 무슨 일이든지 해내는 능력을 가지고 있다.

16 ENTJ(직관을 보조기능으로 가진 외향성 사고형)

ENTJ형은 활동적이며 논리적이고 분석적이다. 사전 준비를 철저히 하며 계획하고 조직하며 체계적으로 목적 달성을 추진시키는 지도자들에게 많다. 비능률적이거나 확실치 않은 상황에 대해서는 별로 인내심이 없다. 그러나 상황이 필요로 할 때는 강하게 대처한다. 솔직하고 결정력과 통솔력이 있으며 거시적 안목으로 일을 밀고 나간다.

새로운 지식에 대한 관심이 많으며 복잡한 문제나 지적인 자극을 주는 새로운 아이디어에 호기심이 많다. 때로는 현 상황이 처해 있는 현실적 사항들을 쉽게 지나쳐 버리는 경향과 성급하게 일을 추진시키는 경향이 있다. 그러므로 ENTJ형에게는 현실이 안고 있는 치밀한 상황을 있는 그대로 볼 줄 알고 처리하며, 다른 사람들의 의견에 귀를 기울임이 필요하다.

ENTJ형은 직관적인 역할이 요구되지 않는 일에 만족을 느끼지 못한다. 그들은 문제에 의해 자극을 받고 새로운 해결책을 찾거나 추진할 수 있는 분야의 일을 찾게 된다. 그들의 흥미가 전체에 있기 때문에 세부적인 면의 중요성을 간과할 수 있다.

이상과 같이 MBTI는 성격유형을 16가지로 나눈다. 성격유형의 분포는 대체로 어느 직업집단을 검사하는가에 따라 그 분포도가 달라진다. 예를 들면, 사무직 혹은 사업은 ISTJ 혹은 ESTJ가 많으며, 대학 혹은 연구 분야에는 INFJ 혹은 INTJ들이 많다. 그러나 전체적으로 볼 때, 일반적으로 ISTJ와 ESTJ가 많다.

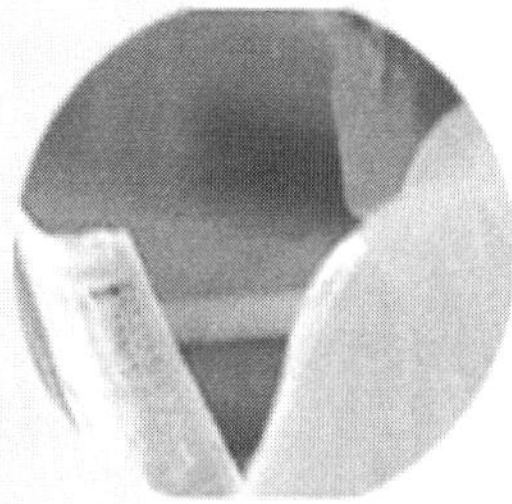

# 제 3 부

# 투사법

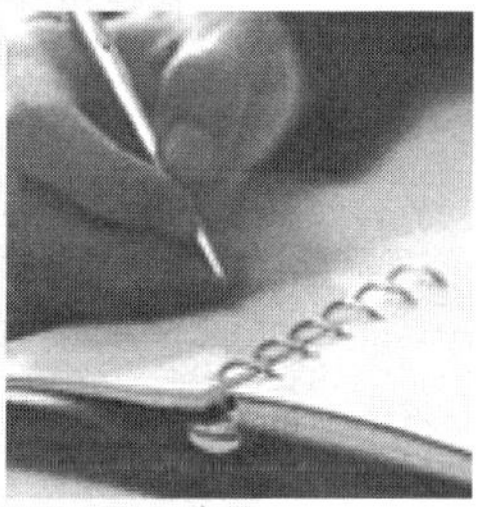

제8장

# HTP묘화 검사법

# 1. HTP묘화 검사의 실시법

## 1) 검사의 특징

E. E. Hammer는 그의 저서 『The Clinical Application of Projective Drawings(1958)』에서 사람의 얼굴, 어깨, 몸의 근육의 움직임은 사람의 감정을 그대로 나타내는 것으로서 그것을 숨기려고 해도 숨겨지지 않는 것처럼 그려진 그림의 크기, 선의 강약, 그려진 그림의 위치, 원근, 대칭, 음영 등 표현의 양상에 따라 그런 사람의 심리를 파악할 수 있다고 주장하고 있다. 그려진 그림의 내용을 보더라도, 거기에 그려진 인물의(P : Person) 자세, 얼굴의 표정, 복장, 액세서리, 그리고 집(H : House)을 그린다면 굴뚝, 창문, 현관, 나무(T : Tree)를 그리면 줄기, 가지, 뿌리 등이 어떻게 그려지고 있는가, 그 특징을 살펴보면 그 그림을 그린 사람의 심리를 알 수 있다고 한다.

### (1) 검사의 발달

HTP Drawing Test는 1948년 J. N. Buck에 의해서 처음으로 제창되었으며 Hammer에 의해서 크게 발전된 검사로써 피검자에게 집, 나무, 인물화 등 3개의 그림을 그리게 하는 검사이다.

### (2) 검사의 기본 가정

집, 나무, 인물 등 3개 주제는 누구든지 어떤 연령의 남녀노소를 막론하고 어떠한 주제보다 친밀감이 있고 주제는 솔직하고 자유로운 언어로 표현할 수 있다. 따라서 HTP 묘사를 통하여 피검자의 성격의 단면을 분석할 수 있고 환경과의 상호작용 양상을 파악할 수 있다. 즉 HTP 묘화 같은 자유화는 자신의 환경에 대한 적응적 태도, 무의식적인 감정과 갈등을 파악하는데 크게 도움을 줄 수 있다.

### 2) 실시 절차

용지 4매, HB연필 2개, 지우개 1개를 준비하였다가 집, 나무, 인물화 등을 차례로 마음대로 그리도록 피검자에게 도화지 한 장씩을 내어 준다.

자신과 반대되는 이성을 그린 자는 용지를 한 장 더 주어 같은 동성의 인물화를 그리도록 한다. 그리고 집, 나무, 인물 등은 각각의 도화지 전체를 이용해서 그리도록 지시하여야 하며 인물은 팔다리를 다 갖춘 인물 그림을 그리도록 지시한다. HTP 한 장 한 장 끝날 때마다 소요시간을 기록해 둔다.

## 2. 형식분석과 Hammer식 해석법

### 1) 계열성

표현의 계속과정, 즉 계열성(sequence)을 찾아볼 때 서기에 그린 자의 심리를 알 수 있다. 처음에 그려진 인물이 어깨를 움츠린 사람이었는데 그것을 지우고 새로이 어깨가 쫙 벌어진 그림을 그렸다면 그 사람은 열등감을 가진 자이며 이를 보상하기 위한 노력으로 해석된다.

하나의 그림에 있어서 그 묘사과정을 살펴봄과 동시에 한 그림에게 다음의 그림으로 그려 나가는 그 계열성을 찾아보는 일도 필요하다.

HTP(집, 나무, 인물)을 그리게 했을 때 집은 잘 그리고 나무 그림에선 피로한 인상을 주고, 사람을 그리게 될 때엔 머리만 그리고 말 때에는 우울증을 나타내는 사람으로 보아도 좋다. 어떤 사람은 처음엔 발을 그리고, 다음엔 머리, 다음엔 무릎, 다음엔 다리를 그리는 자도 있다. 이런 사람은 마음 속의 혼란 및 부조화를 나타내는 것으로 볼 수 있다. 이와 같이 차차 그려 가는 그림의 변화는 심리과정의 변화를 나타낸다.

### 2) 그림의 크기

그림에 나타난 인물의 크기(size)는 자신감의 정도를 나타낸다. Hammer는 400명의 흑인과 백인 아이들에게 HTP를 그리게 하여 공격욕구와 욕구불만의 정도를 연구한 결과 흑인 아동의 입장에선 백인의 세계는 실망, 좌절, 그리고 공격의 대상이었다. 인물 대부분이 무기를 지니지 않았지만 넓은 어깨, 커다란 공격적인 손가락과 주먹을 가지고, 날카로운 이빨을 가진 그림이 많았다고 한다. 큰 도화지에 작게 그려진 인물은 열등감, 불안, 자기억제 또는 의존적인 태도를 나타내는 것으로 진단된다.

### 3) 화필의 압력

Aschler와 Hattwick의 연구에 의하면 강한 선을 그리는 자는 적극적인 사람이며, 약한 선을 그리는 자는 억제 · 억압적인 사람이라고 한다. Hammer에 의하면 공포를 가진 신경증자, 만성분열증자, 진행성 긴장병의 환자는 선이 약하며 이에 비해 간질, 뇌장애자는 강하게 그리고 우울증을 가진 자는 자신이 없는 약한 선으로 그린다고 한다.

### 4) 그림의 위치

화면 중앙에 그리는 사람은 자신감 있는 자기 중심적인 사람이며, 다른 사람에 비해 감정적으로 행동하는 사람이고, 중앙에서 멀리 떨어진 곳에 그리는 자는 자기 통제력이 없는 의존적인 사람이다. 중심보다 오른쪽 부분에 많이 그리는 자는 안정되고 통제적인 사람이며 욕구나 충동의 만족을 연기하고 정서적인 만족보다 지적인 만족을 추구하는 자이다. 왼쪽에 많이 그리는 사람은 강박적이며 자기 욕구와 충동에 의한 정서적 만족을 구하는 자이다. 또한 오른쪽형은 내향성이며, 왼쪽형은 외향성이다. 도화지 상부 쪽에 그리는 자는 노력가이며 현실적이기보다는 공상적이며 비사교적이다. 하부에 그리는 자는 우울하지만 야무진 근성을 가진 자이다.

### 5) 대칭성

좌우 대칭성(symmetry)이 결여된 자는 안정감을 상실한 자이며, 지나치게 대칭적인 그림을 그린 자는 감정통제의 강박증상을 나타낸다. 감정통제가 잘 되고 보통 사람의 경우엔 25% 정도가 대칭적으로 그리며 우울증 환자의 경우엔 60%가 지나치게 대칭적이다.

### 6) 운동

그림 중 걷고, 달리고, 새가 날고, 나무 가지가 흔들리는 등 운동표현은 우울증, 정신박약, 갈등이 많은 사람, 융통성이 없는 경우엔 운동표현이 나타나지 않으며 재능 있고 능동적 · 활동적인 사람의 경우엔 운동표현이 많다.

### 7) 세부

지나칠 정도로 세밀한 부분을 그리는 자는 정서적으로 혼란되고 강박적인 사람으로 진단한다. 강박적인 사람은 조그만 돌맹이 하나, 책상다리 하나하나를 세밀하게 그린다. 반면 세부묘사가 너무 없는 자는 공허감, 또는 우울한 성격을 나타내는 것으로 해석된다.

## 3. 내용분석과 해석법

### 1) 집 그림(H)

#### (1) 지붕 묘사

지붕은 정신생활의 영역을 상징한다.

① 지붕이 크고 집의 타 부분이 작은 집을 그리는 자는 과도한 공상경향, 대인관계는 후퇴적 경향을 나타낸다.

② 지붕인지 선인지 지붕의 높이가 없는 집을 그리는 자는 정신박약자에게 많다.

③ 지붕의 선을 강하게 표시하는 자는 공상적 경향이 많으며 자기 방어적이며 불안신경증 환자에게서 많이 찾아볼 수 있다.

④ 또한 지붕의 선이 약한 그림은 자기의 통제가 약함을 의미한다.

⑤ 지붕의 기왓장을 하나하나의 선을 면밀하게 그리는 자는 강박적인 자에게 많다.

⑥ 지붕이 파괴되거나 금이 간 사람은 자기 통제력이 억압당하고 있는 것을 의미한다.

#### (2) 벽 묘사

벽의 선은 자아의 강도와 관계 있다. 붕괴되어 가는 벽을 그리거나 벽의 경계와 선이 약한 자는 자아의 약화를 말하고 벽의 경계와 선 등이 강한 그림은 자신의 통제를 의식적으로 잘 하려고 노력함을 의미한다.

① 벽의 지면의 선을 특히 강조할 경우는 현실 수준의 불안을 의미한다.

② 벽의 한쪽면과 다른 면이 적절한 결합이 되어 있지 않으면 기질증 환자로

의심해 보아야 하며 원시적 충동을 통제 못한다.

③ 벽의 면에 아무것도 그리지 않은 그림은 현실성의 도피적 사고, 우울, 대인관계 등 결핍이 심하고 정신분열적인 반응으로 의심해야 한다.

### (3) 출입문 묘사

환경과의 적극적, 직접적인 상호작용을 뜻하며 대인관계의 태도를 뜻한다.

① 작은 출입문은 대인관계, 사회성의 결핍과 무력감, 현실도피를 뜻한다. 큰 경우는 적극적인 사회성을 뜻한다.

② 출입문의 열쇠 등 장식의 장치를 확실히 강조하는 경우에는 의심이 많거나 방어적인 감수성을 나타낸다.

③ 출입문을 특별히 강조하는 것은 타인에 대한 의존심과 적극적인 대인관계를 바란다.

④ 출입문을 측면에 그렸을 경우는 도피적 경향이며 신중성을 나타낸다.

⑤ 출입문을 최후에 그리며 특히 강조할 경우에는 대인관계가 소극적이고 현실도피적 경향으로 보아야 한다.

### (4) 창문 묘사

집의 창문은 인간의 눈과 같은 것으로 출입문보다 적극적인 것은 아니지만 환경과의 수동적 접촉을 뜻한다.

① 가옥화에 창문을 그리지 않은 사람은 외계의 접촉을 피하고 퇴영적 경향과 때로는 적의적이다.

② 출입문과 창문을 그리지 않는 자는 정신분열증으로 보아야 하며 주의깊게 관찰이 요망된다.

③ 출입문을 특별히 강조하고 커튼을 강조하는 자는 강박경향이 심한 자이다.

④ 삼각형의 문은 여성적 성기의 고착과 과도한 관심의 표현이기도 하다.

⑤ 2층 등 고층건물 특히 수십층의 고층건물을 강조하는 자는 망상분열증으로 의심해야 한다.

⑥ 2층 건물을 그렸을 경우 2층에는 문이 있고 1층에는 문이 없는 자는 적의적 감정과 현실 도피성을 의미하고 2층에 문이 없고 1층에만 문이 있을 경우 구체적 현실과 공상적 생활간의 차이를 나타낸다는 것이다.

### (5) 굴뚝과 연기묘사

가옥화에 굴뚝을 그리지 않는 것이 보통인데 특히 굴뚝을 강조하는 것은 친밀한 인간관계를 뜻한다. 남근의 상징과도 관계가 있다.

① 굴뚝이 똑바로 세워져 있지 않고 경사지게 그려진 것은 자신의 성에 대한 부적절감의 표현이다.
② 작은 굴뚝은 거세불안과 성의 무능력 등을 의미하고 굴뚝이 벽으로부터 통해 있는 것을 노출시켰을 경우에는 성에 대한 노출경향을 나타낸다.
③ 많은 굴뚝을 그리는 사람은 남근에 대한 상징 이외에 친밀한 대인관계를 가지고 싶은 욕구를 뜻한다.
④ 굴뚝에 많은 탁한 연기를 그렸을 경우 피험자의 긴장과 가정에 대한 갈등의 정서혼란을 뜻한다.
⑤ 연기가 강풍에 의하여 날려져 있는 것은 환경의 압력에 대한 감정의 표시이다.

### (6) 기타 묘사

#### 1 방

통상적인 인간관계의 경험을 나타내고, 어린이나 강박적인 사람에게서 나타난다.

#### 2 나무의 숲과 먼 산

산 속의 작은 집은 도피, 안정을 희구, 숲 속에 집 등을 그리는 사람은 방어적 인간, 숲과 인간을 난잡하게 그리는 사람은 불안한 사람이다. 정원에 꽃 등을 그리는 사람도 불안한 사람이다.

## 2) 나무의 그림(T)

### (1) 나무줄기 묘사

나무의 줄기는 수목의 중심이고 성격의 기본적인 요소에 해당되며 피검자의 감정을 나타낸다.

① 매우 큰 나무줄기는 환경에 대하여 적극적으로 행동하며 현실 또는 공상적이든 공격적이든 적극성을 의미한다.

② 작은 나무줄기는 자아의 무력감과 결단성이 없는 자신감 결여를 뜻한다. 또한 부적절한 만족추구를 통제할 수 없는 때로는 기질장애의 존재를 의심받는다.

③ 나무줄기가 위로 올라가지 못하고 수평방향인 것은 외계의 압력을 느껴 성취욕구를 상실, 표면적인 복종 적응상태를 뜻한다.

④ 나무의 줄기가 수양버들 같이 나무줄기와 가지가 휘어지는 것은 현실로부터 도피, 후퇴, 자폐, 퇴행을 뜻한다.

⑤ 부러진 나무줄기를 그렸으면 피검자 통제선을 넘어선 압력감을 뜻하고 번개에 맞아 부러진 나무는 범죄자나 정신질환자에게서 많다.

### (2) 나뭇가지 묘사

나뭇가지는 주어진 환경으로부터 어떤 만족이나 무엇을 성취하려는 깃을 의미히며 피검자 자신이 지닌 능력, 가능성, 순응성을 나타내고 있다.

① 선으로 그린 것 중에 그 선이 나무기둥, 줄기를 정확하게 그리지 않은 것은 무력감, 자아약화 등을 뜻하고 또한 기질적 장애나 심한 외상의 경험이 있다고 보아진다.

② 나무줄기에 잘 조화된 가지의 그림은 피검자가 환경에 적응할 능력이 자신스스로가 높다는 것을 나타내고 있고 잘 조화되지 못한 것은 스스로 낮다는 것을 나타낸다.

③ 가지의 끝이 줄기에 따라 궁상으로 그려진 가지는 공격적인 표현이고 가지의 끝이 원가지의 굵기보다 굵을 경우는 성격적으로 무분별한 사람들에게서

나타난다.

④ 가지가 말랐거나 부러진 가지는 심적으로 외상 경험이 있는 것을 나타내고, 무력감, 위화감, 수동적인 것을 나타낸다. 마른 그림을 그린 사람은 예후가 좋지 못하다.

⑤ 위로 뻗은 무성한 나뭇가지는 공상적이긴 하나 희망적이고 활동적, 정열적이며, 반면에 밑으로 늘어진 나뭇가지는(수양버들) 소극적, 무력감, 비활동적, 퇴영적인 것을 뜻한다.

### (3) 나뭇잎 묘사

나뭇잎은 나무줄기가 나뭇가지 위에 그리는 것이 보통이다. 나뭇잎을 나무줄기나 가지에 비유하여 해석해야 한다.

① 나무줄기와 가지는 길고 큰 데 비하여 나뭇잎이 작은 것은 유아나 노인에게 많다 하여 이것이 성인의 경우 표현되었을 때에는 정신적, 신경증적 퇴행을 고려해야 한다.

② 반면에 나무줄기나 가지가 짧은데 비해 나뭇잎이 무성하고 큰 그림은 희망적인 대망과 정열적인 것을 의미한다.

③ 나무줄기나 가지가 지나치게 작은 데 비해 나뭇잎을 지나치게 크게 그린 것은 만족의 과도한 욕구로서 성격의 평형이 깨어져 불안한 자로 보아야 한다.

④ 나뭇잎의 모양이 직선적이고 각이 난 그림은 성격이 완고한 관계로 외계에의 순응에 곤란이 있다.

⑤ 나뭇잎이 둥근 유동적인 그림은 사교적이고 명랑한 성격이다. 그러나 나뭇잎의 둥근 끝이 나무줄기 밑으로 쳐져 있는 것은 의지박약, 결단이 늦고 감정의 안정성이 결여되기 쉽다.

### (4) 나무뿌리의 묘사

나무뿌리는 나무 전체를 받치고 있는 것이므로 피검자의 현실 지배력에 관한 관심의 표현으로서 해석된다.

① 지나친 뿌리의 강조는 자신이 결핍되어 있으며 불안감에 대한 반응이고 정신분열증, 기질장애 등으로 의심해 보아야 한다. 뿌리의 강조는 정신박약에 많이 나타난다.

② 나무의 줄기에 비해 큰 뿌리는 현실 적응에 크게 장애가 있음을 말한다.

③ 마른 나무뿌리, 마른나무 줄기에 붙어 있는 마른 나뭇가지는 유아기부터의 경험과 연관짓는 우울한 감정의 표시이다.

④ 통상 수목화는 뿌리를 크게 강조 않는 것이 보통인데 비하여 지나친 뿌리의 강조는 자아현실과 관계에 관심이 많음을 뜻한다. 나무가 넘어질까 염려한 결과이다.

#### (5) 기타 묘사

##### 1 지면의 선

수목화에 지면 표시반응이 많으면 이것은 불안감정의 표시이고 지면이 용지의 하한선에 표시되어 있는 경우는 더욱 불안하고, 우울 감정이 높거나 대인관계의 미약함을 나타낸다.

##### 2 고목

무력감, 분열증, 자아불안(성범죄자), 죄의식 등을 나타낸다.

### 3) 인물화(P)

피검자가 그리는 인물화는 첫째, 자기 신체상 또는 자기의 이상상 둘째, 자기와의 관계가 있는 사람들과 인간 일반에 대한 것을 어떻게 지각하고 있느냐를 나타낸다.

### (1) 머리 묘사

#### 1 큰머리

지적 욕구가 강하든지 정신작용의 중요성을 무의식으로 강조하는 사람 또는 적극적이고 공상적인 욕구 등을 상징하는 것으로 보아진다.

#### 2 머리가 지나치게 큰 것

머리가 동체보다 큰 것은 대뇌수술을 받은 자 등 두통에 민감한 사람, 기질장애자, 정신박약자, 편집증적 자아확대의 표현으로 그려진다.

#### 3 머리가 작은 사람

강박적 경향이 있는 자로 지적 통제를 부정하려는 경향이 있다. 즉 스스로 복잡하고 골치가 아픈 일이나 죄악감의 원천을 부정하려는 자, 지적 무력감이 있는 자이다.

#### 4 옆머리

자신을 혼란시키는 공상, 환각, 강박관념은 통제하고자 노력하는 자이다.

### (2) 얼굴 묘사

얼굴은 신체 중에 가장 눈에 띄는 부분이고 접촉하는 중심이며 현실과 여하히 접촉하느냐를 나타낸다. 따라서 얼굴 표정은 생략되어 있는 그림은 대인관계의 알력을 피하고 표면적인 적의를 숨기자는 것이다.

① 얼굴의 표정을 생략한 것은 정상인에게도 나타나지만 대체로 현실적 후퇴를 의미하며 겁이 많은 사람들이다.
② 얼굴에 눈과 코 등을 그리지 않고 공백을 그대로 두는 경우는 성에 대하여 명확한 개념이 없다든지 아니면 갈등을 나타내는 것으로 주의를 요한다.

### (3) 입과 입술 묘사

입은 의존적 · 관능적 · 색정적 만족을 주는 것으로 구순기적 의미를 지닌다.

① 큰 입, 특별한 형태의 입, 지우개로 지운 입, 강한 선으로 강조한 입은 유아기로 퇴행한 피검자에서 많이 나타나며 또한 구순기에 고착한 알코올 중독자나 우울한 사람에게 많다. 더욱이 입을 특별하게 강조하는 자는 구순적 공격의 충동에서 불안을 느끼는 사람으로 해석된다.

② 치아를 그리는 입은 유아나 정신박약자에게 생기기 쉽고 이것이 청년이나 성인에게 나타나는 것은 구순적 욕구의 긴장과 충동을 나타내고 정신분열증이나 히스테리 환자에게서 많이 볼 수 있다.

③ 혀를 보이는 입은 피검자의 관심이 입에 집중되어 구순색정의 존재를 시사한다.

④ 큰 입이 반원형으로 강조된 것은 비판적 · 공격적이고 입술을 약간 벌린 반원형은 의존적 욕구를 뜻한다.

⑤ 웃는 얼굴의 큰 입은 부적절한 애정의 표시이다.

⑥ 입을 그리지 않은 것은 외계와의 교류에 필요한 구순활동에 갈등이 있다는 것이고 퇴행적인 것을 의미한다. 또 죄악감일 경우도 입을 생략한다.

### (4) 턱 묘사

턱은 피검자의 의지의 강도를 나타낸다. 턱을 강조하는 것은 사회적 우위를 추구하여 지배욕을 가지고 때로는 강한 충동과 공격적 경향을 나타낸다.

① 옆얼굴에 턱이 강조되어 있는 것은 자아의 약화, 결단성 없는, 책임감에 대한 두려움 등의 보상으로 보아야 하고 반면 턱의 강조가 없는 사회적 장면에 무력감을 시사하는 것이다.

② 의존적일수록 남성이 여성상을 그리고 턱을 강조한다.

### (5) 눈 묘사

눈은 인간의 내면생활을 나타낸다.

① 감고 있는 눈은 공상의 세계에 깊이 들어가서 자기애가 강하며, 외계와의 차단을 뜻하고 자발성을 잃은 상태라고 생각된다.
② 눈이 강조되어 있음은 외계에 자신을 나타내려는 것이고 현실적이고 적극적이다.
③ 너무 큰 눈은 경계심, 시기심과 관련이 있다.
④ 모자나 안경으로 숨겨져 있는 그림의 눈은 불쾌한 자극으로부터 도피욕구와 때로는 외계를 의심하는 심정을 나타낸다.
⑤ 작은 눈은 자기애적이며 외부와의 접촉회피이다.
⑥ 남성상에 속눈썹을 강조하는 것은 동성애적 경향을 나타낸다. 눈을 그리고 동공을 안그린 것은 갈등이 많은 것이다.

### (6) 눈썹 묘사

잘 정리된 눈썹은 피검자의 세련성을 의미하고 있으며 눈썹이 위로 뻗쳐 올라간 것은 미숙과 자기 통제가 어렵고 거만성을 뜻한다.

### (7) 귀 묘사

귀는 비교적 수동적인 기관이다. 귀는 여성의 경우 머리카락의 형에 따라 숨겨지고 유아의 그림에선 생략되는 경우가 많다.

① 귀를 강조하는 것은 피검자가 귀에 대한 과민성을 나타내는 것이다.
② 귀를 특별히 크게 강조하는 경우는 의혹, 불신 등 망상적인 사람이나 동생애적 경향의 갈등을 뜻한다.

### (8) 모발 묘사

모발의 강조는 남성 충동의 지표이므로 자신에게 성적 부적절감의 의문이 있으면 더욱 모발을 강조하는 경향이다.

① 두발을 파도물결처럼 정중하게 매력적으로 그리는 것은 성적 비행의 염원이

고 농도짙게 강조함은 성적 불안을 의미한다.

② 수염도 남성적임을 의미하며 분열성 성격에선 남근의 상징으로 인식한다.

### (9) 코 묘사

통상 코는 남근의 상징으로 인물화에서도 그렇게 해석된다.

① 길고 적절한 코는 성적 강도와 관련이 있다.

② 코의 지나친 강조는 성적으로 약한 것에 대한 보상을 나타낸다. 어떤 특수한 형태의 코는 성적 열등감, 성적 불능, 동성애, 거세공포를 뜻한다.

③ 코를 그리기 곤란한 사람은 거세공포, 남향성의 거부, 동성애적 가능성을 뜻한다.

④ 콧구멍을 강조하는 그림은 공격성이 강하고, 넓고 퍼진 코는 거절과 경멸을 나타낸다.

### (10) 목 묘사

목은 머리와 몸통을 분리시키고 연결하는 것으로서 지적 영역과 충동영역을 연결하는 기관이다. 그러므로 아동의 그림에는 목이 없는 것이 많다.

① 굵고 짧은 목은 지성보다 충동적이고 완고한 성격이다.

② 가늘고 긴 목은 분열성 성격, 정신분열증 성격이다.

③ 목이 없는 그림은 충동통제가 안 되는 아동, 정신박약, 퇴행, 미숙, 자기애적 경향이며, 옆얼굴에 목이 없는 것도 통제성 결핍이다.

### (11) 유방 묘사

남성인 피검자가 여성상에 유방을 강조하는 것은 의존욕구와 성충동의 결합을 나타냄을 뜻한다.

① 유방을 그리는데 다시 그리고 음영을 그리거나 부가적인 선을 강조하는 것은 정신적, 성적, 미성숙한 남성 또는 구순적 의존욕구를 나타낸다.

② 남성이 여성의 유방을 그리는 것은 당연하지만 만일 그렇지 않은 것은 청년기의 반항이며 어머니와 같이 되기 싫다는 욕구를 뜻한다.
③ 유방이 밑으로 쳐져 있는 것은 모친상을 뜻하고, 동그랗게 그려져 있는 것은 젊은 여성상이다. 흉부가 강조되어 있으면 강한 지배적 모친상을 뜻한다.
④ 여성이 큰 유방과 골반을 강조한 것은 생산적 · 지배적인 모친상에 대한 자기동일시를 뜻한다.

### (12) 어깨 묘사

어깨는 체격과 체력을 나타내며 남성적인 힘의 상징이다.
① 넓은 어깨를 강조하는 것은 남성적이고 힘이 강한 욕구의 표시이며 자기의 존재를 과시하려는 현시성을 의미한다.
② 일반적으로 비행청소년, 폭력범들이 넓은 어깨를 그리며 이것을 통하여 힘의 현시 욕구를 나타낸다.
③ 또한 넓은 어깨를 그리는 자 중에는 자신의 불안성을 나타내기도 한다.
④ 여성이 넓은 어깨를 그리는 것은 남성에 대한 항의를 뜻한다.
⑤ 작은 어깨의 그림은 열등감의 표시이다.

### (13) 엉덩이 묘사

① 엉덩이의 강조는 정신적으로 성적 발달의 미숙을 의미하며 특히 남성의 경우에는 동성애적 경향이 있다.
② 여성이 여성상에 엉덩이를 강조함은 여성적인 의식을 나타내는 것이나 남성의 상에 엉덩이를 강조한 것은 남성에 대한 항의를 뜻한다.

### (14) 허리 묘사

① 허리는 상부인 등과 하부인 다리의 접선부위로서 남성은 신체적인 힘의 강한 충동을 나타내고 또한 성적 기능을 시사하는 부위이다.
② 허리의 선을 지나치게 강조하거나 무시하거나 하는 것은 성충동에 대한 표현

과 통제와의 사이에서 갈등을 뜻한다.

③ 그 갈등을 간접적으로 합리화하고 미학적으로 자기를 표현하기 위하여 벨트, 혁대 등을 그린다.

④ 지나치게 가늘게 그린 허리는 미적인 것보다 성장하는 것을 저항하는 심리이다.

⑤ 허리 크기는 머리의 2~3배 크기가 보통이며, 이에 비하여 크거나 작은 경우 자신의 불안을 의미한다.

⑥ 어른의 경우 허리가 나타나지 않고 손발이 나타난 사람은 신체적 이미지를 상실한 사람, 정신분열증, 정신박약자에게서 많이 나타난다.

⑦ 작은 허리는 자신의 신체적 충동을 부인, 열등감이 많은 사람이다.

### (15) 팔 묘사

팔은 자아에 대한 발달, 사회적인 순응, 보호, 방어, 공격적 측면을 나타낸다.

① 팔이 몸으로부터 떨어져서 밖으로 뻗은 팔을 환경에 대하여 공격적인 욕구를 나타낸다.

② 팔이 몸에 붙어 있는 경우는 수동적이고 방어적인 감정을 표시한다.

③ 딱 붙어 있는 손을 강조할 경우 외상이 있을 가능성이 있다.

④ 두 손을 앞으로 합쳐 있을 경우에는 적개심, 의심을 뜻한다.

⑤ 팔을 뒤로 안보이게 그리는 것은 교류와 타협이 안 되고 공격적 · 적의적이다.

⑥ 팔을 그리지 않을 경우는 정신분열증이나 우울증 증후를 나타내는 것이며 죄악감에서 그리지 않는다.

⑦ 팔에 근육을 강조한 긴 팔은 자신의 환경에 대하여 무엇인가 달성하고 획득하고자 하는 감정의 표시이다.

⑧ 팔이 짧으면 무력감을 나타내며 충동에 대한 통제가 어렵고 성격적 결함을 뜻한다.

### (16) 손 묘사

대인관계의 적응성을 나타낸다.

① 뚜렷한 모양을 나타내지 않고 이상하고 불명한 손은 사회에 대한 접촉이나 생산적 문제에 자신이 결핍되어 있다.
② 뒤로 얹은 손(열중쉬어)은 공격적이고 대인관계의 적응이 곤란하며 도피적 태도가 강하다.
③ 주머니 속에 넣은 손은 도피성을 나타낸다. 자위행위에 대한 태도 표시, 비행 청소년에게 종종 나타나는 현상이다.
④ 손을 전혀 그리지 않을 경우는 자신의 무력감, 거세공포증, 신경증을 뜻하는 현실 거부적 성격을 나타낸다.
⑤ 손을 크게 그리는 것은 사교적, 잘 하고자 하는 강한 욕구를 표시하며, 성적 접근이 두려워서 방어하는 태도이다.

### (17) 손가락 묘사

환경에의 직접적 적응을 표시한다.
① 성인의 경우 손의 윤곽보다 손가락부터 하나하나 그렸을 경우 아동기로 퇴행한 것으로 보아야 한다.
② 성인이 손가락을 자세히 강조(음영 등)한 그림은 도벽, 자위행위에 대한 죄악감을 나타낸 것이다.
③ 손톱을 구체적으로 표시한 것은 공격적 · 망상적인 태도를 뜻한다.
④ 강한 주먹은 공격적 · 적의적이다.
⑤ 어린이가 강한 주먹을 그렸을 경우 아버지에 대한 감정이 나쁘다.
⑥ 손과 팔을 위로 올린 그림은 현저한 반항심을 표시하는 것으로 비행청소년의 경우 비교적 많이 나타난다.

### (18) 다리

대인관계에 대한 의도, 가능성에 대한 상태를 나타낸다.
① 묘사가 좋은 경우는 성격의 안정성을 의미한다.
② 바지 밑으로 발을 표시 안할 경우는 우울, 의지가 소침한 사람, 정신적 · 성적으로 미숙하거나 거세적 공포가 있을 경우 흔히 나타난다.

③ 허약하고 가늘고 작으며 불안정한 다리는 노인성, 자아 쇠약의 감정을 나타낸다.
④ 가는 다리의 강조(음영 등으로)는 성적 쇠약함이나 동성애 표시이다.
⑤ 과도하게 가는 다리를 그린 사람이 남자일 경우는 여성적인 강박적인 감정을 나타낸 것이다.
⑥ 안으로 꼬인 다리는 성적 접근을 방어하는 태도의 표시이다.

### (19) 발가락

① 발가락 하나하나가 보일 경우는 병적인 공격성을 나타내고 정신분열증적 경향성을 나타낸다.
② 과도한 발가락, 손가락 강조는 공격성의 표시로서 망상분열증인 사람에게서 많이 나타낸다.

### (20) 의복

의복은 자기 신체에 대한 자기의식이 강한 것으로 해석되며 대인관계나 사회성에 대한 도덕적인 표현이다.

① 의복을 그리지 않고 나체상을 그리거나, 성기를 그리는 것은 정신분열증이거나 아니면 성적 갈등, 사회에 대한 반항 등을 뜻하며 자기 중심적, 성적 부적응 등을 뜻한다.
② 의복을 평범하게 표시하지 않고 지나치게 강조하고 장식으로 꾸미는 것은 자기애적 · 사회애적 경향을 말하고 사회로부터 인정을 받고 싶어하는 현시적 욕구의 표시이다.
③ 의복에 별로 신경 쓰지 않고 허술한 의복을 그리는 것은 현실적 도피나 공상세계를 추구하는 경향의 표시이다.

### (21) 단추

단추는 젖꼭지의 상징으로서 모친에 대한 의존욕구라 한다. 지나치게 강조한 단추, 7개 이상 그리는 단추 등은 의존적이며, 유치하며, 무력감을 뜻하고 구순단계로 퇴행, 고착하는 것을 뜻하며 소매단추 등 부분적으로 강조한 단추는 자기중심적 · 강박적 경향을 나타낸다.

### (22) 호주머니

단추와 같이 주머니의 강조는 유아적 의존적인 것이다.

① 특수한 형태의 주머니 강조는 정신질병적 적응의 증후로서 유아기적 애정의 표시이다. 물질의 결핍에 관계 있는 것이며 때로는 죄악감, 자위를 뜻한다.

② 그러나 의복이 있을 장소에 가볍게 그린 것은 일일이 의존적이라 할 수 없으며 자아 확장과 성숙의 상징이기도 한다. 호주머니의 강조는 모친에의 의존 갈등이다.

### (23) 넥타이

넥타이의 강조는 청년기의 묘화에 많이 나타나며 남성적 기질 또는 성과 관계가 많다.

① 작은 넥타이의 강조는 성적 무력감을 뜻한다.

② 넥타이에 진한 그림자를 그리는 것은 성적 부적응을 뜻한다.

③ 지나치게 강조한 넥타이는 성적인 부적응의 과잉 보상이고 성적으로 공격적인 사람이다.

④ 나비형 넥타이는 성적인 공격성과 성의 관심도 표시이다.

### (24) 신발(구두)

신발은 성적 충동의 상징이며 신의 끈, 구멍 등의 강조는 강박적인 성격 또는 여성적 상징의 표현이다.

제9장

# Baum 검사

## 1. Baum 검사의 특징

1949년에 스위스의 K. Koch가 독일어로 '바움테스트-정신진단학적 보조수단으로서의 『나무 그림검사』(Der Baum Test : Der Baumzeichenversuch als Psychodiagnostisches Hilfsmittel)'란 책자를 간행하였고, 1952년에는 그 자신에 의한 영역판 (The Tree Test : The tree drawing test as an aid in psychodiagnosis)이 출간된 이래로 크게 보급되기 시작하였다.

이 Baum 검사, 즉 나무그리기 검사에 의한 검사 장면은 매우 편리하다. 피검자는 묘화능력을 알아보기 위한 검사로 생각하기 쉽기 때문에 검사에 대한 편견을 갖지 않는다. 묘화능력을 보기 위한 검사란 점에선 아무런 도움이 안 된다. 나무를 그린다는 것을 기술적인 입장에서 볼 때는 매우 어려운 작업이다. 많은 진단기법이 그 목적이 어디에 있는지 잘 모르기 때문에 피검자는 자연히 불신의 눈으로 바라보기 쉽지만 이 Baum 묘화법에선 그런 것이 없다. 주어진 과제가 미리 설정되어 있지도 않고, 어떤 방법으로 피검자의 의식적 비판(conscius, criticism)을 가능한 제거시키고자 하는 의도하는 바도 없기 때문에 이 검사는 피검자의 그림을 통한 자발적인 표현을 충분히 기대할 수 있다는 점에서 매우 유효하다.

## 2. 검사 방법

그림그리기 용지의 크기는 A4규격(210mm×297mm)이며, 묘화에 사용할 도구는 중 정도의 부드러운 4B연필 하나로 지우개가 필요하다. 이 검사에선 색채는 사용하지 않는다. 피검자의 거부적 반응은 거의 일어나지 않는다. 간혹 거부하는 사례가 있을 수 있다. 그림그리기에 소질이 없다는 이유로 거부하는 경우에는 능력검사가 아니란 점을 강조한다. 시간제한은 없다.

〈지시의 형식〉

"열매가 있는 나무를 될 수 있는 대로 잘 그려 보세요. 그림은 용지의 공간을 전부 사용해서 그리시오."

〈변형〉

그림이 엉망이고 크게 부자연스럽거나 또는 다른 관점에서 검토할 필요가 있는 경우엔 2회 이상 검사를 되풀이한다. 이 경우의 지시는 다음과 같다.

"먼저 그린 그림은 틀렸다. 열매가 있는 나무를 다시 한번 그려 보세요." 만약 나무 윗쪽 부분이 잎만 무성한 경우엔 "가지가 있는 열매가 있는 나무를 그려 보세요."라고 지시한다.

## 3. 해석 규준

Baum Test는 Hammer의 HTP 묘화검사법과 그 분석기법이나 해석법에 있어서 유사한 점이 많지만 Baum Test의 분석법이 더 복잡하고 그 기준이 다양하다고 하겠다.

〈그림 9-1〉은 학교공포증이 있는 아동이 그린 것으로서 왼쪽 위 구석진 곳에 나무를 그리고 있다. 방관자적 입장, 회피적 공간 속에 자신의 위치를 나타내고 있다. 〈그림 9-2〉는 파과형(hebephrenic) 정신분열증 환자가 그린 나무이다. 대인관계에 무관심하고 상황의 변화에 무관심하며 감정표출도 단순화되고 있다.

<그림 9-1>

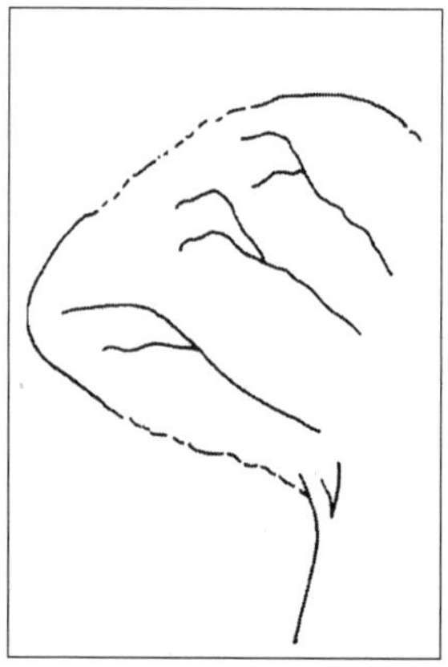

<그림 9-2>

이 그림은 Koch식, 즉 공간도식의 입장에서 해석한다면, 오른쪽은 외계이며 미래성을 나타낸다. 이 환자가 대인접촉을 피해서, 외계에 관심을 나타내지 않는 자폐성과 이 공간상징이 갖는 의미가 완전히 일치되고 있다.

Baum Test의 해석법을 약술하면 다음과 같다.

## 1) 나무그림의 검토체계

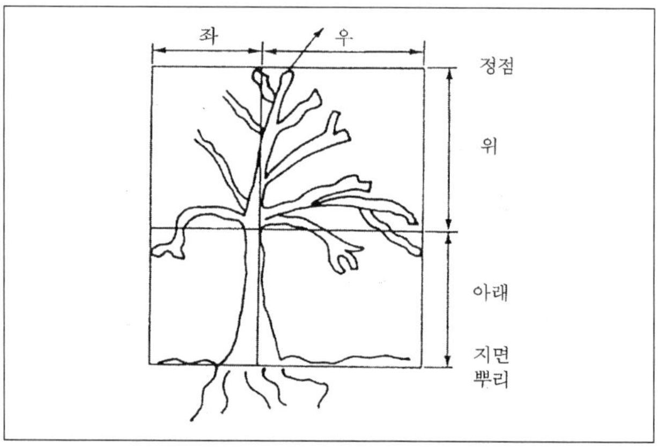


줄기를 중심으로 볼 때 오른쪽으로 나뭇가지가 많이 뻗었느냐, 아니면 왼쪽으로 더 많이 뻗어 있느냐, 가지가 수양버들가지처럼 밑쪽으로 많이 뻗어 있느냐, 줄기의 방향이 우향쪽인가 좌향쪽인가, 줄기의 높이와 굵기의 비율 등을 검토한다.

<그림 9-3>

## 2) 공간상징

나무축을 중심으로 나무줄기가 오른쪽으로 뻗어 있으면 외향성, 왼쪽으로 뻗어 있으면 내향성으로 평가된다(나무줄기는 원래 밑에서 위로 뻗는다). 나무줄기선이 밑쪽으로 많이 향했으면(수양버들가지처럼) 도피적 경향을 나타낸다. 일반적으로 왼쪽의 강조는 내향성, 주관성, 자폐성, 사려성, 거부, 용의주도, 사소한 것을 걱정하는 성격을 나타내는 것으로 해석된다. 이에 반해 오른쪽의 강조는 자기확대, 자신감, 성취욕구, 외향성, 몽상, 미래성, 주의집중력의 결핍, 충동성을 나타낸다.

아래 그림부터는 각 그림에 대한 진단 해석의 지표로 고려될 수 있는 내용만을 간단히 열거하기로 한다.

## 3) 뿌리

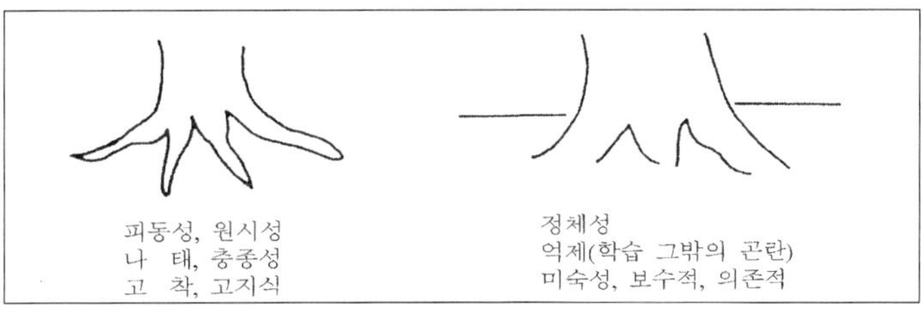


<그림 9-4>

## 4) T영의 줄기

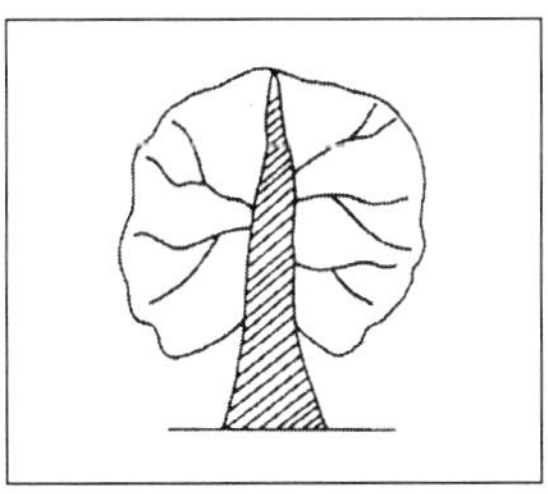

퇴행경향
이론보다 실행가
손을 쓰는 능력, 실행능력
열심
활동적, 근면성
강열성
추진력

<그림 9-5>

## 5) 줄기의 밑부분

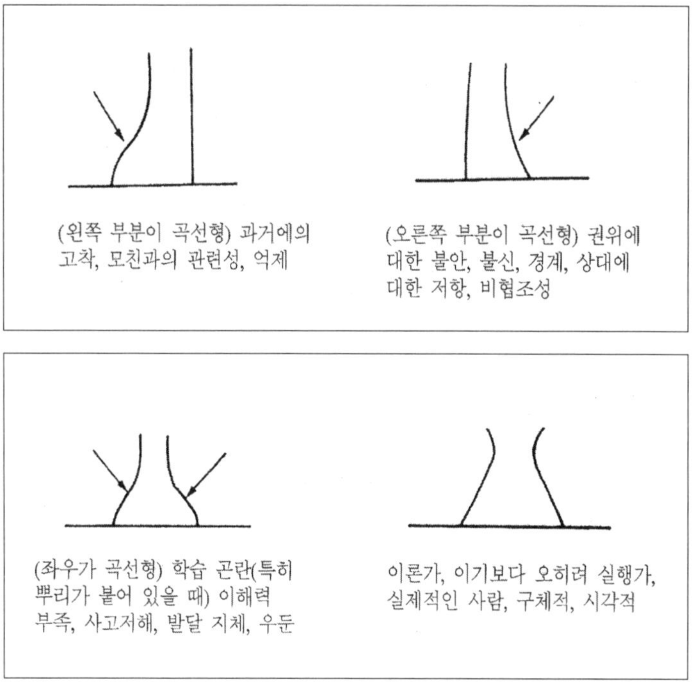


<그림 9-6>

## 6) 음영표현

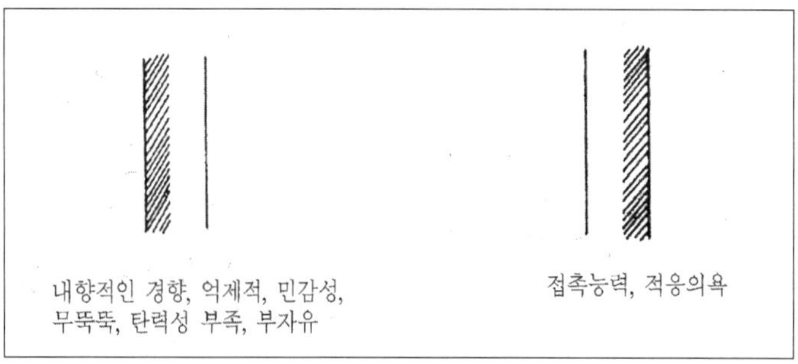


<그림 9-7>

## 7) 줄기의 윤곽

**〈짧은 선으로 된 불연속 가지선〉**

충동적, 신경질적, 민감, 폭발성, 흥분, 내향적

<그림 9-8-1>

**〈왼쪽의 불규칙선〉**

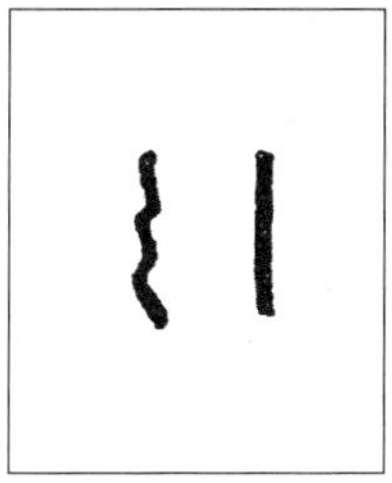

억제적, 심리적, 외상체험, 내적으로 약함

<그림 9-8-2>

**〈오른쪽의 불규칙선〉**

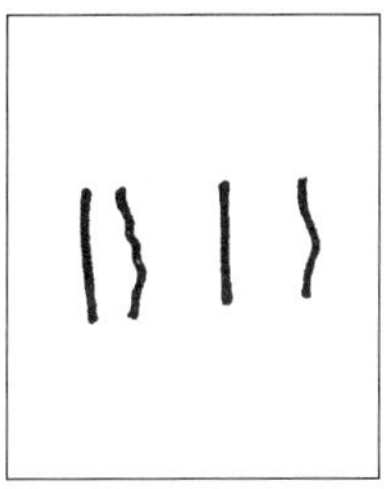

적응곤란, 갈등, 발달장애, 질병체험, 심리적 외상체험

<그림 9-8-3>

**〈물결의 선〉**

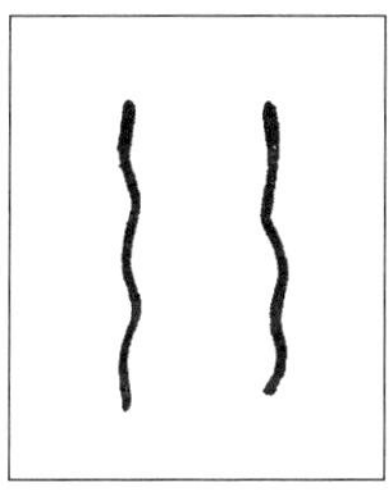

쾌활
활동적
적응적

<그림 9-8-4>

**〈산만한 선〉**

감수성 강함
감성적
공감성 풍부
성격결함
쉽게 동일시함

<그림 9-8-5>

### 8) 줄기 껍질

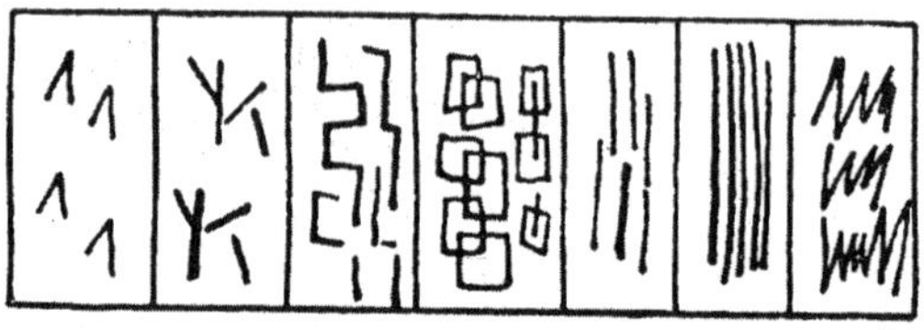

날카로움
비판적
민감성
감수성
조폭성
화잘내는
거칠은

<그림 9-9>

### 9) 똑바른 평행스런 줄기

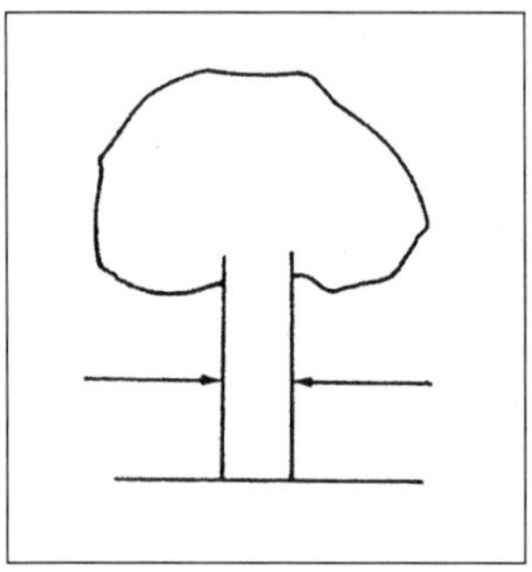

모범적, 의욕적, 객관성, 모방성, 확실한 생각, 착한 아동과 같은 점이 있음

<그림 9-10>

### 10) 줄기의 길이와 관(冠)부의 크기

〈짧은 줄기, 큰 관부〉

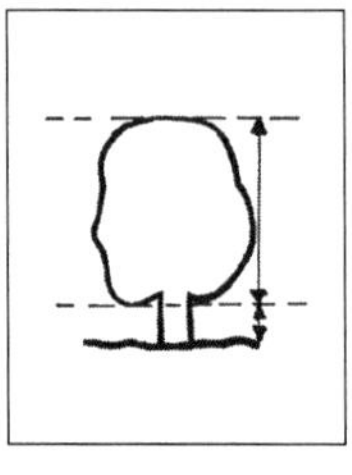

자신
완성에의 욕구
야심적
자기집착
자기상찬
정열적 · 열광적
열사

<그림 9-11-1>

〈긴 줄기, 작은 관부〉

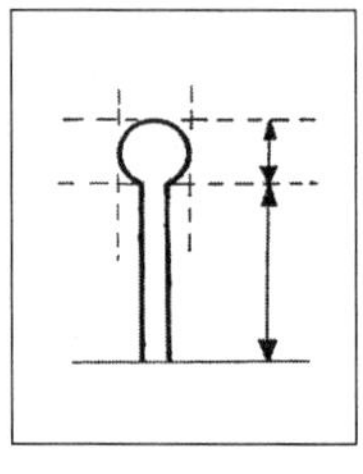

발달지체
정신박약
유아성
퇴행적 태도

<그림 9-11-2>

〈꽈리모양의 관부〉

활동성
융통
사교성
쾌활
인내심 결여
지속성 결여
경솔

<그림 9-11-3>

〈난잡한 선으로 된 관부〉

생산성
충동성
집중력 결여
활동성
안정성 결여
의지약함
계획성 결여

<그림 9-11-4>

〈음영으로 표현된 관부〉

수동적, 몽상적
우울
현실성 결여,
무관심
신경질적
명확성 결여
쾌락추구형

<그림 9-11-5>

## 11) 줄기 밑쪽으로 늘어진 관부

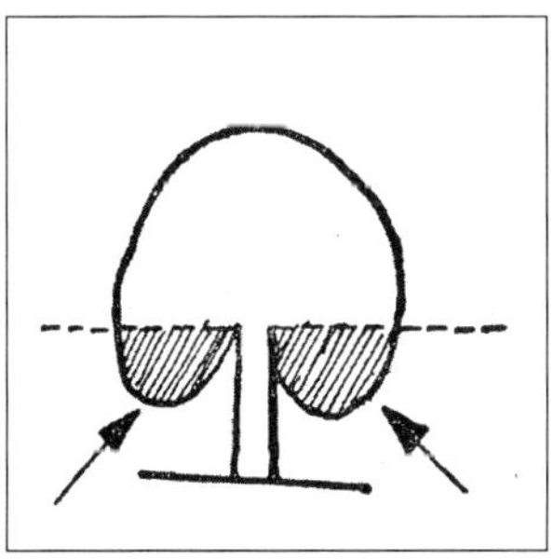

정서적 둔감
약한 의지
창조성 결여
공격성 결여
우유부단

<그림 9-12>

### 12) 관부 밑에 줄기 낮은 쪽으로 나온 가지

퇴행적
유아적
특출행동
부분적 발달 억제

<그림 9-13>

### 13) 공이나 구름형의 관부

활기없는
에너지 결여
과장성
낙천적
공상적
집중력 결여
현실생활을 두려워함

<그림 9-14>

### 14) 가지의 중심

〈중심으로 향하는(구심적)〉

집중력
활력성
결단력 있는
독립의식
만족, 조화
융통성 결여

<그림 9-15-1>

〈중심에서 방산하는(원심적)〉

공격성
충동성
적극성
근면, 열심
주도성
적응적 경향
외향성
방어적
거부적

<그림 9-15-2>

## 15) 가지의 모양

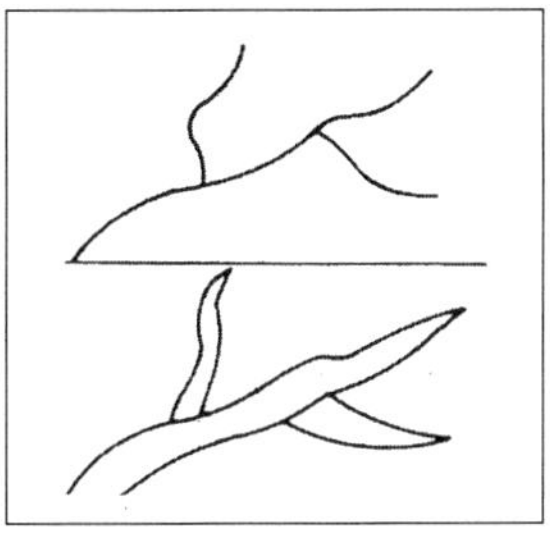

(한 가닥의 선으로 된 가지)
- 아동기 이후의 경우 : 지능, 성격면에서 가벼운 발달지체
- 신경증의 환자인 경우 : 퇴행의 징후

(두 가닥의 선으로 된 가지)
성숙

<그림 9-16>

## 16) 가늘고 복잡하게 뻗은 가지망

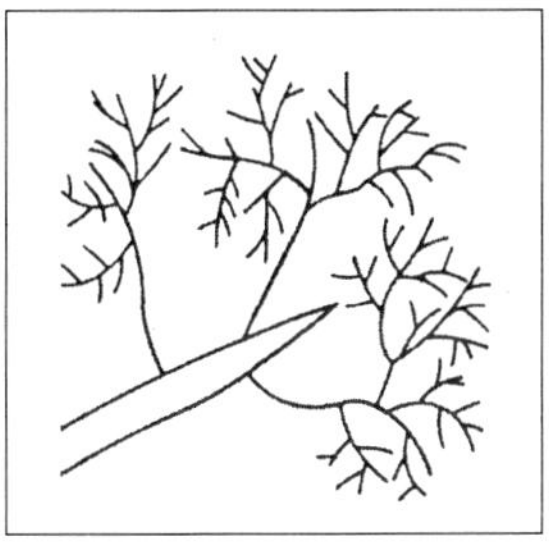

감수성이 강함, 민감성, 인상에 크게 지배받는 사람, 개방성
- 가지의 끝부분은 날카로운 경우 : 비판적, 공격적, 풍부한 감수성
- 줄기나 가지끝이 구부러졌거나 일정치 않을 경우 : 정신박약, 발달지체

<그림 9-17>

## 17) 잎

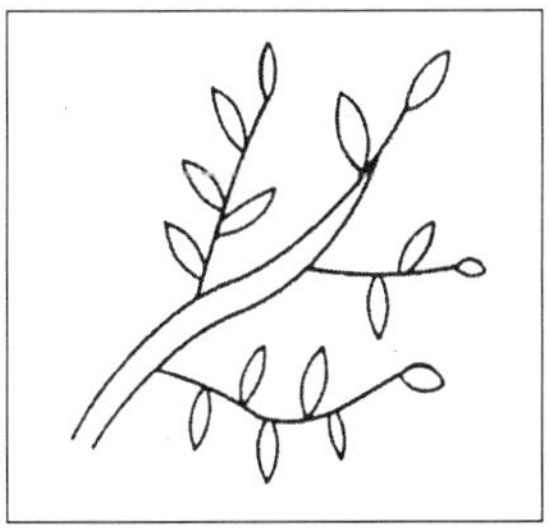

외계의 관찰능력, 쾌활, 관능적, 극화나 표현을 즐기는, 시야가 좁은, 인정을 받고 싶은 욕구, 원기있는 어린이와 같은 세계관

<그림 9-18>

## 18) 떨어지는 잎

감수성, 감정의 미묘, 산만함, 자기를 간단히 표현, 곧 발산하는, 선물주고 싶은

<그림 9-19>

## 19) 무늬형 가지

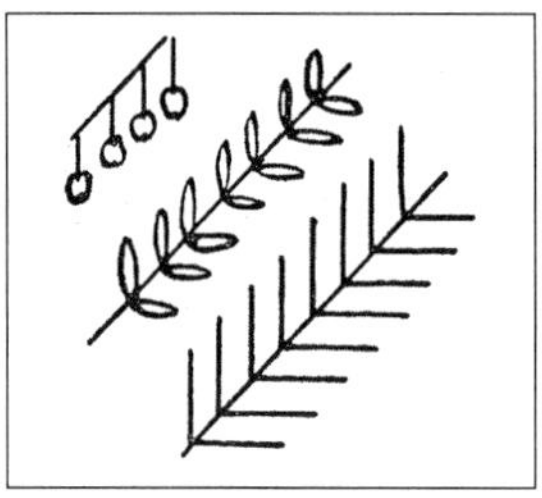

정신박약
발달지체
시야가 좁은
재능결핍
자기표현 결여
원시적

<그림 9-20>

## 20) 떨어진 열매, 떨어지는 열매

상실
무엇인가 희생하는
무엇인가 포기하는
집중력 결여
감수성
사고나 감정을 쉽게
발산하는
망각성

<그림 9-21>

## 21) 꽃

자기찬미 고착
지속성 결여
역사적인 것 둔감
자기 과시적
끈기 결여
현재의 순간에 관심

<그림 9-22>

## 22) 열매

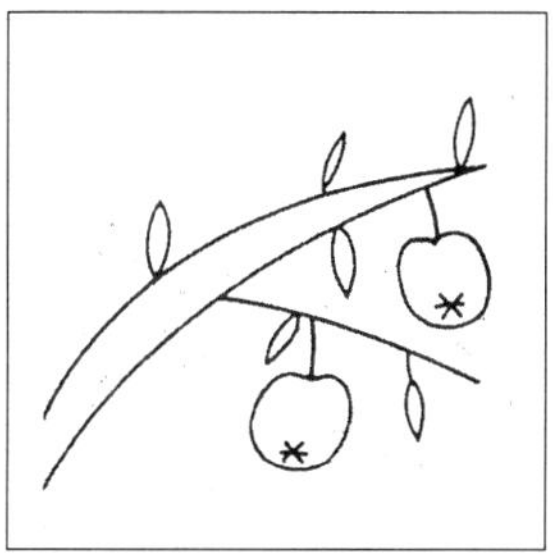

자기의 능력과시, 성숙, 지속성의 결여, 완성욕, 낙천주의, 높은 보수를 바라는 (직업선택시) 부자가 되고 싶은, 성급함 (기다리지 못하는)

<그림 9-23>

제10장

# DAP 검사

1. DAP 검사의 특징
2. 검사 방법
3. 해석 규준

## 1. DAP 검사의 특징

자유롭게 그려진 남녀 각각의 인물화상을 바탕으로 성격을 진단하기 위한 목적으로 1949년에 K. Machovre가 『인물화에 성격투사』란 저서를 간행하면서부터 DAP(Draw a Person)가 세상에 보급되기 시작하였다.

미국에선 임상심리학자들이 애용하는 Rorshach Test, TAT 다음으로 많이 이용되고 있다. 근래 와서는 F. L. Goodenough가 개발한 DAM(Draw a Man) 검사(남성상만 그림)가 보급되고 있기도 한다.

Machovre는 인물화, 예컨대 팔을 묘사시켰을 때 그 팔의 묘사가 천차만별(팔장을 낀다던가 그냥 옆으로 내려뜨리던가 등뒤로 감추던가)이라는 점에 주목하여 그림의 크기, 위치, 획의 강도 등을 성격진단의 자료로 의미가 있음을 강조하면서 이러한 '상징적 언어'를 해독하기 위한 여러 해의 노력 끝에 그녀는 '신체심상(body image)의 투사'라는 기본적 가정을 확립하였다. 이 가정의 바탕에는 전제가 있는 바, 즉 성격은 진공 속에서 발달하는 것이 아니라 신체의 운동, 느낌, 생각을 통하여 이루어진다는 것이다. 따라서 신체심상은 자기애(self-regard), 자아상(self-image)의 복잡한 반영으로 보는 것이다. Machovre는 "투사된 신체심상은 피검자의 충동, 불안, 갈등, 보상 등을 반영하며 그려진 인물은 바로 그 사람이며 종이는 환경을 의미한다."고 주장하고 있다.

일반적 용어는 표현한다면, 인물을 그린다고 하는 것은 일정한 환경 속에서 작용하는 자아(self) 또는 신체를 표현해 주는 것이다. 여기에서 표현되는 것은 이른바 신체 이미지(body image)라 하겠다.

그림의 형식적 특징 및 구조적 특징으로 볼 수 있는 운동 및 표현적 측면은, 그림의 내용 속에 해명하기 어렵게 짜여져 들어가 있다. 그리고 그림 속에 에너지의 분배를 볼 수 있는데 생략, 선의 흔들림, 원근법, 강조, 지운 곳, 그늘지게 한 것 등은 그 그림을 그린 사람이 부여한 것이기 때문에, 이 그림 속에서 우리는 갈등의 위치 같은 것을 볼 수 있다.

따라서 인물화 검사분석 요인으로는 그림의 크기, 선의 압력, 그림의 위치, 제목, 그림 자세, 배경, 정확성, 완전도와 세부, 대칭, 선의 강조, 원근법, 비율, 그늘, 강조점, 지운 것 등을 들 수 있다. 같은 정도로 중요한 것은 그림의 내용이다. 즉, 몸의 일부분으로 되어 있는 옷, 즉 액세서리 등은 얼굴의 표정이나 그림의 색조와 함께 아주 기능적으로 중요한 의미를 갖는다.

## 2. 검사 방법

검사자는 피검자에게 지우개가 딸린 연한 연필과 16절지 크기의 백지 두 장을 주고, "사람을 그려라."고 지시하는 것이다. 아주 어린아이들에게는 "누구의 그림이든지 마음대로 그려라."라고 지시하는 것이 좋을 것이다. 그렇게 해서도 잘 지시가 이해되지 않을 때에는 "남자 아이나 여자 아이의 그림을 그려라."라고 지시하는 것이 좋을 것이다.

어떻게 지시를 하든간에, 지시를 할 수 있는 대로 너무 특별나게 구체적으로 하지 말 것이다. 만일 피검자가 자기는 그림을 잘 그리지 못한다든시, 자기는 재간이 없다든지 말할 때에는 그림을 잘 그리고 못 그리고는 아무 상관이 없다고 하는 것을 설명해 주어야 한다. 왜냐하면, 우리가 알고 싶은 것은, 다만 그 사람이 무엇을 하고 있느냐 하는 점이다. 만일 피검자가 머리만 그리고는 다 되었다고 할 때에는 머리만 그리지 말고 몸 전체를 그리라고 지시할 것이다. 그리고 그의 반응을 기록해 두는 것이 좋을 것이다. 몸 전체를 그리라고 하면 설명해 수는 이외에는 질문에 대한 답을 너무 분명히 구체적으로 대답하지 말고 그저 "너 좋도록 또는 네 마음대로 그려라."라고만 대답해야 한다.

그림을 한 장 더 그리면 다른 백지에다가 처음 그림의 반대 성(性)의 그림을 그리도록 지시한다. 처음에 남자를 그렸으면 다음은 여자 그림을, 처음에 여자 그림을 그렸다면 다음은 남자 그림을 그리게 한다.

그런데 실시에 있어서 한 가지 선택의 여지가 있는 것은, 그림 그리기가 다 끝나고 난 뒤에 몇 가지 질문을 해도 좋은 점이다. 다음 〈표 10-1〉은 어린아이들에게 사용할 보충질문지고 〈표 10-2〉는 어른들을 위한 질문지이다.

표 10-1

**아동용 보충질문지**

| 이름 | 생년월일　　년　　월　　일생 | |
|---|---|---|
| 검사날짜 | 학년　　반 | 남　　여 |

* 네가 그린 사람을 연극이나 동화의 주인공이라고 생각하고, 될 수 있는 대로 다음 질문 모두에 대답을 해 주세요.

1. 이 사람은 지금 무엇을 하고 있지요?
2. 이 사람 나이는 얼마나 됩니까?
3. 이 사람은 결혼했습니까?
4. 어린아이가 있습니까?(남자 아이입니까? 여자 아이입니까?)
5. 이 사람 직업은 무엇입니까?
6. (학교에 다니면) 몇 학년에 다니고 있습니까?
7. 이 사람 소원은 무엇입니까?
8. 얼마나 머리가 좋습니까?
9. 얼마나 건강합니까?
10. 얼마나 잘 생겼습니까?
11. 몸의 제일 나쁜 곳은 어디입니까?
12. 몸의 제일 좋은 곳은 어디입니까?
13. 얼마나 행복한 사람입니까?
14. 무슨 걱정이 있습니까?
15. 어떤 때 화를 냅니까?
16. 어떤 성질이 있습니까?
17. 어떤 나쁜 습관을 가지고 있습니까?
18. 좋은 점은 무엇입니까?
19. 친구가 많습니까? (자기보다 나이가 많습니까? 자기보다 어립니까?)
20. 사람들이 이 사람을 뭐라고 합니까?
21. 가족들과는 얼마나 즐겁게 지냅니까?
22. 학교를 얼마나 좋아합니까?

23. 사내아이(또는 여자아이)들과 얼마나 자주 놀러 나갑니까?
24. 재미있어 하는 때는 언제입니까?
25. 결혼할 것입니까?
26. 언제(몇 살 때) 결혼할 것입니까?
27. 어떤 사람하고 결혼할까요?
28. 세 가지 소망이 있다면 뭣일까요?
29. 이 그림의 사람을 보면 누구 생각이 납니까?
30. 이 그림의 사람처럼 되기를 바랍니까?
31. 그 밖에 이야기하고 싶은 것은 없습니까?

표 10-2

## 성인용 보충질문지

| 이름 | 연령 | 날짜 | 남 여 |
|---|---|---|---|
| 문제 | | 진단 | |
| 인물화에 대한 소견과 절차 : | | | |
| | | | |
| | | | |
| | | | |

연상 : 인물화의 주인공이 소설이나 연극의 주인공이라 생각하고 이야기를 만드시오.

1. 그 사람은 지금 무엇을 하고 있지요?
2. 그 사람 나이는 얼마나 됩니까?
3. 그 사람은 결혼했습니까?
4. 어린이이는 몇이나 됩니까?
5. 그 사람은 누구와 살고 있습니까?
6. 그 사람은 아버지를 좋아합니까? 어머니를 좋아합니까?
7. 그 사람은 누이나 형제가 있습니까?
8. 그 사람 직업은 무엇입니까?
9. 그 사람은 학교는 어디까지 다녔습니까?
10. 그의 소원은 무엇입니까?
11. 그 사람은 얼마나 머리가 좋습니까?
12. 그 사람은 얼마나 힘이 셉니까?
13. 그 사람은 얼마나 건강합니까?
14. 그 사람은 얼마나 잘 생겼습니까?
15. 그 사람 몸에서 가장 뛰어난 곳은 어디입니까?

16. 그 사람의 신체 중에서 가장 나쁜 곳은 어디입니까?
17. 그 사람은 신경질적인 편입니까?
18. 그 사람이 항상 생각하고 있는 것은 무엇입니까?
19. 그 사람이 가장 화를 잘 내는 일은 무엇입니까?
20. 그 사람이 무서워하는 것은 무엇입니까?
21. 그 사람이 슬퍼하는 것은 무엇입니까?
22. 그 사람이 품고 있는 세 가지 소원은 무엇입니까?
23. 그 사람의 장점은 무엇입니까?
24. 그 사람의 단점은 무엇입니까?
25. 그 사람은 여러 사람과 같이 있기를 좋아합니까? 또는 혼자 있기를 좋아합니까?
26. 다른 사람들이 이 사람에 대해서 무엇이라고 이야기를 하고 있습니까?
27. 그 사람은 의심이 많은 사람입니까?
28. 그 사람은 자기 부인(여자면 남편, 미혼자면 부모)와 어떻게 지내고 있습니까?
29. 별거하거나 이혼한 적이 있습니까?
30. 다른 여자(또는 남자)와 놀아본 적이 있습니까?
31. 그의 아내(또는 남편)와 놀아본 적이 있습니까?
32. 그의 부인(남편)과의 성생활을 어떻게 느끼고 있었습니까?
33. 최초의 성경험은 언제 가졌습니까?
34. 사랑하는 여자(또는 여자면 남자)가 있습니까?
35. (미혼자만) 결혼할 생각을 가졌습니까?
36. 어떤 여자(남자)를 좋아합니까?
37. 동성애를 한 경험이 있습니까?
38. 자위행위(수음)는 얼마나 자주합니까?
39. 그 일에 대해서 어떻게 생각하고 있습니까?
40. 그 사람을 보면 누구 생각을 하게 됩니까?
41. 당신도 그 사람처럼 되고 싶습니까?

피검자에게 직접 묻는 사항 :

1. 당신 몸 중 가장 나쁜 부분이 어디입니까?
2. 당신 몸 중 가장 좋은 부분은 어디입니까?
3. 당신의 좋은 점은 무엇입니까?
4. 당신의 나쁜 점은 무엇입니까?

**주의** 모든 질문은 피검자의 연령과 남녀에 따라 거기에 맞도록 물을 것. 임상적인 가치가 있는 대답을 재차 확인해서 정확하게 파악할 것. 인물화의 애매한 곳과 옷 입은 것 중 의심나는 곳을 표시해 두었다가 물어 볼 것. 주인공에게 주어진 어떤 특징이 자기의 경우에도 들어 맞는지를 물어 볼 것. 이 마지막 질문이 퍽 유익한 것이다.

이와 같은 질문지 답변 내용은 인물화 검사의 본질적인 부분에 속하지 않는다.

그러나 그 피검자에 대해 가치 있는 직접적인 임상적 정보를 얻을 수가 있는 것이다. 그리고 이것으로 검사자는 그림으로 나타난 반응의 타당성에 대한 검토를 할 수가 있다. 대개는 그림 그 자체는 언어적 설명과는 별도로 해석하는 것이다. 다른 보충 설명과는 관계없이 분석되기도 한다.

## 3. 해석 규준

### 1) 그림의 형식

#### (1) 그림의 순서

| 인물화 | 해석 |
|---|---|
| ① 남녀 그림을 각각 두 장 그리게 할 때 동성의 인물화를 먼저 그린다. | · 자신과 동일시 |
| ② 남녀 그림 중 이성의 그림을 먼저 그린다. | · 성적장애(동성애 등)<br>· 의존성 |
| ③ 맨 나중에 머리를 그린 것. | · 대인관계 장애, 현실도피 |
| ④ 다리와 손을 먼저 그린 것. | · 자아의 약화 |

#### (2) 그림의 크기

| | |
|---|---|
| ① 종이 크기에 비해 인물의 크기가 매우 작은 그림 | · 열등감, 자아부적절감, 무력감 |
| ② 종이 크기에 비해 인물의 크기가 매우 큰 그림 | · 자신감, 공격성<br>· 이상적 자아상 반영 |

### (3) 그림의 위치

| ① 중앙 위편 | · 긴장감, 자신감 부족 |
|---|---|
| ② 중앙 아래편 | · 비관적, 억압적 |
| ③ 왼편 | · 내성적, 여성적 |
| ④ 오른편 | · 적대적, 남성적 |
| ⑤ 중앙 | · 자율적, 낙천적, 안정 |

## 2) 그림의 내용

| ① 남자 피검자가 남자 그림은 작고 여자 그림을 크게 그린 것 | · 성정체감(gender identity)의 약화 |
|---|---|
| ② 여자 피검자가 남자 그림은 크게, 여자 그림은 작게 그린 것 | · 수동적, 의존적 |
| ③ 동적, 움직임이 있는 그림 | · 진보적, 지적, 적극성 |
| ④ 정적, 움직임이 없는 그림 | · 억압적, 자폐적, 소극성 자신감 결여 |
| ⑤ 누워 있는 그림 | · 정서적 장애, 충동성 결여 |
| ⑥ 로버트, 인형그림 | · 정신분열증 |

## 3) 그림의 선

| ① 강한 선 | · 의욕적, 적극적 |
|---|---|
| ② 약하고 희미한 선 | · 약한 에너지 수준, 소극적 |
| ③ 선의 강약 혼합 | · 불안정, 충동적 |
| ④ 수평적인 선 | · 무력감, 여성적 |
| ⑤ 수직선 | · 남성적, 자기주장, 활동성 |
| ⑥ 음영 | · 불안감 |
| ⑦ 단번에 그어져 있는 선 | · 안정성, 지구력 |
| ⑧ 짧고 방향이 바뀌는 선 | · 불안감, 지속성의 결여 |

## 4) 인물화의 신체부위

| ① 머리나 얼굴이 다른 부위에 비해 큰 그림 | · 공격성, 학업부진, 권위, 지적 열망, 두통 |
|---|---|
| ② 머리나 얼굴이 작은 그림 | · 강박신경증, 지적 무능력, 죄악감 |
| ③ 큰 눈 | · 공격성 |
| ④ 작은 눈 | · 외부환경에 둔감 |
| ⑤ 감은 눈 | · 신체적 자기애 |
| ⑥ 통방울 눈 | · 성적 충동, 공포 |
| ⑦ 눈동자의 생략 | · 자기중심적, 히스테리가 심한 사람 |
| ⑧ 귀의 모양, 위치, 크기가 이상한 그림 | · 정신병리적 현상 |
| ⑨ 강하고 큰 코 | · 남성적, 자기주장, 성적 열등감 |
| ⑩ 코에 그늘 또는 지우거나 잘라버린 그림 | · 성적 갈등 |
| ⑪ 수염 그린 것 | · 남성 정체감의 약화 |
| ⑫ 직선적 입 | · 언어적 공격성 |
| ⑬ 타원형의 입 | · 의존성 |
| ⑭ 이빨을 크게 그린 그림 | · 공격적 가학적 |
| ⑮ 큰 눈과 눈썹 그린 것 | · 동성애 |
| ⑯ 턱을 크게 그린 것 | · 충동성, 공격성 |
| ⑰ 큰 귀 | · 청각장애, 타인의 비판에 신경 쓰는 |
| ⑱ 가늘고 긴 목 | · 소화장애 |
| ⑲ 짧은 목 | · 감정통제가 안된 자 |
| ⑳ 좁은 몸통 | · 열등감, 충동성 |
| ㉑ 팔과 다리가 가늘다 | · 열등감 |
| ㉒ 넓게 벌린 팔 | · 강함, 공격적, 적극적 |
| ㉓ 너무 긴 팔 | · 야심가 |
| ㉔ 몸통에 밀착한 팔 | · 방어적, 소극적 |
| ㉕ 큰 주먹 | · 공격성 |
| ㉖ 호주머니에 넣은 손 | · 죄악감, 현실도피 |
| ㉗ 손톱 | · 강박증 |
| ㉘ 교차된 다리 | · 성적 방어 |
| ㉙ 길이가 다른 다리 | · 충동성 |
| ㉚ 큰 발 | · 안정욕구 |
| ㉛ 작은 발 | · 의존성 |
| ㉜ 발가락 강조 | · 억압적, 적대적 |
| ㉝ 여성의 가슴을 특히 강조 | · 의존적 욕구 |

## 제11장

# 단어연상 검사

1. 단어연상 검사의 특징
2. 검사 방법
3. 해석 규준

## 1. 단어연상 검사의 특징

분석적 심리학파에서 현재 쓰고 있는 단어 연상검사는 C. G. Jung이 1908년 F. W. Kaeding의 빈도사전에 의거하여 최다빈도의 단어 100개의 자극어를 택하여 만든 것인데 명사와 형용사 또는 부사를 번갈아 무작위 나열한 것이다. 영어권에서는 특히 미국에서 C. G. Jung의 연상검사를 개조하여 1910년 Kent와 Rosanoff, 1946년 D. Rapaport가 각각 다른 자극어를 택하여 실시하고 있다.

C. G. Jung의 단어 연상검사는 스위스의 정신과 병원에서는 임상에서 실지로 이용하는 곳이 있기는 하나 그리 흔히 쓰이는 검사는 아니다. 이에 대한 연구도 1930년대 후에는 그다지 활발하지 않은 편이나 최근에 분석심리학파인 C. A. Meier가 심신 상호관계의 연구라는 차원에서 이 검사에 많은 관심을 두고 있다. 단어 연상검사에 대한 최근의 연구 논문이 많지 않은 것은 이 검사가 통계적 연구의 대상이거나 진단용 심리검사가 아니고 그보다는 분석가의 분석과정에서 피분석자의 무의식적인 콤플렉스를 환기시켜 이를 의식화시키는 도구로 쓰이고 있는 까닭이다.

그런데 Jung의 단어 연상검사에 대한 V. Kast(1980)와 M. Schlegel(1979, 1982)이 행한 일련의 연구는 단어 연상검사의 임상적 · 실험심리학적 연구의 관심을 다시 제기하고 있다.

## 2. 검사 방법

적당한 크기의 조용한 방에 피검자와 검사자가 편안한 의자에 앉아서 검사를 실시하게 되는데, 검사자는 Jung의 1908년형 자극어 표와 볼펜이나 연필, 반응시간을 잴 검사용 시계(stop watch)를 준비해 두어야 한다.

검사자는 피검자에게 "이제부터 단어 하나씩을 부를텐데 그 단어를 듣고 제일 먼저 머리에 떠오르는 단어 한 개를 될 수 있는 대로 빨리 대답하라."고 한다. 꼭 단어 한 개로 응답하라고 하고 대답할 때까지의 시간을 재겠노라 하며 이런 지시가 상대방에게 제대로 이해되었는지 확인해 보는 것도 좋다.

표 11-1 **자극어표**

| 1. 머리 | 26. 푸른 | 51. 개구리 | 76. 씻는다 |
|---|---|---|---|
| 2. 초록색 | 27. 등불 | 52. 가른다 | 77. 젖소 |
| 3. 물 | 28. 죄짓는다 | 53. 굶주린 | 78. 낯선 |
| 4. 노래한다 | 29. 밥 | 54. 하얀 | 79. 행복 |
| 5. 죽음 | 30. 풍부한 | 55. 아이 | 80. 속인다 |
| 6. 길다란 | 31. 나무 | 56. 주의한다 | 81. 위 |
| 7. 기선 | 32. 찌른다 | 57. 연필 | 82. 좁은 |
| 8. 돈낸다 | 33. 동정 | 58. 슬픈 | 83. 형제 |
| 9. 창문 | 34. 노란 | 59. 살구 | 84. 겁낸다 |
| 10. 다정한 | 35. 산 | 60. 결혼한다 | 85. 황새 |
| 11. 책상 | 36. 죽는다 | 61. 집 | 86. 틀린 |
| 12. 질문한다 | 37. 소금 | 62. 사랑스런 | 87. 불안 |
| 13. 마을 | 38. 새로운 | 63. 유리컵 | 88. 키스한다 |
| 14. 추운 | 39. 풍습 | 64. 다툰다 | 89. 새색시 |
| 15. 줄기 | 40. 기도한다 | 65. 모피 | 90. 맑은 |
| 16. 춤춘다 | 41. 돈 | 66. 커다란 | 91. 문 |
| 17. 호수 | 42. 미련한 | 67. 당근 | 92. 고른다 |
| 18. 병든 | 43. 공책 | 68. 칠한다 | 93. 마른 풀 |
| 19. 자랑 | 44. 멸시한다 | 69. 부분 | 94. 만족한 |
| 20. 요리한다 | 45. 손가락 | 70. 늙은 | 95. 비웃음 |
| 21. 잉크 | 46. 소중한 | 71. 꽃 | 96. 잠긴다 |
| 22. 나쁜 | 47. 새 | 72. 때린다 | 97. 달 |
| 23. 바늘 | 48. 떨어진다 | 73. 상자 | 98. 예쁜 |
| 24. 헤엄친다 | 49. 책 | 74. 사나운 | 99. 여자 |
| 25. 여행 | 50. 부당한 | 75. 가족 | 100. 욕한다 |

검사자는 자극어 한 개를 분명한 발음으로 읽고 한 단어의 발음이 끝나는 것과 동시에 검사용 시계의 꼭지를 누르고 피검자가 반응어의 첫음을 부르면 다시 꼭지를 눌러 5분의 1초를 단위로 그 시간을 기록하고 그 뒤에 피검자가 대답한 반응어를 적는다. 이와 같이 100개의 자극어에 대한 반응시간, 반응어를 모두 기록하고 나면 검사자는 피검자에게 이제부터 검사를 다시 반복하겠는데 아까 부른 자극어를 다시 부를 테니 아까 대답했던 단어로 대답해 보라고 하고, 이번에는 반응시간을 재지 않을 것이니 먼젓번 반응어를 추상하는데 시간이 넉넉하다고 말한다.

이리하여 먼저와 같은 반응어를 기억해 내면 표의 해당 반응 뒤에 +표를, 기억이 나지 않을 경우에는 −표, 머리에 떠오른 단어가 먼젓번 반응어와 틀리면 그대로 기록해 넣는다.

검사 소요 시간은 대개 한 시간 내외가 된다.

Meier는 의식적 콤플렉스와 무의식적 콤플렉스를 나누기 위해서 검사가 끝난 직후에 검사자가 피검사자에게 검사에 대한 피검자의 감상을 묻는 시간을 마련하기를 권한다. 즉 어떤 자극어가 대답하기에 거북했고 연상이 잘 안 되었으며 왜 그렇게 되었는가를 물어 보아 해당되는 자극어 위에 피검자의 보고를 자세히 기록해 둠으로써 무의식적 콤플렉스를 증명하는 연상장애와 구별한다는 것이다. 저자의 생각으로는 이러한 토의 시간은 콤플렉스 징후가 되는 연상장애를 모두 검토한 뒤에 검사를 한 다음날쯤 가져도 무방하리라 생각한다. 사실상 평소에 잘 모르고 지내 오다가 검사 도중 또는 토의 중에 의식되는 콤플렉스도 많기 때문에 의식적·무의식적 콤플렉스라고 나누는 것은 인공적인 것이고 단지 콤플렉스의 무의식성의 정도가 문제될 뿐이다.

검사결과의 평가는 결국 콤플렉스가 어디에 있는가를 찾는 것을 목적으로 한다. 우선 문제가 되는 것은 반응시간이다. Jung은 많은 건강인을 대상으로 한 반응시간의 통계적 고찰에서 평균 반응시간은 남자 1.6초, 여자 2.0초인데 교육 정도에 따라 차이가 있어 교육받은 사람이 교육받지 못한 사람보다 빠르다고 하였다.

## 3. 해석 규준

콤플렉스 징후의 진단해석은 반응시간의 지연을 포함해서 다음 여러 가지가 있다.

① 반응시간의 지연

② 재생의 결손

③ 보속(perseveration) : 자극어에 의해서 제기된 감정이 다음 반응에까지 영향을 주어 반응시간의 지연을 보이거나 먼젓번 관계되는 반응을 하는 것.

④ 반응실패 : 자극어에 전혀 대답을 하지 못하는 경우 40초간을 기다려서 없으면 반응실패로 판단한다.

⑤ 자극어를 반복한다.

⑥ 자극어를 잘못 듣거나 무슨 뜻인지 이해를 하지 못할 때

⑦ 특이한 감정반응 : 표정이나 말에 두드러지게 감정이 나타날 때 말을 더듬거나 감탄하거나 얼굴이 붉어지거나 숨을 몰아쉬거나 하는 표현을 말한다.

⑧ 의미없는 반응 : 자극어나 반응어 사이의 문법적 또는 의미 관련성을 전혀 볼 수 없는 반응

⑨ 소리반응

⑩ 단어의 보충(예: 책상다리, 잉크병)

⑪ 여러 개의 단어로 반응할 때 : 문장으로 대답하는 경우도 이에 해당된다.

⑫ 외국어로 반응하는 것

⑬ 반응어의 반복

콤플렉스 징후를 Meier는 이보다 더 세분하고 있으나 비슷한 것을 한 항목으로 통합하면 이상과 같이 되고 Jung 자신도 그렇게 많이 열거하고 있지는 않다.

이와 같은 징후에 입각해서 전체의 검사결과를 살펴 나가면 특히 어떤 자극어를 중심으로 콤플렉스가 작용했는가가 드러나고 이에 대하여 본인의 기억을 되물어 보면 어느 정도 그것이 무엇인가를 알 수 있게 된다.

제12장

# 문장완성 검사

1. 문장완성 검사의 특징
2. 검사 방법
3. 해석 규준

## 1. 문장완성 검사의 특징

문장완성 검사(SCT : Sentence Completion Test)는 연상검사(association test)의 응용으로서 발전한 것이다. 처음에는 Galton에 의해 자유연상법(free association test)이 연구되고, W. Wundt와 J. M. Cattell에 의해 다시 단어연상법(word association test)으로 발전하였고 이어 Kräepelin과 Jung의 임상적 연구에 이어 D. Rapaport와 그의 동료들의 연구에 의해 단어연상법이 투사법으로서의 성격진단의 유효한 방법으로 확립되었다. 그 후 단어연상법은 H. Ebbinghaus에 의해 다시 문장완성법으로 더욱 발전하게 되었고 그 대표적인 검사는 WUSCT(Washington University Sentence Completion Test)이다. 이 검사는 미완성의 비교적 짧은 문장(예컨대, "나는 자주 사람들로부터……"등)을 제시하여 공백부분을 연상하되, 자기 자신의 이야기로 자유롭게 써넣게 함으로써 하나의 문장으로 완성시키는 검사법이다.

## 2. 검사 방법

검사의 형식은 제작자에 따라 여러 가지인 바 특히 자극어의 종류나 수에 있어 차이가 많다. 그러나 짧은 단어나 구가 주어지고 피검사자가 이것을 자유롭게 문장으로 완성시킨다는 점에서는 동일하다.

검사자는 실시방법을 설명하면서 다음과 같은 점을 강조해야 한다.

① 답에는 정답, 오답이 없다. 생각나는 것을 쓸 것.

② 글씨쓰기, 글짓기 시험이 아니므로 글씨나, 문장의 좋고 나쁨을 걱정하지 말 것.

③ 주어진 어구를 보고 제일 먼저 생각나는 것을 쓸 것.

④ 주어진 어구를 보고도 생각이 안나는 경우에는 번호에 0을 치고 다음으로 넘어가서 글짓기를 하고, 최후에 완성시킬 것.

⑤ 시간에 제한은 없으나 너무 오래 걸리지 않도록 빨리빨리 쓸 것.

⑥ 볼펜이나 연필로 쓰되, 지울 때는 두 줄로 긋고, 다음 빈 공간에 쓸 것.

검사지에 예문을 두어서는 안 되며 검사 시간은 30개의 자극어로 약 30~40분 정도면 족하다.

자극어는 일반적으로 개인의 신체, 신념, 의욕, 희망, 갈등, 경험, 감정, 태도, 욕구 그리고 가족관계, 교우관계, 직장동료관계 등 대인관계나 사회적 관계에 속한 내용들이 선정된다.

## 3. 해석 규준

### 1) 반응유형

SCT에서 흔히 찾아볼 수 있는 각 반응유형은 다음과 같다.

① **고집형** : 내용의 변화가 적고, 특정의 대상이나 욕구를 고집하며 동일반응의 반복이 많은 자(인성의 경직성, 흥미의 단조성을 나타냄)

② **감정단(短) 반응형** : 좋다, 싫다 등 짤막한 감정적 어휘로 반응하는 자(저지능이기나 감정통제가 되지 않음)

③ **장황형** : 장황하게 빽빽하게 적어 넣은 자(신경증적인 사람이나 강박경향이 있다).

④ **자기중심형** : 어느 문항이고 자기중심의 주제로 바꿔 버리는 자(미숙한 사람에 잘 나타난다)

⑤ **허위반응형** : 도덕적인 입장에서 왜곡 반응으로 시종하는 자(자기를 잘 보이게 하려는 방어 태도의 출현)

⑥ **공상반응형** : 비현실적인 생각이나 공상을 말하는 자(도피적인 인성이거나 검사에 대한 방어적 태도)

⑦ **모순형** : 검사 전체의 전후 반응에서 모순이 보이는 자(무의식 중의 갈등)

⑧ **반문(反問)형** : 확실히 결정짓지 못한다(권위에 대한 반항의 표현)

⑨ **은닉형** : "말할 수 없다."와 같은 반응(자기방어적 태도)

⑩ **병적 반응형** : 망상 등 표출(정신분열증)

## ◐ 문장완성 검사의 예 ◐

이름____________ 연령____________ 성별____________

* 다음의 기술된 문장은 뒷부분이 빠져 있습니다. 각 문장을 읽으면서 맨 먼저 떠오르는 생각으로 뒷부분을 이어 문장이 완성되도록 하면 됩니다. 시간의 제한은 없으나 되도록 빨리 하십시오.

1. 나에게 이상한 일이 생겼을 때
2. 내 생각에 가끔 아버지는
3. 우리 윗사람들은
4. 나의 장래는
5. 어리석게도 내가 두려워하는 것은
6. 내 생각에 참다운 친구는
7. 내가 어렸을 때는
8. 남자에 대해서 무엇보다 좋지 않게 생각하는 것은
9. 내가 바라는 여인상은
10. 남녀가 같이 있는 것을 볼 때
11. 내가 늘 원하기는
12. 다른 가정과 비교해서 우리 집안은
13. 나의 어머니는
14. 무슨 일을 해서라도 잊고 싶은 것은
15. 내가 믿고 있는 내 능력은
16. 내가 정말 행복할 수 있으려면
17. 어렸을 때 잘못했다고 느끼는 것은
18. 내가 보는 나의 앞날은
19. 대개 아버지들이란
20. 내 생각에 남자들이란
21. 다른 친구들이 모르는 나만의 두려움은
22. 내가 싫어하는 사람은
23. 결혼 생활에 대한 나의 생각은

| 24. 우리 가족이 나에 대해서 |
| --- |
| 25. 내 생각에 여자들이란 |
| 26. 어머니와 나는 |
| 27. 내가 저지른 가장 큰 잘못은 |
| 28. 언젠가 나는 |
| 29. 내가 바라기에 아버지는 |
| 30. 나의 야망은 |
| 31. 윗사람이 오는 것을 보면 나는 |
| 32. 내가 제일 좋아하는 사람은 |
| 33. 내가 다시 초등학교 6학년생이라 한다면 |
| 34. 나의 가장 큰 결점은 |
| 35. 내가 아는 대부분의 집안은 |
| 36. 완전한 남성상(男性像)은 |
| 37. 내가 성교를 했다면 |
| 38. 행운이 나를 외면했을 때 |
| 39. 대게 어머니들이란 |
| 40. 내가 잊고 싶은 두려움은 |
| 41. 나의 평생 가장 하고 싶은 일은 |
| 42. 내가 늙으면 |
| 43. 때때로 두려운 생각이 나를 휩쌀 때 |
| 44. 내가 없을 때 친구들은 |
| 45. 생생한 어린시절의 기억은 |
| 46. 무엇보다도 좋지 않게 여기는 것은 |
| 47. 나의 성생활은 |
| 48. 내가 어렸을 때 우리 가족은 |
| 49. 나는 어머니를 좋아했지만 |
| 50. 아버지와 나는 |

## 2) 해석 방법

### [1] 해석의 준거

검사결과의 해석은 일반적으로 성격적 요인으로써 ① 지적 능력 측면, ② 정의적 측면, ③ 가치 지향적 측면, ④ 정신역동적 측면에 대해서, 또 결정적 요인으로서 ① 신체적 요인, ② 가정적 · 성장적 요인, ③ 대인적 · 사회적 요인에 대해서 이루어지며, 그 분석을 통해 그 개인의 성격이나 적응 상태 등으로 이해하게 된다.

### 2 유의 사항

① 전술한 반응형도 문장의 내용과 함께 해석의 의거점으로 활용되며 특히 형식 분석은 의미가 없다.

② 짧게 그리고 자유롭게 표현된 문장에는 감춰진 의미가 중요한 단서가 되어 있는 일이 많기 때문에 수량적 평가는 의미가 없다.

③ 전체를 통해 잘 읽어 보고, 일관된 특징, 표현상의 모순, 미묘한 감정, 각 영역에서의 방향성, 타인에게 비춰지는 자기의 모습, 진기한 반응, 이해하기 어려운 반응 등을 추려 본다.

# 제13장
# BGT

1. BGT 도판의 구성내용
2. 검사의 실시방법
3. 채점절차와 방법
4. 규준표
5. Koppitz의 아동용 BGT
6. 구체적인 사례

# 1. BGT 도판의 구성내용

Lauretta Bender가 사용한 BGT 도형은 모두 9장으로 도형 A와 도형 1에서 도형 8까지의 명칭이 붙어 있다. 이 도형은 앞에서도 밝힌 바와 같이 M. Wertheimer가 지각에 대한 형태심리학적 법칙을 예시하기 위해 고안한 것을 빌린 것이다. 각 도형의 모양은 다음 〈그림 13-1〉과 같다.

도형 A는 원과 접촉한 사각형, 도형 1은 12개의 점, 도형 2는 3개원의 11개 열, 도형 3은 제일 왼쪽에서 1개, 3개, 5개, 7개의 점이 대칭을 이루고 있는 것, 도형 4는 사각형의 오른쪽 끝에 종 모양의 곡선이 접촉된 것, 도형 5는 19개의 점으로 된 곡선에 7개의 점으로 된 깃이 달린 것, 도형 6은 두 개의 곡선이 교차되고 도형 7과 8은 모두 2개의 6각형으로 이룩된 도형이다.

이들 도형은 〈그림13-1〉과 같이 11.1×10.4cm 크기의 카드에 각가 1개씩 그린 9장의 카드가 한 세트인 BGT를 이루고 있다.

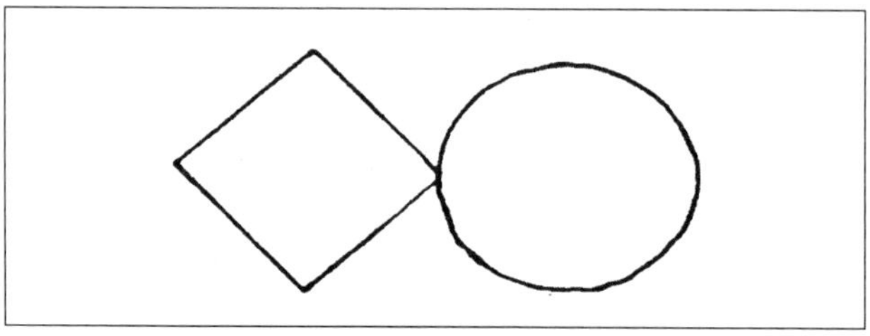

<도형 A>

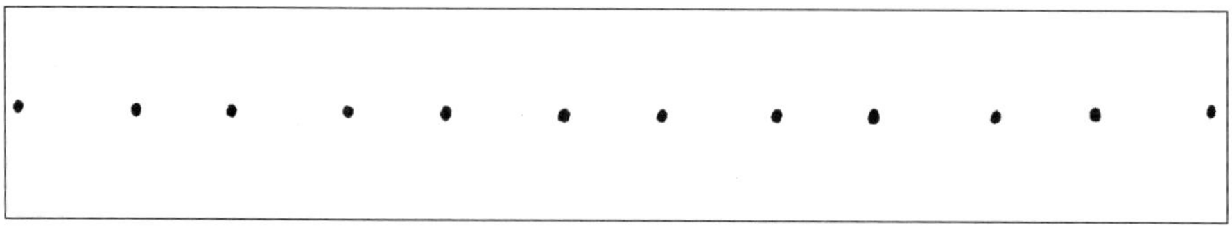

<도형 1>

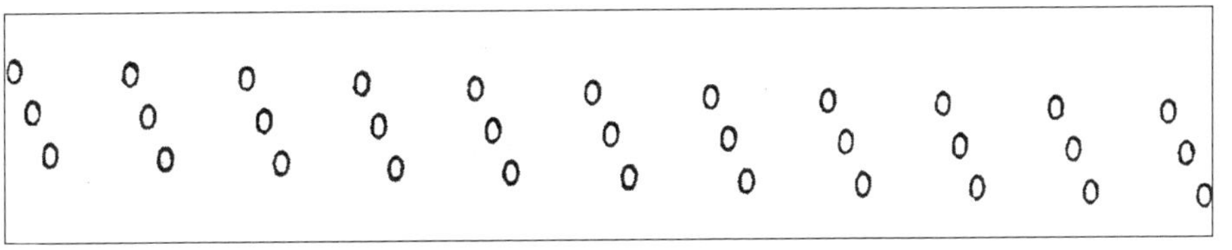

<도형 2>

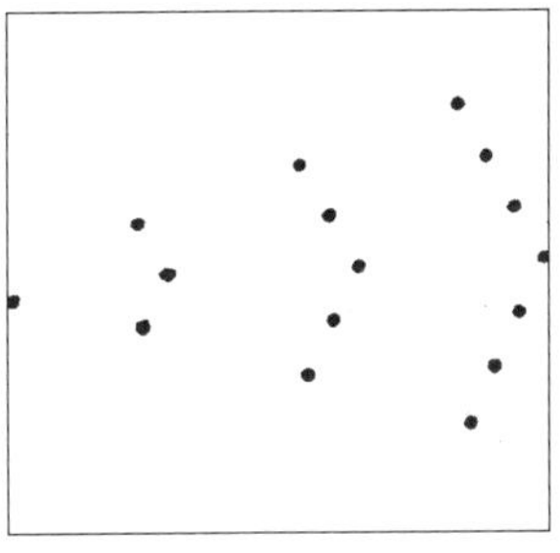

<도형 3>

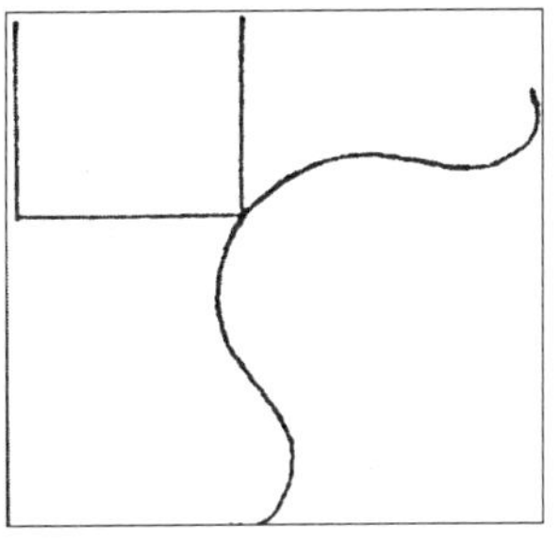

<도형 4>

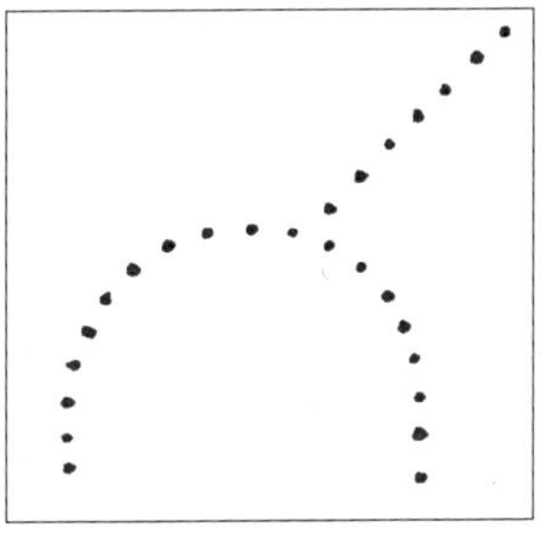

<도형 5>

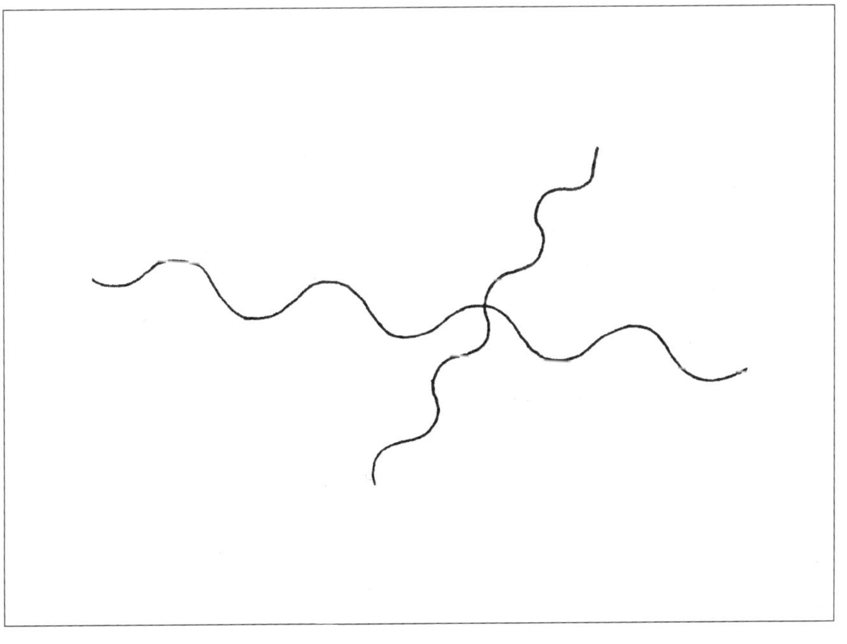

<도형 6>

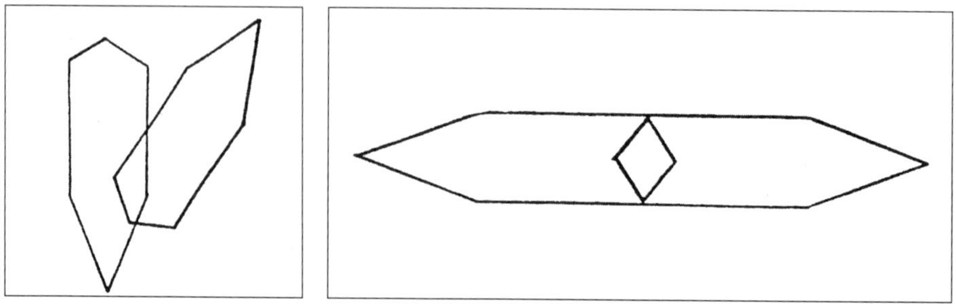

<도형 7> <도형 8>

<그림 13-1> 각 도형의 모양

## 2. 검사의 실시방법

### 1) 실시방법

검사는 BGT 도형묘사에 방해가 되지 않는 방에서 개별적으로 실시한다. 표면에 흠집이 없는 미끄러운 책상 앞에 피검자를 앉게 한 다음 21.59×27.94cm의 백지와 지우개 달린 뾰족한 연필을 준다. 그리고 피검자에게 9장의 도형을 묘사한다는 것을 분명히 말해 주어야 한다. 이 지시가 대단히 중요한 이유는 그렇게 해야만 피검자가 도형의 크기와 배열을 알 수 있기 때문이다. 도형배열의 순서도 아울러 채점되는 것이다.

또 하나의 중요한 지시는 스케치를 하지 말고 단선으로 그리도록 하는 것이다. 특히 이 지시는 그림 공부를 한 사람에게는 대단히 중요하다. 그림에 익숙한 사람에게 이런 지시 없이 마음대로 그리도록 하면 애써 그 자극도형을 정확히 재생하려고 스케치할 것이다.

지시가 너무 딱딱해서는 안 되고 대체로 다음과 같이 말한다. '여기 당신이 그릴 9장의 간단한 그림이 있습니다. 스케치하지 말고 자같은 것도 쓰지 말고 이

종이에 그립니다. 이 도형들을 한 장씩 보여주겠습니다. 이 검사에는 시간 제한은 없습니다.'

피검자는 종종 스케치에 대한 질문을 하는데 그때는 스케치를 설명해 주지만 그 외의 실제적이고 구체적인 질문에 대해선 피검자의 판단에 맡겨 버린다. 예를 들면 '이 점들을 세어야 합니까?'라고 질문할 때 검사자는 '알아서 하시오' 또는 '마음대로 하시오'라고만 답하고, 그 밖에 지우개를 써도 좋은지, 백지의 앞뒤에다 그려도 좋은지 또는 종이를 한 장 더 사용해도 좋은지 등에 대한 질문에도 마찬가지로 답변하며, 종이가 더 필요할 때에는 미리 준비해 둔 종이를 더 준다. 그러나 자라든지 그 외 도형묘사의 보조도구는 사용하지 못하게 한다.

9장의 도형에는 〈그림 13-1〉과 같은 순서로 이면에 번호가 기재되어 있으며 언제나 순서에 따라 제시해야 한다. 지시나 질문응답이 끝나면 도형 A를 제시하고 다른 도형은 순서대로 엎어 둔다. 그 다음 도형 A가 완성되면 도형 1부터 순서대로 제시하면 된다. 소요되는 시간은 채점 항목에서 제외된다. 그러나 검사자들의 경험에 의하면 정상인은 대개 5분 정도 소요되고 환자들은 평균 10분 정도이나 어떤 환자는 거의 30분이나 소요된다고 한다.

### 2) Pascal-Suttell식 채점법

Bender가 연구한 채점법을 크게 개선한 Pascal-Suttell식 채점법은 표준화되고 수량화된 것으로 주로 성인용으로 가장 많이 사용되고 있는 대표적인 채점법이다. 이 방법은 채점 항목과 규준 작성의 절차는 이론적이라기보다 거의 전적으로 경험적이며 정신질환자와 정상인의 BGT 그림을 비교함으로써 이루어졌다. 즉 일반적으로 이상행동자의 그림이 정상인의 그림에 비해서 자극도형으로부터의 일탈이 심하다는 것을 바탕으로 양집단을 변별할 수 있는 것을 채점 항목으로 채용하였다.

Pascal-Suttell식 채점법에서 도형 A는 채점되지 않고 연습용으로 사용하게 되어 있으며 도형 1부터 채점한다. 채점은 비교적 간단하며 Bender 도형의 그림에 나타나는 오류, 즉 이탈을 채점하도록 되어 있다. 그런데 채점 항목이 미리 정해져 있기 때문에 이 항목에 따라 채점해 나가면 된다.

도형 1부터 그림에 채점할 항목이 있는지 없는지 검토한다. 그래서 도형 1의 항목 1(수평이 되어 있지 않을 경우)에서 이탈이 있으면 2점으로 채점한다. 이렇게 해서 각 도형과 전체구도에 대한 항목들이 체크되고 전체 채점이 얻어진다. 채점할 일탈내용이 없을 때에는 자동적으로 1점으로 기록된다. 채점은 원칙적으로 채점규준표 〈표 13-1〉를 사용하여 각 도형별 그리고 전체구도(configuration)에 대해 항목별로 채점하고 그 항목에 부가되어 있는 부하 점수를 모두 합산하면 그것이 소점의 총점이 된다.

이렇게 해서 산출된 소점을 교육 정도에 따라 규준표, 즉 〈표 13-2〉와 〈표 13-3〉에 의거 변환점, 즉 표준점수(T점수)로 환산하면 되는 것이다. 이 채점법도 전적으로 객관적인 것은 아니며 채점자의 주관적인 판단에 의거하도록 되어 있다. 따라서 채점과정에서 의심스러운 점이 있으면 채점하지 않는 것을 원칙으로 하고 있다.

## 3. 채점절차와 방법

Pascal과 Suttell의 채점기준표(score sheet)는 〈표 13-1〉과 같다.

### 1) 각 도형별 채점의 구체적 기준

#### (1) 도형 1

① 21개의 점이 수평이 되어 있지 않을 경우 ························ 2점으로 채점
② 점, 봉선, 원의 모양이 2개 이상 있을 경우 ································· 3점
③ 전체가 봉선으로 그려진 경우 ···························································· 2점

④ 전체가 원으로 그려진 경우 ······ 8점
⑤ 점의 수가 14개 이상, 10개 이하인 경우 ······ 각 2점
⑥ 두 줄로 그려진 경우 ······ 8점
⑦ 가중묘사 ······ 2점
⑧ 반복시행 ······ 각 3점
⑨ 경사 또는 회전 ······ 8점
⑩ 6개 이하의 점 ······ 8점

### (2) 도형 2

① 수평이 일그러진 경우 ······ 2점
② 원 대신 점 또는 봉선 ······ 3점
③ 원이 잘 안된 경우 ······ 3점
④ 세로줄이 바르지 못한 경우 ······ 5점
⑤ 원의 접촉 ······ 5점
⑥ 경사방향이 잘못된 경우 ······ 3점
⑦ 열 수가 9개 이하, 13개 이상인 경우 ······ 각 2점
⑧ 군화(전체가 하나의 모양이나 여러 개의 군화)된 경우 ······ 8점
⑨ 보조선 사용 ······ 2점
⑩ 가중묘사 ······ 2점
⑪ 반복시헹 ······ 각 3점
⑫ 경사 또는 회전 ······ 8점
⑬ 원형결여(11열을 6열 이하, 3행을 2행으로) ······ 8점

표 13-1

## 채점기준표

성명______________ 연령__________ 성별______________

교육정도______IQ ________진단______________________

| 도형 1 | | 도형 4 | | 도형 7 | |
|---|---|---|---|---|---|
| 1. 파선(2) | ____ | 1. 비대칭(3) | ____ | 1. 각 변의 불연접(8) | ____ |
| 2. 점 · 봉선 · 원(3) | ____ | 2. 곡선불연속(4) | ____ | 2. 여분의 각(3) | ____ |
| 3. 봉선(2) | ____ | 3. 중앙 이탈된 곡선(1) | ____ | 3. 각의 결여(3) | ____ |
| 4. 원(8) | ____ | 4. 꼬인 곡선(4) | ____ | 4. 불필요한 점 · 봉선(3) | ____ |
| 5. 점수(각 2) | ____ | 5. 곡선의 접촉(8) | ____ | 5. 이중선(각 1) | ____ |
| 6. 2행(8) | ____ | 6. 곡선회전(3) | ____ | 6. 떨린 선(4) | ____ |
| 7. 가중묘사(2) | ____ | 7. 불필요한 선(8) | ____ | 7. 왜곡(각 8) | ____ |
| 8. 반복시행(각 3) | ____ | 8. 떨린 선(4) | ____ | 8. 보조선(2) | ____ |
| 9. 회전(8) | ____ | 9. 왜곡(8) | ____ | 9. 가중묘사(각 3) | ____ |
| 10. 6개 이하의 점(8) | ____ | 10. 보조선(2) | ____ | 10. 회전(8) | ____ |
| 총점 | ____ | 11. 반복시행(각 3) | ____ | 11. 도형결여(8) | ____ |
| | | 12. 회전(8) | ____ | 총점 | ____ |
| | | 13. 도형결여(8) | ____ | | |
| | | 총점 | ____ | | |

| 도형 2 | | 도형 5 | | 도형 8 | |
|---|---|---|---|---|---|
| 1. 파선(2) | ____ | 1. 비대칭(3) | ____ | 1. 각 변의 불연접(8) | ____ |
| 2. 봉선 또는 점(3) | ____ | 2. 점 · 선 · 원(3) | ____ | 2. 여분의 각(3) | ____ |
| 3. 잘못된 원(3) | ____ | 3. 봉선(2) | ____ | 3. 각의 결여(3) | ____ |
| 4. 고르지 못한 종열(5) | ____ | 4. 원(8) | ____ | 4. 불필요한 점 · 봉선(3) | ____ |
| 5. 원의 접촉(5) | ____ | 5. 잘못된 깃(2) | ____ | 5. 이중선(각 1) | ____ |
| 6. 잘못된 경사(3) | ____ | 6. 깃의 회전(3) | ____ | 6. 떨린 선(4) | ____ |
| 7. 열수(각 2) | ____ | 7. 점수(2) | ____ | 7. 왜곡(각 8) | ____ |
| 8. 군화(8) | ____ | 8. 왜곡(8) | ____ | 8. 보조선(2) | ____ |
| 9. 보조선(2) | ____ | 9. 보조선(2) | ____ | 9. 가중묘사(2) | ____ |
| 10. 가중묘사(2) | ____ | 10. 가중묘사(2) | ____ | 10. 반복시행(각 3) | ____ |
| 11. 반복시행(각 3) | ____ | 11. 반복시행(각 3) | ____ | 11. 회전(8) | ____ |
| 12. 회전(8) | ____ | 12 회전(8) | ____ | 12. 도형결여(8) | ____ |
| 13. 도형결여(8) | ____ | 13. 도형결여(8) | ____ | 총점 | ____ |
| 총점 | ____ | 총점 | ____ | | |

| 도형 3 | | 도형 6 | | 전체구도 | |
|---|---|---|---|---|---|
| 1. 비대칭(3) | ____ | 1. 비대칭(3) | ____ | 1. A의 위치(2) | ____ |
| 2. 점 · 봉선 · 원(3) | ____ | 2. 각화(2) | ____ | 2. 중첩(각 2) | ____ |
| 3. 봉선(2) | ____ | 3. 교차점(각 2) | ____ | 3. 편포(3) | ____ |
| 4. 원(8) | ____ | 4. 여분의 파선(8) | ____ | 4. 구획선(8) | ____ |
| 5. 점수(2) | ____ | 5. 이중선(각 1) | ____ | 5. 순서(2) | ____ |
| 6. 여분의 날개(8) | ____ | 6. 불필요한 선(8) | ____ | 6. 무질선(8) | ____ |
| 7. 무딘 각(8) | ____ | 7. 떨린 파선(4) | ____ | 7. 상대적 크기(8) | ____ |
| 8. 왜곡(8) | ____ | 8. 왜곡(8) | ____ | 총점 | ____ |
| 9. 보조선(2) | ____ | 9. 보조선(2) | ____ | 도형합계 | ____ |
| 10. 가중묘사(2) | ____ | 10. 가중묘사(2) | ____ | 1.____ 5.____ | ____ |
| 11. 반복시행(각 3) | ____ | 11. 반복시행(각 3) | ____ | 3.____ 4.____ | ____ |
| 12. 회전(8) | ____ | 12. 회전(8) | ____ | 5.____ 6.____ | ____ |
| 13. 도형결여(8) | ____ | 13. 도형결여(8) | ____ | 7.____ 8.____ | ____ |
| 총점 | ____ | 총점 | ____ | 구도____ | ____ |
| | | | | 소점합계____ T점수____ | |

도형 1과 도형 2의 구체적 기준과 같이 도형 3~8 역시 〈표 13-1〉의 채점기준표에 의해 채점하면 된다.

## 2) 전체구도의 채점기준

### (1) 도형 A의 위치

도형 A가 용지의 하단에서 2/3의 범위 안에 그려져 있을 때 채점한다. 용지의 상단에서 7.6cm 정도 떨어졌을 경우이며 용지를 바로 세웠든 옆으로 세웠든 관계없으며 또한 도형 A가 좌측이나 우측 또는 중앙 어느 곳에 있든 상관없다.

### (2) 도형들의 중첩(overlapping of the desings)-각 2점

한 그림의 선이 다른 그림의 선과 교차되었거나 다른 그림 속에 들어간 경우다. 그리고 그림과 그림을 구별하기 위해 경계선을 그어 놓고 그 경계선이 교차될 때에도 채점한다. 중첩이 생길 때마다 2점씩 가산한다.

### (3) 도형의 편포-2점

그림들을 위쪽, 아래쪽, 왼쪽, 오른쪽, 한가운데 어느 쪽이든 관계없이 용지의 약 1/2에다 그렸을 때 채점한다.

### (4) 구획선의 사용-8점

그림과 그림을 경계짓기 위해 구획선을 사용한 것이 하나라도 있으면 채점한다.

### (5) 도형배열의 순서-2점

도형을 배열할 때 1개 내지 2개의 도형이 논리적인 순서에서 이탈될 때 채점한다. 이것은 항목 6(무질서)과는 다르므로 주의를 요한다.

다음의 채점의 예에서 (9)의 5는 화살표가 된 도형이 논리적 순서에서 이탈된 것이다. 채점기준 5에서 도형 8은 도형 7 다음의 여백이 있음에도 불구하고 순서를 이탈한 것이다.

#### (6) 배열의 무질서-8점

도형의 배열순이 아주 무질서할 때 채점한다. 그러나 의심스러운 것이라든지 어느 정도의 순서가 있다고 보여지면 채점하지 않는다.

#### (7) 배열의 상대적 크기 - 8점

각 도형의 크기가 아주 다양할 때 채점한다. 도형 중의 단 하나라도 지나치게 작거나 클 때도 채점되나 의심스러울 때는 채점하지 않는다.

### 3) 채점의 예

#### (1) 도형 1(몇 개의 기준에 한해 예시함)

① (〈표 13-1〉의 채점기준 번호) : 수평이 되어 있지 않을 경우 (2점)

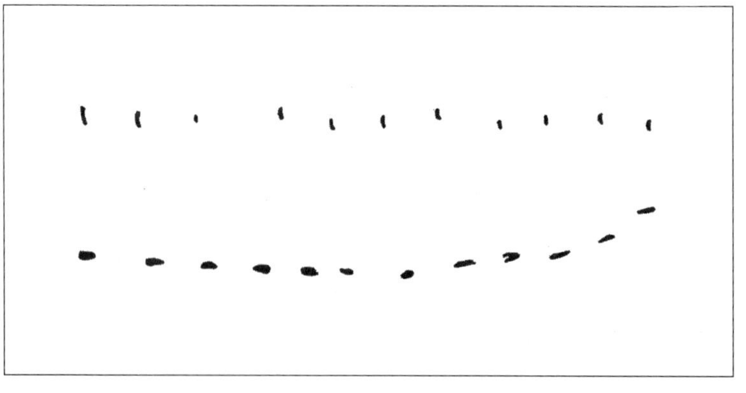

② 점, 봉선, 원의 모양이 2개 이상 있을 경우 (3점)

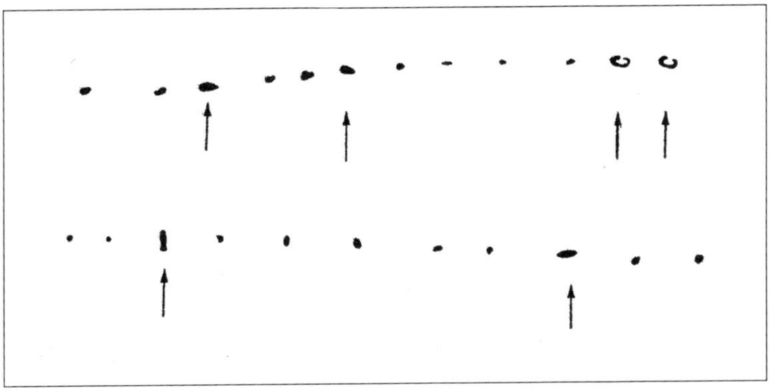

③ 전체가 봉선으로 그려진 경우 (2점)

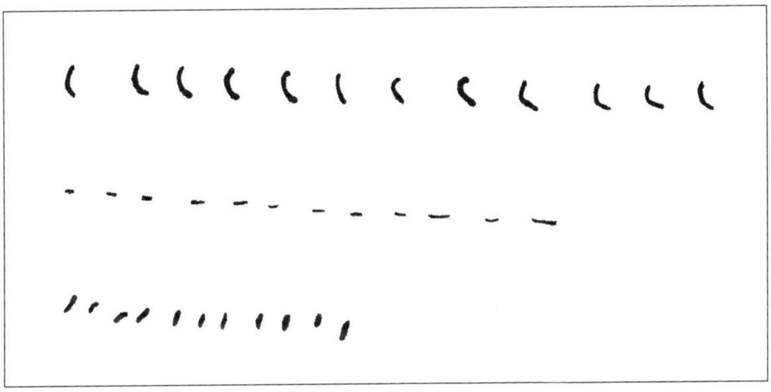

④ 전체가 원으로 그려진 경우 (8점)

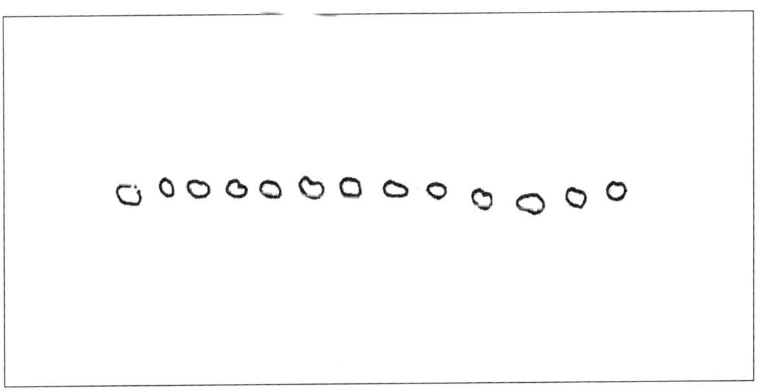

## (2) 도형 2(몇 개의 기준에 한해 예시함)

⑧ (채점기준 번호) 군화된 경우 (8점)

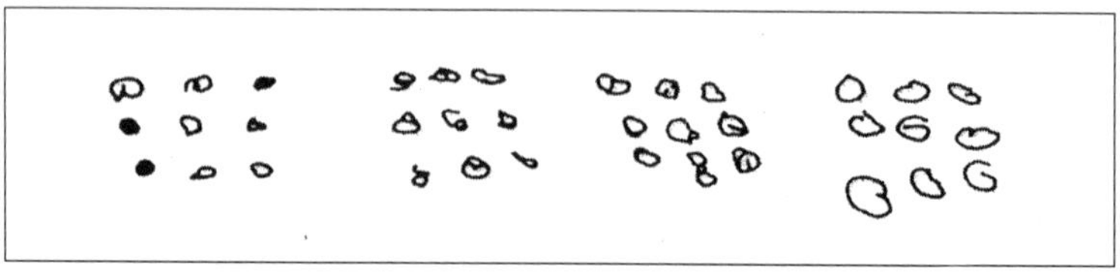

⑨ 보조선 사용 (2점)

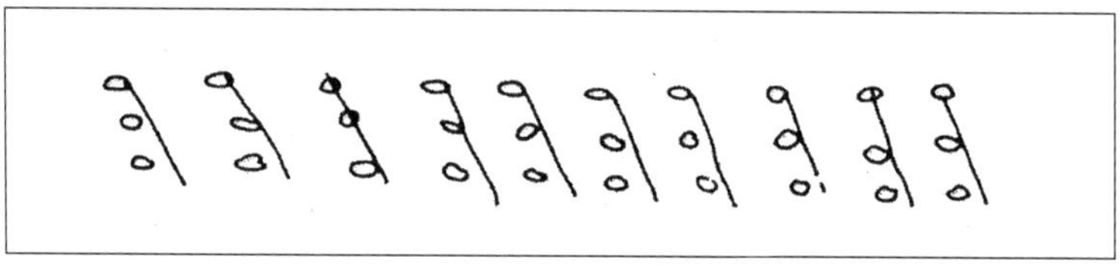

⑩ 가중 묘사 (2점)

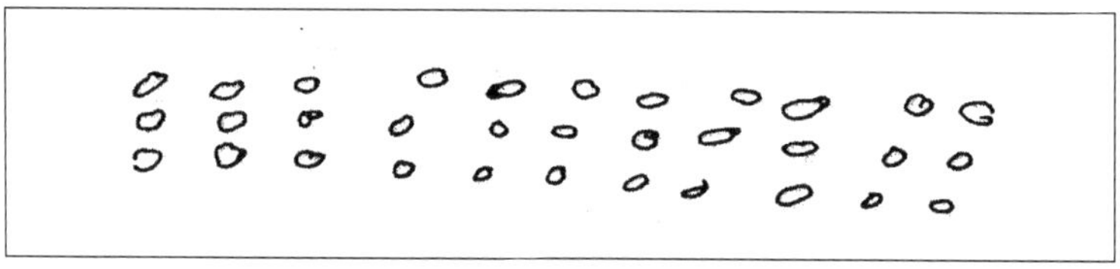

## (3) 도형 3(몇 개의 기준에 한해 예시함)

⑧ 형태가 왜곡된 경우 (8점)

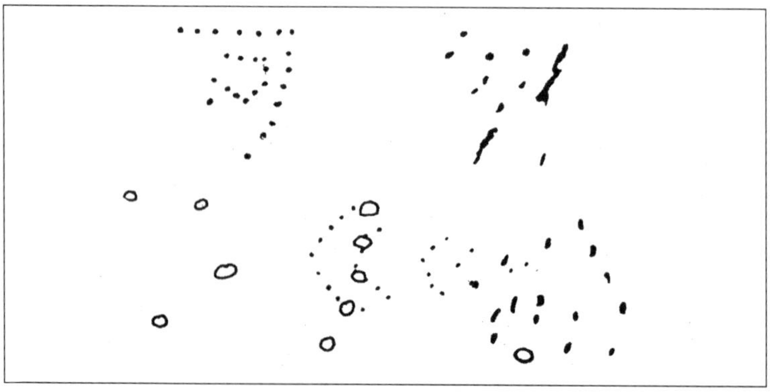

⑨ 보조선 사용 (2점)

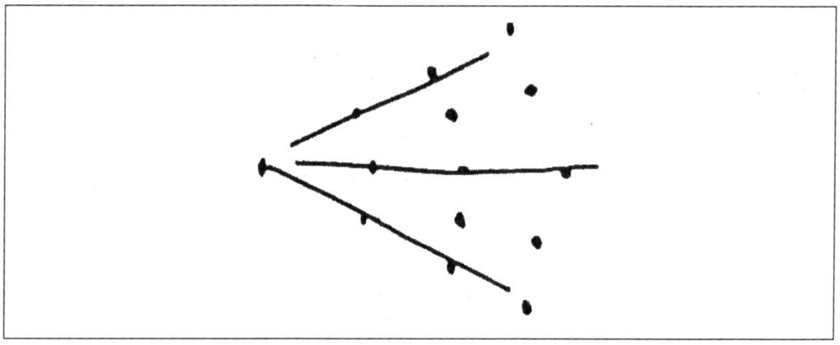

### (4) 도형 4(몇 개의 기준에 한해 예시함)

① 곡선의 비대칭 (3점)

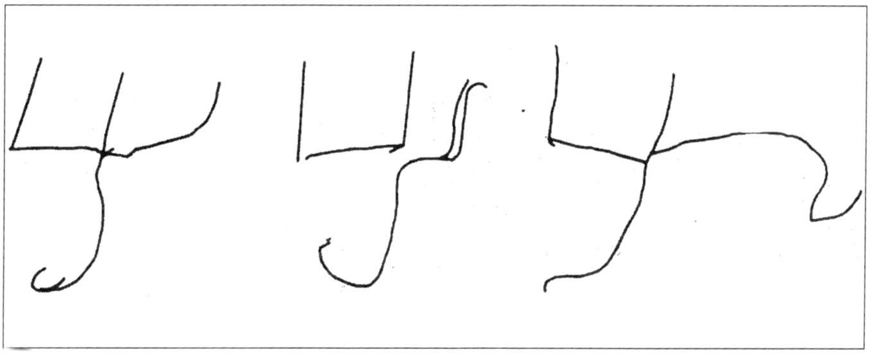

⑥ 곡선과 사각이 중첩되거나 떨어졌을 경우 (8점)

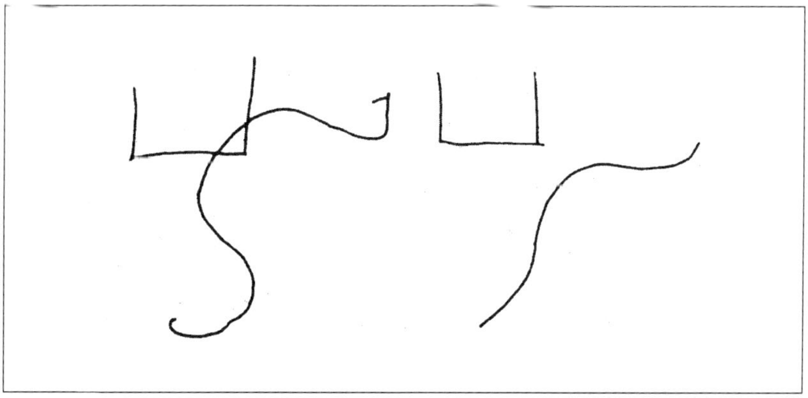

(5) 도형 5(몇 개의 기준에 한해 예시함)

① 곡선의 비대칭 (3점)

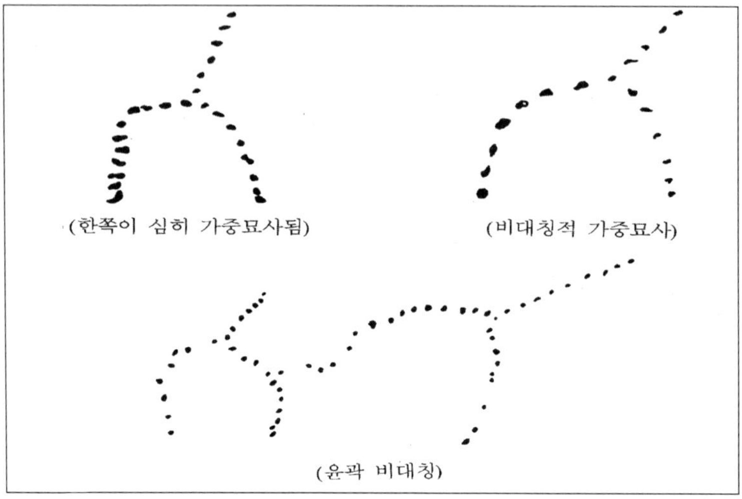


② 점, 봉원, 원의 모양이 2개 이상 있을 경우 (3점)

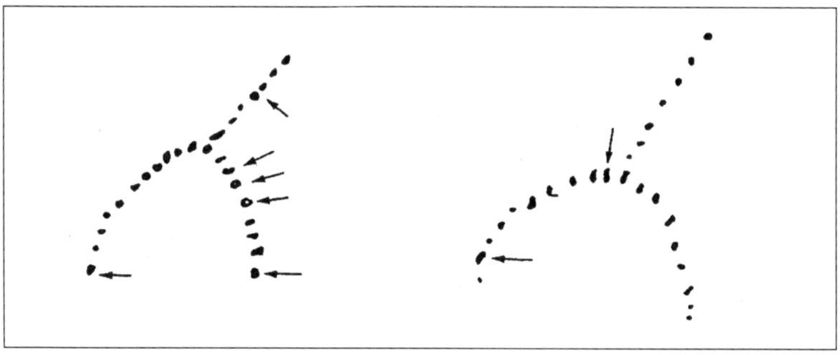

④ 전체가 원으로 그려진 경우 (8점)

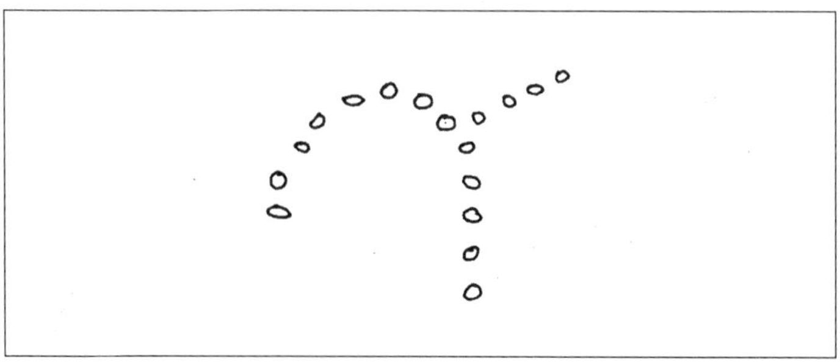

### (6) 도형 6(몇 개의 기준에 한해 예시함)

⑥ 비대칭 (3점)

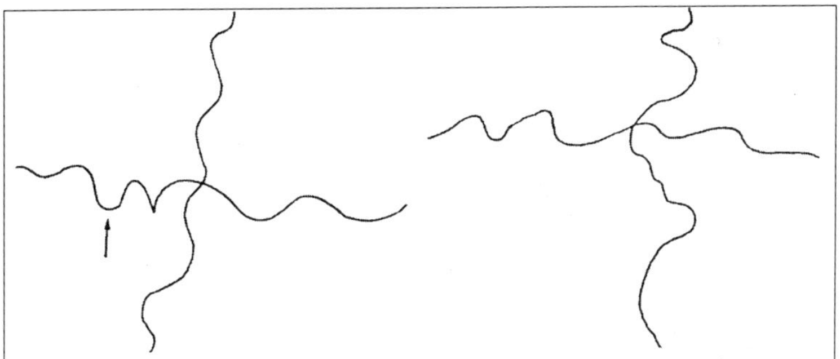

(수평선의 비대칭) (수직선의 비대칭)

⑧ 도형의 왜곡 (8점)

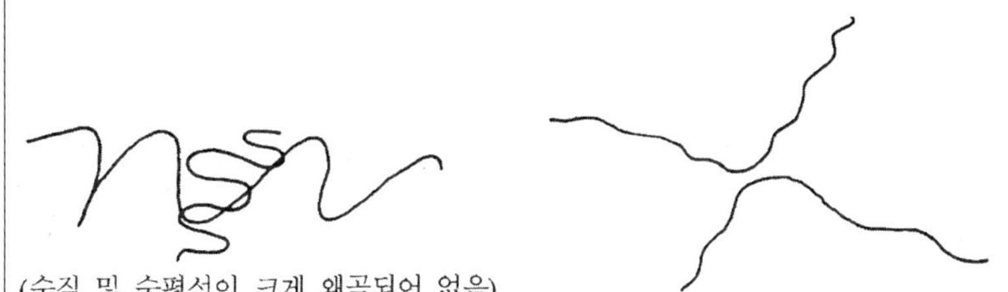

(수직 및 수평선이 크게 왜곡되어 없음)

(수직 및 수평선이 직선화되었고 교차하지도 않음)

⑬ 도형의 부분결여 (8점)

(한 개의 선이 완전히 없어짐)

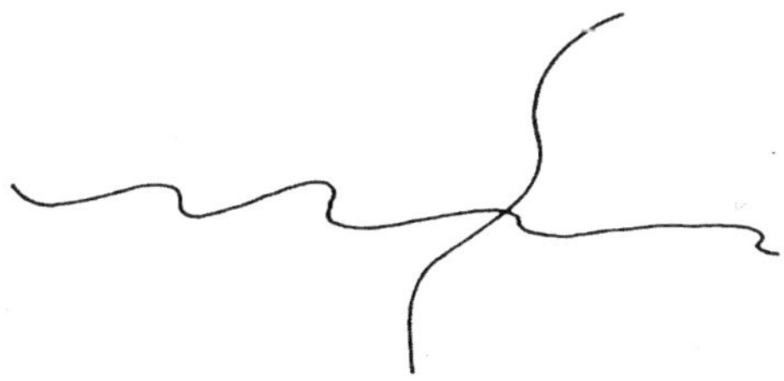

(한 개의 파선이 반 정도 없어짐)

## (7) 도형 7(몇 개의 기준에 한해 예시함)

① 각 변의 불연접 (8점)

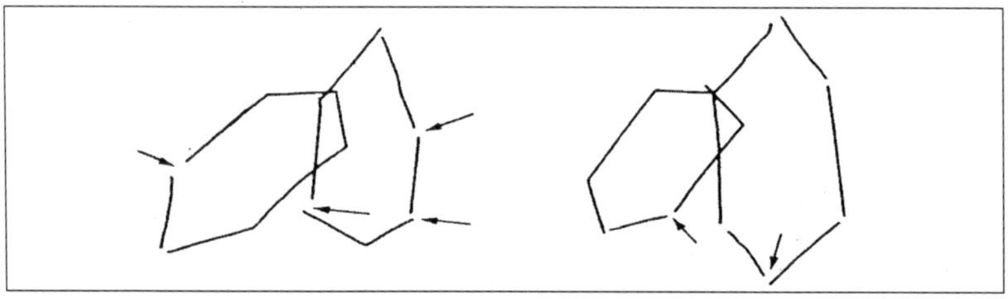

⑨ 반복시행 (각 3점)

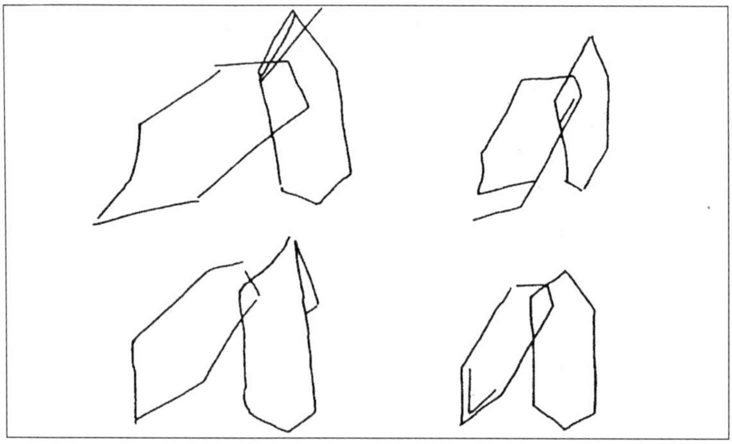

## (8) 도형 8(몇 개의 기준에 한해 예시함)

① 각 변의 불연접 (8점)

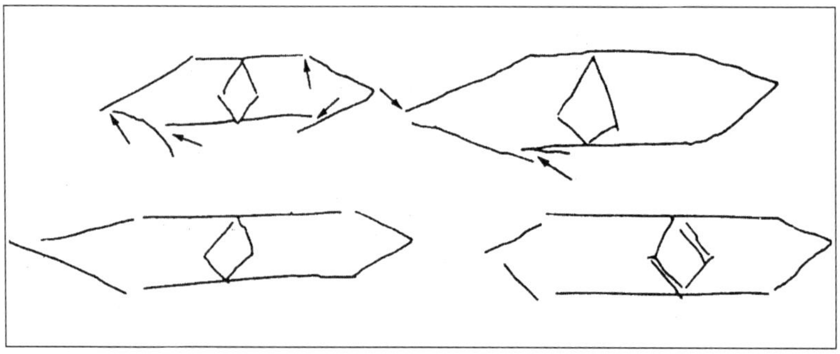

⑥ 선의 떨림 (4점)

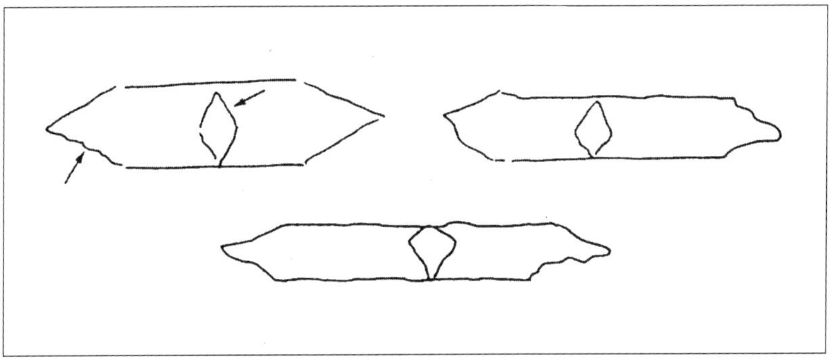

⑦ 도형의 왜곡 (8점)

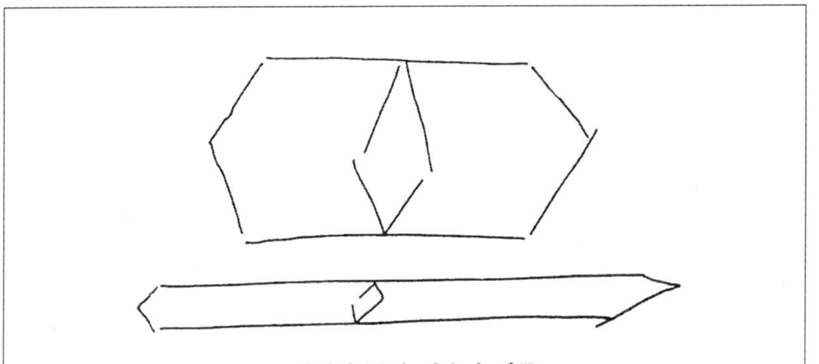

(길이와 폭의 비율이 왜곡)

## (9) 선세구도(몇 개의 기준에 한해 예시함)

③ 도형의 편포 (3점)

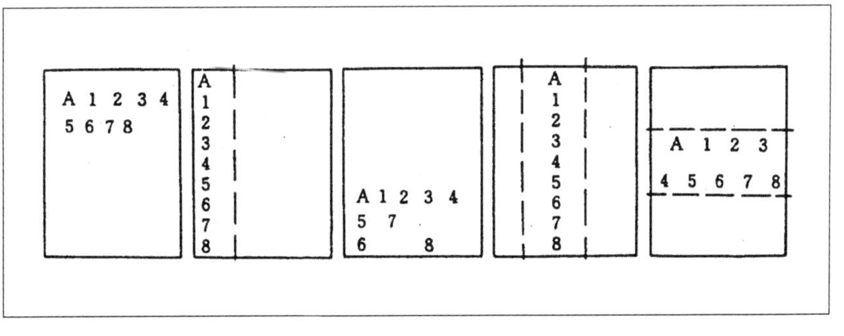

④ 구획선의 사용 (8점)

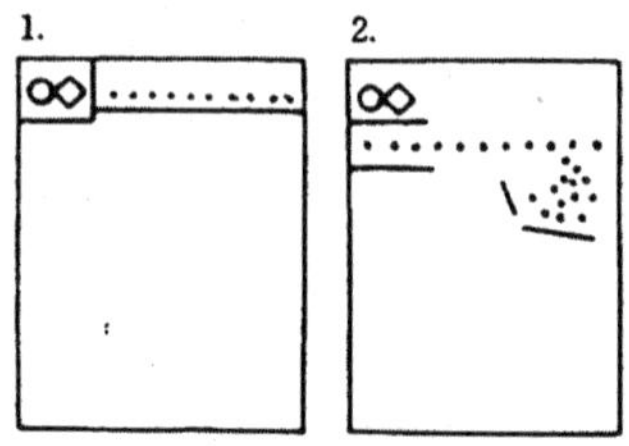


⑤ 도형배열의 순서 (2점)

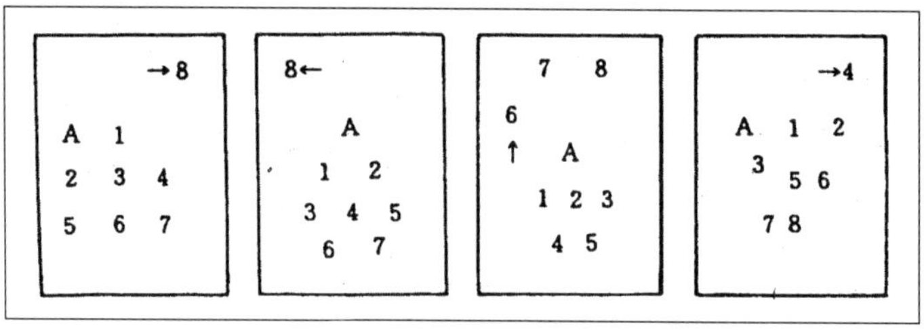


⑥ 배열의 무질서 (8점)

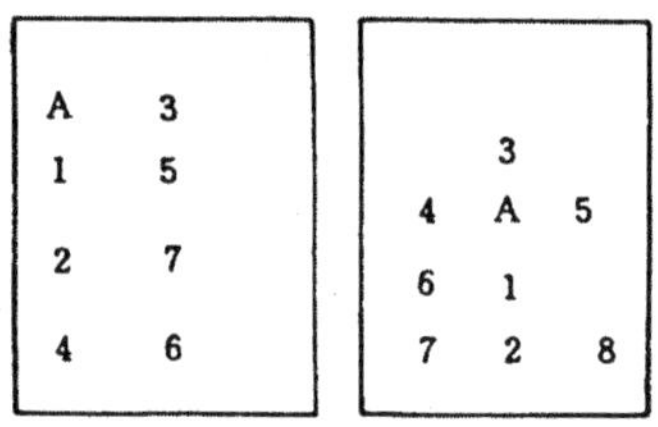


⑦ 상대적 크기 (8점)

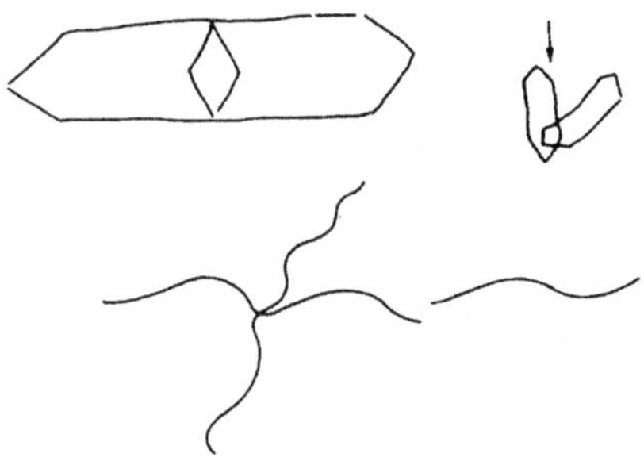

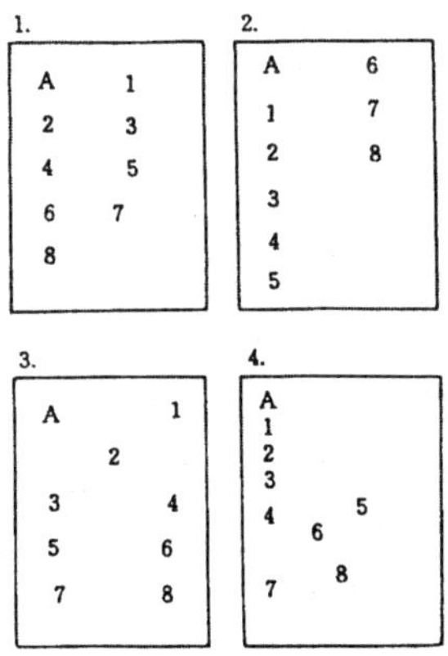


〈논리적 순서의 예〉

## 4. 규준표

1년 이상 중등교육을 받은 사람의 규준표와 1년 이상 대학교육을 받은 사람의 규준표이다.

**표 13-2** 1년이상 중등교육을 받은 사람의 T점수

| 대상연령 : 15~50세 Z=(X−18.0)/9.4 T=10Z=50 | |
|---|---|
| 소점 | T점수 |
| 1 | 32 |
| 2 | 33 |
| 3 | 34 |
| 4 | 35 |
| 5 | 36 |
| 6 | 37 |
| 7 | 38 |
| 8 | 39 |
| 9 | 40 |
| 10 | 41 |
| 11 | 43 |
| 12 | 44 |
| 13 | 45 |
| 14 | 46 |
| 15 | 47 |
| 16 | 48 |
| 17 | 49 |
| 18 | 50 |
| 19 | 51 |
| 20 | 52 |
| 21 | 53 |
| 22 | 54 |
| 23 | 55 |
| 24 | 56 |
| 25 | 57 |
| 26 | 59 |
| 27 | 60 |
| 28 | 61 |
| 29 | 62 |
| 30 | 63 |
| 31 | 64 |
| 32 | 65 |
| 33 | 66 |
| 34 | 67 |
| 35 | 68 |
| 36 | 69 |
| 37 | 70 |
| 38 | 71 |
| 39 | 72 |
| 40 | 73 |
| 41 | 74 |
| 42 | 75 |
| 43 | 77 |
| 44 | 78 |
| 45 | 79 |
| 46 | 80 |
| 47 | 81 |
| 48 | 82 |
| 49 | 83 |
| 50 | 84 |
| 51 | 85 |
| 52 | 86 |
| 53 | 87 |
| 54 | 88 |
| 55 | 89 |
| 56 | 90 |
| 57 | 91 |
| 58 | 92 |
| 59 | 93 |
| 60 | 95 |

**표 13-3** 1년 이상 대학교육을 받은 사람의 T 점수

| 대상연령 : 15~50세 Z=(X−12.7)/8.8 T=10Z=50 | |
|---|---|
| 소점 | T점수 |
| 1 | 37 |
| 2 | 38 |
| 3 | 39 |
| 4 | 40 |
| 5 | 41 |
| 6 | 43 |
| 7 | 45 |
| 8 | 46 |
| 9 | 47 |
| 10 | 48 |
| 11 | 49 |
| 12 | 50 |
| 13 | 51 |
| 14 | 52 |
| 15 | 53 |
| 16 | 54 |
| 17 | 55 |
| 18 | 56 |
| 19 | 57 |
| 20 | 58 |
| 21 | 59 |
| 22 | 60 |
| 23 | 61 |
| 24 | 62 |
| 25 | 63 |
| 26 | 64 |
| 27 | 65 |
| 28 | 66 |
| 29 | 68 |
| 30 | 69 |
| 31 | 70 |
| 32 | 71 |
| 33 | 72 |
| 34 | 73 |
| 35 | 74 |
| 36 | 75 |
| 37 | 76 |
| 38 | 77 |
| 39 | 78 |
| 40 | 80 |
| 41 | 81 |
| 42 | 82 |
| 43 | 83 |
| 44 | 84 |
| 45 | 85 |
| 46 | 86 |
| 47 | 87 |
| 48 | 88 |
| 49 | 90 |
| 50 | 91 |
| 51 | 92 |
| 52 | 93 |
| 53 | 94 |
| 54 | 95 |
| 55 | 97 |
| 56 | 98 |
| 57 | 99 |
| 58 | 100 |
| 59 | 101 |
| 60 | 102 |

## 5. Koppitz의 아동용 BGT

### 1) 실시와 채점 방법

가로 21.59cm 세로 27.94cm의 용지 2매와 고무 달린 연필(#2)이 놓여 있는 반듯한 책상 앞에 피검자를 편안히 앉히고 래포(rapport)가 형성된 뒤 BGT 도판을 제시하면서 다음과 같이 말한다. '여기 9장의 그림이 그려진 카드가 있는데 이것을 종이에 그리는 것입니다. 자 여기 첫 번째 그림이 있습니다. 시작합니다, 꼭 그대로 그립니다.' 아동이 그릴 수 있도록 용지의 위치를 바로 놓은 다음 첫 번째 카드인 도형을 용지의 위쪽에 바로 놓아 준다. 그리고는 아무런 주석도 하지 않고 검사행동을 관찰 · 기록한다. 물론 제한시간은 없다. 한 도형을 다 그리면 그 도형을 엎어 두고 다음 도형을 제시해서 9매의 도형을 순서대로 묘사하도록 한다.

만일 아동이 점의 수나 크기 등에 대해 질문을 하면 '그 그림에 있는 것과 될 수 있는 대로 꼭같이 보이도록 그리시오.'라고만 답한다. 절대로 지운다든지 반복 시행하는 일을 격려하거나 꾸짖어서는 안 된다. 그러나 도형 5의 점의 수를 헤아리는 경우에는 못하게 하여야 한다. 왜냐하면 시간이 너무 걸리고 또 그것이 무슨 별다른 정보를 제공해 주지 못하기 때문이라고 한다. 그래서 만일 아동이 도형의 점을 헤아린다면 '점의 수를 헤아릴 필요는 없어요. 그 그림과 모양이 같이 보이도록 그리시오.'라고 일러 준다. 그런데도 불구하고 점을 계속 헤아린다면 진단적인 의미가 있다. 대체로 이런 아동은 완전 벽이 있거나 강박적이다. 그리고 아동이 용지의 대부분을 다 채우고 도형 8을 그려 넣기 위해 회전한 때는 도형의 회전으로 생각해서는 안 된다는 점을 주의해야 한다.

용지는 아동이 원하는 대로 1장을 쓰든 2장을 쓰든 관계 없다. 만일 아동이 준비된 2장을 다 쓰고 더 요구할 때는 아무 말 없이 그대로 준다. 그리고 시간제한은 없지만 검사에 소요된 시간을 기록해 두는 것이 필요한데 그것은 너무 오래 끌던가 빨리 끝내는 것이 진단상의 의미를 갖기 때문이다.

피로한 아동은 묘사에 최선을 다할 수 없음은 물론이다. 만일 아동이 너무 서둘렀다든지 최대한의 성적이라 할 수 없을 때는 다른 용지에 그 도형을 새로 묘사해도 좋다고 일러 준다. 만일 새로 묘사된 도형이 최고의 성적이라 생각된다면 그런 과정을 기입해 두어야 한다.

모든 채점 항목은 1점 아니면 0점이다. 즉 채점 항목의 유무로 채점된다. 명확한 이탈만 채점하고 의심스러운 경우는 체점하지 않는다. 이 채점법은 세밀한 운동의 통제가 아직 미성숙된 어린 아동을 대상으로 고안되었으므로 미세한 이탈은 무시한다. 모든 점수는 총점으로 계산하여 규준자료의 총점과 비교하도록 되어 있다.

## 2) 아동용 BGT 채점 항목

표 13-4 아동용 BGT의 채점 항목

| 채 점 항 목 | | |
|---|---|---|
| 도형 A | 도형 3 | 도형 6 |
| 1a 형의 왜곡 | 10 점 대신 원 | 18a 곡선의 각화 |
| 1b 불균형 | 11 회전 | 18b 직선 |
| 2 회전 | 12a 형의 상실 | 19 비통합 |
| 3 비통합 | 12b 점대신 선 | 20 고집 |
| | | |
| 도형 1 | 도형 4 | 도형 7 |
| 4 점 대신 원 | 13 회전 | 21a 불균형 |
| 5 회전 | 15 비통합 | 21b 부정확한 각 |
| 6 고집 | | 22 회전 |
| | 도형 5 | 23 비통합 |
| 도형 2 | 15 점 대신 원 | |
| 7 회전 | 16 회전 | 도형 8 |
| 8 원의 과부족 | 17a 형의 상실 | 24 부정확한 각 |
| 9 고집 | 17b 점 대신 선 | 25 회전 |

## 3) 규준 점수

### (1) 학년별 규준

학년별 규준(평균 득점, 표준편차) 자료는 〈표 13-5〉와 같다.

표 13-5 학년에 따른 BGT 득점평균 분포

| 학년시작 | N | 연령평균 | 득점평균 | 표준편차 | plus/minus SD |
|---|---|---|---|---|---|
| 유치원 | 38 | 5~4 | 13.5 | 3.61 | 9.9에서 17.1 |
| 1학년 | 153 | 6~5 | 8.1 | 4.41 | 4.0에서 12.2 |
| 2학년 | 141 | 7~5 | 4.7 | 3.18 | 1.5에서 7.93 |
| 3학년 | 40 | 8~7 | 2.2 | 2.03 | .2에서 4.2 |
| 4학년 | 39 | 9~8 | 1.5 | 1.88 | .0에서 3.4 |

위 규준자료는 ① 동일 연령 아동의 득점, ② 시각-운동지각의 성숙이 동일 수준에 있는 다른 아동의 득점, ③ 같은 학년에 있는 다른 아동의 득점을 서로 비교해 볼 수 있다. 예를 들어 5세 8개월 아동의 득점이 5라면, ① 같은 연령의 득점평균에서 1표준편차 상위에 있다. 즉 같은 연령군에서 85 Percentle 이상이어서 우수하다고 볼 수 있다. ② 시각-운동지각의 성숙 수준의 7세 아동의 수준에 있으며, ③ 2학년 초의 아동점수와 유사하다. 또 가령 7세 2개월된 아동의 BGT 득점이 8이라고 한다면 ① 그의 득점은 평균에서 1편차 하위에 있고 같은 연령군에 의해 16 Percentle에 속해 득점이 낮으며, ② 그의 시각-운동지각의 성숙은 6세 아동의 수준에 머물러 있고, ③ 1학년 초의 아동득점과 같다고 해석할 수 있는 것이다.

### (2) 연령별, 성별 규준

표 13-6 규준집단의 연령과 성별에 따른 BGT 총점 평균

| 연 령 | 남 | 여 | 전 체 | 표준편차 | plus/minus SD |
|---|---|---|---|---|---|
| 5 | 14.3 | 13.0 | 13.6 | 3.61 | 10.0에서 17.2 |
| 5.5 | 10.0 | 9.3 | 9.8 | 3.72 | 6.1에서 13.5 |
| 6 | 8.3 | 8.6 | 8.4 | 4.12 | 4.3에서 12.5 |
| 6.5 | 6.2 | 6.6 | 6.4 | 3.76 | 2.6에서 10.2 |
| 7 | 5.3 | 4.4 | 4.8 | 3.61 | 1.2에서 8.4 |
| 7.5 | 4.9 | 4.2 | 4.7 | 3.34 | 1.4에서 8.0 |
| 8 | 3.9 | 3.6 | 3.7 | 3.60 | .1에서 7.3 |

| 연 령 | 남 | 여 | 전 체 | 표준편차 | plus/minus SD |
|---|---|---|---|---|---|
| 8.5 | 2.6 | 2.4 | 2.5 | 3.03 | .0에서 5.5 |
| 9 | 1.6 | 1.8 | 1.7 | 1.76 | .0에서 3.5 |
| 9.5 | 1.5 | 1.7 | 1.6 | 1.69 | .0에서 3.3 |
| 10 | 1.5 | 1.5 | 1.6 | 1.67 | .0에서 3.3 |
| 10.5 | 1.4 | 1.5 | 1.5 | 2.10 | .0에서 3.6 |

## 6. 구체적인 사례

### 1) 정상적인 20세 남자 대학생의 BGT 반응

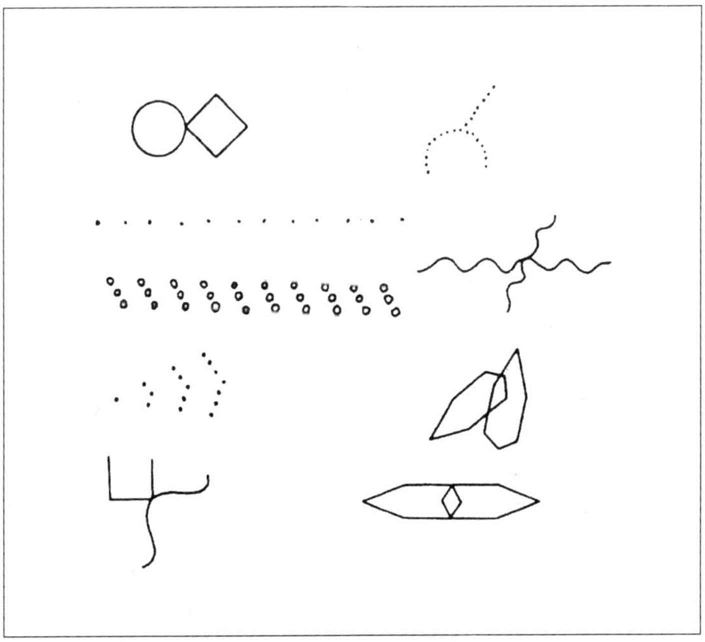

2) 35세된 남자 정신분열증 환자의 BGT 반응

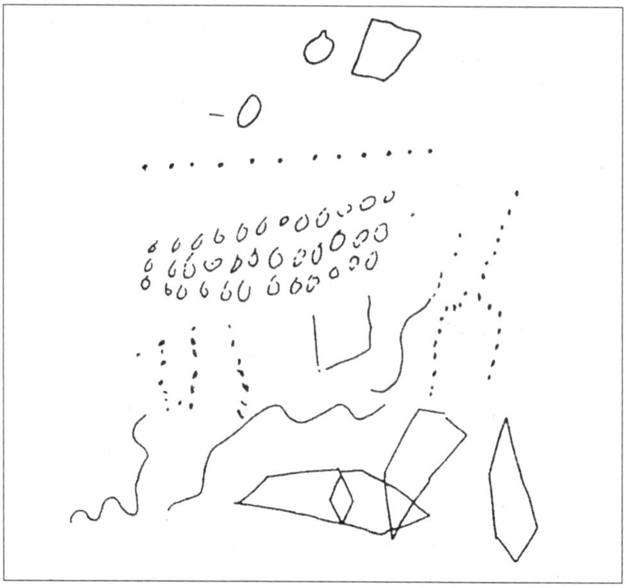

3) 6세된 남자 아동의 BGT 반응

# 제14장

# TAT

1. TAT 도판의 구성내용
2. TAT 검사 절차와 방법
3. 검사결과의 분석법 : 욕구-압력 관계의 분석
4. 분석결과의 정리
5. 해석의 방법
6. 보고서 작성

## 1. TAT 도판의 구성내용

TAT 도판은 31매의 그림으로 구성되어 있고 각 도판은 크기가 9.2×10.95cm 크기의 흰 카드 위에 그려져 있으며 31매의 그림 가운데 11매는 성인 남녀 및 소년, 소녀의 모든 피검자에게 공통적으로 적용되는 것이나, 그 나머지는 성인 남자용이 9매, 성인 여자용이 9매, 소년용이 9매 그리고 소녀용이 9매로 각각 구분되어져 있다. 이리하여 각 피검자는 누구나 각각 20매의 그림을 보도록 되어 있다. 그리고 각 도판의 뒷면에는 숫자와 알파벳 문자가 적혀져 있는데 각 숫자는 도판의 제시 순서를 나타내고 알파벳 문자는 그 도판이 적용되는 피검자의 성별과 연령수준을 나타내는 것이다.

① **공용도판** : 모든 피검자에게 공통적으로 적용되는 도판으로서 도판 1, 2, 4, 5, 10, 11, 14, 15, 16, 19, 20의 11매이며 이 가운데 도판 16은 전혀 그림이 없는 백지도판이다.

② **남자 공용도판** : 성인남자(M)와 소년(B) 피검자에게 한해서 적용되는 도판으로서 도판 3BM, 6BM, 7BM, 8BM, 9BM, 17BM, 18BM의 7매가 있다.

③ **여자 공용도판** ; 성인여자(F)와 소녀(G) 피검자에게 한해서 적용되는 도판으로서 도판 3GF, 6GF, 7GF, 8GF, 9GF, 17GF, 18GF의 7매가 있다.

④ **성인 공용도판** : 성인남자(M)와 성인여자(F) 피검자에게 한해서 적용되는 도판으로 도판 13MF가 있다.

⑤ **소년 · 소녀 공용도판** : 소년(B)과 소녀(G) 피검자에게만 적용되는 도판으로서 도판 12BG가 있다.

⑥ **성인남자 전용도판** : 성인남자(M) 피검자에게만 적용되는 도판으로서 도판 12M이 있다.

⑦ **성인여자 전용도판** : 성인여자(F) 피검자에게만 적용되는 도판으로서 도판 12F가 있다.

⑧ **소년 전용도판** : 소년(B) 피검자에게만 적용되는 도판으로서 13B가 있다.

⑨ **소녀 전용도판** : 소녀(G) 피검자에게만 적용되는 도판 13G가 있다.

그러나 TAT는 이와 같이 각각 20매의 그림을 2회로 나누어 실시하도록 되어 있으나 경우에 따라서는 그림의 매수를 줄여서 간편하게 9~12매의 그림으로서도 실시되고 있다. 가장 유용한 도판으로서 성인용으로는 도판 1, 2, 3BM, 4, 6BM, 7BM, 8BM, 10, 12M, 13MF, 18GF의 11매이고, 아동용으로서는 1, 2, 3BM, 4, 6BM, 7BM, 7GF, 8BM, 10, 12M, 13MF, 16, 18GF의 13매 등이 주로 사용되며, 전체적으로 1, 2, 3BM, 4, 6BM, 7BM, 8BM, 13BM의 8매를 가장 중요시하고 있다. 그리고 필요에 따라서는 몇 장의 도판만을 활용하는 경우도 있다.

31매의 도판의 그림 내용은 다음과 같다.

## 2. TAT 검사 절차와 방법

### 1) 실시시기와 검사장면

#### (1) 실시시기

TAT는 1일 간격으로 매회 1시간 정도로 해서 2회에 걸쳐 실시하며, 1회는 도판 #1에서 도판 #10까지 그리고 2회에는 도판 #11에서 도판 #20까지 2회로 나누어 실시하는 것이 원칙이며, 이는 피검자로 하여금 피로도를 최소한으로 줄임으로써 반응의 효율성을 최대한으로 높이고자 하는데 있다. 그러나 필요에 따라서는 몇 장의 도판만을 골라서 실시할 수도 있다.

#### (2) 검사장면

실시자는 검사실시에 앞서 피검자가 안정감을 가지고 자유롭게 반응할 수 있는 분위기를 조성해야 한다. 그리고 좌석배치는 검사실시 중 실시자와 검사자가 다 같이 도판을 볼 수 있는 안락한 배치라야 한다.

〈1〉

〈2〉

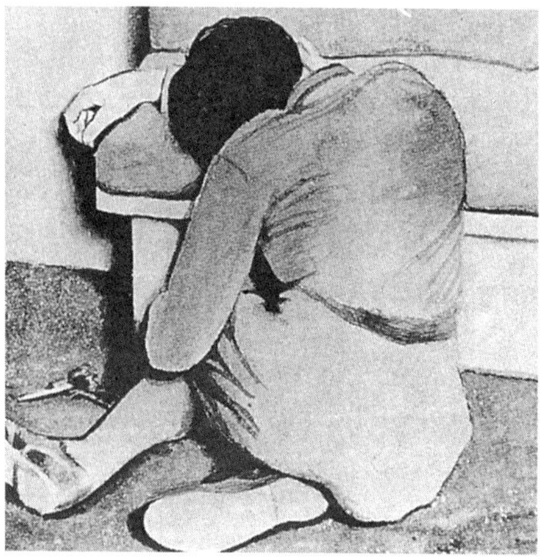

〈3BM〉

〈3GF〉

〈4〉

〈5〉

〈6BM〉

〈6GF〉

〈7BM〉

〈7GF〉

〈8BM〉 〈8GF〉

〈9BM〉

〈9GF〉 〈10〉

〈11〉

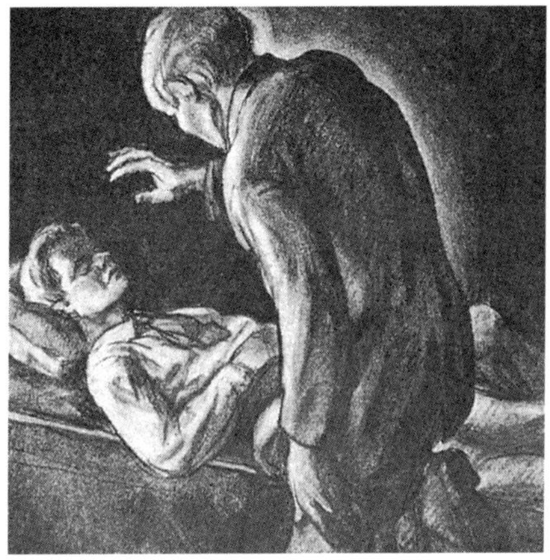

〈12M〉

〈12F〉

〈12BG〉

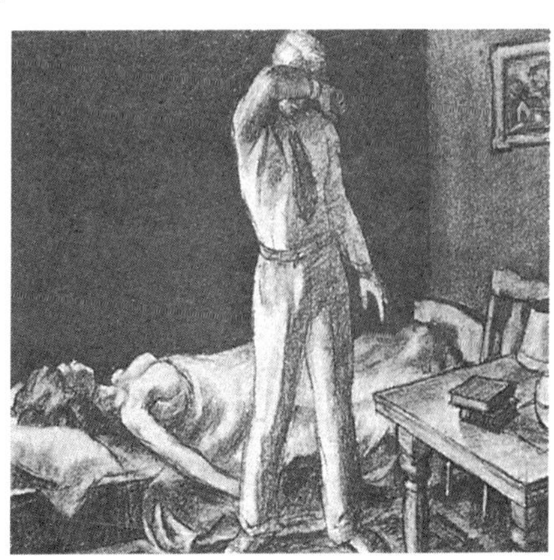

〈13MF〉

〈13B〉

〈13G〉

〈14〉

〈15〉

〈16〉

〈17BM〉

〈17GF〉

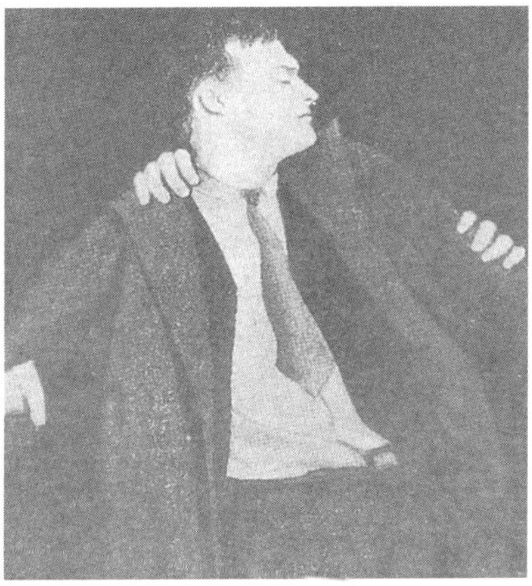

〈18BM〉

〈18GF〉

〈19〉

〈20〉

#### (3) 검사자료

TAT의 실시에 필요한 자료는 다음과 같다.

① TAT 도판은 피검자의 성별 및 연령수준에 비추어 적합한 20매의 도판을 선정해서 순서대로 얹어 둔다.
② 피검자의 반응을 기록하는 데 필요한 용지와 필기용구, 또는 녹음기 같은 반응 기록장치
③ 피검자의 반응을 분석하고 수검행동을 관찰, 기록하는 데 필요한 반응분석 용지
④ 초침이 있는 보통시계나 소리가 나지 않는 스톱워치

### 2) 피검자에 대한 지시내용

#### (1) 첫 번째 검사시의 지시내용

도판 #1~도판 #10까지의 제1계열 도판을 실시하는 데 필요한 지시내용은 다음과 같다.

"이것은 일종의 상상력 검사입니다. 이제 몇 장의 그림을 한 번에 한 장씩 보여줄 터이니 그것을 보고 될 수 있는 대로 마음대로 이야기를 만들어 보세요. 어떻게 해서 그림에 보이는 그러한 사태가 일어나게 되었으며, 지금 무슨 일이 일어나고 있으며, 그 장면에 나타나는 인물들의 감정과 생각은 어떠하며, 그리고 앞으로 그 일은 어떻게 되겠습니까? 마음 속에 떠오르는 생각을 이야기해 보세요. 10장에 대해 50분 정도의 시간을 줄터이니 대략 한 카드에 5분 정도로 이야기해 보세요. 여기에 첫 번째 그림이 있습니다."

#### (2) 두 번째 검사시의 지시내용

제2계열도판, 즉 도판 #11~도판 #20을 실시하는 데 필요한 지시내용은 다음과 같다.

"오늘도 전번과 꼭 같습니다. 오직 이번에는 여러분의 상상의 날개만 펼치면 됩니다. 앞서 말한 10가지의 이야기는 대단히 훌륭했어요. 그러나 단지 너무 일상 생활의 사실에 얽매인 감이 있더군요. 이제 일상 보편적인 이야기보다는 오직 상상의 날개를 펴서 마치 신비롭고, 괴상한 이야기라든가 혹은 재미있는 우화를 만들어 이야기해 보세요. 여기 첫 번째 그림이 있습니다."

#### (3) 백지도판에 대한 지시내용

한편 도판 #16은 다른 도판처럼 그림이 그려져 있지 않고 백지로 되어 있으므로 특별한 다음과 같은 지시내용이 필요하게 된다.

"이것은 아무것도 안 그려져 있는 백지입니다. 이 백지 위에 무엇이라도 좋으니 마음에 떠 오르는 그림을 새겨 보세요. 눈을 감고 생각해도 좋습니다. 그래서 지금까지 보아왔던 다른 카드와 마찬가지로 어떠한 사람이 나타나서 무슨 일을 하고 있는 장면을 상상해 보십시오. 무엇(어떤 것)을 했지요? 지금 당신이 생각해낸 것을 먼저 이야기해 주십시오. 무엇이지요? 그러면 그것을 가지고 지금까지 해왔던 것과 꼭 같은 방식으로 그 그림을 가지고 현재 · 과거 · 미래에 관해서 이야기합시다."

### 3) 검사반응에 대한 질문

#### (1) 중도질문

중도질문이란 이야기의 전개과정에서 행하는 질문으로서 이야기의 미비점을 보충 확인하기 위한 것이다. 이야기 도중의 중도질문은 최소한으로 사용하되 "그래서 어떻게 되었지?" 하는 정도로 그쳐야 한다. 이야기의 미비점을 보충, 보완하기 위해서 행할 수 있는 질문은 대체로 다음과 같은 것이다.

① 이야기의 전개과정에서 과거 · 현재 · 미래의 내용이 빠졌을 경우
② 이야기 속의 인물의 성별이 불확실한 경우

### (2) 종료질문

중도질문은 아주 어려운 것이기 때문에 초보자로선 종료질문만 활용하는 것이 좋다. 종료질문은 피검자가 20매의 전 도판을 마친 다음 실시한다. 종료질문에 포함되는 내용은 대체로 다음과 같이 요약할 수 있다.

① 이야기의 내용 가운데 미비한 점, 해석상 곤란한 점, 또는 이야기 전개의 모순 당착점 등
② 이야기를 전개함으로써 피검자가 피로를 느끼지 않았는가의 여부
③ 이야기를 하다가 중도에 권태감을 느끼지 않았는가의 여부
④ 이야기 중에서 특별히 자기의 과거 경험이나 영화 · 소설을 기억하게 되었는지, 또는 만약 그런 일이 있었다면 자기의 경험이나, 영화 · 소설의 내용은 어떠한 것이었는가를 물어 본다.

## 4) 반응기록

### (1) 이야기 내용의 기록

피검자의 공상의 내용, 즉 그림에 대한 이야기 내용은 곧 분석과 해석의 기본 단위가 되는 것이므로 피검자가 말한 이야기 내용은 그대로 빠짐없이 말의 의미나 뉘앙스를 살려서 그래도 생생하게 기록해야 한다. 반응의 기록은 속기록의 방법 외 녹음기 이용도 가능하다.

### (2) 반응시간의 기록

반응시간을 기록함에 있어 실시자는 각 그림을 제시하고서부터 피검자가 처음 이야기를 꺼낼 때까지의 시간, 즉 초발 반응시간, 이야기를 끝낼 때까지의 전체 반응시간 및 이야기 도중의 휴식시간 등을 기록하는 것이 원칙이다.

### (3) 피검자의 행동 관찰기록

검사실시 중에 관찰해야 할 수검자의 태도나 행동에는 대체로 다음과 같은 것이 포함된다.

#### 1 검사에 대한 태도

피검자가 기분을 내서 열심히 흥미를 갖고 검사에 임하고 있느냐 혹은 기분을 잡쳐, 흥미 없이 아무렇게나 검사를 받고 있는지, 또는 자신을 갖고 이야기하고 있는지 아니면 주저하면서 불안하고 부끄러워하고 있는지의 여부를 관찰한다.

#### 2 검사 중의 표정

검사를 실시하는 과정에서 피검자가 웃는다던가, 수치심에 차 있다거나, 혐오감을 느끼고 있는지의 여부를 주의한다.

#### 3 수반행동

손으로 무엇을 만지작거리거나, 무릎을 비벼대는 행위 등을 관찰한다.

#### 4 이야기하는 방식

긴장, 초조, 불안하다거나, 이야기 도중에 중단이 심하거나 침묵 능이 있는지를 관찰한다.

#### 5 검사에 기인한 결과

검사를 받음으로써 권태나 피로를 느끼는지의 여부 등을 관찰한다.

## 3. 검사결과의 분석법 : 욕구-압력 관계의 분석

이는 TAT 그림에 대한 피검자의 이야기 속에 투사된 주인공의 욕구와 압력의 관계를 분석함으로써 피검자의 personality의 내용과 구조를 분석 · 진단하고자 하는 것으로서 Murray의 personality이론에 기초하고 있다.

### 1) 주된 분석요인

#### (1) 주인공

TAT 이야기를 분석하는 제일 첫 단계는 주인공(hero)을 선택하는 것이다. 일반적으로 피검자는 주인공을 동일시하는 것으로 생각되고 있다. 그러므로 주인공에게 강요되는 압력은 피검자에게 영향을 미치는 압력과 같고, 주인공의 욕구는 피검자의 욕구와 같으며 주인공이 야기하는 대상, 활동 및 감정은 피검자에 의해서 야기되는 것과 동일한 것임을 가정할 수 있다. TAT 이야기 중의 주인공은 다음 요인들 중의 일부 또는 그 복합에 의해서 밝혀 낼 수가 있다.

① 피검자가 맨 처음으로 이야기에 등장시킨 인물
② 이야기 전체를 통해서 피검자의 주의를 집중시킨 인물
③ 중요한 행동의 주동적 위치에 있는 인물

#### (2) 주인공의 행동 : 욕구

TAT의 분석은 이야기 속에 나타나는 주인공의 행동과 활동에 세심한 주의를 기울인다는 것이 무엇보다 중요하며, 이것을 통해서 피검자의 욕구와 동기를 추측, 평가할 수 있는 것이다. TAT란 주제통각 검사로서 주제(thema)의 분석을 기본

으로 하고 있으며, 주제의 설정은 곧 개인이 갖고 있는 욕구와 압력의 관계에서 나오는 것이다. 다시 말하면 주제는 개체와 환경과의 상호작용에서 나오는 것이며, 여기서 개체의 행동이 곧 욕구이고 환경의 자극이 곧 압력인 것이다.

### (3) 환경자극 : 압력

TAT 이야기 가운데 서술된 환경은 그 행동이 일어나는 일반적인 환경과 특수환경 자극의 성질에 비추어 분석되며, 일반적인 환경은 다음과 같은 측면에 비추어 설명할 수 있다.

① 환경이 주인공의 발달을 촉진하는가 또는 방해하는가?

② 주인공이 환경을 적당하다고 보는가 또는 부적당하다고 보는가?

③ 주인공이 환경과 조화하고 있는가 또는 대립하고 있는가?

④ 주인공이 환경을 만족스럽게 생각하고 있는가 또는 불만을 느끼고 있는가?

이상과 같은 것이 환경의 일반적인 측면을 분석하는데 검사자가 검토해야 할 질문이다. 이와 같이 일반적인 환경의 성질과 현황이 밝혀지면, 다음에는 주인공에게 작용하고 있는 특수한 환경요인(Murray의 욕구압력 이론 참조)에 주의의 초점을 돌리게 된다.

Murray는 그의 이론에서 압력의 알파 측면과 베타 측면을 중요한 것으로 각기 구분했다. 알파 압력(alpha press)은 인간, 사물, 사건 등과 같이 현실적으로 실제 존재하는 것을 나타낸다. 예를 들어 알파 공격압력은 '실제로 자기의 환경 속에 자기에게 모함을 하고 적대시하는 사람이 있나는 것을 반영한다.' 반면 베타 압력(bata press)은 '개인이 주관적으로 지각하거나 경험한 환경을 나타낸다.' 따라서 베타 공격압력은 개인이 그를 둘러싸고 있는 환경 속에서 적의를 보는 것을 의미한다. Murray에 따르면 베타 압력이란 개인이 느끼고 해석하고 반응하는 것이므로 이것이 인간행위에 더욱 큰 영향을 미친다고 보았다.

균형이 잘 된 개인에게는 알파 압력과 베타 압력간의 일치가 잘 되어 있다. 즉 자신이 보는 것이 곧 믿는 것이다. 반면 두 형태의 압력간에 심한 불일치가 생기면 망상적인 사고를 하는 결과를 가져올 수 있다. 예를 들어 편집증이 있는 환자는 알파 공격압력에 상응하는 것이 없는 데에도 베타 공격압력을 많이 경험한다. 그리하여 그런 환자는 피해망상을 나타내어 사실이 아닌 데도 불구하고 사람들이 자기를 모함하려고 날뛴다는 생각을 한다.

### (4) Cathexes

피검자의 욕구에 대한 주요한 자료는 그 주인공을 유인하거나 멀리하는 사물, 활동, 인물 또는 관념을 살펴봄으로써 얻어질 수 있다. Cathexes란 '감정과 의미를 가진 관념의 대상 또는 원천'이라는 의미를 가진 개념으로서 주인공에게 쾌의 감정을 일으키는 정적(正的) Cathexes와 불쾌의 감정을 자아내는 부적 Cathexes로 나누어진다. 그리고 여기서 정적인 Cathexes는 주인공의 욕구를 일으키는 대상이 되고, 부적(負的)인 Cathexes는 압력의 원천이 되는 것이므로 이것을 일일이 기록할 필요는 없는 것으로 보고 있다. Cathexes를 그 대상에 따라 나누어 보면 다음과 같다.

#### 1 사물(Objects)

- 정적 : 그는 악기점에서 바이올린을 보고서 사고 싶은 감정이 들었다.
- 부적 : 그는 권총을 보기만 해도 소름이 끼쳐서, 더 이상 참을 수 없어 달아나 버렸다.

#### 2 활동(Activities)

- 정적 : 그는 창 밖에서 아이들이 축구를 하는 것을 보았다. 그래서 어떻게 하면 자기도 거기에 나가 같이 놀 수 있을까 생각하고 있다.
- 부적 : 수술의 광경이 너무나 불안해서 그는 의사가 되지 않기로 결심했다.

#### 3 인물(People)

- 정적 : 그 카운슬러가 너무나 친절하고 점잖은 사람같이 보여서 그는 문제를 갖고 그에게 달려가고 싶은 생각이 들었다.

- 부적 : 그 여자가 너무나 권세를 부렸기 때문에 그는 다시는 그 여자를 만나지 않기로 결심했다.

④ 관념(Ideas)

- 정적 : 그는 민주주의의 수호를 위한 대열에 끼어 들었다.
- 부적 : 그는 의장이 국수주의의 장점에 대해서 하는 연설을 듣자 곧 회의실을 빠져 나왔다.

### (5) 내적 상태

TAT 이야기 속에서 주인공이 경험하는 내적 상태는 기쁨, 의기양양, 행복, 흥분, 갈등, 회의, 실의, 염세, 비애, 비탄 등이며 이를 크게 행복 · 갈등 · 비판의 3가지로 나눌 수 있다.

### (6) 해결행동의 양식

주인공이 환경적인 힘에 자극되었거나 자극받고 있을 때는 주인공이 반응하는 표현의 통로를 면밀히 고찰해야 한다. 특히 검사자는 표현의 강도와 행동이 표현되는 수준에 주의를 기울여야 한다. 주인공의 행동이 표현되는 수준은 면밀히 검토힘으로써 피검자의 personality의 어떤 요인이 외형적인 수준이며, 어떤 요인이 내재적 수준인가에 대한 중요한 단서를 포착할 수 있다. 행동의 표현방식 내지 행동표출 수준은 공상수준, 전 행동수준인 사고수준, 금지 행동수준 및 행동수준(능동-수동적 행동, 외향-내향적 행동, 몸짓 등) 등으로 분석된다.

### (7) 결과

아야기의 결론도 검토되어야 하는데 결과가 행복이냐 또는 불행이냐, 성공인가 실패인가, 주인공의 문제는 해결되었느냐, 욕구가 충족되었느냐, 또는 갈등상태가 그대로 지속되고 있느냐(결과의 부정)를 분석해야 한다.

## 2) 부가 분석요인

### (1) 수검태도

수검 중에 피검자가 나타내는 행동은 객관적 자극, 즉 그림에 대해서 피검자가 이야기를 전개하는 과정에서 나타내는 일련의 감정, 감흥, 불안 등의 직접적인 결과로 생각될 수 있는 것으로서 진단상 중요한 의미를 가진다. TAT 기록의 분석과 아울러 관찰, 평가, 분석되어야 할 수검태도상의 주된 분석 내용으로서는 수검 중의 행동(주저, 안절부절, 웃음, 피로, 땀 흘리기, 무릎 비비기 등), 검사자에 대한 태도(협조, 반항, 거부, 정정 등), 특정도판에 대한 태도(검사거부, 지나치게 길거나 짧은 이야기 등) 및 반응시간(초발 반응시간, 이야기 서술시간, 휴식시간 등)을 들 수 있다.

### (2) 지시사항의 준수여부

피검자는 이야기 가운데서 과거 · 현재 · 미래의 3가지의 시간적 요소를 포함시키도록 지시받고 있다. 지시 사항을 엄격히 고수하고 있는 반응을 한다면 이는 피검자의 완고성(rigidity)을 반영하는 것으로 볼 수 있고, 시간관계의 순서를 거의 언급하지 않으면서도 묵시적으로는 원만하고 자연스럽게 순서를 지키고 있다면 피검자의 창의성, 독창성 능력, 또는 정서의 통제를 나타내는 것으로 볼 수 있다. 또한 구체적이고 기술적인 접근 방식에서 나타나는 바와 같이 시간의 순서에 대한 언급이 전적으로 결여되어 있다는 것은 다음 요인의 일부 또는 그 결함을 시사하는 것으로 보인다. 즉 편협한 시간 전망, 불안, 낮은 지능수준, 조직력의 부족 등이다.

### (3) 피검자 이야기 및 그림의 관계

#### 1 그림과 이야기의 관계

이야기의 내용이 그림에 너무 접근하게 되면 이는 그림의 기술이나 그림 속의

사물의 나열에 불과하게 되며, 반면에 이야기 내용이 그림과 멀리 떨어질수록 그림 속에 없는 이야기가 등장하거나 그림의 객관적인 모습을 잃고 왜곡된다.

#### 2 피검자와 그림의 관계

피검자와 그림의 관계는 그림에서 너무 떨어지게 되면 주관적인 감정의 기술에 불과하게 되고 그림에 접근할수록 그림의 비평에 불과하게 된다. 즉, 이는 독백, 감상, 그림의 비평이 나타난다.

#### 3 피검자와 이야기의 관계

이야기 내용이 너무 피검자와 밀접한 것이 되면 이는 개인적인 이야기가 되기 마련이며, 반대로 피검자가 이야기에 접근하면 꿈이나 영화의 이야기가 된다.

### (4) 지각 내용

피검자가 그림의 객관적인 특징을 활용하고 있느냐의 여부를 밝힘으로써 유의미한 자료를 얻을 수 있다. 임상적인 경험에 의하면 그림의 요소에 대한 피검자의 이용과 해석은 다음 요인의 일부 또는 결합으로 구성된다. 즉 지능수준, 현실과의 접촉 정도, 및 여러 가지 요소의 강도이다. 이에 관련해서 면밀히 검토되어야 할 요인들은 ① 생략, ② 첨가, ③ 왜곡, ④ 특정 부분에 대한 세심한 주의 등이다.

### (5) 언어서술 양식

시능이 우수한 피검자일수록 지능이 낮은 사람에 비해 형용사, 부사, 다음절어, 복문을 많이 사용하기 마련이다. 무기력하고, 무감동하고, 복잡한 사람의 이야기 가운데는 피동적인 동사가 많이 나온다. 형용사를 지나치게 많이 사용한다는 것은 불안정감, 우유부단, 합리화의 경향을 나타내며, '이와 같이', '아마', '어쩌면' 같은 부사를 지나치게 많이 쓴다는 것은 흔히 고도의 강박적 회의를 나타내는 수가 많다.

## 4. 분석결과의 정리

TAT 기록의 분석결과를 정리하는데 사용되는 것은 <표 14-1>과 같은 개인 기록용지이다. 이를 활용함으로써 결과의 분석, 사례의 요약, 및 해석에 많은 도움이 된다.

## 5. 해석의 방법

해석이란 한 마디로 분석자료와 관찰, 조사자료를 종합적으로 음미함으로써 피검자와 퍼스낼리티의 이미지를 구성하는 것을 말하며, 자료의 종합에는 그림의 성질과 통각의 성질을 비교, 종합하는 종적인 종합과 욕구, 압력 등의 주요 내용이나 문제 영역을 밝히는 횡적인 종합이 있다. 그러나 가장 많이 사용하는 방법은 욕구-압력 관계의 분석해석법이다.

### 1) 종합적 해석

#### (1) 일반적 절차

해석은 몇 가지 단계로 나누어 볼 수 있으나 전술한 자료에 따라 얻어진 자료를 바탕으로 피검자의 완전하고 유의미한 퍼스낼리티의 상(像)을 구성하는 첫 단계가 바로 증상분석(syndrome analysis)인 것이다.

증상분석이란 피검자의 퍼스낼리티의 여러 가지 요인들이 서로 어떻게 관계되어 있고 또 서로 어떻게 영향을 미치고 있는가를 밝히기 위하여 TAT 기록을 분석하는 것이다. 특히 어떤 이야기 속에 욕구, 압력, Gathexes의 대상 등이 나타나고 있다면, 검사자는 다음과 같은 점에 비추어 그 이야기 내용을 검토해야 한다.

**표 14-1**

**개인기록 용지**

| 도판 No. | | 1 | 2 | 3 | 4 | 5 | 6 | … | 18 | 19 | 20 | 왼쪽 난에 기입되는 기록 예 |
|---|---|---|---|---|---|---|---|---|---|---|---|---|
| 주인공 | | | | | | | | | | | | 아버지, 친구, 애인…… |
| 욕구 | 유형 | | | | | | | | | | | 공격, 거부, 방어… |
| | 대상 | | | | | | | | | | | 아버지, 동생, 실패 |
| | 수준 | | | | | | | | | | | 현실, 공상 |
| 압력 | 유형 | | | | | | | | | | | 결여, 공격, 거부, 성취…… |
| | 대상 | | | | | | | | | | | 부인, 학업, 친구 |
| | 수준 | | | | | | | | | | | 공상 |
| 내적 상태 | | | | | | | | | | | | 노여움, 불안, 비애, 공포 |
| 해결 행동의 양식 | | | | | | | | | | | | 수동적, 금지, 불명 |
| 결과 | | | | | | | | | | | | 불행, 성공, 실패, 부정 |
| 언어 사용양식 | 언어 | | | | | | | | | | | 회의, 자폐적 |
| | 서술 | | | | | | | | | | | 불확실 |
| 지각내용 | | | | | | | | | | | | 생략(권총), 첨가(극장), 왜곡(여인), 세부강조 |
| 그림과 이야기 및 피험자의 관계 | 그림 · 이야기 | | | | | | | | | | | 생략, 첨가, 세부강조, 왜곡 |
| | 그림 · 피험자 | | | | | | | | | | | 감상, 비판, 독백 |
| | 이야기 · 피험자 | | | | | | | | | | | 신변소설적, 개인직 |
| 시간 전망 | 현재 | | | | | | | | | | | 결여 |
| | 과거 | | | | | | | | | | | 결여, 현재 접근 |
| | 미래 | | | | | | | | | | | 결여 |
| 수검태도 | | | | | | | | | | | | 반항적 |
| 반응시간 | | | | | | | | | | | | 20′ 4″ - |
| 비고 | | | | | | | | | | | | 거부 |

① 욕구, 압력, Cathexes의 대상 등에 선행되어 있는 여러 가지 조건

② 이들 요인들이 표현되고 있는 강도

③ 이에 따른 결과나 귀결

어떤 유의미한 요인이 내포된 한 이야기에 대해서 이러한 절차가 이루어졌다면, 그 다음에는 이와 동일한 요인이 다른 이야기 속에서도 나타나고 있는지 여부를 주의해야 한다. 따라서, 이와 같은 분석을 전 이야기에 모두 적용할 수 있는 것이다. 이렇게 해서 얻어진 새로운 자료는 그러한 요인이 나타난 다른 이야기에서 얻어진 자료와 비교, 대조해야 한다. 이렇게 끊임없이 검토에 검토를 거듭함으로써, 검사자는 분석과 해석의 과정에서 세운 여러 가지 가설을 수용 혹은 거부해 나갈 수 있는 것이다. 일반적으로 최소한 두 가지 이상의 이야기 가운데서 얻어진 자료가 아니면, 어떠한 가설도 수용될 수 없다.

### (2) 구체적 사례

다음의 예는 종합적 해석이 어떻게 이루어지는가를 실증해 주고 있다. 이 예는 우리가 피검자의 이야기 가운데서 특정 인물을 어떻게 선택하며, 또 그에 대한 피검자의 관심과 반응이 어떠한가를 연구하는 방법을 잘 예시해 주고 있다.

#### 1 여러 도판의 반응 사례

**도판#1** : 약간 지치고 싫증을 느끼며 바이올린을 바라보고 있는 소년, 아마 부모가 바이올린 교습을 받도록 강요한 것 같이 보이는 구먼⋯⋯ 만약 그에게 연주하도록 강요한 것이 그의 어머니였다면, 아마 그렇겠지만 아마도 그는 아버지께 여쭈어 연습을 면할 수 있는 방안을 모색하려 하고 있으며 ⋯⋯ 아버지에게 가서 그러한 요구를 하고 있다. 아마 아버지께서는 그를 타이르고 그것이 시간낭비가 아니라는 점을 설득할 것이다. 그는 또한 어머니께도 말하겠다고 이야기했으나, 어쨌든 아마 그는 양친 모두에게서, 또 어머니로부터도 이야기를 들었다. 아마 연습을 계속하지 않는다면 권유나 처벌을 하겠다고, 그가 연습을 거절한 것은 이번이 처음이 아니며, 또 마지막도 아닐 것이다. 그러나 결국 그는 언제나 연습하러 가고 만다.

**도판#2** : 우리는 우리들 앞에 있는 사람들의 얼굴표정으로 볼 때 의견불화의 장면을 보고 있다. 두 여자가 자기에게 제안한 요구를 남자는 부정했음이 분명하다. 아마 여인은 그의 어머니이고 소녀는 그와 결혼하기를 바라고 있는 여자인 것 같다. 그는 농사일과 자유로운 생활에 더 흥미가 있는 것 같다.

**도판#3** : 무슨 일인가 슬프게 흐느끼고 있는 젊은 청년. 그는 어디로 가고 싶어 하고 있으나 부모가 거절했다. 그는 이 문제로 너무나 상심하여 죽어 버릴까 하는 생각을 하고 있다.

**도판#6** : 우리는 방안에 조용히 서 있는 한 남자와 그의 어머니를 보고 있다. 남자는 그 여자의 아들일 것이다. 그가 분명히 무슨 일일 저질러서 그 어머니를 몹시 불쾌하게 했다. 분명히 그는 무마하려 하고 있다. …… 그의 설명과 사과가 아직 받아들여지지 않고 있다. 그는 자기 어머니를 만족시킬 수 있는 다른 도리를 생각해 내고 있다. 얼마 동안 계속 그렇게 하면 그가 다시는 그러지 않는다는 조건으로 결국은 어머니께서 물러설 것이다.

**도판#7** : 아주 중대한 문제에 직면하고 있는 두 사람. 그 중 젊은 사람은 해답을 알지 못하는 것 같이 보인다. 그들은 오랫동안 생각하고 있으며 아주 도움이 되는 것 같이 보인다. 늙은이는 젊은이를 응시하고 있다. 늙은이가 적극적으로 참여하지 않았기 때문에 그 문제는 해결되지 않고 있다.

### 2 종합적 해석 사례

이상의 자료를 통해서 볼 때 피검자는 분명히 자기 어머니를 권위적이고 비타협적인 인물(도판1, 도판2, 도판3, 도판6)로 생각하고 있으며, 어머니께서는 아들을 지배해서 자기 혼자 살아가기를 바라게끔 해 놓았다(도판1, 도판2, 도판6). 반면에 그의 아버지는 그가 곤란한 점이 있으면 찾게 되는 인물이다(도판1). 그러나 아들이 바라는 만큼 아버지가 강력하고 현명한 인물이 못되기 때문에 부자 관계에도 흠이 있다(도판1, 도판7). 아들의 소망과는 달리 아버지는 구순적이지만 약하고 그렇게 현명하지가 못하다(도판1, 도판7).

### 2) 도판별 해석

#### (1) 도판 9BM의 반응과 해석 사례

| TAT 반응 | 분석 및 해석 |
|---|---|
| 음, 여기는 한 무리의 사람들이 들판에서 휴식을 하고 있죠. 그들은 햇볕을 피해서 모자로 얼굴을 비스듬히 가리우고 있으며, 어떤 일정한 계획도 보이지 않군요. 글쎄, 그들은 그저 쉬고 있으며, 편안히 쉬고 있고 특별히 생각하는 것이라고는 하나도 없어요. | 여기 이야기는 수동성을 상당히 내포하고 있다. 보통 정열적인 사람은 사람들이 어떤 일을 하기 위해서 일어나고 있다는 것으로 결론을 내린다. 이러한 것이 여기에서는 나타나지 않고 있다. '계획'에 관해 앞에서 얻어진 자료와 비추어 볼 때 이러한 계획들은 모두가 환상적일 뿐이며, 그는 그것을 하고자 하나 그의 수동성 때문에 그렇게 하지 못하고 있음을 시사하고 있다.<br>비록 8번째, 9번째 이야기는 간단하기는 하지만 다른 이야기에서 관찰된 것보다 사고과정에 있어서의 혼란이 훨씬 적다는 점을 주목해야 한다. |
| ◎ **진단** : 피검자는 그의 계획이 주로 공상수준에서 맴돌고 있는 수동적인 사람이다. | |

#### (2) 도판 11의 반응과 해석 사례

| TAT 반응 | 분석 및 해석 |
|---|---|
| 음, 이 그림은 저기 다리가 있고 어떤 험준한 산맥의 꼭대기인 것 같은데, 누군가가 달려가고 있는 것 같군요. 평범한 걸음걸이로 걷기에는 너무 벅차지만, 팔을 흔들고 있는 것 같군요. 떨어진 몇 개의 바위들이 있는 것 같고, 역시 저기, 저기 언덕 옆에 있는 어떤 동굴에서 유사 이전의 괴물이 다가오고 있는 것 같군요. | 여기에서의 주된 주제는 위험한 환경으로부터의 도피이다. 또는 유사이전의 괴물을 상징적으로 해석한다면, 피검자는 자기 자신의 본능적 행동으로부터 달아나고 있는 것으로 볼 수 있다. |

| | |
|---|---|
| 결과는 아마 죽음이거나 또는 자유일 것입니다. | 여기서도 이분적인 것에 주의를 기울일 필요가 있다. 결과는 단순히 죽음이냐 삶이냐가 아니라 죽음이냐 자유이냐다. 이것은 피검자가 현재 위축된 환경에서 결핍되어 있는 자유에 집착하고 있다는 중요한 사실을 시사하는 것이다. |
| ◎ 진단 : 피검자는 위협적인 환경과 그의 본능적 행동으로부터 달아나고 있다. 그는 그가 지금 누리고 있는 것보다 더 많은 자유를 찾고 있지만 그가 자신의 목표를 달성한 것인지는 극히 의심스럽다. | |

## 3) Masserman과 Balken의 지수법

지수법은 형식적 해석법에 해당된다. 형식적 해석은 내용해석과 대조적인 것으로서 원칙적인 구별은 되나 그 한계는 반드시 명확한 것은 아니다. TAT의 분석 가운데 주인공의 역동적인 내용을 포착하고 욕구, 압력, 감정상태를 분석하고, 거기에서 일정의 경향을 분석하려는 입장을 내용분석이라고 한다. 한편, 형식적 해석은 피검자가 TAT를 실시할 때에 이야기하는 태도, 이야기의 구조적 특징, 언어특징, 이야기의 표현양식 등을 잡고 이것을 해석해 가는 방법이다.

### (1) 지수산출법

1

$$V-A\text{ 계수} = \frac{\text{동사(Verb)총수}}{\text{형용사(Adjective)의 총수}}$$

V-A 계수가 높으면 공상이 끊임없이 역동적이고, 극적인 피검자의 리비도적 긴장과 불안을 나타낸다.

2

$$P-N\text{ 계수} = \frac{\text{가능성, 개연성의 표현(Positive, 긍정적)}}{\text{불가능성, 비개연성의 표현(Negative, 부정적)}}$$

표면적으로 감정의 평정을 갖고 있다고 볼 수도 있으나 심하면 전환성 히스테리라고도 볼 수 있다.

3

$$\text{C} - \text{U계수} = \frac{\text{확실성의 표현(Certainty)}}{\text{불확실성의 표현(Uncertainty)}}$$

4

$$\text{Q} - \text{C계수} = \frac{\text{조건부 긍정의 표현(Qualification)}}{\text{확실성의 표현(Certainty)}}$$

심하면 자신이 없거나, 자기 비판, 소심적인, 강박적인 경향을 보인다.

### (2) 증후군별 특징

위와 같은 분석 항목에 의해서 J. H. Masserman과 E. R. Balken은 정신신경증의 특징을 진단하는 것에 어느 정도의 성과를 올릴 수가 있었던 것으로 밝히고 있으며, 각 증후군에 비추어 이 방법이 갖는 임상적 의미를 다음과 같이 보고하고 있다.

#### 1 전환성 히스테리

평균어휘수(AV)는 비교적 높고, V-A 계수는 낮다. 서술에 있어 힘은 없으나 과장되는 수가 많다. C-U 계수, Q-C 계수는 낮다. P-N 계수는 높다. 등가성 또는 동요를 나타내는 표현의 수와 특수표현의 수가 극단으로 낮다. 1인칭을 잘 쓰지 않고 주인공을 동일시하지 않는다.

히스테리의 심리적 구조는 명백히 나타난다. 즉 성적 욕구의 억압, 공격을 신체적 증상으로 전이시켜 버리거나 충동의 도피구를 발견해서 표면적으로 평정을 유지하고 있다. 이러한 충동적 욕구를 가짐으로써 죄악감이나 불안 때문에 1인칭을 쓰지 않고 동일시를 하지 않는다. 그러므로 검사자에 대한 질문이 많아진다. 수검장면에서의 대인관계, 즉 피검자와 검사자와의 관계가 잘 성립되지 않는다.

### 2 불안상태

전환성 히스테리와 비교해서 V-A 계수가 높고, 이야기가 극적이고, 강박적이다. 갈등을 해결하려는 노력이 높고, 그래서 불확실한 표현도 많다. 막연한 표현의 수가 많다. 그림 속의 인물과 동일시하는 일이 많다. 이것은 환자의 불안이 신체적 증상으로 전환할 수도 없고 강박신경증 환자와 같이 자기의 관념이나 습관에 얽매여 불안을 해소할 수 없음을 말한다. 그러므로 A-V 계수가 낮아진다. 검사자에 대한 태도도 해결할 수 없는 갈등에 지나지 않는다. 그러나 어떤 환자는 불안을 해소하는 방법을 모르기 때문에 그 불안이 얼굴에 표현된다. 이렇게 불안이 얼굴에 잘 표출되는 것은 이야기 내용이 불안에 관계되는 말이 많이 나온다는 신경증의 이론에 근거해서 많은 시사를 받을 수 있다.

### 3 강박신경증

불안신경증과 유사한 점이 많다. 강박적인 표현이 제일 많다. 왜냐하면 Q-C 계수가 높고, 특수한 표현이 많고, P-N 계수, C-U 계수는 낮기 때문이다. 이것은 환자의 태도나 분명하지 않은 이유를 변명하려는 경향으로 본다. 고로 V-A 계수는 굉장히 낮다.

강박적 불안은 갈등해결이 가능하나 불안신경증은 갈등해결이 불가능하다. 그러나 한편 임상적인 징후와의 비료를 예상하고 만들어진 언어특성의 분석 항목은 형식해석의 입장에서 볼 때 그 범위가 좁은 것 같다. 따라서 오늘날 대부분의 TAT 연구자는 내용해석 외에 형식분석적 해석을 병용해서 활용하고 있는 것이다.

## 6. 보고서 작성

보고서 작성에는 다음 두 가지 부가요인이 또한 영향을 미친다. 이론적 관점은 별문제로 하더라도 보고서가 전달될 대상이 또한 보고서 작성양식에 영향을 미친다. 자기 자신의 전문적 성장을 위해 작성하는 것과 학술보고서 등이 다르고 의견을 같이 하는 자기동료들에게 보내는 것과 서로 의견을 달리하는 사람들을 위해 작성하는 보고서 간에는 차이가 있다.

또한 보고서 작성의 목적에 따라서도 차이가 있다. 예컨대, 어떤 특정 요인의 탐색을 목적으로 하느냐, 몇몇 요인의 탐색에 초점을 두느냐 혹은 연구가 목적이냐에 따라서는 차이가 있다. 요컨대, 퍼스낼리티에 대한 자신의 이론적 접근방식, 보고서의 전달 대상 및 보고서의 작성 목적이 최종보고서의 작성 방식에 영향을 미치는 것이다. 따라서 검사자는 이러한 점을 자료의 통합문제 뿐만 아니라 TAT 기록의 분석과 해석과정에 있어서도 깊이 염두에 두어야 할 것이다.

보고서 양식은 일정한 것이 없으나 〈표 14-2〉와 같은 양식이 사용되고 있다.

사례사란은 출생 후 현재까지의 주요 행동이나 사건들을 기록하는 바 특히 발달사적 관점에서 현재 피검자의 요구 · 압력 관계에 영향을 미칠 수 있는 근거를 밝히는데 도움을 줄 수 있는 내용의 서술이어야 한다(예 : 신체적 질환이나 장애, 학교, 직업, 결혼, 대인관계 등 생활적응과 관련된 과거 생활사).

표 14-2

## TAT 개인검사 결과 보고서

<table>
<tr><td>성명</td><td>연령 세</td><td>성별(남 여)</td></tr>
<tr><td>교육정도</td><td colspan="2">직업</td></tr>
<tr><td>실시일자 19 년 월 일</td><td colspan="2">실시자</td></tr>
<tr><td>주소</td><td colspan="2">해석자</td></tr>
<tr><td colspan="3">사례사</td></tr>
<tr><td colspan="3">TAT 분석결과의 요약</td></tr>
<tr><td colspan="3">해석</td></tr>
<tr><td colspan="3">비고</td></tr>
</table>

제15장

# Rorschach Test

1. Ink-Blots Card의 내용
2. 검사 실시법
3. 분류법
4. 정리법
5. 해석법

## 1. Ink-Blots Card의 내용

Rorschach Test는 약 24.2×16.9cm의 크기로 된 10매의 대칭형 Ink-Blots Card를 진단검사도구로 사용한다. 이들 10매의 카드내용은 다음과 같다.

〈card Ⅰ〉

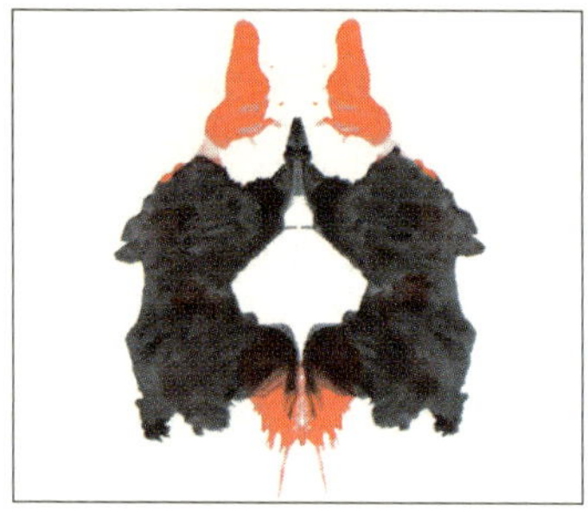

〈card Ⅱ〉

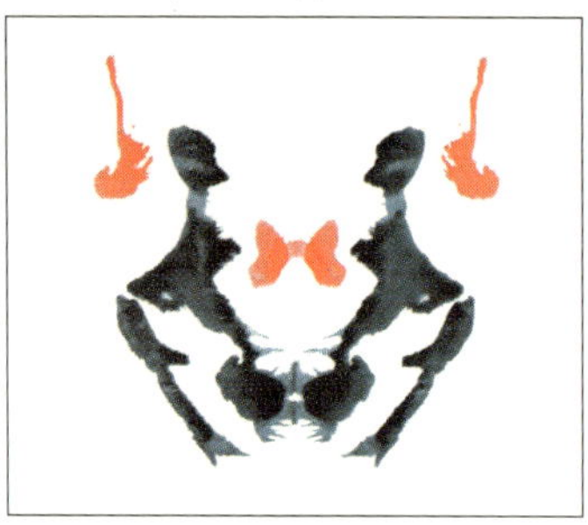

〈card Ⅲ〉

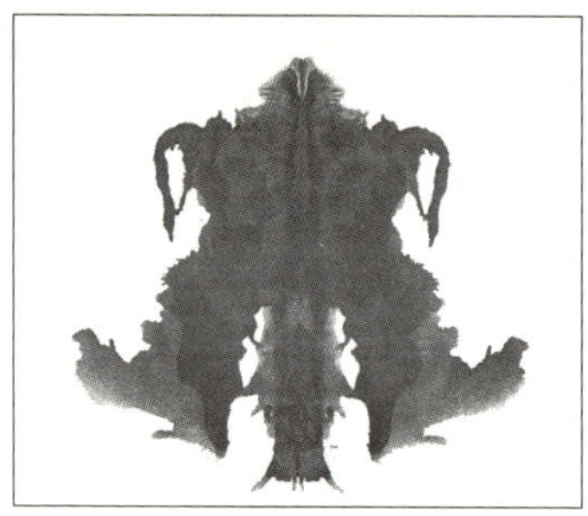

〈card Ⅳ〉

〈card Ⅴ〉

〈card Ⅵ〉

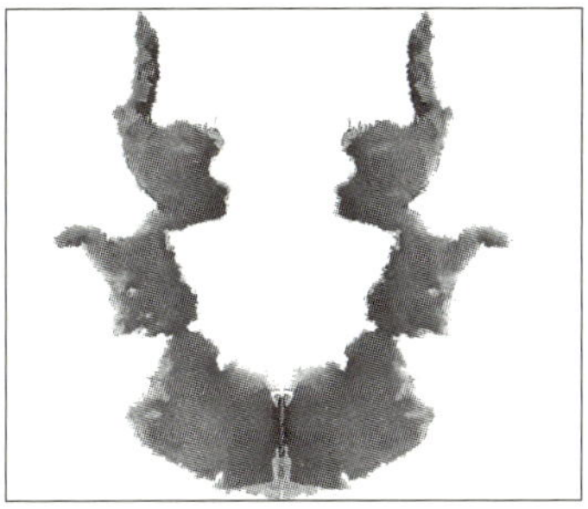

〈card Ⅶ〉

〈card Ⅷ〉

〈card Ⅸ〉

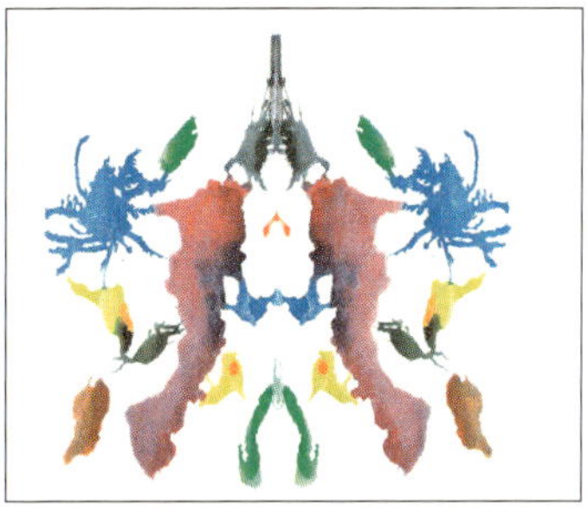

〈card Ⅹ〉

## 2. 검사 실시법

### 1) 준비

검사를 시행하기 전에 다음과 같은 것을 준비해 두지 않으면 안 된다.

① Rorschach Test 카드 10매 1조(국산도판은 아직 나와 있지 않고 스위스 Hans 출판사 간행의 원판을 사용)

② 반응기록 용지

③ 스톱워치 또는 3침의 팔목시계

④ 필기도구(볼펜 또는 연필)

⑤ 로케이션 차트(이것은 카드의 사진축소판이 가장 이상적이며, 보통 정리용지에 인쇄되어 있다)

위의 용구들이 마련되면 채광이 좋은 조용한 방을 골라서 검사실로 지정하는데, 직사광선을 커텐으로 차단할 필요가 있다. 색채효과에 약간 영향을 줄 수 있다는 점이 예상되기 때문에 형광등 사용도 검토되어야 한다. 이러한 준비가 이루어지면 언제든지 테스트를 시행할 수 있다. 검사자와 피검자는 책상을 사이에 두고 마주보고 앉는다. 이 위치는 테스트 중의 피검자의 행동을 관찰하기 편리하기 때문이다. 마주보고 있는 것이 피검자의 신경을 자극하게 된다고 느껴질 때에는 물론 이 위치를 고집할 필요는 없다. 피검자의 긴장을 유발시키지 않는 일이 무엇보다도 먼저 검토되어야 한다.

카드의 위치는 검사자가 편리한 대로 잡되 자연스런 위치에 둔다. 테스트 개시 이전에는 10매의 카드를 거꾸로 덮어 두되 위에서 Ⅰ, Ⅱ, Ⅲ……Ⅹ의 순으로 포개놓고 검사자의 오른편에 둔다. 이 때 카드 뒷면의 인쇄문자의 행이 검사자에 대해 수직이 되게끔 두는 것이 좋다. 반응이 끝난 카드는 역시 거꾸로 덮어 두고, 왼쪽에 차례로 포개 놓는다.

로케이션 차트는 이것을 사용하는 단계에 들어가기 전에는 피검자자에게 보이지 않게 주의해야 한다. 스톱워치의 사용시에는 방이 조용한 만큼 그 소리가 방해되지 않도록 왼손으로 잡고 무릎 위에 포개 놓으면 피검자의 귀에는 안들리게 된다. 중요한 일은, 시간을 재고 있는 눈치를 피검자에게 보여서는 안 된다. 함부로 시계를 사용하려는 것보다는 전혀 사용하지 않는 것이 좋다.

## 2) 검사의 시행

준비가 이루어지면 검사실에 피검자를 데려 온다. 이제부터 검사자가 하려고 하는 일은 피검자의 퍼스낼리티를 보다 잘, 보다 객관적으로, 보다 깊이 이해하기 위해 될 수 있는 한 많은 반응을 얻어 내는 것이다. 그러나 되도록 강제적인 수단을 요구함이 없이 피검자가 자발적으로 반응하게끔 고무하지 않으면 안 된다. 그러기 위해서는 다음과 같은 일을 고려할 필요가 있다.

### (1) 검사사태의 조정

일반적으로 말해서 테스트는 자유스러운 분위기 가운데서 행해져야 한다. 그러기 위해서는 긴장을 푸는 회화가 필요하다. 피검자는 검사실에 입실하기 전부터 긴장되어 있다고 보아도 좋다. 검사자는 이 전제에 따라 부드러운, 특히 테스트에 협력해 주도록 기분을 조장하는 분위기를 마련하는 일에 노력하지 않으면 안 된다.

테스트의 사태가 특수한 대인관계에 의해 성립되어 있다는 사실을 잊어서는 안 된다. 특히 대인관계는 원래 일방적인 것이 아니고 상호작용하에 이루어지는 것이므로 검사자는 자기 자신의 성격 특징까지도 잘 알아야 할 필요가 있다.

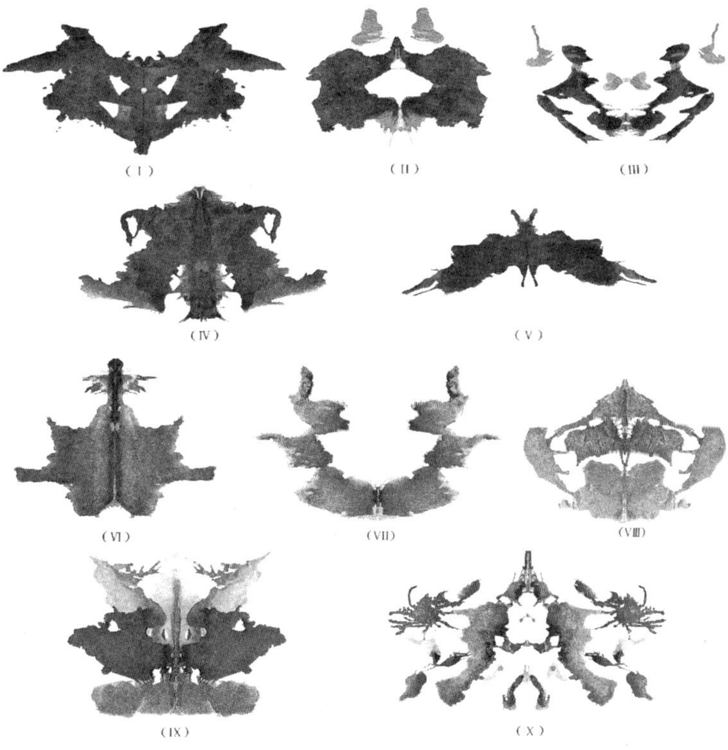


Location Chart

어떤 피험자, 어떤 검사실, 어떤 연구 목적을 가진 실험자라고 말하듯이 테스트 상황의 성질은 어떤 것에 한한 것이 된다. 강제적인 것이 아닌 자유스러운 분위기를 만든다고 하지만 구체적으로 그 방법을 나타내기는 쉽지 않을 것이다. 그러므로 피검자를 자연스럽게 테스트의 사태에 임하게 하는 일이 첫 단계의 주요과제라 하겠다.

### (2) 지시(Instruction)

지시란 테스트 개시의 선언이다. 테스트하는 방법에 대한 지시를 주는 일이다. 피검자의 긴장의 정도에 따라서 지시를 주는 시간이나 방법은 물론 달라진다. 지시의 내용, 즉 말씨는 피검자의 연령이나 지능 정도 등 또는 교육 정도에 따라서는 다소 달려져야겠지만 보통은 다음과 같이 한다.

> "지금부터 당신에게 10매의 카드를 보여드리겠습니다. 이것은 잉크를 떨어뜨려 우연히 이루어진 모양이기 때문에 무엇으로 보여도 관계없습니다. 이것이 당신에게 무엇으로 보여지는지 무엇과 같이 생각되는지를 말씀해 주십시오. 그러면 지금부터 한 장씩 드리겠습니다. 될 수 있는한 두 손으로 잡고 자유로이 봐 주십시오. 무엇으로 보여도 괜찮으니 무엇이 보이게 되면 주저함이 없이 그대로 말씀해 주십시오."

이와 같은 지시를 줌과 동시에 카드 1매를 건네 주는데, 이 때는 카드의 머리쪽(상부)을 위로 하여 건네 주어야 한다. 어떤 피검자는 "우연히 이루어졌다."라는 말을 믿지 않을는지도 모른다. 그 때는 잉크를 떨어뜨려 실연해 보는 것이 좋다. 그리고 이 지시는 아무런 제약을 가하지 않고 있기 때문에 오히려 피검자는 여러 가지 의문을 갖기 쉽다. 가령 "시간에는 제한이 없는가?" 또는 "카드를 돌려 보아도 좋은가?" "그림의 일부만을 보아도 좋은가?" 등 질문이 있을 때에는 검사자는 곧 이 테스트는 일체의 제약이 없으며 피검자 마음대로 해도 좋다는 점을 되풀이 말해 주면 된다. 제일 처음부터 카드를 회전하여 보아도 좋다든지, 전체로 보거나 부분으로 보거나 해도 좋다던지의 말을 해서는 안 된다. 그리고 시간의 제한도 주지 않고 자극도형만을 일정한 것으로 하고 나머지는 피검자의 자유에 맡기는 것이 이 테스트의 특징이며 강점인 것이다.

이와 같은 상황에 있게 됨으로써 비로소 피검자는 그 퍼스낼리티의 모든 특성을 노출시켜 주게 되는 것이다. 지시에 있어서는 피검자의 행동을 제한하기 쉬운 말씨나 과제해결의 방향을 암시해 주는 말씨는 될 수 있는 대로 피해야 한다.

지시가 주어져서 카드를 넘겨 주면 피검자는 응답을 시작한다. 그리하여 테스트가 완료될 때까지 다음의 3단계가 있다. 즉 자유반응단계, 질문단계, 한계음미단계이다.

### (3) 자유반응단계(Performance proper)

이 단계에서는 피검자로부터 자유스럽고 자발적인 응답을 얻어 내도록 노력한다. 여기에서 얻은 반응이 이 테스트의 기초적인 자료가 된다. 따라서 검사자는 결코 암시적이고 유도적인 질문을 하거나 피검자의 언어적 · 행동적인 모든 표현을 억제하는 일을 하지 않도록 조심해야 한다. 이 단계에서 검사자가 할 일은, 지시를 주고 카드를 건네줄 때 즉시 스톱워치를 누르는 일이다.

피검자에 따라서는 카드를 보자마자 동시에 반응하는 사람이 있을 수도 있기 때문에 검사자는 즉시 반응을 기록할 태세를 취하지 않으면 안 된다. 첫째 반응이 나타난 순간, 그 때까지의 시간을 재는데, 이 최초의 카드를 제시한 때로부터 첫째반응이 나타났을 때까지의 시간을 시발반응 시간($T/R_1$)이라고 한다. 카드 I에 대한 반응이 끝나고 피검자가 "이제는 아무것도 안 보입니다."라고 말할 때까지 스톱워치를 떼지 않고 있어야 한다. 한 장의 카드가 끝났을 때 비로소 스톱워치를 뗀다. 이 때까지의 시간을 반응종료 시간(T/R)이라고 부른다.

#### 1 반응의 기록

되도록 구체적으로 세밀히 작성되어야 한다. 그리고 피검자의 독특한 말씨를 검사자 나름으로 고쳐서 기록해서는 안 된다. 또한 반응이란 것은 단지 언어적 표현에만 국한해서 생각할 것이 아니라 동작이나 태도까지도 포함하는 것으로 생각해야 될 것이다. 때에 따라서는 테이프 레코드를 마련해 두어도 좋다.

표 15-1 **기록용지(자유반응단계까지의 기입법)**

이름 : 김 ○ ○ 검사일자 : 99. 8. 2

| 카드 No. | 반응 No. | 카드 위치 | 반응 시간 | 자유반응단계 | 질문단계 | 분류 |
|---|---|---|---|---|---|---|
| I | 1. | ∧ | 10″ | 나비 같다. | | |
| | 2. | ∧ | | 사람이 서 있는 것 같다. | | |
| | | > | 35″ | 이젠 더 이상 아무것도 안 보입니다. | | |

〈표 15-1〉은 기록용지의 견본인데, 기입의 순서는 왼쪽란부터 시작한다.

우선 카드 Ⅰ의 제시와 더불어 카드 No.(Ⅰ, Ⅱ……등)를 기입한다. 다음에 분류의 대상이 될만한 반응이 일어나면 반응 No.(No. 1, No 2. No 3……등)를 기입함과 동시에 카드의 위치 · 반응시간 및 반응어를 기입한다. 카드의 위치는 ∧ ∨ > < 와 같은 부호를 써서 표시하는데 정상의 위치는 ∧로서 표시한다. 다른 부호의 뜻은 ∧를 중심으로 판단하면 된다. 카드를 둘둘 말 때는 '둘둘'의 기호를 써서 표시한다. 반응시간은 전술한 시발반응 시간과 반응종료 시간을 기입하면 되지만, 때에 따라서는 각 반응시간을 기입하는 일도 있다. 이것은 동일카드에 있어서의 반응과 반응 사이의 시간적 간격이 클 때는 필요한 일이다. 이 자유반응단계에서 기입하는 것은 표에 나타난 바와 같이 왼쪽에서 셋째란까지이고 나머지 난은 다음 단계에 기입한다.

그런데 이 단계에서 검사자의 역할은 아직 남아 있다. 그것은 피검자의 여러 가지 질문에 답을 해 주거나 테스트에 대한 불안이나 긴장을 해소시켜 주거나 안락한 분위기가 유지되도록 노력하는 일이다. 대부분의 경우 검사자는 다소의 피검자의 저항에 직면하게 된다. 이것은 자기 마음의 비밀을 알리고 싶지 않은 자기방어적인 메커니즘이 발동하기 때문이다.

어떤 피검자는 그림에 취미가 없으므로 이런 것은 안 좋다고 말한다. 어떤 사람은 입을 꼭 다물고 생각에 잠기고 만다. 또 어떤 사람은 의문투성이의 질문만 많이 하고 아무런 답도 하지 않을 때도 있다. 이러한 자기방어의 표현 자체는 충분히 관찰되어 기록해 둘 가치가 있는 것이며, 동시에 이러한 태도에 대해서 검사자는 피검자의 태도를 바람직한 방향으로 이끌어 가야만 한다.

### 2 질문을 하는 경우

예를 들어 "카드를 거꾸로 봐도 좋습니까?", "전체로 보는 것입니까, 부분만 보아도 좋습니까?" 등의 질문에 대해서는 단지 "당신 마음대로 해도 좋습니다."라는 뜻이 담긴 답을 해 주면 된다. 그리고 "시간의 제한이 있습니까?"라는 질문에는 "시간 문제는 개의치 않아도 좋습니다. 아무리 봐도 더 이상 아무것도 안 보인다고 생각될 때에는 카드를 앞에 엎어 두십시오."라고 답하면 된다. 이런 질문은 이 단계 이전에 발생할 수도 있는데, 검사자의 답은 마찬가지이다.

### 3 입을 꼭 다물고 가만히 있는 경우

아무런 반응도 하지 않고 가만히 앉아 있는 경우다. 이럴 때는 무슨 이유가 있기 때문에 한 마디로 말하기는 어려우나 일반적으로 지시의 일부를 되풀이해 주는 것이 좋다. 가령 "무엇으로 보여도 관계없습니다. 우연히 이루어진 도형이기 때문에 따로 정답이 있을리 만무합니다. 본대로 아무 염려하시고 말씀해 주십시오."라고 말한다. 가만히 있다가 "아무것도 안 보입니다."라고 했을 때는 "조금만 더 봐 주십시오."라고 간청을 하고 약 1분간 그대로 둔다. 그렇다고 너무 강제적이어서는 안 된다.

### 4 자기 비하의 경우

가령 '학교를 안 다녀서', '머리가 나빠서', '그림에 소질이 없기 때문에' 등의 표현에 대해서는 이 테스트가 그런 문제에는 아무런 관계가 없음을 자연스럽게 설명해 주는 것이 보통의 일이다. 때에 따라서는 웃는 얼굴로 가볍게 지나쳐 버리는 것이 적당할 때도 있다. 그밖에 피검자가 유아이거나 정신이상자인 경우에는 예측하지 못한 사태가 일어나기도 한다. 검사자는 이들의 기분을 잘 이해해서 테스트의 원만한 수행을 기도해야 하는 것이다.

이상과 같이 하여 자유반응단계가 진행되어 카드 Ⅰ이 끝나면 즉시 카드 Ⅱ를 건네 주어야 한다. 그리하여 카드 Ⅹ까지 속행한다. 이 사이 휴식시간을 삽입하는 것은 좋지 않다. 휴식시간이 오히려 피검자의 불안을 증대시키는 계기가 될 수도 있기 때문이다.

어떤 피검자는 카드 한 장에 대해서 10분 이상이나 반응을 하는 수가 있는데, 최대한 10분 정도로서 끊는 것이 좋다. 그럴 때에는 "무리하게 많은 반응을 하시지 않아도 좋습니다." 또는 "이 검사는 반응을 많이 한다고 좋은 것은 아닙니다." 등의 말을 하여 적절히 끝내야 한다.

그러나 이런 간섭은 적어도 5분 이내에서는 절대로 삼가야 한다. 이와는 반대로 한 장의 카드에 한 개의 반응만을 하고 카드를 엎어 두는 사람에 대해서는 "조금 더 봐 주십시오." "그밖에 무엇이 보이지 않습니까?"라고 고무시킬 필요가 있다. 이것은 반응총수(R)가 너무 적으면 퍼스낼리티 진단이 곤란해지기 때문이다. 그러나 카드 Ⅴ이후는 반응을 고무하지 않는 것이 보통이다.

### (4) 질문단계(Inquiry)

이 단계에서는 앞의 단계에서 얻어진 반응에 대하여 몇 개의 관점에서 질문을 해 간다. 여기에서 반응을 분류하는 데에 필요한 정보를 얻어 내게 된다. 앞의 단계에서는 피검자가 전적으로 자발적인 반응을 구했지만 이 단계에서는 피검자는 검사자의 일정한 질문에 답하지 않으면 안 된다. 그러나 검사자의 질문양식은 비지시적이며 피검자의 자발적인 응답이 중심이 된다. 이 단계에서의 검사자의 역할은 일정수준의 숙련을 요하는 것이다. 왜냐하면 검사자는 분류법을 완전히 머리 속에 넣어 놓고 질문을 계속 이어나가면서도 그 질문이 유도적이거나 암시적인 것이 되어서는 안 되기 때문이다.

따라서 모든 카드에 대한 자유반응의 단계가 끝나게 되면 즉시 이 단계에 들어가야 한다. 검사자는 "여러 가지로 말씀해 주셨는데, 지금부터 그것이 카드의 어느 곳에 보였는지, 어째서 그와 같이 보였는지에 대해서 여쭈어 보겠습니다. 그러면 한 번 더 카드를 처음부터 1매씩 보여드릴테니 저의 질문에 답하여 주시기 바랍니다."라고 말하면서 곧 카드 Ⅰ을 피검자의 앞에 놓는다. 이 때 카드를 피검자가 손에 들어도 좋고 앞에 놓아도 좋다.

이 단계에서 검사자가 해야 할 일은 얻어 낸 각 반응에 대하여 올바른 분류가 되도록, 주로 그 "반응은 카드의 어느 곳에 대해서 일어난 것인가"(반응영역), "그 반응은 어떻게 해서 결정한 것인가"(반응결정 요인), "반응내용은 무엇인가"(반응내용)의 세 가지면에서 질문해 가는 일이다. 따라서 이런 일을 하기 위해서는 검사자는 분류의 방법을 자기나름으로 완전히 머리 속에 간직하고 있어야 하는 것이다.

### 1 반응영역에 대한 질문

우선 검사자는 "그 반응이 카드의 어느 곳에 대해서 일어난 것입니까?"라고 말하면서 듣기 시작하는 것이 보통이다. 이 때 검사자는 로케이션 차트를 준비하였다가 여기에 반응영역을 기입해 간다. 예를 들면 카드 Ⅰ을 보여주면서 "당신은 나비와 같다고 말씀하셨는데, 그것은 어디에서 보였습니까?"라고 묻는다. 피검자가 만약 "이 도형의 전체가 그렇게 보였다."라고 답한다면 이것은 전체반응(W)인 것이다. 전체반응의 경우에는 특히 차트에 반응영역을 기입할 필요가 없다. 카드 Ⅰ에 대해서 나비와 같다고 답했을 때는 대부분 전체반응이지만 때에 따라서는 그렇지 않은 경우도 있다. 이 경우가 특히 문제가 되므로 다시 한 번 물어서 확인할 필요가 있다. 만약 피검자가 어디 어디의 부분이 그와 같이 보였다고 답한다면 그 영역을 손가락으로 지적하게 하여 그 위치대로 차트 위에 반응영역을 기입해 두어야 한다. 차트에 기입할 때는 정확히 기입하변 되므로 여기에 너무 신경을 써서 이 단계의 진행이 늦어지면 안 된다.

### 2 반응결정 요인에 대한 질문

반응영역이 확실해졌으면 이어서 "왜 그런 반응을 했는가"라고 물어 보아야 하는데, 이것은 반응을 결정한 것은 도형의 모양인가 색깔인가 또는 농도인가, 움직이는 운동감인가, 혹은 이들이 혼합된 것인가를 확인하는 일이다.

이 결정요인에 대한 질문 양식은 이 단계에서 가장 어려운 기술을 필요로 한다. 앞의 예에서 "그러면 나비와 같다고 생각한 까닭은 무엇입니까?"라든지 "이것이

나비와 같이 보인 것입니까, 좀더 상세히 그것에 대해서 설명해 주십시오."라고 말한다. 이 때 "나비라고 생각한 것은 그 모양이 닮았기 때문입니까?", "나비는 살아있습니까, 죽어 있습니까?" "나비라고 생각된 것은 모양 외에 색이 관계되어 있습니까?" 등의 질문은 피검자의 답을 유도하는 것이어서 암시적으로 작용하는 수가 있기 때문에 절대로 피해야 한다.

따라서 검사지의 질문은 "그것에 대해서 좀더 상세히 설명해 주십시오." "당신은 지금 모양이 닮아 있다고 했는데 좀더 상세히 설명해 주십시오." 라는 성질의 것이어야 한다. 즉 피검자가 말한 것을 한 번 더 확인하는 일은 있을 수 있지만 검사자 쪽에서 특정의 결정요인을 들어서 질문해서는 안 되는 것이다.

### 3 반응내용에 관한 질문

이것은 "어떤 것을 보았습니까"라고 하는 질문이지만 대부분의 경우 특별히 확인할 필요는 없다. 앞의 '나비'라는 반응의 경우, 그냥 그대로 동물반응이라고 분류해도 좋다. 그러나 "무엇이 움직이고 있는 것 같다."는 반응에서는 무엇이 움직이고 있는지 물어 보지 않으면 안 된다. 대부분의 경우 특별히 질문을 하지 않더라도 자연히 밝혀지게 되는 것이 보통이다. 그러나 같은 동물이라고 할지라도 그것이 동물의 부분을 가리키고 있는 것인지, 또는 전체를 말하고 있는 것인지가 불분명할 때에는 이점을 확인할 필요가 있다.

이상과 같이 세 가지 면에서 질문을 전개해 가야 하는데, 질문의 순서는 이들 ①, ②, ③의 순으로 반드시 고집하지 않아도 좋다. 때에 따라서는 ①의 질문을 생략하여 ②의 질문부터 시작하는 것이 좋을 때도 있으며, 어떤 때는 ③의 질문이 불필요할 때도 있다. 그러나 질문이 생략되는 경우는 거의 없다고 하겠다.

이 단계에서 검사자가 해야 할 일은 질문을 던지면서 동시에 피검자의 응답내용을 되도록 구체적으로 상세히 기록하는 일이다. 특히 정밀한 검사를 요하는 피검자의 경우가 아니면 응답내용을 하나도 빼놓지 않고 그대로 적을 필요는 없고 중점적으로 적으면 된다.

〈표 15-2〉는 이 단계에서 무엇을 기입할 것인가를 예시한 것이다.

〈표 15-1〉의 넷째란과 다섯째란을 이 단계에서 기입하게 된다. 사람에 따라서

는, 다섯째란은 테스트를 끝낸 후에 기입하는 방법을 취하는 경우도 있지만 시간을 절약하기 위해 동시에 다섯째란을 기입하는 것이 좋다고 본다.

〈표 15-2〉의 질문의 난에 S라는 것은 피검자의 약칭인데, 만약 검사자의 말을 기입할 때는 E라는 약칭을 쓰면 된다. E는 일정한 질문에 한한 것이기 때문에 생각해도 무방하다. 다섯째란, 즉 분류란은 반응영역(이에 대한 예로서 W와 D), 반응결정요인(F와 M), 반응내용(A와 H), 평범, 독창반응의 구별(이에 대한 예로서는 첫째 반응의 P), 그리고 그 밑에 형태수준의 평가(1.0과 1.5)의 순서로 기입한다.

**표 15-2** **기록용지(질문단계와 분류의 기입법)**

| 이름 : 김 ○ ○ | | | | | 검사일자 : 02. 11. 2 | |
|---|---|---|---|---|---|---|
| 카드 No. | 반응 No. | 카드 위치 | 반응 시간 | 자유반응단계 | 질문단계 | 분류 |
| I | 1. | ∧ | 10″ | 나비 같다. | S : 전체가 그렇게 보인다. | WF±AP |
| | 2. | ∧ | | 사람이 서 있는 것 같다. | S : 모양이 닮았다. 날개가 보인다. | 1.0 |
| | | > | 35″ | 이젠 더 이상 아무것도 안 보입니다. | S : 한 가운데 | DM±H |
| | | | | | S : 얼굴은 잘 모르지만 사람이 서 있는 모양이 보인다. 허리띠를 매고 있다. | 1.5 |

이와 같이 질문단계에서는 앞의 자유반응단계의 뒤를 이어서 카드 Ⅰ부터 카드 Ⅹ까지의 하나하나의 반응에 대해서 검토를 가한다. 그러나 피검자가 기억력이 저하되어 있는 노인이나 유아, 그밖에 환자인 경우에는 하나의 카드에 대해서 반응이 일어나면, 그 즉시 질문을 하는 예외적인 절차는 자유반응단계와 질문단계를 열결짓는 셈이 된다.

### (5) 한계음미단계(Testing the limit)

앞의 두 단계는 어떠한 경우라 할지라도 생략해서는 안 된다. 즉 최소한도로 필요로 하는 절차이다. 이에 비해, 이 단계는 시간적 여유가 아쉬울 때나 검사자가 기능이 숙달되지 못했을 때, 또는 재검사가 필요한 경우 등에는 생략할 수도 있다. 이 한계음미법은, 앞의 두 개의 절차에 비하여 분명히 유도적 · 암시적 · 강제적인 것이라고 할 수 있다. 앞의 단계에 있어서는 여러 가지 의문을 가졌지만 그 의문을 직접적으로는 물어 볼 수 없었는데, 이 단계에서는 이들 의문을 여러 가지 각도로부터 물어 볼 수 있는 것이다. 단 이 절차에서 얻는 응답은 기초적 분류나 채점에 영향을 주는 것은 없고, 해석이나 진단에 있어서의 보조적 자료가 되는 것이다.

### 1 도형파악의 방법에 관한 음미

이것은 피검자가 전체반응만은 일삼을 때 부분반응이 되는가 어떤가를 확인해 본다든지, 부분반응만을 일삼을 때 전체반응이 가능한가 어떤가를 음미한다든지 하는 일이다. 가령 같은 전체반응을 나타내는 사람이라 할지라도 부분영역에 눈길이 쏠리지 않는 사람도, 도형을 전체를 보아서 종합적으로 판단하지 않으면 무엇을 느끼지 못하는 사람도 있을 것이다.

### 2 인간반응과 운동반응과의 관계의 음미

인간운동반응(M)은 테스트의 해석에 있어서 중요한 역할을 지니고 있기 때문에 인간의 모양을 보면서 그 속에서 운동감각을 느끼지 않을 때는 M반응을 나타내는 일이 어느 정도 곤란한가를 음미해 볼 필요가 있다.

가령 카드 Ⅱ, Ⅲ, Ⅶ과 같이 '인간'이라고 반응이 일어나기 쉬운 카드에 있어서는 이것을 확인해 보는 것이 좋다.

### 3 형태, 색채반응의 음미

FC가 하나도 보이지 않을 때는 검사자 쪽에서 이 반응이 나타나기 쉬운 부분을 지적하여 이 결정인자를 사용하는 능력을 검토해 본다.

가령 카드 Ⅹ의 밑부분 한가운데의 녹색영역을 보여주고 "이것은 무엇으로 보입니까?"라고 물어서, FC의 반응이 나타나지 않으면, "배추벌레로 보이지 않습니까?"라고 다시 묻는다.

### 4 음영(陰影) 효과의 음미

도형의 농도에 대한 뉘앙스에 대해 자발적으로 반응하지 않는 피검자에게는, 카드 Ⅳ 또는 카드 Ⅵ을 제시하여, 그 음영(농도) 효과에 대한 감수성을 음미한다. 그런데 이들 카드에 '털가죽'이라는 반응이 나타나면, "모양이 닮아 있다."라고 설명하고, 농도효과에 언급하지 않은 피검자에 대해서는, "모양뿐이고 이 농도는 생각해 보지 않습니까?"라고 추구한다.

### 5 평범한 반응의 음미

P반응은 일반적으로 5개 이상 있는 것이 보통이다. 따라서 그것이 4개 이하인 경우에는 평범반응(P)이 이쪽의 지시에 의해서 어느 정도 반응하는가를 알 필요가 있다.

이상과 같은 한계음미법은 자유반응단계에 있어서, 제한된 반응밖에 하지 않은 피검자에 대해서는 특히 유효하며 필요가 있다.

그밖에 특수한 한계음미법으로서 몇 가지 고찰된 것이 있으나 별도로 자유연상법 · 개념형성법 · 성반응음미법 · 호악법(好惡法) 등이 사용되고 있다. 특히 이 단계에 있어서는 검사자가 지켜야 할 규칙 등이 따로 있는 것이 아니기 때문에 흥미나 필요에 따라서 음미해 보면 좋을 것이다.

## 3. 분류법

Rorschach Test를 완전히 시행하기 위해서는 이 분류법을 잘 이해하고 있어야 한다.

앞의 실시법은 피검자의 능력이나 테스트 사태의 상황 등에 따라서 적당히 변화가 있을 수 있지만, 이 분류법은 정확한 규칙대로만 쫓아야지 그렇지 못하면 의미를 상실하기 쉽다. 그렇기 때문에 분류법은 반응을 평가하는 데 있어서 기본적이고 객관적인 척도라고 할 수 있다.

### 1) 분류의 대상

분류법이란 어떤 것인가?라는 것을 말하기 전에 "무엇을 분류하는가", "분류의 대상은 무엇인가"를 문제삼지 않으면 안 된다. 이 물음에 대해서 우선 "분류의 대상이 되는 것은, 피검자의 카드에 대한 언어적 반응이다."라고 답할 수 있다. 이 답은 동작적인 반응은 분류의 대상이 안 된다는 것을 시사하고 있다. 또한 카드에 관계없는 언어적 표현도 대상이 될 수 없음을 시사해 준다. 그렇다고 카드에 대한 언어적 반응은 모두가 분류의 대상이 된다고 말할 수는 없다.

피검자가 "이것은 나비와 같이 보입니다.", "이것은 꽃과 닮았습니다.", "두 사람이 춤을 추고 있다." 등의 반응이 나타나는 한 이것은 문제가 되지 않고 각각 분류의 대상이 되는 반응이라고 생각해도 좋다. 그러나 어떤 피검자는 분류의 대상이 되는지 안 되는지 의문이 되는 반응이나, 그 반응을 한 개로 생각해야 될 것인지 몇 개의 반응단위로 나누어서 분류해야 될 것인지 뚜렷하지 못한 반응을 하는 수도 있다. 또한 한 번 말하였다가 곧 부정해 버린다든지 여러 가지로 검사자를 당혹시키는 경우가 생길 때가 있다. 그러므로 이러한 몇 가지 경우를 예상하여 그 처리법을 개관해 두고자 한다.

#### (1) 답인가 또는 주석인가의 문제

몇 가지의 반응 끝에 "이 카드는 별로 좋은 느낌이 안듭니다."라고 말했을 때, 이것은 답이 아니고 감상 또는 주석에 불과한 경우가 많다. 순전히 주석이라고 볼 수 있는 것은 분류의 대상이 안 된다. 이와 같은 반응이 있을 때에는 검사자는 질문시에 "……라고 말씀하셨는데, 그것은 답입니까, 주석입니까?"라고 묻는다.

답과 주석의 구별이 뚜렷하게 이해되어 있지 못할 때는 구체적인 예를 들어 질문을 하면 좋다.

가령 카드 V에 대하여 "나비와 같다." "사람이 둘 자고 있다."라고 반응하면서 "전체적으로 안정된 생각이 든다."라고 말하는 경우, 이 세 번째의 반응이 문제된다. 이 경우 검사자는 "이것은 나비같다든지 사람같다라고 하든지 등의 응답과 같은 종류의 하나로 답을 한 것입니까, 그렇지 않으면 어떤 감상입니까?"라고 물어 본다. 만약에 피검자가 답이라고 말하면 한 개의 반응으로서 분류하지 않으면 안 된다. 피검자에 따라서는 이 구별이 곤란한 때도 있다.

### (2) 반응의 바꿈과 부정의 문제

피검자에 따라서 한 개의 영역에 대해서 한 개의 반응만을 할 때도 있고 계속적으로 여러 개의 반응을 하는 경우도 있다. 후자의 경우, 반응의 취사선택을 다음과 같이 한다.

같은 영역에 대해서 두 개 이상의 반응을 하는 경우, 그 반응이 본래 같은 것을 다른 명칭으로 표현한 것이 아닌한 따로따로 분류한다. 즉, 두 개 이상의 독립된 반응으로 보는 것이다. 그리고 피검자가 자발적으로 자기의 반응을 고쳐서 더 적당하다고 생각되는 것으로 바꾸어 말하는 경우에는, 뒤에 바꾼 반응을 원칙으로 하여 처리되어야 한다. 또한 같은 영역에 대하여 '표범……호랑이' 등과 같이 두 개의 반응을 연속적으로 나타내었을 때에는, 한 개의 반응으로 취급해도 좋을 때도 있다. 그러나 반응영역이나 결정인(決定因)에 조금이라도 다른 특징이 엿보이면 별개의 반응으로 보아야 한다.

자유반응단계에서 말한 것을 질문단계에서 모두 잊어버리고 있다던지, 완전히 부정되는 반응을 처리할 때에는 영역이나 결정인을 거의 알 수가 없기 때문에 이것을 분류에서 원칙으로 제외해도 좋을 것이다.

### (3) 독립된 반응인가 설명인가의 문제

가령 어떤 어린이 피검자는 '이것은 머리', '이것은 손', '이것은 다리' 등 도형의 부분을 하나씩 지적하면서 말하는 수도 있다. 그런데 질문을 통해서 결국 이 반응은 한 사람의 부분을 열거한데 지나지 않는다는 사실을 알게 된 경우, 이것을 반응단위로 볼 수 있겠는가의 문제가 생긴다. 이 때에는 하나의 반응으로 보아야 한다. 이것은 유아 · 정신박약, 어떤 정신적 질환을 가진 자에게서 흔히 찾아볼 수 있는 반응이다. 그리고 카드 Ⅹ를 전체로 보아 '벌레의 모임'이라고 답하면서 하나하나의 벌레이름을 말하는 경우도 생기는데, 이 때에는 특수한 분류가 필요할 때도 있다.

이상의 진술에서 분류의 대상이 되는 반응을 결정하는 경우에는, 이 일이 쉽지 않음을 찾아볼 수 있었다. 이 문제를 해결하는 일은 분류의 방법을 잘 이해하는 길 밖에 없다.

### 2) 주분류와 부분류

주분류(main score)와 부분류(additional score)로 구별되는 분류법은 반응의 미묘한 뉘앙스를 표현하는 점에서 다른 일반적인 분류법보다 뛰어나고 있지만, 분류 정리에 있어서 번잡하다는 단점을 지니고 있다.

#### (1) 주분류와 부분류에 대한 기본적인 입장

##### [1] 규정 Ⅰ

자유반응단계에서 나타난 반응이라 할지라도 질문단계에서 완전히 잊어버리게 되든가 전혀 부정된 반응은 분류의 대상에서 제외된다. 따라서 주분류는 물론 부분류의 대상에서도 제외된다.

##### [2] 규정 Ⅱ

자유반응단계에서는 말하지 않았던 새로운 반응이 질문단계에서 자발적으로 생긴 경우, 이 반응은 자유반응단계에서 생긴 일반반응과 같이 취급한다.

결국 주분류의 대상이 될 수 없는 반응은 부분류의 대상으로서도 삼아서는 안 된다. 즉 부분류는 주분류로서는 표현될 수 없는 요소를 포함하고 있는 반응의 분류에 한해서 사용된다고 생각하면 된다.

### (2) 주분류에 있어서의 규정

#### 1 규정 III

주분류는 하나의 독립된 반응에 대하여 각 '카테고리'에 반드시 한 개씩만 나타나야 한다. 예를 들면 카드 I의 경우, 전체적으로 '박쥐'라는 형태반응은 WFA라고 분류된다. 이것은 반응영역(W) · 결정인(F) · 내용(A)의 세 개의 카테고리에 따른 각각의 분류(기호)가 이루어진 것인데, 이것은 모든 반응에 있어서 최소한의 절차인 것이다.

#### 2 규정 IV

주분류 기호의 채점에 있어서는 $\Sigma C$의 계산의 경우를 제외하고는 비중이 모두 1로 한다.

가령 '박쥐'라는 반응은 1W 1F 1A로 계산된다($\Sigma C$는 정리법에서 다시 언급하기로 한다).

### (3) 부분류에 있어서의 규정

#### 1 규정 V

부분류는 하나의 독립된 반응이 주분류로서는 표현할 수 없는 경우에 사용된다.

가령 "빨간 모자를 쓴 사람이 춤추고 있다."라고 하는 반응은 운동과 색채의 인자가 동시에 문제된다. 이 경우 하나의 '결정인 기호'로서는 대표할 수가 없으며, M, FC(결정인 카테고리에 있어서)로 분류되는데, 이 FC가 부분류가 되는 셈이다. 대개의 경우에는 주분류만으로 이루어지고 부분류가 필요한 경우는 그리 많지 않다.

### 2 규정 VI

부분류는 하나의 반응에 대해서 각 카테고리에 있어서 하나 또는 그 이상 나타날 수가 있다. 채점에 있어서는 $\Sigma$C의 경우를 제외하고는 일률적으로 0.5의 비중을 준다.

가령 카드 Ⅱ의 전체를 "빨간 모자를 쓴 주인공이 저쪽으로 등지고 춤추고 있다."라고 반응했다면, 1W 1M, 0.5 FC 1H 1P로 계산된다.

이상과 같이 주 · 부분류법의 기본적 규정을 염두에 두고 다음에 나오는 각 카테고리의 분류법을 이해해야 한다.

## 3) 반응영역

피검자의 주된 반응, 즉 주카테고리가 어느 영역에 대해서 일어나고 있는가의 문제는 다음과 같이 분류된다.

① 전체반응(W), ② 보통 부분반응(D), ③ 이상 부분반응(Dd), ④ 간격(공백)반응(S)이다. 그런데 이들은 다시 하위 카테고리를 가진다.

### (1) 전체반응

이에는 네 개의 하위분류(下位分類)가 있다. 즉 보통 전체반응(W), 절단 전체반응(W), 작화적(作話的) 전체반응(DW), 전체간격 결합반응(W, S)의 네 가지이다.

#### 1 W-보통 전체반응

이것은 카드내용을 전체적으로 보고 반응한 경우다.

**예**

카드 Ⅰ : '나비' '박쥐' ∨ '컵' '왕관'

카드 Ⅱ : "사람이 등지고 춤추고 있다."
카드 Ⅴ : '까마귀가 날고 있다.'
카드 Ⅵ : '기타' '털가죽'
카드 Ⅷ : '샨데리아' V '꽃'

**질문**

E(검사자) : 어디가 '나비' 같이 보입니까?
S(피검자) : 이 그림의 전체모양이 그렇게 보입니다.

이것으로서 W로 결정된다. W의 결정은 매우 쉬우며 명확하다. 어떤 피검자는 전체란 말을 쓰지 않으면서 단지 카드의 위를 가리켜 전체임을 나타내는 수도 있다. 언어적 표현이 불충분한 자에게는 손가락으로 카드의 윤곽을 가리키게 하면 영역이 뚜렷해지게 된다. 어떤 피검자는 하나하나의 부분을 지적해 가면서 전체를 설명하는 수도 있다. 이 때도 전체의 윤곽이 강조되고 있으면 W라고 분류해도 좋다. 이와 같은 반응은 특히 불완전 전체반응이라고 할 수도 있겠지만 기호상으로는 구별하지 않고 있다.

### ✿ W가 부분류인 경우(부W)

독립된 몇 개의 부분을 지적하는 가운데 그것을 전체로 정리해 갈 때, 또는 자유반응단계(이하 P단계로 약함)에서 부분으로 반응하고 질문단계(이하 I 단계로 약함)에서 그것을 포함한 전체를 구성해 갈 때의 부분이 주(主), W가 부(副)로 보일 때가 있다. 이와 같은 반응을 전체 경향반응(→W)이라고 한다.

가령 카드 Ⅵ 고양이의 수염(P-단계), "부분이 고양이의 수염처럼 보였는데, 자세히 보니 이 그림 전체가 고양이 가죽을 활짝 펴놓은 것 같이 보입니다." (I 단계)라고 반응하면 Dd→W로 분류된다. 즉 최초에 주목한 부문에 따라서 D→W, d→W 등의 짝지움이 생기게 된다. 그리고 간격도형의 배경으로써 전체영역이 이용되는 경우 S, W로 분류한다. 예를 들면 카드 Ⅱ에 대하여 "한가운데 하얀 곳은 전등이며 둘레의 까만 곳은 캄캄한 밤을 나타낸 것이고, 빨간 곳은 전기의 빛을 상징하고 있다."는 반응이다.

### 2 W-절단 전체반응(Cut off W)

이것은 피검자가 도형의 전체반응을 하면서 특히 '이 부분을 빼고서' 라든지 '여기가 없는 쪽이 더 좋은데'라고 자발적으로 지적하는 경우에 주어지는 분류이다.

**예**

카드 Ⅰ "양쪽에 튀어나온 부분을 빼면 골반처럼 보인다."

카드 Ⅱ "두 사람이 손을 마주대고 있다."

카드 Ⅳ "오뚝이가 서 있다. 아랫부분의 한가운데는 부자연스럽기 때문에 없는 쪽이 더 좋다."

카드 Ⅴ "박쥐로 보이지만 양쪽 끝의 발같은 것은 필요없다."라고 말하는 것과 같이 대체로 도형에서 돌출한 부분을 절단하는 경우가 많다.

**질문**

대체로 P단계(자유반응단계)에 있어서 자발적으로 어떤 부분을 제외할 것을 주장하고 있으면서 물론 W이지만, Ⅰ단계(질문단계)에서 이와 같은 일이 자발적으로 일어나더라도 W이다. 카드 Ⅰ에 있어서,

E : 골반으로 보인 것은 어디입니까?

S : 이쪽을 제외한 전체입니다.

라고 답하면 W이다. 그러나

S : 전체입니다.

E : 이 부분도 포함해서 입니까?(좌우의 영역을 가리키며)

S : 그렇게 보니까 없는 쪽이 더 좋겠습니다.

라고 말할 때에는 W라고 분류한다.

**부 W** : 부 W의 경우와 같지만 →W는 비교적 적다.

### 3 DW–작화적 전체반응

이것은 카드의 일부를 바탕으로 해서 카드그림의 형태와 반응내용의 형태와의 유사성을 무시하고 전체적으로 반응해 버리고 마는 경우에 해당되는 분류이다. 이 때 일부분은 확실히 지각되어 있지만 전체로서는 뚜렷하지 못하고 무리한 반응인 것이다. 따라서 DW는 언제나 마이너스 형태 수준에 있다.

그리고 DW는 언제나 일정한 모양을 지닌 개념에 대해서만 일어나기 때문에 2차적 형태반응이나 비형태적 반응은 아니다.

**예**

카드 Ⅵ '고양이'

**질문**

E : 고양이로 보인 것은?

S : 여기가 고양이의 수염(제일 위의 좌우에 수염모양으로 펴져 있는 네 개의 선을 가리키며)이기 때문에

E : 그밖에 닮은 점이 보이는 곳은?

S : 수염이 있으면 고양이겠죠, 그러니 이것은 (전체) 고양이입니다.

DW 반응의 경우, 피검자는 어떤 일부분밖에 설명하지 못하고, 전체를 파악하지 않고 전체인 것처럼 반응하다. 만약 어느 정도 전체가 설명되면 즉시 W반응으로 처리하여도 좋다.

**부 DW** : DW는 언제나 주분류이고, 부 DW는 존재하지 않는다.

### 4 W, S–전체 간격 결합반응

이 반응은 주 W와 부 S를 분해할 수 있는, 즉 W와 S의 어느 쪽이 강조되고 있는가를 구별하여 표현할 수 있는 분류법이다.

예

카드 Ⅰ '귀신의 얼굴'

질문

E : 귀신의 얼굴은 어디에 보입니까?

S : 전체입니다.

E : 좀더 설명해 주세요.

S : 여기에 뿔이 있고 얼굴이 울퉁불퉁한 네모로 되어 있으며, 거기 하얀 곳이 눈과 같고, 밑의 하얀 곳은 크게 벌린 입과 같습니다.

라고 답하면 전형적인 W, S반응이다. 만약 전체의 일부를 자발적으로 끊어서 반응하면 W, S로 한다.

### (2) 보통 부분반응

이것은 피검자에 따라서 크게 세분되는 반응이다. 보통 부분영역(D)은 주로 모양이나 색깔의 농도에 따라서 세분된 부분이 '독립성'을 가진 '섬'과 같은 부분을 나타낸 것이며, 보통 소부분영역(d)은 완전한 독립성은 지니지 못하고 대륙에서 돌출해 나온 반도와 같은 부분으로서 아주 미세한 부분반응이다. 그러나 이들 영역의 결정은 많은 피검자의 통계적 자료를 통해서 표준화된 결과를 이용해야 하겠으나, 우리나라에서는 보통 부분반응에 대한 영역 지정의 표준화가 되어 있지 못하기 때문에 「뉴욕 로르샤하 연구소」 소장으로 있었던 B. Klopfer(로르샤하 테스트의 최고 권위자)의 영역 지정을 다음에 소개하고 설명에 이용하기로 한다.

D 및 d의 작은 숫자표시는 반응 출현율의 높은 영역 차례를 순위로 나타낸 것이다.

### (3) 보통 대부분 및 보통 소부분반응(D or d)

D 및 d의 영역을 각 카드 위에 지정했지만 실제의 분류에 있어서는 어느 정도

융통성이 주어지고 있다. 가령 카드 Ⅲ의 $D_1$(위의 적색 영역)에서 위 끝쪽 부분을 제외하고는 같은 $D_1$으로 생각해도 좋다.

• 부 D 및 부 d : 부분이 적더라도 I 단계까지 지적되어 있지 않은 경우에 반독립적인 부분반응, 예를 들면 카드 Ⅹ '동물의 모임'(P 단계) "여기에 사자, 여기에 사슴, 여기에 토끼, 서로 엉켜서 놀고 있다."(I 단계)

```
   ┌ D
 W │ D
   └ D
```

간격(공백) 부분을 지적했을 경우, 예를 들면 카드 Ⅱ(하얀 곳이 전등의 갓, 밑부분의 빨간 곳은 빛) S, D

### (4) 이상 부분반응

피검자가 나타낸 반응이, 전체반응도 보통 부분반응도, 그리고 공백반응도 아닌 때에는 그것은 이상부분반응(Dd)이다. 이 Dd의 하위분류는 ① dd, 즉 미소(微少), ② de, 즉 외연(外緣), ③ di, 즉 내부, ④ dr, 즉 희유(稀有)의 각 부분반응이다.

#### 1 dd-미소부분반응(tiny detail)

d와 같이 섬 또는 반도와 같은 부부이며, 공간 · 색채 · 음영(陰影)에 의해서 다른 부분으로부터 구별되고 있지만 d 만큼 빈번하게 눈에 띌만큼 나타나지는 않으며 d보다 미소한 부분이다. 예를 들면 카드 Ⅴ의 dd′에 대해서 '길다란 모자 덮어쓴 사람', dd″에 대해서 '복숭아 나무의 작은 가지', dd‴에 대해서 '두루마리의 다리' 등이다.

이런 예를 통해서 알 수 있는 것처럼, dd는 돌출한 부분이지만 단지 미소하고 있다는 사실만으로는 dd를 결정하는 조건으로서는 불충분하다.

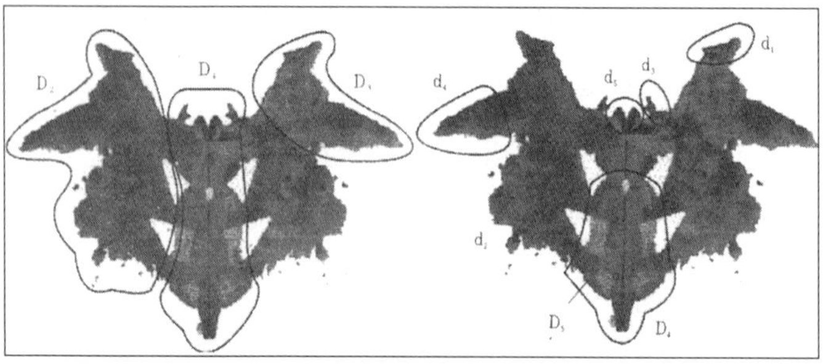

(카드 Ⅰ)

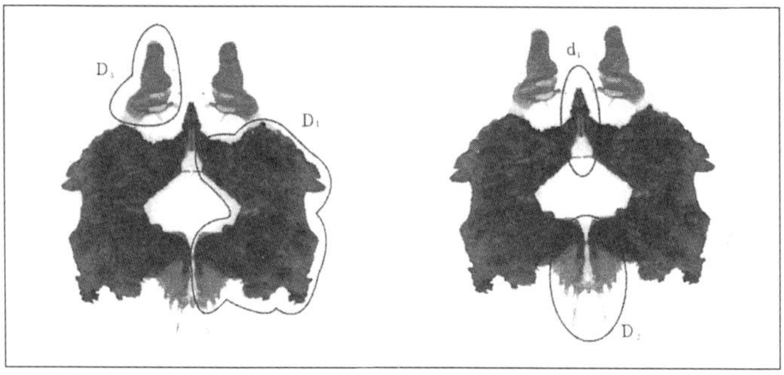

(카드 Ⅱ)

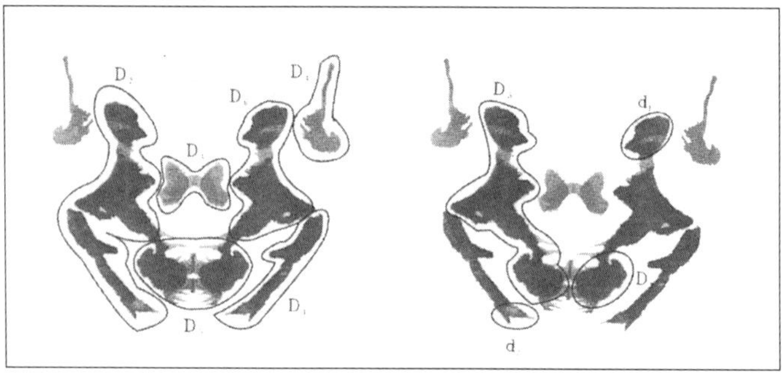

(카드 Ⅲ)

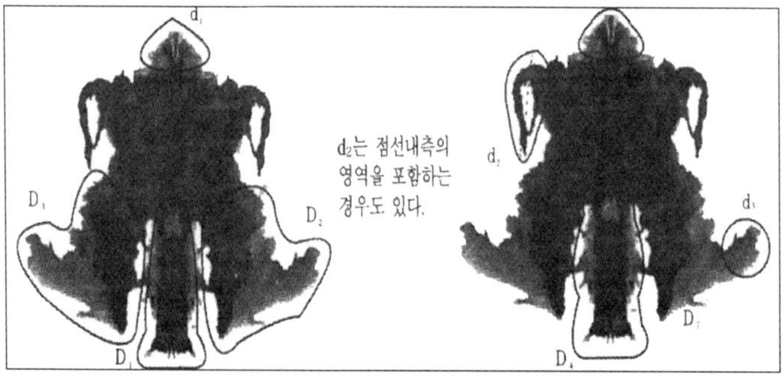


(카드 Ⅳ)

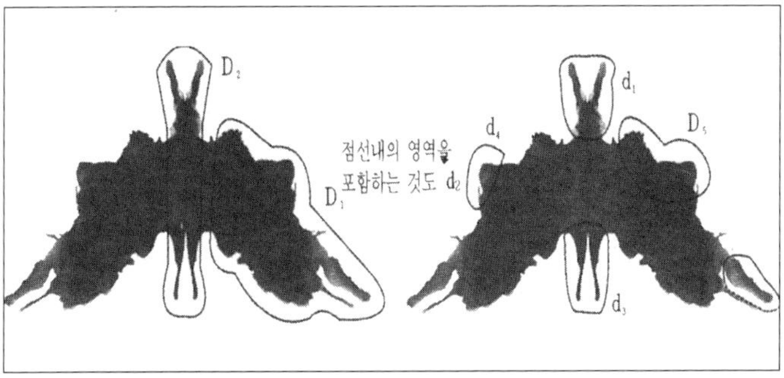


(카드 V)

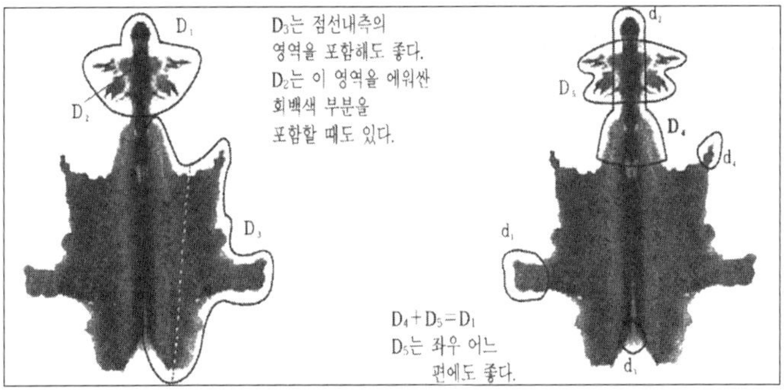


(카드 VI)

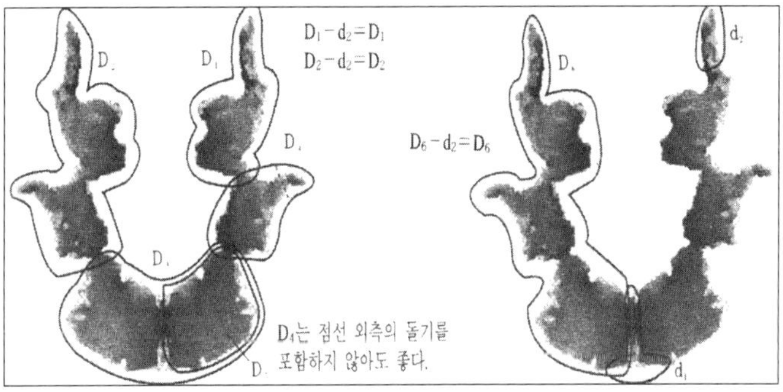


(카드 VII)

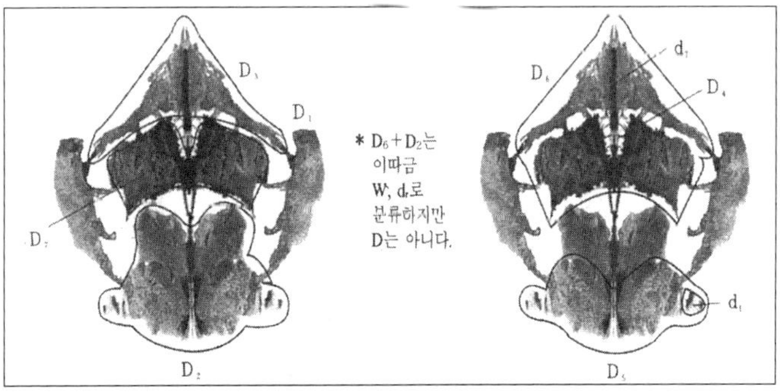


(카드 VIII)

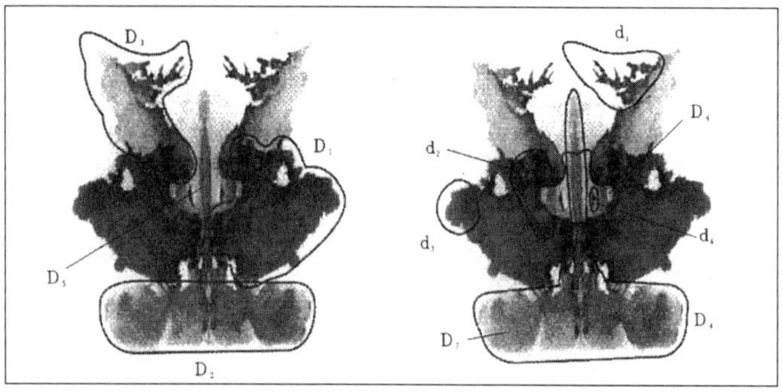

(카드 Ⅸ)

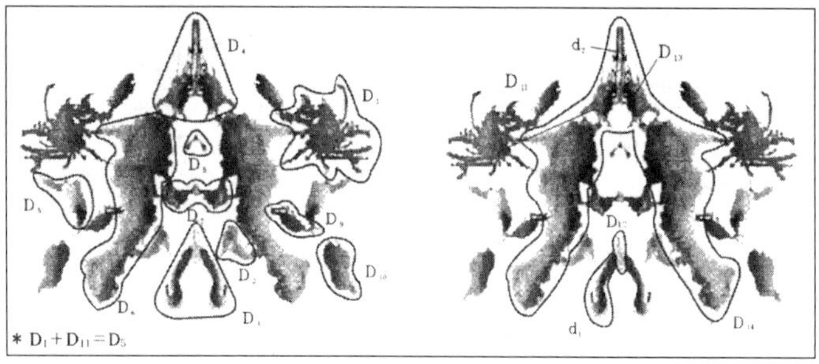

(카드 X)

② de-외연반응(Edge detail)

이것은 외연의 모양만에 반응한 것을 말한다. 예를 들면 카드 Ⅰ의 de′에 대해서는 '사람의 옆 얼굴', de″에 대해서는 '해안선' 등과 같은 반응은 대표적인 것이다. '옆얼굴', '해안선'이라고 해서 독단적으로 de로 분류해서는 물론 안 된다. 그림의 외연 이외의 요소(부분)가 포함되어 있으면 de가 아니기 때문이다. 질문에 의해서 정확히 확인해 둘 필요가 있다.

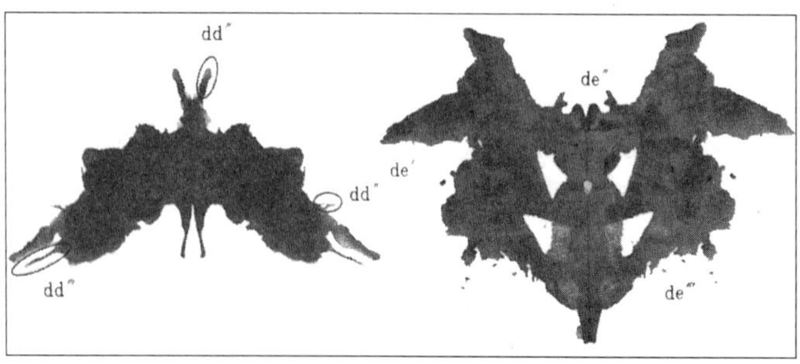

### 3 di-내부반응(Inside detail)

그림의 내부 음영의 어떤 부분이 조금도 외연을 포함하지 않으면서 반응영역을 나타내는 선이 음영으로 이루어져 있을 때에는 di로 분류한다. 예를 들면 카드 Ⅳ의 di′에 대해서 '여자의 옆얼굴', di″에 대해서 '커다란 검은 눈동자'라고 한 반응이다.

그러나 카드 Ⅵ의 중심선상의 회백색의 작은 계란모양의 영역 등은 그것이 확실히 다른 영역에서 독립되어 있다는 점에서 dd이지 di는 아니다. 그리고 예외적인 경우를 제외하고는 조금이라도 외연을 포함하고 있을 때는 거의 di적인 성질을 가지고 있다고 하더라도 dr로 분류되는 경우가 많다.

### 4 dr-희유반응(Rare detail)

이것은 dd로나 di로나 de로도 분류되지 않는 이상반응 영역에 대한 것도 지니고 있으며, 또한 d나 D 및 W로부터도 명료히 구별되는 것이다. dr의 크기는 W의 크기인가 하면 dd만큼 작은 것도 있다. 예를 들면 카드 Ⅰ의 dr에 대해서, '박쥐가 날개를 펴서 날고 있는 부분', dr″에 대해서 '병아리'와 같이 반응하기도 한다. 따라서 dr이라는 기호 때문에 언제나 작은 부분을 의미하는 것이라고 생각해서는 안 된다.

- 부 Dd : 일반적으로 dr의 경우에는 S 영역의 경우로 취급될 때에는 부 Dd로 분류된다. 그러나 di, de, dd 등은 함부로 S와 결합하는 일은 없기 때문에 크게 문제가 되지는 않는다.

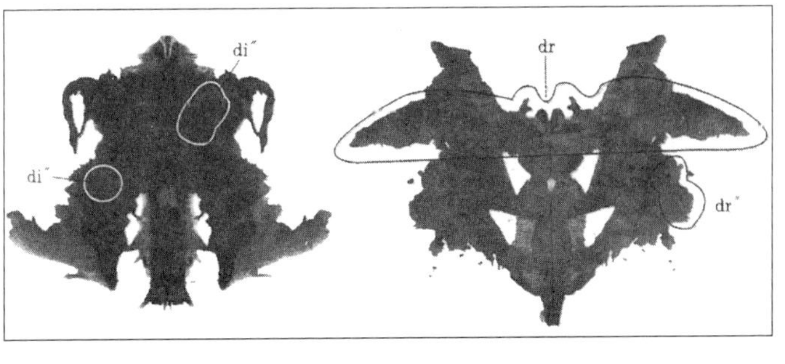

### (5) 간격(공백) 반응(White space)

이것은 도형과 여백란이 완전히 거꾸로 관계된 반응이다. 대부분의 경우 무늬 사이의 하얀 간격 또는 하얀 공간을 도형으로 보고 반응하고 있다. 완전히 하얀영역에 대한 이러한 반응은 그 영역의 대소에 불구하고 S라고 분류한다. 그런데 이 S반응에는 다음 세 경우가 있다.

#### 1 순수한 S 반응

이것은 완전히 S 영역을 독립시켜서 반응하는 경우며, 잉크 블로트의 영역을 조금도 포함시키지 않고 있다. 카드 Ⅱ의 S′에 대해서 '뽀빠이의 다리', S″에 대해서 '전등의 갓'이라고 반응하는 것과 같은 것이다.

#### 2 결합적 S반응(주부류)

S 영역이 블로트의 영역과 같이 취급되는 경우가 있는데, 이에는 S를 주된 영역으로 본 경우와 부영역으로 본 경우가 있다. 주 S반응으로서는 'S, W' 'S, D' 'S, Dd' 등의 결합이 있다. 예를 들면 카드 Ⅱ의 S″영역에 대해서 새로이 그 위의 dr 영역을 더하여 '전등의 갓'이라고 반응하는 것을 말한다. 또한 S″의 장소를 '연못'이라고 말하고 그것을 둘러싸고 있는 까만 영역($D_1$)을 '그 연못을 둘러싼 숲'이라고 설명할 때는 이것은 S, D 또는 S, W로 분류한다. 이 때 어느 것이나 반응의 주체는 S인 것이다.

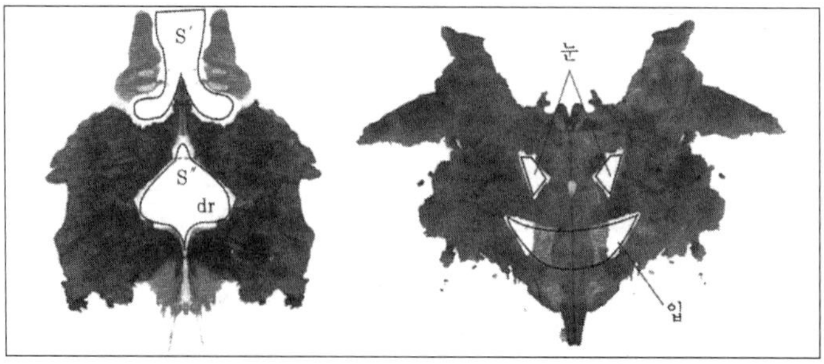

### 3 결합적 S 반응(부분류)

이것은 'W, S' 'D, S' 'dS' 'Dd, S'로 분류되는 반응인데, 이 때의 S는 부차적으로 쓰일 따름이다. 예를 들어 카드 Ⅰ의 블로트의 전체에 대해 '귀신의 얼굴'이라고 반응한 경우, 상부의 두 개의 S를 눈이라고 보고, 밑부분의 S를 입이라고 판단하게 되면 이 눈과 입은 부영역으로 보는 것이다. 이 경우의 분류기호는 W, S이다. 그리고 같은 카드 Ⅰ의 전체를 '나비'라고 보고, 블로트를 둘러싼 하얀 영역이 희기 때문에 '눈'이라고 보아서 '눈 위에 나비가 죽어 있다.'라고 반응하더라도 똑같이 W, S라고 분류한다.

부분류에 있어서 주의해야 할 것은, 예를 들면 카드 Ⅰ의 전체에 대해서 '동물의 얼굴'이라고 반응할지라도 피검자가 P 단계나 I단계에서 자발적으로 S영역을 '눈'이라든지 또는 '입'이라고 말하지 않으면 이것은 W, S라고는 분류하지 않는다.

## 4) 반응결정인

### (1) 주된 카테고리

반응결정인(反應決定因)이란, 피험자가 어떤 반응을 한 내용이 잉크 블로트의 어떠한 성질에 근거를 두고 있는가, 즉 그 모양인가, 그 색채인가, 그 운동의 느낌인가 등의 점에 대해서 분류하는 일이다. 여기에는 4가지의 주된 카테고리가 있는데, 각각 하위 카테고리를 몇 개씩 가지고 있다. 주된 카테고리는 형태반응 · 운동반응 · 음영(농도)빈응 · 색채반응 등이 있다.

### (2) 주결정인

한 개의 결정인은 하나의 주반응 영역을 가신 반응에 대해시 주어진다. 운동 · 음영 · 색채의 결정인이 존재하지 않을 때에 주결정인은 형태반응(F)이 된다. 그러나 운동 · 음영 · 색채의 결정인을 피검자가 자발적으로 지적한다면 주결정인은 이에 따라서 분류된다. 이와 같이 어떤 결정인이 자발적으로 지적되는 한 그것이

P단계에 있거나 I 단계에 있다고 하더라도 주결정인의 분류가 가해지는 것이다.

### (3) 부결정인

운동 · 색채 · 음영을 결정인으로 사용하면서 그것들을 중요 인자임을 인정하지 않을 수 없을 때는 부결정인의 분류가 주어진다. 이것을 결정할 때에는 다음과 같은 규칙에 따라야 한다.

① 그 반응의 결정인이 그 반응영역의 일부에 대해서만 적용되는 경우, 예를 들면 카드 Ⅱ($D_2$를 제외한 전체-W)에 대하여 "빨간 모자를 쓴 소 두 마리가 춤추고 있다."라고 반응했을 때, '빨간 모자'($D_3$)에 대하여 색채는 부결정인으로서 취급되고 운동은 주결정인이 된다.

② 어떤 결정인을 주장할 때 너무나 회의적이라든지, 곤란을 느낄 때는 부결정인으로 보아도 좋다.

③ 피검자가 어떤 결정인을 사용할 것을 부정할 때는 부결정인으로 생각해서는 안 된다. 검사자가 아무리 결정인을 요구한다 하더라도 피검자가 이것을 부정하는 한 강조되어서는 안 된다.

④ 형태결정인은 다른 결정인 가운데에 포함되는 수가 많기 때문에 형태(F)를 부결정인으로 분류하는 일은 거의 없다.

### (4) 두 개 이상의 결정인

한 개의 반응결정인이 한 개 이상(색채와 운동, 운동과 음영, 색채와 운동과 음영 등)이라고 결정되어 있는 것은 아니다. 그러나 주결정인은 한 개의 반응에 대해서 한 개 뿐이어야 하는 것이다. 이럴 때 어느 결정인을 주로 하고, 어느 것을 부로 할 것인가의 문제가 생긴다.

① 인간운동(M)은 모든 결정인보다도 우선적으로 주결정인이 된다.

② 동물운동반응(FM)은 M을 제외한 무든 결정인에 앞서서 주결정인이 된다.

③ M, FM을 제외하고 색채반응은 다른 모든 결정인에 앞서서 주결정인이 된다.

④ 음영반응에 있어서는 별다른 규정이 없다.

⑤ 무생물운동반응(m)은 일반적으로 부분류가 된다.

### (5) 행태반응(Form response)

이 테스트는 원래 형태판단검사(formdeutversuch)라고 불리어졌던 것인데 대부분의 반응은 많던 적든간에 형태반응이라고 할 수 있다. 특히 형태반응(형태가 결정인이 되어 있는 반응)이라고 이름 붙여도 좋은 반응이 있다. 이것은 운동 · 음영 · 색채 등의 결정인이 조금도 관여하고 있지 않거나 또는 부과적으로 관여되어 있는 반응인 것이다. 다시 말하면 주결정인이 '형태'만의 반응인 것이다.

**예**

카드 Ⅰ(W, S) '귀신의 얼굴'
카드 Ⅰ(W) '왕관'
카드 Ⅱ(S) '곰'
카드 Ⅴ(W) '박쥐'
카드 Ⅵ($D_1$) '나비'

이밖에 기하학적 도형이나 숫자와 같은 추상적인 반응이나 모양이 어떠한 반응이라할지라도 다른 주결정인이 관여하고 있지 않는한 F라고 분류해야 한다.

**질문**

위의 카드 Ⅴ의 반응에 대해서,
E : 거기에 대해서 조금 설명해 주세요.
S : 이것은 날개, 이것은 가슴, 이것은 다리와 머리로 보입니다.
E : 특히 박쥐라고 판단한 이유는 무엇입니까?
S : 전체 모양이 어딘지 닮아 있기 때문에 그렇게 생각되었습니다.

라고 한다면 이 반응은 F로 분류하면 된다. 그러나 두 번째의 E의 질문에 대해 '검기 때문에' 또는 '날아가고 있는 것 같아서'라고 설명할 때 이것은 F반응이 아니고 FC′ 또는 FM이라고 분류해야 한다. 때에 따라서는 F→FM이라는 분류가 필요할 때도 있다.

### (6) 운동반응(Movement response)

피검자가 실제로는 움직임이 존재하지 않은 카드 가운데서, 동작 · 운동 · 표정 · 자세 등을 느낀다고 반응하는 것을 운동반응이라고 하는데, 여기에는 인간운동반응 · 동물운동반응 · 무생물운동반응의 세 가지가 있다.

#### 1 M-인간운동반응

인간 또는 인간에 유사한 것을 카드에서 보았을 때, 어떤 동작이나 자세가 엿보인다고 판단되는 반응을 인간운동반응, 즉 M이라고 분류한다.

**예**

① 인간의 동작

카드 Ⅱ(W) "두 사람의 마법사가 손을 마주잡고 춤추고 있다."

카드 Ⅶ(W) "두 사람의 여자아이가 서로 으르릉대고 있다."

이 경우에는 만화, 그림, 조각상의 내용이라 할지라도 괜찮다.

② 인간의 자세

카드 Ⅴ "거지가 자고 있다."

이 경우에는 인간의 동작을 나타낸 것은 아니지만 어떤 상태를 말하고 있기 때문에 M이다. 단 여기에서는 그림이나 조각사의 인물이 대상이 되어 있을 때는 M이라고 분류하지 않는다.

③ 동물의 인간 유사운동

카드 Ⅲ(W) "하마가 인사를 하고 있는 것 같다."

카드 Ⅹ($D_1$+$D_2$) "곰이 곤봉을 쥐고 있다."

의인화(擬人化)된 운동은 M으로 분류한다. 그러나 원숭이의 동작은 인간유사의 것이지만 M은 아니다.

④ 인간의 부분동작

카드 Ⅳ($D_2$) "장화가 튀어 나와 있다."

이 경우, 인식된 것은 인간의 발부분 뿐이고, 질문에 의해서 다른 부분은 부정되었다. 그러나 M으로 해도 좋다.

⑤ 인간의 표정

카드 Ⅰ(W, S) "귀신이 웃고 있다."

카드 Ⅶ($D_1$) "입이 축 늘어진 이상한 도깨비 얼굴을 하고 있다."

### ❁ 부 M 또는 M 경향

위와 같은 예의 반응을 P단계에서 나타내면, 검사자는 M으로 분류할 수가 있고, 또한 피검자가 Ⅰ단계에서 자발적으로 상술한 바와 같은 운동을 표현하면 대개의 경우 주결정인은 같은 M이 된다. 그러나 이외에 M을 부결정인으로 분류하는 경우가 있다. 이것은 특히 M경향(→M)의 반응에서 볼 수 있는 것이다. 이에는 다음과 같은 경우가 있다.

① 인간의 운동 또는 자세가 Ⅰ단계에서 지시적(directive)인 질문에 의해서 응답된 경우
② 그림 · 반화 · 조각상 등에 의해서 표현된 인간의 자세가 M으로 분류가 안 되는 것은 전술한 바와 같다. 이것은 →M으로 분류된다.
③ 보통은 일정한 동작이나 자세가 보이는 인간반응에 있어서, 그 표정만이 지적되는 경우 →M으로 분류된다.
④ 동물의 얼굴에 나타난 인간적인 표정에 대해서는 →M으로 처리한다.
⑤ 동물의 동작 가운데 인간적인 요소를 의인화한 경우에는 →M으로 처리한다. 이 때의 주결정인은 물론 FM이다.
⑥ 인간의 자세를 취하고 있으면서 무생물적인 힘을 지니고 있을 때는 →M으로

처리한다. 카드 Ⅲ의 $D_1$을 "작은 천사가 하늘로부터 떨어져 온다."라고 반응하면 →M으로 분류한다.

### 2 FM-동물운동반응

동물을 카드 가운데서 지각하고 그것이 어떤 동작이나 자세를 취하고 있다고 판단하는 반응은 동물운동반응인데, 이것은 FM으로 분류한다.

**예**

① 동물의 동작

카드 Ⅱ(W) "개 두 마리가 서로 싸우고 있다."

카드 Ⅷ($D_1$) "표범이 기어오르고 있다."

이 때 개나 표범이 그림이나 장식품이라고 설명한다 할지라도 FM으로 분류한다.

② 동물의 자세

카드 Ⅹ($D_2$) "사자가 앉아 있다."

이 때는 실제로 역동감을 지니고 있어야 하기 때문에 그 동물이 그림이나 조각상이나 만화여서는 안 된다.

③ 동물의 부분동작

카드 Ⅴ($d_2$) "뱀이 입을 벌리고 있다."

이 경우엔 뱀은 머리 부분만 보고 있지만 FM으로 분류한다.

#### ❁ 부 FM 또는 FM 경향

이것은 전술한 M과 같이, 부 FM의 대부분은 FM 경향, 즉 →FM을 표현하고 있다.

① 동물의 표정뿐이고 다른 운동을 포함하고 있지 않을 때는 →FM이다.

② 동물의 자세는 일반적으로 FM으로 한다는 것은 전술한 바와 같지만, 이 동물이 조각이나 장식품 또는 그림의 자세를 나타낸 것일 때는 →FM으로

분류한다.

③ 동물의 운동이 매우 약하고 무생물적인 힘을 지니고 있을 때도 Fm→FM이다.

④ 풍경 가운데 중요하지 않은 동물이 포함되어 있을 때는 FM은 부분류가 된다.

### 3 m-무생물운동반응

이것은 인간이나 동물의 운동과는 다르게 물리적인 힘에 의한 운동 또는 추상적인 힘을 지니고 있다. 보이는 대상이 인간이나 동물이라 할지라도 거기에 물리적인 힘이 가해져 있거나 추상적인 힘이 작용되고 있거나 할 때는 m으로 분류한다.

Klopfer는 형태지각의 분화의 정도에 따라서 Fm, mF, m의 세 개의 하위 분류를 주장했다.

① Fm

이것은 움직이고 있는 것, 또는 움직여지고 있는 것이 일정한 모양을 취하고 있는 것에 주어진다.

**예**

카드 Ⅱ(중앙의 S) "곰이 빙빙 돌고 있다."

카드 Ⅲ($D_1$) "사자가 하늘에서 떨어져 내려오고 있다."

카드 Ⅷ(W) "해적선이 이쪽으로 파도를 타고 온다."

② mF

움직이고 있는 대상 또는 움직여지고 있는 것이 확실한 모양을 갖고 있지는 않거나 약간 갖추고 있을 때 이 분류가 주어진다.

**예**

카드 Ⅶ(W) "구름이 흘러온다."

카드 Ⅸ($D_3$) "불이 훨훨 타오르고 있다."

카드 Ⅸ(W) "원자폭탄이 폭발한 것."

③ m

이것은 구체적인 모양이 갖추어져 있지 않거나 추상적인 힘을 주제로 한 반응에 주어진다.

**예**

카드 Ⅹ(W) "어떤 것이 위로 향해 돌진하는 것 같이 생각된다. 인간이 정신을 한 곳에 집중시키고 있음을 나타내고 있다."

카드 Ⅰ(W) "이것은 대칭적 조화를 나타내고 있다. 어떤 모양이라고는 볼 수 없으나 어쨌던 하나의 대칭적 조화이다."

**❁ 부 M**

m은 일반적으로 부결정인으로서 분류될 때가 많다. 이 때에는 Fm, fm, m의 구별은 하지 않고 일괄하여 m으로 처리한다.

**예**

처리 Ⅲ($D_1$) "시뻘건 불꽃이 타고 있다."

이 반응은 주로 '빨강'의 인상에서 생긴 것이기 때문에 주결정인은 CF가 된다. 따라서 m이 부결정인이 된다.

카드 Ⅵ(W) "악기가 걸려 있다."

이것은 벽에 무엇이 걸려 있다는 의미이다. 이 경우엔 m을 부결정인으로 생각할 수도 있다.

### (7) 음영반응(Shading response)

이것은 피검자가 주로 회색영역의 농도(음영)를 사용하여 반응을 가리키는 것이며 회색빛깔 이외의 색깔영역의 음영에 대한 반응까지도 포함하고 있다. 이와

같은 음영효과에는 다음의 세 가지 종류가 구별된다. 첫째, 음영이 표면 또는 재질(材質)의 인상을 풍기고 있는 것(c) 둘째, 음영이 3차원 또는 깊이의 인상을 나타내고 있는 것(K) 셋째, 음영이 평면 위에 투사된 3차원적으로 펼친 인상을 나타낸 것(k) 등이 있다.

### 1 C-재질, 표면반응(Texture response)

이 재질 또는 표면의 효과가 분화(分化, differentiated)된 것, 또는 미분화(未分化, undifferentiated)된 것, 아니면 표면이나 재질의 성질을 가진 대상이 일정한 모양을 지니고 있는가 그렇지 않는가에 따라서 Fc, cF, c의 하위분류가 결정된다.

#### ① Fc(분화, 재질반응)

이것은 뚜렷한 모양을 지닌 대상을 봄과 동시에 음영에 지각의 중점을 두고 그 재질을 느끼는 경우인 것이다. 양모의 양복, 대리석의 조각 등이 이 반응의 예이다. 광택이 매우 눈부신 표면이나 부드러운 인상에 대해서는 Fc로 분류되기도 한다.

**예** 카드 Ⅶ($D_2$) '장난감 개'

면으로 만든 표면이 부드러운 느낌에서 일어난 반응일 때는 Fc로 분류되고 단지 윤곽만의 인상에서 반응된 것이면 F가 된다.

카드 Ⅶ($D_4$) '섬토로 만든 도깨비의 얼굴'

질문에 의해서, 음영이 그 얼굴 표면의 凹凸된 느낌을 나타낸 것이라고 보았을 때는 Fc로 분류된다. 물론 이 凹凸의 느낌이 윤곽에서만 온 것이라면 F가 된다.

#### ❁ 부 Fc

이에 대해서 부결정인의 분류에 관한 일반적 규칙이 그대로 적용된다.

#### ② cF(미분화 재질반응)

이것은 보여진 대상이 표면효과 자체가 미분화되어 있거나 어떤 모양인지 잘 구별하기 힘든 모양을 가지고 있을 때 주어진다. 바위 · 눈 등을 보통 포함하고 있다.

**예** 카드 Ⅵ(dr) '물고기의 간'

이 때 물고기 모양인 것 같지만 확실하지 않은데 표면의 음영효과가 물고기의 간을 상기시킬 때는 cF로 분류된다.

③ c(무형미분화 재질반응, 無形未分化 材質反應)

이것은 모양을 전연 무시함과 동시에 음영의 효과도 미분화되어 있는 반응에 대해서 사용된다. 이 결정인은 두뇌가 크게 손상당한 환자에게서 찾아볼 수 있다고 한다. 즉 잘 나타나지 않는 반응이다. 형태가 전연 무시되고 있다는 점에 주의하면 된다.

### 2 K-입체반응(Three dimensional response)

3차원적인 또는 깊이가 있는 인상이 뚜렷한 형태의 지각을 가진 풍경의 반응이며, FK로 분류된다. 깊이와 확산효과(擴散效果, diffusion)의 인상이 중심이 될 때에는 KF 또는 K로 한다.

① FK(풍경반응)

이것은 3차원적 지각에 입각한 풍경 반응인데, 음영카테고리 가운데에 위치하고 있지만 반드시 음영인자에 의하지 않고서도 일어나는 반응이다. 그러나 대개의 경우, 음영효과가 입체감을 강화시키고 있다고 해도 과언이 아니다.

하늘에서 내려다 본 전망도 3차원의 느낌을 풍기는 것은 FK로 분류한다.

'호랑이 굴의 입구'라든가 '아취의 문을 통해서 바라본 경치' 등도 3차원적으로 지각되어 있을 때에는 FK가 된다.

**예**

카드 Ⅱ(S, d) "광장 저쪽에 탑이 서 있다."

카드 Ⅵ(W) "산과 숲의 풍경이 연못에 비치고 있다."

카드 Ⅳ(W, S) "비행기에서 내려다 본 섬, 둘레가 바다이고, 산이 보인다."

② KF(확산반응)

깊이의 인상과 확산의 인상이 중심이 되어 있지만 형태가 무시되어 있지 않은 것에 주어진다. 그러나 이 분류는 원래의 형태가 일정한 것에 주어진 것이 아니고 구름 · 연기 또는 원자탄 폭발시의 화염 등과 같은 것에 주어진다.

③ K(무형 확산반응)

어떤 형태라는 것도 없이 깊이 또는 확산의 효과를 가진 반응이다. 이 반응의 특징을 Klopfer는 "끊지 않고 길을 휘두를 수 있는 것"이라고 말하고 있다. 그것은 안개 · 연기 등인데 뚜렷한 윤곽을 지니고 있지 않다.

#### 3 k-약한 입체반응(Tone-down shading response)

이것은 3차원적인 세계가 2차원적인 평면에 투영된 반응이다. 이에도 c, K와 같이 FK, kF, k의 하위분류가 있다. 이 반응은 지도나 X-ray사진 등에 관련된 반응에 주어진다.

① FK : 형태가 뚜렷하나 음영의 사용법이 미분화된 것
② kF : 형태는 아리송하고 음영의 사용법이 미분화된 것
③ k : 형태를 지니지 않고 미분화한 음영의 사용

### (8) 색채반응(Color response)

반응의 형성에 있어서, 블로트의 색채를 결정인으로 사용하는 반응인데, 이것에는 대별하여 두 종류가 있다. 하나는 흑 · 백 · 회색계열의 색채를 사용하는 것, 즉 무채색반응(achromatic response)이며, 다른 하나는 일반의 색채를 사용하고 있는 소위 색채반응(chromatic response)이다.

#### 1 C′-흑백반응

이것은 흑백카드(Ⅰ, Ⅳ, Ⅴ, Ⅵ, Ⅶ)에 있어서 유일한 색채반응이다. 그러나 이것은 다른 채색카드(Ⅱ, Ⅲ, Ⅷ, Ⅸ, Ⅹ)에서도 나타나는 것이다. 즉 어떤 종류의 갈색 ·

녹색 · 청색 등이 회색으로 지각될 때에는 C′로 분류된다. 흑 · 백 · 회색의 색채로써(음영이 아니고) 사용될 때에는 C′가 된다.

C′는 다시 반응형태의 규정성 정도에 따라 FC′, C′F, C′로 나누어진다.

① FC′(형태흑백반응)

뚜렷한 형태를 가진 대상이 흑 · 백 · 회색 가운데 어떤 색을 나타내고 있다고 판단하는 반응이다.

**예** 카드 Ⅴ(W) '검은 나비'

② C′F(흑백형태반응)

형태를 어느 정도 갖추고 있는 대상이 흑 · 백 · 회색을 나타내고 있는 경우 C′F로 분류한다.

**예** 카드 Ⅴ(W) '검은 머리카락'

③ C′(순수흑백반응)

이것은 아무런 형태도 갖지 않은 것은 흑 · 백 · 회색의 어느 색을 띠고 있는 경우, 예를 든다면 '검은 연기'라는 반응에 대해서는 K, C′ 또는 C′, K라는 분류가 주어진다.

### 2 C–색채반응

피검자가 반응을 형성하는데 있어서 블로트의 색채요소를 사용하는 것이다. 이것도 형태와의 관계에 있어서, 대별하여 세 가지로 분류가 되어 있다. 즉 FC, CF, C이다. 이 분류는 매우 특수한 경우를 제외하고는 무채색 카드(Ⅰ, Ⅳ, Ⅴ, Ⅵ, Ⅶ)에는 적용되지 않는다.

① FC(형태색채반응)

이것은 일반적으로 말하면 뚜렷한 형태를 갖춘 반응으로서 동시에 색채가 결정인이 되는 것에 대해서 주어진다. 이것은 다시 하위분류를 갖고 있다.

i ) FC——자연적인 형태색채반응, 즉 사용된 색채가 대상의 자연의 상태를 나타낸 것과 같은 반응이다. 카드 Ⅲ의 $D_1$에 대한 '빨간 리본', 카드 Ⅹ의 $d_1$에 대한 '배추벌레' 등의 반응은 모두 FC로 분류된다.

ii ) F/C——이 분류를 나타내는 것은 대부분 색이 인쇄된 지도나 해부도의 반응에 나타나는 것과 같다. 예를 들면 카드 Ⅷ의 전체를 '인체의 해부도'로 보는 것과 같은 반응이다.

② CF(색채형태반응)

이것은 일반적으로 말하면 어떤 형태를 가진 대상으로서 주로 색채가 결정이 되고 있는 것에 해당된다. 이것은 다시 FC와 같은 수의 하위분류를 가지고 있다.

i ) CF——이것은 자연적인 색채형태반응이다. 예를 든다면, 카드 Ⅷ의 $D_2$를 '꽃', 카드 Ⅸ의 $D_1$을 '푸른 잎사귀', 카드 Ⅹ의 전체를 '해저의 광경'으로 본 것은 대개는 CF 반응이다.

ii ) C/F——색채의 내용은 블로트 영역을 구분하는 의미밖에 갖고 있지 않은 반응이며 F/C보다 C가 주체가 되고 있는 반응에 대해서 이것으로 분류한다.

③ C(순수색채반응)

이 반응은 형태를 포함하지 않는 무형태색채반응이다. 이에는 네 가지의 하위분류가 있는데, 이것은 모두가 중요하기 때문에 잘 외워 두어야 한다. 이것은 C, Cn, Cdes, Csym의 4종이다.

i ) C——이것은 순수색채반응으로서 색채만으로 결정되는 반응인데, 이것은 모두가 미분화된 구성되어 있지 않은 반응이다. 이 반응이 생기는 것은 5개의 색채카드, 즉 Ⅱ, Ⅲ, Ⅷ, Ⅸ, Ⅹ의 카드에 한해서이다. 카드의 푸른 영역에 대해서 푸르기 때문에 '물' 또는 '하늘'이라고 말한다. 카드의 빨간 부분에 대해서 빨갛기 때문에 '피'라고 반응한다. '피'의 반응에 있어서 때로는 '엉켜진 피'라고 할 때에는 어느 정도 그 형태를 문제로 취급하고 있으면 C가 아니고 CF로 분류되는 것은 물론이다.

ii ) Cn——이것은 색채명명반응(色彩命名反應, color naming response)이라고 불리워지는 반응이다. 이 때 피검자는 카드 가운데서 어떤 특정의 대상을 보고 있는 것은 아니다. 그는 단지 카드의 색채를 그대로 '파랑' 또는 '빨강'이라고 말한다.

iii) Cdes——이는 색채기술반응(色彩記述反應, color description response)이라고 하는 것인데, 단순한 색채의 명명과는 달라서 카드의 색채에 관한 설명이다. 대개의 경우는 색채의 성질에 관한 예술적인 설명인 것이다. 이것은 파스텔의 색과 수채물감 등에 의한 반응이다.

iv) Csym——색채가 구체적인 색이 아니고 상징적으로 사용되는 반응이다. 즉 색채상징반응(color symbolism response)으로 불리어지는 반응이다. 카드 Ⅷ에 대해서 "이것은 인생입니다."라고 반응하고, 질문에 의해서 $D_6$의 푸른 부분을 '비애', $D_1$과 $D_2$의 붉은 부분을 '환히'라고 반응하면 이것은 Csym이다.

## 5) 반응내용(Content)

피검자의 반응내용은 거의 무제한에 가깝다고 해도 과언이 아니다. 그러나 정리하기 위해서는 이 천태만상의 내용을 몇 개의 카테고리로 나누어야만 하는 것이다. 카테고리를 어떻게 나누는 것이 테스트 기록의 해석(진단)에 크게 유효할 것인가의 문제는 본 테스트의 핵심적인 과제라 하겠다. 여기에서는 Rorschach와 Klopfer의 카테고리 설정을 소개하고자 한다.

### (1) 반응내용의 주된 카테고리

#### 1 인간에 관련된 반응

· H(인간반응) : 이것은 인간의 모습을 본 반응인데, 전신(全身) 또는 거의 전신을 본 것에 한해서 H로 분류한다.

· (H)(비현실적인 인간반응) : 유령 · 인간의 조각상 · 귀신 · 홍길동 · 인형 같은 비현실적인 것이다.

· Hd(인간 부분반응) : 인간의 손, 인간의 머리 등의 반응과 같은 것이다. 즉 해부학적으로 분해되는 대상이다.

· (Hd)(비현실적 인간 부분반응) : 도깨비의 손, 귀신의 뿔 등과 같은 반응이다.

· Art(해부반응) : 해부 · 수술 · X-ray사진 · 해부도 같은 것이다.

· Sex(성반응) : penis, vagina 등 성기를 표현한 것이나 coitus에 관계된 반응에 이 분류를 한다.

### 2 동물에 관련된 반응

· A(동물반응) : 동물의 전신을 본 반응이다.

· (A)(비현실적 동물반응) : 동화 · 신화 · 만화에 등장하는 동물의 전신상에 관한 반응으로 용, 달나라의 토끼 등이다.

· Ad(동물 부분반응) : 동물의 신체부분으로서 살아있는 자연의 상태에 있다고 생각 되는 것이다.

· (Ad)(비현실적 동물 부분반응) : '용의 이빨' 등이다.

· Aobj(동물 제품반응) : 동물의 모피나 골세공품(骨細工品) 등이다.

· A, At(동물 해부반응) : 해부도 등이다.

### 3 식물, 자연, 물체, 지도의 반응

· Pl(식물반응) : 꽃 · 나무뿌리 등의 반응이다.

· Na(자연반응) : 물 · 하늘 · 바다 등이다.

· Obj(물체반응) : 꽃병 · 왕관 · 가구 · 장식품 · 기타 물체 등이다.

· Arch(건물반응) : 빌딩 · 나리 · 교회 등이다.

· Map(지도반응) : 일반적인 지도 또는 지세도 등이다.

· Lds(풍경반응) : "산과 들이 보인다." 비행기에서 내려다 본 광경 등이다.

### 4 예술, 추상반응

· Art(예술반응) : 이것은 피카소의 그림이다. 고운 수채화이다. 등이다.

· Abst(추상반응) : 카드 Ⅷ에 대해서 "이것은 인생입니다. 빨간 꽃은 환희를 나타내고, 푸른 곳은 바다를 나타내고 있다." 등이다.

### 5 기타 반응

- B1(혈액반응) : 피투성이 · 엉킨 피 등이다.
- C1(구름, 연기반응) : 구름 · 안개 · 연기 등이다.
- Fire(불반응) : 화재 · 불꽃 등이다.
- Exp1(폭발반응) : 원자폭탄 · 화산의 분화 등이다.

## (2) 평범반응과 독창반응

많은 피검자에게 테스트를 실시해 보면 어떤 카드의 어떤 특정의 블로트 영역에는 어떤 특정의 반응이 많이 나타남을 발견하게 된다. 이를 평범반응(popular response), 즉 P 반응이라고 한다.

그리고 테스트 검사로서의 오랜 경험 속에 특이한 반응도 들어 보게 될 때가 있다. 이것을 독창반응(orignal response), 즉 O 반응이라고 한다. 다시 말하면 대개의 반응은 P 반응이 나타나고 O 반응은 그렇게 흔하지 않다.

### 1 P-평범반응

P 반응은 연구자간에 일치되지 않고 있다. Rorschach 자신은 3명 중 1명 이상에게서 찾아볼 수 있는 반응을 P 반응이라고 했고, Hertz는 6명 중에 1명 이상, Beck는 10명 중 1명 이상에서 반응되고 있는 것을 P 반응으로 처리하고 있다. 보통 성인 피검자의 최저 15% 이상의 동일반응을 P 반응으로 보고 있다. P 반응으로 대표적인 것은 카드 Ⅰ(W) '박쥐' '나비', 카드 Ⅱ(W) '인간' '인간의 운동', ($D_1$) '개', 카드 Ⅲ(W) '인간' '인간의 운동', 카드 Ⅳ(W) '동물의 모피', ($D_1$) '동물의 머리', 카드 Ⅴ(W) '나비 박쥐', 카드 Ⅵ(W) '동물의 가죽', 카드 Ⅶ(W) '인간', ($D_2$) '동물, 동물의 운동', 카드 Ⅷ($D_1$) '동물', 카드 Ⅹ($D_1$) '구름' 등이다.

### 2 O-독창반응

Rorschach에 의하면 100명 중 한 사람꼴의 반응이다. O반응을 통계적으로 결정

하는 일은 불가능에 가깝다. O반응의 결정이 매우 어렵기 때문에 O반응의 리스트를 작성한다는 일도 매우 어려운 일이므로 오랜 경험을 통해서 결정할 수밖에 없다고 하겠다.

### 6) 형태수준의 평가

형태수준의 평가는 임상적 진단에 있어서 대단히 중요한 절차이다. 왜냐하면 주관적인 평가에서 탈피하기 위해 통계적인 방법을 이용하거나 형태반응을 표준적인 기준에 입각해서 형태지각의 정상성 여부를 판단하는 일은 테스트 결과를 해석(진단)하는데 있어서 가장 중요한 요소가 되기 때문이다.

#### (1) 평가의 대상이 되는 반응

순수형태반응(F) 외에도 1차적 형태반응(M, FM, FC, FK) 등 모두 포함하여 형태수준평가 대상으로 삼는다. 따라서 2차적 형태반응(CK, KF, cF)이나 비형태반응(C, K, c)은 이 대상에서 제외된다.

#### (2) 평가의 관점

형태수준평가의 대상인 반응을 어떤 관점에서 평가할 것인가에 대한 많은 연구자들의 일치된 견해는, 반응으로 나타난 개념이 블로트의 형태와 얼마나 일치하고 있는가라는 점에서 반응의 정확성을 중요시한다. 그러나 실제의 경우에 있어서는 검사자는 피검자가 가진 표상으로서의 개념과 블로트의 일치·불일치를 직접 평가할 수 있는 수단을 가지고 있지는 않다. 그렇기 때문에 정상인의 많은 사람이 카드 Ⅰ을 '박쥐'로 본다면 이 반응은 정확한 반응으로 설정하고 마는 전통적인 리스트법이 작성되기에 이른 것이다.

그러나 두 사람의 피검자가 다같이 '박쥐'로 보았다고 할지라도 같은 수준으로 평정할 수는 없다. 왜냐하면 박쥐로 보인 이유나 배경이 다를 수 있기 때문이다.

즉 '박쥐'로 보인 명세화(明細化)가 평가되지 않고는 반응의 정확성 수준을 같은 수준으로 평가할 수 없는 것이다. 어떤 의미에서는 명세화는 결국 반응의 정확성을 판단하는 하나의 절차가 될 수 있다. 그러므로 블로트 영역의 특수한 구조에 잘 일치된 설명을 한다면 건설적 명세화, 반응개념과 블로트 영역과의 대응이 곤란한 반응을 할 때는 파괴적 명세화라고 해도 좋겠지만, 결국 전자는 반응의 정확성을 높여주고, 후자는 떨어뜨리는 계기가 된다고 본다. 물론 논리가 성립되기 위해서는 피검자의 이미지 그 자체가 틀리거나 특수하거나 함이 전제되어야 한다.

그리고 피검자의 반응이 현실적으로 조화를 이룬 경우인가 또는 그렇지 않은 경우인가를 생각할 필요가 있다. 전자는 일종의 건설적 명세화이며 후자는 일종의 파괴적 명세화라고 할 수 있다. 이처럼 반응의 정확성과 관련시켜 총합적으로 평가되어야 하는 것이다. 따라서 피검자가 나타낸 반응이 정확성 · 명세화 · 결합성을 따로 구별해서 생각해야 되겠지만 궁극적으로는 이들을 전체적으로 평가함으로써 반응의 형태수준을 결정하게 된다.

### (3) 평정척도(Rating scale)

종래의 평정척도는 Rorschach의 +, -의 2단계 척도를 비롯해서 Klopfer의 +5.0~-2.0의 15단계 척도까지 있다. +, -의 기호를 사용하고 있는 학자는 Rorschach, Hertz, Rapaport 등이고 점수를 사용하고 있는 학자는 Klopfer 등이 있다.

장차 객관적 평가법이 발달하여 그 판정기준이 명확하게 되고 조작이 합리적으로 단순화된다면 점수를 사용하는 사이코메트릭한 방법이 중심이 될 수도 있을 것이다. 그러나 현 단계에 있어서는 검사자의 부담을 덜어 준다는 실제적인 견지에서 플러스, 마이너스의 기호를 사용하는 방법을 권장하고 싶다. 단지 반응의 정확성 뿐 아니라 명세화나 결합성까지도 고려하는 현재의 평가밥에 있어서는 +, -만으로서는 너무나 거치른 척도가 되기 때문에 필자는 +, ±, ∓, -의 4 단계 척도를 사용한다.

### (4) 종합적 판정의 방법

앞에서 말한 4단계 척도의 정의와 그 구체적인 평가의 방법을 설명하면 다음과 같다.

1 우수수준(F+)

이 수준의 반응은 그 내용과 블로트와의 일치도(정확성), 명세화의 적절성(건설적 명세화), 결합성(현실적 조화) 등의 관점에서 일반적인 반응에 비하여 뛰어나지 않으면 안 된다. 정확도 · 일치도가 높고, 명세화가 적절하다고 생각될 때에는 따로 결합성이 보이지 않더라도 이 수준으로 평가하면 된다. 그리고 정확도 · 일치도가 높고 현실 조화적인 결합능력이 보이면 명세화가 특별히 뛰어나지 않더라도 이 수준으로 평가한다. 이 수준은 Klopfer의 +2.0 이상의 득점이다.

**예** 카드 Ⅰ(좌우 D2영역의 결합) '천사의 춤' D M + (H)

S : 날개가 달린 천사처럼 생긴 사람이 좌우쪽에서 손을 펄렁거리고 있다. 끝이 뭉개진 모자를 쓰고 있다.

㊟ 정확한 반응이며 건설적 명세화 , 현실 조화적인 결합성이 보인다.

**예** 카드 Ⅲ(빨간색을 제외한 전체) "두 사람이 서로 마주보고 있다." W M+H P

S : 이 사람은 어린아이인 것 같다. 쟁반을 들고 양쪽에서 조금 긴장한 듯한 태도로 인사를 하고 있다. 목도리를 두른 깜직한 복장을 하고 있기 때문에 어린아이로 생각된다.

㊟ 이것은 평범반응(P)이지만 명세화가 잘 되어 있기 때문에 +가 된다.

**예** 카드 Ⅵ(D3 영역) "탱크가 달리고 있고, 그 위에 군인이 얼굴을 내밀고 있다."

D Fm + M Obj Hd

S : 앞에 솟은 것은 기관포와 같이 보이고 거기에 전체의 모양이 마치 탱크가 비탈길을 오르는 것 같이 경사져 있다. 군인의 모양은 조금 막연한 것 같지만 진행의 방향으로 등지고 서 있는 것처럼 보인다.

㈜ 얼핏보기에는 정확성이 부족한 것처럼 보이지만 그 형태를 적당히 명세화시키면서 잘 설명하고 있다. 이것은 독창반응(O)이며 피검자의 지적 능력이 매우 높지 않으면 이만큼의 명세화는 이루어지지 않는다.

### 2 양호수준(良好水準 : F±)

이 수준에 해당되는 반응은 매우 많으며 그 대표적인 것은 보통의 P반응이다. 이 밖에 P 반응에 준하는 출현빈도가 높은 반응, 또는 정확한 반응이지만 명세화나 결합성이 부족한 반응도 대상이 된다. 이 반응을 ±로 평가하는 사실을 머리 속에 집어 넣어 두면 다른 수준을 상대적으로 이해하는 데 도움이 된다.

가령 반응의 기초개념이 P 반응의 내용이지만 명세화가 뛰어난 경우에는 +가 된다는 것은 앞에서 말한 바와 같다. 그러나 같은 P 반응이라 할지라도 질문단계에서 최소한의 명세화나 설명이 이루어지지 않을 때는 ∓가 된다. 이러한 ±수준을 결정하는 기준은 물론 통계적인 반응 출현빈도이며 이 목적에 알맞은 리스트가 없을 때는 검사자의 경험에 의존하지 않을 수 없을 것이다.

이 때 검사자에게 요청되는 최소한의 조건은 아동과 성인, 정상인과 정신병자, 경제적 수준의 고저 등에 따라서 차이가 나타나는 반응특성에 대해서 약간의 지식과 경험을 가지고 있어야 한다. 이러한 경험을 조금도 갖고 있지 않은 검사자의 경우, 경험이 많은 검사자에 비하여 평가의 신뢰도가 상대적으로 낮다고 볼 수밖에 없다. 이 ±의 수준은 Klopfer의 +1.0과 +1.5에 대응되는 척도이다.

**예** 카드 I ($D_2$ 영역) '천사' D M± (H)

S : 여기가 머리, 여기가 날개, 여기가 다리인데 무엇인가에 잡혀있는 것 같다.

㈜ F+수준의 첫 번째 예와 기초개념이 같지만 결합성이 부족하고, 또한 명세화도 보통이기 때문에 ±로 평가된다.

**예** 카드 Ⅱ ($D_2$ 영역) '나비' D F± A

S : 빨간 색깔의 나비는 좀 이상하지만 모양이 너무나 닮아 있습니다.

**예** 카드 Ⅳ($D_1$ 영역) '소의 머리' D F± Ad P

S : 여기가 귀이고, 여기가 눈이고, 여기가 코끝입니다.

㈜ P 반응이며 전형적인 ±반응

**예** 카드 Ⅶ($D_2$ 영역) '장난감 개' D Fc± (A)

S : 장난감 개이며 부드러운 느낌이 듭니다.

### 3 불량수준(不良水準 : F∓)

기초개념은 ±로 평가될 수 있는 반응이 질문단계에서 명세화가 되지 않은 경우나 정확도를 떨어뜨리는 명세화가 주어진 경우 ∓로 평정된다. 그리고 구름 · 바위 · 지도 등과 같은 막연한 반응 가운데 F 반응 또는 1차적 F 반응으로 보이는 것은 모두 ∓로 평가한다. Klopfer의 −0.5(+0.5를 포함해도 좋다)에 대응된다.

**예** 카드 Ⅰ '박쥐' W F∓ A P

S : 날개가 있으므로 어딘지 박쥐라고 상상했습니다.

E : 이 한가운데 있는 것은?

S : 그렇게 말씀하시면 곤란합니다. 모르겠습니다.

**예** 카드 Ⅱ(검은 부분 전 영역) '바위' W FC∓ Lds

S : 울퉁불퉁하고 까맣기 때문에

**예** 카드 Ⅳ "사람이 울고 있다." W M∓ (H)

S : 목이 없지만 괴물 같다.

E : 손은?

S : 손도 뚜렷하지 않다.

E : 다른 곳도 좀 더 설명해 보세요.

S : 한가운데 밑으로 늘어져 있는 것은 그 뜻을 모르겠다. 다리는 너무 커서 괴물 같다.

### 4 병적수준(病的水準 : F−)

정확성이나 일치도가 보이지 않는 반응, 또는 파괴적 명세화가 나타나거나 현실적 조화가 전연 없는 결합이 나타난 반응이다. 매우 뚜렷한 형태적 특성을 갖고 있는 영역(예를 들면 카드 Ⅲ의 $D_2$, 카드 Ⅷ의 $D_1$ 등)의 연기 · 지도 · 바위와 같은 막연한 반응을 나타내는 경우는 −로 평가한다. Klopfer는 −1.0에서 −2.0까지 이 수준에 대응하고 있다.

**예** 카드 Ⅳ "토끼가 뛰어오르고 있다." W FM− A

S : 맹렬한 기세로 뛰어오르고 있는 장면입니다. 여기에 다리가 있습니다.

E : 그 밖에 더 설명해 보세요.

S : 전체 모습이 토끼 같습니다.

E : 귀는 어디에 있습니까?

S : 그런 상세한 점은 모르겠습니다.

㈜ 토끼를 특정지우는 명세화는 하나도 말하지 않았으며, 더욱 이 블로트를 토끼로 본다는 것은 일반적으로 곤란한 일이다.

**예** 카드 Ⅱ '두 사람의 인간' W M− H (P)

S : 오른쪽 사람은 나의 아버지이고 왼쪽 사람은 아버지의 연인이다.

E : 어째서 오른쪽 사람이 아버지이고 왼쪽 사람이 연인입니까?

S : 이 미묘한 표정 때문입니다. 오른쪽과 왼쪽이 달리 보이지요. 그래서 입니다.

㈜ 이 반응의 기초 개념은 P 반응이다. P 단계에서 주어진 반응만으로는 ∓로 평가되는 반응이다. 그러나 주관적인 명세화가 너무나 병적이어서 −로 평가하지 않으면 안 된다.

# 4. 정리법

## 1) 분류표의 기입

앞에서 설명한 바 있는 기록용지에는 카드번호와 반응의 번호, 카드의 위치, 반응시간, 피검자의 응답, 분류기호 등을 기입한다. 검사자는 이 용지에 기재되어 있는 첫째, 둘째, 다섯째란을 다시금 〈표 15-3〉의 분류표(scoring list)에 정리할 필요가 있다. 검사자는 이에 따라서는 최종적인 정리가 가능해지는 것이다.

표 15-3 분류표

| 카드No.<br>반응No. | 반응시간<br>반응위치 | 반응영역 | 반응결정인 | 반응내용 | P-O | 기타 |
|---|---|---|---|---|---|---|
| | | | | | | |

이 리스트의 기입법은 설명이 필요하지 않을 만큼 간단 명료하지만 설명한다면 다음과 같다.

제1란은, 카드의 번호와 반응의 번호

제2란은, 반응의 시간(시작반응 시간과 반응종료 시간)과 카드의 위치

제3란은, 반응영역(주 · 부)

제4란은, 반응결정인(주 · 부)

제5란은, 반응내용(주 · 부)

제6란은 평범반응과 독창반응 등의 기호를 기입하는 것이다.

실제의 기입 예는 〈표 15-7〉(XY의 예)을 참조하기 바란다.

## 2) 카테고리별 정리

〈표 15-4〉는 Klopfer의 '분류표'와 '제 인자간의 관계표'를 같이 묶어 약간 수정한 것이다. 필자가 이것을 만든 이유는 Klopfer의 채점표(scoring list)와 분류표(tabulation sheet)가 거의 중복이 되어 있는 감이 있고 시간의 낭비가 예상되기 때문이다. 다음에 순서에 따라 정리용지의 기입법, 그리고 거기에 필요한 계산법을 설명하겠다.

그런데 이 용지는 기초정리표(basic scoring table)와 요약정리표(summary scoring table)의 두 부분으로 되어 있다.

### (1) 기초정리표

#### 1 반응영역 카테고리의 난

주분류의 W, D, Dd, S의 각각 큰 카테고리는 'Total'의 난에 카테고리별 합계를 기입한다. 동시에 '%'의 난에도 기입해야 한다. 주분류의 하위분류는 각기 형태수준의 평가에 따라서 +, ±, ∓, -의 각 난에 나누어서 빈도수를 기입한다. 그리고 nonF의 난에는 형태수준평가의 대상이 안 되는 반응의 수를 기입한다. DW의 난에는 마이너스에 해당되는 것만을 기입하기 때문에 다른 것은 사선으로 나타내고 있다.

형태수준의 기입법은 임상심리학적(또는 정신의학적)인 목적으로 이 테스트를 사용할 때는 이러한 정리법이 꼭 필요한 것이다. 부분류의 난에는 단지 각 하위카테고리별로 빈도수를 기입하면 된다.

### 2 반응결정인 카테고리의 난

이 난의 기입은 원칙적으로 앞의 난과 같다고 생각하면 된다. 형태를 완전히 부정하는 또는 형태를 2차적인 문제로 반응하는 m, mf, k, kF, K, KF, c, cF, C′, C′F, C, CF, S 등은 형태수준의 대상이 되지 않기 때문에 (Klopfer는 0.0 또는 0.5로 평가하고 있지만) +, ±, ∓, -의 난에 쓰지 않고 nonF란에 기입한다. 또 '%'의 난은 특별히 필요한 경우가 아니고서는 기입하지 않아도 좋다.

### 3 반응내용 카테고리의 난

이 난의 기입은 형태수준을 고려하지 않고, 'No'의 난에는 하위 카테고리의 빈도수를, 'total'의 난에는 큰 카테고리의 빈도수를 기입한다. '%'의 난에는 보통 A%(A+Ad)만을 계산하고 필요에 따라서 H, At 등의 %를 내면 된다. 실제에는 이외의 내용 카테고리의 %를 기입하는 필요가 생기는 예는 거의 없다.

이상의 세 카테고리의 난 중 Total R의 난이 두꺼운 선으로 둘러싸인 곳은 반드시 세 곳 모두가 같은 수임을 유의해야 한다. 만약 이것이 약간의 차이가 생기면 어딘가에 채점이 틀려져 있다는 것이 된다. 모든 카테고리에 있어서 부분류는 물론 R에 아무런 영향을 주지 않는다.

## (2) 요약정리표

### 1 Total R

반응의 총 수이며, 주분류의 총 수이기도 하다. 여기에는 I 단계에서 자발적으로 가해진 반응을 1로 계산한다. 이 Total R, 즉 R은 항상 정수로 표시된다.

### 2 Rej

한 개의 카드에 분류의 대상이 되는 반응이 하나도 나타나지 않을 때 Rej=1이 된다.

표 15-4

# 기초정리표(Basic scoring table)

| Location Category | | Main Score | | | | | | | Add. |
|---|---|---|---|---|---|---|---|---|---|
| | | + | ± | ∓ | − | nonF | Total | % | |
| W | W | | | | | | | | |
| | W | | | | | | | | |
| | DW | | | | | | | | |
| D | D | | | | | | | | |
| | d | | | | | | | | |
| Dd | dd | | | | | | | | |
| | di | | | | | | | | |
| | de | | | | | | | | |
| | dr | | | | | | | | |
| S | | | | | | | | | |
| Total R | | | | | | | | | |

| Determinat Category | | Main Score | | | | | | | Add. |
|---|---|---|---|---|---|---|---|---|---|
| | | + | ± | ∓ | − | nonF | Total | % | |
| M | ext. | | | | | | | | |
| | flex. | | | | | | | | |
| FM | | | | | | | | | |
| m(m, mF, Fm) | | | | | | | | | |
| k(k, kF, Fk) | | | | | | | | | |
| K(K, KF) | | | | | | | | | |
| FK | | | | | | | | | |
| F | | | | | | | | | |
| c(c, cF) | | | | | | | | | |
| Fc | | | | | | | | | |
| C′(C′, C′F, FC′) | | | | | | | | | |
| FC | FC | | | | | | | | |
| | F/C | | | | | | | | |
| CF | CF | | | | | | | | |
| | C/F | | | | | | | | |
| | | | | | | | | | |
| SP. C | Cn | | | | | | | | |
| | Cdes | | | | | | | | |
| | Csym | | | | | | | | |
| Total R | | | | | | | | | |

| Content Category | | Main Score | | | Add. |
|---|---|---|---|---|---|
| | | No. | Total | % | |
| H Hd | H | | | | |
| | (H) | | | | |
| | Hd | | | | |
| | (Hd) | | | | |
| A Ad | A | | | | |
| | (A) | | | | |
| | Ad | | | | |
| | (Ad) | | | | |
| Aobj | | | | | |
| Obj | | | | | |
| PI | | | | | |
| At | Atb | | | | |
| | Ats | | | | |
| | X-ray | | | | |
| | A.At | | | | |
| Sex | | | | | |
| Anal | | | | | |
| Blood | | | | | |
| Fire | | | | | |
| Cloud | | | | | |
| Smoke | | | | | |
| Lands | | | | | |
| Abst | | | | | |
| Map | | | | | |
| Na | | | | | |
| Food | | | | | |
| | | | | | |
| | | | | | |
| | | | | | |
| | | | | | |
| | | | | | |
| | | | | | |
| | | | | | |
| | | | | | |
| | | | | | |
| Total R | | | | | |

표 15-5 **요약정리표(Summary scoring table)**

| R(Total R) | | W : D | | | F : (FK+Fc) | |
|---|---|---|---|---|---|---|
| Rej $\frac{\text{Rej}}{\text{Fail}}$ | | Dm % | | | FC : (CF+C) | |
| T(Total Time) | | S % | | | $\frac{FC+CF+C}{Fc+c+C'}$ | |
| T/R (A.V. response time) | | W-D-Dd-S | | | FM : M | |
| $T/R_1$ (A.V. reaction time) | | W : M | | | F% | / |
| $T/R_1$ (A.V. non-color) | | EB | ΣC : M | | F+% | / |
| $T/R_1$ (A.V. color card) | | | Fc+c+C′:FM+m | | A% | |
| Most Delayed Card & Time | | | $\frac{\text{VIII}+\text{IX}+\text{X}}{R}$ | | P(%) | (%) |
| Most Disliked Card | | (H+A) : (Hd+Ad) | | | Content Range | |

따라서 두 개의 카드에 반응이 하나도 없을 때는 Rej=2가 된다. Rej와 Fail의 두 개의 하위카테고리가 구별되어 있고, 반응이 나타나지 않는 경우에는 두 양식을 모두 사용해야 한다. 즉 '열심히 반응하려고 노력했었지만 답할 수 없었을 때'(이것은 Fail로 표한다)와 '무엇이 보이는 데도 불구하고 답할 수 없었을 때'(이것을 Rej로 표한다)의 두 개이다. 이 실패와 거부의 뉴앙스에 약간의 검사자의 주관적 판단이 삭용될 수 있으면 구별해 두는 것이 좋다.

그런데 P 단계에서는 반응을 하지 않고 I 단계에서 겨우 반응을 하게 된 경우도 Rej로 처리한다. 그러나 반대로 P 단계에서 반응한 것이 I 단계에 가서 그것을 부정한 경우에는 Rej로 처리하지 말아야 한다. 그리고 Rej가 생겼을 때에는 그 카드의 번호를 써넣어야 한다.

### 3 T

총 반응시간을 말한다. 즉 첫 번째 카드를 제시해서 마지막 카드에 반응이 종료

하기까지의 시간이다.

4 T/R

10장의 카드에 대한 반응종료 시간의 평균이다.

5 $T/R_1$

모든 카드에 있어서 시작반응 시간의 평균이다.

6 $T/R_1$(non color)

무채색카드(Ⅰ, Ⅳ, Ⅴ, Ⅵ, Ⅶ)에 있어서 시작반응 시간의 평균이다.

7 $T/R_1$(color card)

색채카드(Ⅱ, Ⅲ, Ⅷ, Ⅸ, Ⅹ)에 있어서 시작반응 시간의 평균인데, ⑤, ⑥, ⑦에 있어서 평균계산에서는 Rej가 생긴 카드는 제외할 필요가 있다.

8 Most delayed card & time

매우 늦은 시작 반응시간을 나타낸 카드의 No와 시간($T/R_1$)을 기입한다.

9 Most disliked card

매우 싫어했던 카드의 No.를 기입한다.

10 W : D

이것은 (W + W + DW):(D + d)의 비이다. 부반응영역은 제외하여도 좋지만, 가령 W:D=10:20의 경우, W:D=1:2로 약분하여도 좋다.

### 11 Dm%

R에 대한 Dd+S의 비이다. 그 계산의 식은 $\frac{Dd+S}{R}\times 100$이다. 이 경우 부분류의 Dd나 S는 포함되지 않는다.

### 12 S%

주 S 반응의 R에 대한 비이다.

### 13 W–D–Dd–S

이 난에는 파악형을 기입한다. 예를 들면, W형, D형, Dd형과 같다.

### 14 W : M

(W+W):M의 비이고, 부분류에는 1/2의 비중을 준다.

### 15 EB(체험형)

① ΣC : M은 다음 공식을 써서 계산한다.

$$\Sigma C = \frac{FC + 2CF + 3C}{2}$$

② Fc+c+C′ : FM+m…… 이것을 상세히 쓰면 Fc+cF+c+FC′+C′F+C′:FM+Fm+m이 된다.

③ $\frac{VIII + IX + X}{R}$%……최후의 세 장의 색채카드에 나타난 반응수의 R에 대한 비이다.

### 16 (H+A):(Hd+Ad)

부분류는 빼고 계산해도 된다.

17 F:(FK+FC)

부분류에는 $\frac{1}{2}$의 비중을 둔다.

18 FC:(CF+C)

부분류에는 $\frac{1}{2}$의 비중을 둔다.

19 $\frac{FC+CF+C}{Fc+c+C'}$

이중 c는 cF와 c를, C′는 FC′, C′F, C′를 포함한다. FC+CF+C는 ΣC와는 다르며, 비중을 두지 않는 단순한 합계이다.

20 FM: M

부분류에는 $\frac{1}{2}$의 비중을 준다. 약분하지 않고 실제숫자로 나타난다.

21 P%

부분류는 무시되고, 다음의 두 가지 계산식을 쓴다.

① $\frac{\text{순수F반응의 합계}(\Sigma F)}{R}\times 100$

② $\frac{M+FM+Fm+FC+FC'+Fc+FK+Fk+F}{R}\times 100$

22 F+%

여기에는 두 가지 계산식이 사용되고 부분류는 어느 경우나 무시된다.

① $\frac{(F+)+(F\pm)}{\Sigma F}\times 100$

② $\frac{(1\text{차적}F+)+(1\text{차적}F\pm)}{\Sigma 1\text{차적}F}\times 100$

### 23 A%

(A+Ad)의 R에 대한 비, 부분류는 제외한다.

### 24 P%

P의 빈도와 %이다.

### 25 Content range(CR)

내용 카테고리의 종류의 수로 예를 들면 H, Hd, A, PI을 나타낸 경우, 인간 · 동물 · 식물이므로 CR=3이다.

이상 (10)에서 (24)까지의 계산에 있어서, %(R에 대한)의 경우에는 부분류를 제외하고, 나머지 경우에는 부분류에 1/2의 비중을 둔다는 사실을 잊어서는 안 된다. 실제계산의 경우에는 부분류에 1/2의 비중을 주는 것이 복잡해서, 결정인 카테고리에 한해서 이 방법을 쓰고 다른 카테고리에는 생략해도 좋다.

## 3) 구체적인 예시

### (1) 피검자 Y에 관한 자료

Y는 28세의 남자이다. 대학에서 영문학을 전공하고 현재는 모 고등학교 교사로 있다. 그의 생활력이나 가족력은 생략하지만, 테스트가 실시되었을 때 그는 소화성 위장질환으로 입원할 필요가 있는 상태이었다. 그러나 정신적으로는 대학졸업 후 약간의 불안신경증으로 괴로워한 이외에는 특기할 만한 것이 없다.

퍼스낼리티 테스트는 여러 가지를 시행하였는데 MMPI에서는 억압증 · 분열병 등의 항목이 높고, 일반성격검사에서는 정서적 안정감 · 자신감이 낮으며, 지능검사에서는 지능지수가 128이다.

이하의 기술은 피검자 Y와 검사자 사이에 있었던 이야기를 재생한 것으로 지시가 있은 후부터의 것이다.

### (2) 자유반응단계(P단계)와 질문단계( I 단계)

| 〈자유반응단계〉 | 〈질문단계〉 |
|---|---|
| 〈카드 Ⅰ〉 | |
| 5″∧ 두 사람이 서로 손을 잡아 당기고 있군요. 대체로 그렇게 보입니다.……카드는 아무렇게나 잡아도 좋습니까?<br>E : 네, 아무렇게 해도 좋습니다. | E : 어디가 두 사람으로 보입니까?<br>S : 양측이, 날개가 달린 천사와 같이 보이는 곳입니다.<br>E : 이 한가운데 부분은?(E는 $D_1$을 가리킨다)<br>S : 그것은 안들어 갑니다. |
| ∧ 사람이 두 손을 들고 서 있습니다. 이쪽을 보고 있는 것 같이 보입니다.<br>E : 그밖에 또 무엇이……<br>∨ 왕관이군요, 그것은……(잠시 있다가)……더 이상 아무것도 안보입니다(카드를 돌려 준다).<br>1′ 40″ | S : 이 한가운데 부분입니다.<br>E : 어떤 사람입니까?<br>S : 양복을 입은 여자 같군요.<br>S : 전체의 모양입니다. 튼튼히 상위에 얹어 놓은 것 같군요.<br>E : 튼튼하다고 하는 것은?<br>S : 특별한 뜻은 없고 단지 그 모양의 인상 때문에 |
| * (카드 Ⅱ ~카드 Ⅸ까지의 과정은 생략함) | |
| 〈카드 Ⅹ〉 | |
| 11″ ∧ 토끼의 얼굴 | S : 이것은 매우 닮았군요. 눈도 있고, 색깔도 관계가 있습니다. |
| ∧ 사자가 다리를 웅크리고 울부짖고 있는 모습 | S : 이것도 모양이 매우 닮아 있군요.<br>E : 모양만이 그렇게 보입니까?<br>S : 아마 그런가 봅니다. 그러나 노란색깔은 좀 관계가 있고, 더욱 관계된 것은 갈색입니다. |
| ∧ 옛날의 사포가 말타고 달리는 것처럼 보입니다. 말은 괴상망칙한 말입니다. | E : 옛날 사포란 말은?<br>S : 이 모자가 옛날 사포의 모자와 닮아 있기 때문이죠. 또 입고 있는 옷이 그렇습니다.<br>E : 괴상망칙한 말이란 것은?<br>S : 다리가 많이 달렸고 말의 눈은 용의 눈처럼 생겼습니다. |
| ∧ 게가 기어가는 것 같이 보입니다. | S : 이것은 분명히 색깔과 모양이 그렇게 생각 |

| | |
|---|---|
| < 큰 눈을 가진 두꺼비 | 됩니다. 촉감이 있습니다. 기어가는 모습이 게와 닮았습니다.<br>E : 큰 눈을 가졌다는 것은?<br>S : 이 한가운데 갈색의 점입니다. 너무 불쌍하게 보입니다.<br>E : 어째서 두꺼비로 생각되었습니까?<br>S : 모양이 그런 것 같기에……<br>E : 어떤 느낌이 듭니까? |
| ∧ 구름……이런 것입니다. 그 밖에는 이제 아무것도 안 보입니다.<br>2′25″<br>(소요시간 24′20″) | S : 저녁노을같이 생각됩니다. 이 색과 색의 농도 때문에<br>E : 그 밖에 문제가 되는 것은?<br>S : 글쎄요, 모양도 약간 관계가 있는 것 같습니다. |

### (3) 한계음미단계

E : 여러 가지로 답해 줘서 감사합니다. 마지막으로 앞에서의 질문에 있어서 확인 못한 것이 있는데 다시 물어 보겠습니다.

(여기에서 다시 카드 I 을 제시하고, 차례로 음미해야 할 질문을 던져 간다. 이 경우 반드시 모든 카드를 사용할 필요는 없다)

〈카드 I〉

E : 이 그림을 ∧의 위치에서 보아 주십시오. 전체적으로 무엇으로 보입니까?

S : 이것은 나비 또는 박쥐처럼 보입니다.

E : 조금 전에는 왜 말하지 아니하였습니까?

S : 실은, 먼젓번에는 어떤 책에서 이 그림은 나비나 박쥐처럼 보이는 것이 보통이라는 글을 읽었었기 때문에, 더욱 내가 이 테스트에 대해서 알고 있는 것은 이 정도입니다.

E : 이 뒤의 카드에서도 같은 이유로 반응할 것을 그만둔 적이 있습니까?

S : 하나 있습니다. 어디선가 박쥐라고 말할 것을 의식적으로 그만둔 적이 있습니다.

* (카드 Ⅱ 에서 카드 Ⅸ 까지는 생략함)

〈카드 Ⅹ〉

E : 옛날의 사또라고 말했었는데 이 방면에 특히 흥미를 가지고 있습니까?

S : (웃는다)나같지 않은 반응을 한 것입니다. 우리 나라 역사나 문학은 취미가 없고 또한 관심도 가지고 있지 않습니다.

### (4) 반응의 분류

〈카드 Ⅰ〉

[1] 5″∧ DM+ (H)

좌우의 $D_2$영역이 결합되어 있기 때문에, 특히 이 결합은 보통으로 볼 수 있는 것이기 때문에 D로서 좋다. 결정인은 형태와 운동의 결합이기 때문에 M이며, 주인공은 천사이며 비현실적 인물이기 때문에 (H)로 한다.

[2] ∧ DM±H

사람이 손을 올리고 있기 때문에 M이며, 이 경우 양복의 모양은 지적하고 있지 않기 때문에 이것만으로 좋다. 인간은 현실의 인물이기 때문에 H로 한다.

[3] ∨ WF±Obj 1′40″

튼튼하다고 하는 사실에 대해서, 특히 이 경우 m의 분류를 줄 필요는 없고 왕관은 물체이기 때문에 Obj로 한다.

* (카드 Ⅱ에서 카드 Ⅸ까지는 생략함)

〈카드 Ⅹ〉

[4] 11″∧ DF± Ad

이 경우 눈의 지적은 특히 Fc로 분류할 필요는 없다.

표 15-6

## 분류표(Y)

| Card No. & No Resp. | | React. T. & Position | | | Location | Determinant | Content | P-O |
|---|---|---|---|---|---|---|---|---|
| I | 1 | 5″ | ∧ | | D | M+ | (H) | |
| | 2 | | ∧ | | D | M± | H | |
| | 3 | | ∨ | 1′40″ | W | F± | Obj | |
| II | 1 | 15″ | ∧ | | W | FM±, FC′ | A | P |
| | 2 | | ∧ | | S, dd | FC′± | Obj | |
| | 3 | | ∧ | | W | M±, FC | H | P |
| | 4 | | ∧ | | D | FC± | A→Obj | |
| | →5 | | ∧ | 2′16″ | S | Fm± | Obj | |
| III | 1 | 10″ | ∧ | | D | FK± | Ad | |
| | 2 | | ∧ | | W | M+ | H | |
| | 3 | | ∧ | | S | FM± | A | |
| | 4 | | ∧ | | D | FC± | Obj | |
| | 5 | | < | 2′24″ | D | FM± | A | |
| IV | 1 | 5″ | ∧ | | W | M±, Fc | H | |
| | 2 | | ∧ | | D→W | Fc±, K | (Ad), Cl | |
| | 3 | | < | | D | M± | H | |
| | 4 | | > | 3′05″ | d | FM± | Ad | |
| V | 1 | 3″ | ∧ | | W | FC′±, FM | A | P |
| | 2 | | ∧ | | dd | FK± | Pl | |
| | 3 | | ∧ | | D | M± | H | |
| | 4 | | ∧ | | d | F± | Hd | |
| | 5 | | > | 2′06″ | W | FM±, FC′ | A | |
| VI | 1 | 7″ | ∧ | | D | F± | (Hd) | |
| | 2 | | ∧ | | D | Fc∓ | Obj | |
| | 3 | | ∧ | | dd | F±→FM | Ad | |
| | 4 | | < | 2′45″ | D | F+ | Obj | |
| | →5 | | ∧ | | W | Fc± | Aobj | P |
| VII | 1 | 7″ | ∧ | | W | M± | H | P |
| | 2 | | ∧ | | D | Fc+→FK | (Ad) | |
| | 3 | | > | | D | F± | (A) | |
| | 4 | | ∨ | | S | F± | Obj | |
| | 5 | | ∧ | 2′20″ | dr | M+, FC′, FK, K, m | H, Lds | |
| VIII | 1 | 15″ | > | | D→W | FM+, FK | A, Lds | (P) |
| | 2 | | < | | D | F±→M, Csym | (Hd) | |
| | 3 | | ∧ | | D | FC± | Pl | |
| | 4 | | ∧ | 2′12″ | D | CF | Pl | |
| | 5 | | < | | W | F± | Obj | |
| IX | 1 | 3″ | ∧ | | D | F+ | (Hd) | |
| | 2 | | ∧ | | dr | FK+Csym, m | Fire | |
| | 3 | | < | 1′50″ | D | Fc± | (Ad) | |
| | 4 | | < | | D | Fc± | Ad | |
| X | 1 | 11″ | ∧ | | D | F± | Ad | |
| | 2 | | ∧ | | D | FM±, FC | A | |
| | 3 | | ∧ | | D | M+, FM | H, (A) | |
| | 4 | | ∧ | | D | FM±, FC | A | |
| | 5 | | < | 2′25″ | D | F± | A | |
| | 6 | | ∧ | | D | CF, cF | Cl | |

표 15-7

## 기초정리표(X · Y)

| Location Category | | + | ± | ∓ | − | nonF | Total | % | Add. |
|---|---|---|---|---|---|---|---|---|---|
| W | W | | 6 | | | | 10 | 21 | 2 |
| | W | 1 | 3 | | | | | | |
| | DW | | | | | | | | |
| D | D | 7 | 15 | 1 | | 2 | 29 | 61 | |
| | d | | 2 | | | | | | |
| Dd | dd | | 2 | | | | 4 | 9 | 1 |
| | di | | 1 | | | | | | |
| | de | | | | | | | | |
| | dr | 2 | 1 | | | | | | |
| S | | | 4 | | | | 4 | 9 | |
| Total R | | | | | | | 47 | | |

| Determinat Category | | + | ± | ∓ | − | nonF | Total | % | Add. |
|---|---|---|---|---|---|---|---|---|---|
| M | ext. | 5 | 5 | | | | 10 | | 1 |
| | flex. | | | | | | | | |
| FM | | 1 | 7 | | | | 8 | | 3 |
| m(m, mF, Fm) | | | 1 | | | | 1 | | 2 |
| k(k, kF, Fk) | | | | | | | | | |
| K(K, KF) | | | | | | | | | 2 |
| FK | | 1 | 2 | | | | 3 | | 3 |
| F | | 2 | 10 | | | | 12 | 6 | 26 |
| c(c, cF) | | | | | | | | | 1 |
| Fc | | 1 | 4 | 1 | | | 6 | | 1 |
| C′(C′, C′F, FC′) | | | 2 | | | | 2 | | 3 |
| FC | FC | | 3 | | | | 3 | | 3 |
| | F/C | | | | | | | | |
| CF | CF | | | | | 2 | 2 | | |
| | C/F | | | | | | | | |
| | | | | | | | | | |
| SP. C | Cn | | | | | | | | |
| | Cdes | | | | | | | | |
| | Csym | | | | | | | | 2 |
| Total R | | | | | | | 47 | | |

| Content Category | | Main Score No. | Total | % | Add. |
|---|---|---|---|---|---|
| H Hd | H | 9 | 14 | | |
| | (H) | 1 | | | |
| | Hd | 1 | | | |
| | (Hd) | 3 | | | |
| A Ad | A | 10 | 19 | | |
| | (A) | 1 | | | |
| | Ad | 5 | | | |
| | (Ad) | 3 | | | |
| Aobj | | | 1 | | |
| Obj | | | 8 | | |
| Pl | | | 3 | | |
| At | Atb | | | | |
| | Ats | | | | |
| | X-ray | | | | |
| | A.At | | | | |
| Sex | | | | | |
| Anal | | | | | |
| Blood | | | | | |
| Fire | | | 1 | | |
| Cloud | | | 1 | | |
| Smoke | | | | | |
| Lands | | | | | |
| Abst | | | | | |
| Map | | | | | |
| Na | | | | | |
| Food | | | | | |
| Total R | | 47 | | | |

5 ∧ D M+FM H (A)

중심은 사또이기 때문에 M, H가 주분류되고, FM, (A)는 부분류가 된다. (A)는 괴상망칙한 말이라고 한 사실에 대하여 분류된 것이고, 전체로서 비현실적인 인상은 강하지 않기 때문에 H는 그대로 두어도 좋다.

6 ∧ D FM± FC A

이 경우, 결정인으로서는 FM과 FC 중 어느 쪽을 선택할 것인가에 문제된다. 그러나 이 경우에도 일반적인 규칙에 의해서 FM이 선행된다.

7 ∧ D CF cF Cloud 2′25″

이 경우에는 피검자의 응답에 따라서 KF보다도 CF, cF쪽이 타당하다고 볼 수 있다.

표 15-8

요약정리표(X · Y)

<table>
<tr><td>R(Total R)</td><td>47</td><td colspan="2">W : D</td><td>11:29</td><td>F : (FK+Fc)</td><td>12:11</td></tr>
<tr><td>Rej $\frac{Rej}{Fail}$</td><td>0</td><td colspan="2">Dm %</td><td>18%</td><td>FC : (CF+C)</td><td>4.5:2</td></tr>
<tr><td>T(Total Time)</td><td>24′20″</td><td colspan="2">S %</td><td>9%</td><td>$\frac{FC+CF+C}{Fc+c+C'}$</td><td>6.5:10.5</td></tr>
<tr><td>T/R (A.V response time)</td><td>2′06″</td><td colspan="2">W-D-Dd-S</td><td>D형</td><td>FM : M</td><td>9.5:10.5</td></tr>
<tr><td>$T/R_1$ (A.V. reaction time)</td><td>8.0″</td><td colspan="2">W : M</td><td>11:10.5</td><td>F%</td><td>26/96</td></tr>
<tr><td>$T/R_1$ (A.V. non-color)</td><td>5.4″</td><td rowspan="3">EB</td><td>ΣC : M</td><td>4.25:10.5</td><td>F+%</td><td>100/98</td></tr>
<tr><td>$T/R_1$ (A.V. color card)</td><td>10.6″</td><td>Fc+c+C′ :FM+m</td><td>10.5:11.5</td><td>A%</td><td>40%</td></tr>
<tr><td>Most Delayed Card & Time</td><td>Ⅱ & Ⅷ 15″</td><td>$\frac{Ⅷ+Ⅸ+Ⅹ}{R}$</td><td>32%</td><td>P(%)</td><td>6 (13%)</td></tr>
<tr><td>Most Disliked Card</td><td>Ⅱ</td><td colspan="2">(H+A) : (Ad+Ad)</td><td>21.5:11</td><td>Content Range</td><td>7</td></tr>
</table>

색채카드라도 그 농도가 문제가 되는 예이다. 농도는 결코 비색채카드만의 문제가 아니란 사실을 시사하고 있다.

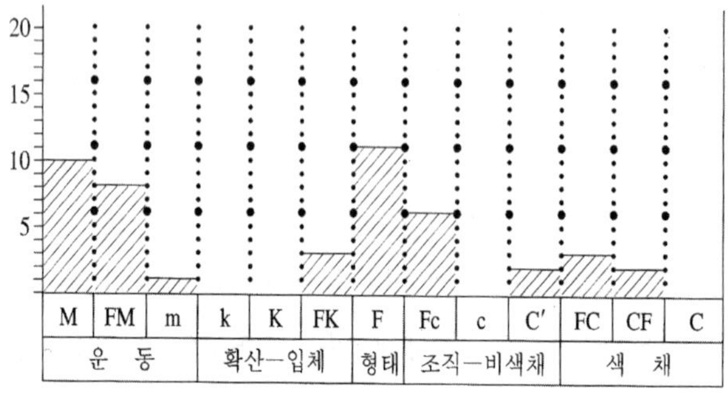


**<그림 15-1> 사이코그램(피검자 Y)**

### (5) 정리(채점)

이상의 분류에 입각하여 정리용지에 기입해 간다. 정리법에서 말한 바와 같이 기록용지에서 기호화된 것을 일단 '분류 리스트'에 옮겨 쓰고 다시 이것을 '카테고리별 정리용지'에 정리한다. 그 후에 결정인에 따른 '사이코그램'(psychogram)을 작성한다. 〈표 15-5, 6, 7〉은 앞에서 받은 피검자 Y의 자료를 정리한 것이다.

## 5. 해석법

### 1) 해석의 전제

### (1) 해석의 과정

검사자는 우선 자유반응단계에 있어서 피검자로부터 얼마간의 구체적인 반응을 얻는다. 이 반응이 테스트의 기초적인 자료가 된다. 한편 검사의 상황과 검사와 피검자의 관계, 또한 피검자의 검사받는 태도 등도 충분히 관찰하여 기술해 두지 않으면 안 되는 중요한 자료인 것이다.

그리고 질문단계에 있어서는 자유반응단계에서 얻어진 언어적 반응을 정확하게 기호화하기 위해 개개의 반응에 대해서 질문을 해 나간다. 이 단계에 있어서는 얻어진 반응이 블로트의 어디에 관련된 것인가 또는 어떻게 해서 그렇게 보였는가를 질문해 가는 것이 중심이 되겠지만 이와 동시에 피검자의 응답의 방법이나 태도에 유의하여 이것을 기술해 둔다. 이와 같이 하여 얻어진 기초자료는 테스트가 끝난 후 집계하여 각 카테고리별 수량과 카테고리간의 반응을 계산한다. 여기까지가 해석에 들어가기까지의 준비단계라 하겠다.

해석의 단계는 크게 두 가지 과정으로 생각할 수 있다. 첫 단계는 개개의 카테고리의 의미를 고찰하고 다시 카테고리간의 비율을 문제로 한다. 즉 경험적 또는 실험적으로 그 타당성이 정확하게 규정되어 있는 해석 가설을 염두에 두고 각 카테고리를 검토해 간다. 가령 M반응이 많이 나타난다면 상상력이 풍부하다고 추론할 수도 있다. 그러나 많은 M 반응이 존재한다는 특징은 색채반응이나 형태수준이 어떻게 되어 있는가의 문제를 고려하지 않고 해석되어서는 안 된다. 그렇기 때문에 여기에서 각 카테고리간의 비율을 고려해야 되는 것이다.

이어서 두 번째 단계에 있어서는 첫째의 해석단계에서 얻어진 단편적인 소견을 어떤 기준으로 종합하지 않으면 안 된다. 그러기 위해서는 퍼스낼리티 이론이나 임상심리학적 이론을 준거로 삼지 않으면 안 된다. 이 종합적 해석의 단계에서는 방법상으로 본다면 크게 두 가지 태도가 있다고 볼 수 있다. 그 하나는 역동적인 종합이며 또 하나는 기계적 종합이다.

전자는 매우 친밀한 해석의 예로써 대표되는 것이며 후자는 기호법(sign approach)으로 대표된다. Rorschach 테스트가 그 진가를 발휘하는 것은 역동적 종합에 의한 퍼스낼리티의 진단이라 할 수 있나. 그리니 이것은 수련을 요하는 어려운 작업이며 충분한 해석을 내리기까지는 많은 훈련과 경험이 요구된다고 보겠다.

이에 대해서 기계적 종합은 일정한 기초훈련을 받은 사람은 어느 누구나 단시간 내에 재료를 처리하고 해석할 수 있게 된다. 그리고 이 방법은 심한 주관적 판단에 빠질 염려도 없다. 물론 이 방법은 구체적인 퍼스낼리티상은 분석할 수 없으나 적응수준, 또는 자아의 강도 등을 어떤 척도상으로 서열화할 수 있다. 실용적인 입장에서 본다면 기호법이 훨씬 필요하다고 보겠다. 가령 심리요법에 의한 성격 변화의 측정이나 정신분열증 또는 동성애 등의 감별진단에는 그 유효성이 크기 때문이다.

### (2) 해석의 기초

#### 1 검사 상황

어떤 피검자는 치료를 목적으로 진료소를 찾아 테스트를 받는다. 그 피검자에게는 테스트 상황이 자기의 약점이 드러난다는 불안감을 가지게 되면 기분이 좋지 않은 것이 보통이다. 그러나 자기의 병을 고쳐 보겠다는 동기하에 진단의 장소에 왔다고 생각하고 있기 때문에 테스트 실시에 협력을 해 주고 가능한 많은 반응을 나타내게 된다. 또 어떤 피검자에게는 테스트 상황이 경쟁의 장면이 될 수도 있다. 자기가 테스트를 받는 결심을 한 것은 자기의 능력이 타인보다 우수함을 실증하기 위한 것이다. 그리하여 많은 반응을 하면 할수록 우수하다는 판정이 나리라고 생각한 나머지 굉장히 많은 반응을 하게 된다. 그리고 어떤 피검자는 테스트 결과는 자기의 운명을 결정할런지도 모른다고 생각하고 있다. 병이라고 진단되면 보상금이라도 받게 된다는 생각에서 될 수 있는 대로 테스트를 빨리 마치려고 애를 쓰기 때문에 그 반응수는 굉장히 작아지기 쉽다.

이와 같이 반응수 하나만 보더라도 그 장면의 태도나 테스트에 임하는 피검자의 동기에 따라서 영향을 받음을 알 수 있다. 어떤 피검자는 상상력이 풍부하기 때문에 많은 반응을 하게 되고 어떤 피검자는 상상력이 부족하기 때문에 반응수가 적어진다고 말할 수 있다. 그 사람의 퍼스낼리티에 의한 일반적인 경향이 있다고 할지라도 그것만이 반응수를 결정하는 것은 아닌 것이다.

#### 2 검사자와 피검자의 관계

Rorschach Test는 검사자와 피검자의 두 사람의 대인적 관계에서 진행된다.

피검자가 검사자에게 좋은(또는 나쁜) 인상을 가진 경우, 피검자와 검사자가 친밀관계(또는 서먹서먹한 관계)에 있는 경우, 반대로 검사자가 피검자에게 적의 또는 호의를 가지는 경우 등에 따라 반응수는 변화를 일으킨다. 어린아이는 유순한 여선생이 검사자일 때는 마음을 놓고 즐거운 자세로 많은 반응을 나타내지만, 얼굴을 모르는 남자선생인 경우에는 거의 반응을 하지 않을 수도 있다는 것이다.

또 어떤 피검자는 검사자에게 적의를 품고 있는 경우 반응을 전연 하지 않지만, 어떤 피검자는 적의를 느끼면 느낄수록 흥분해서 많은 반응을 한다고 알려져 있다.

이와 같이 테스트 상황에 있어서 대인관계도 블로트에 대한 반응(이 경우는 반응수)에 영향을 주는 것이다. 이와 같은 사실은 결국 피검자가 단지 블로트에 대해서만 반응하는 것이 아니라 블로트를 포함한 검사사태 전체에 대해서 반응하고 있음을 시사해 주는 사실이라고 하겠다.

## 2) 각 카테고리의 해석

### (1) 반응영역의 의미성

종합적으로 해석하기 위해서는 먼저 각 카테고리의 개개의 의미를 알고 있지 않으면 안 된다. 그러기 위해서는 개개의 기호가 지니고 있는 독립적인 의미를 알고 있어야 한다. 물론 각 기호는 상호 의존적인 것이어서 이를 무시하고서는 효과적인 해석은 불가능하다고 하겠다.

보통 피검자들이 블로드 전체를 보는가 부분을 보는가의 문제는 전혀 피검자에 따라서 다르다고 보겠다. Rorschach는 전체반응을 많이 나타내는 사람은 W형이고 부분반응을 많이 나타내는 사람은 D형이라고 하는 '파악형'을 제시하고 있다. W:D:Dd의 비율이 보통 어느 정도 나타나고 있는가에 대해서 Klopfer는 다음의 범위를 발표하고 있다.

W% 20~30

D% 45~55

d% 5~15

Dd% 0~10

반응영역 카테고리의 개개의 의미성을 설명하면 다음과 같다.

### 1 W

일반적으로 W는 지식이나 지적 통제와 같은 지적 측면에 따라서 영향을 받기 쉬우며 정서적 측면으로부터의 영향은 뚜렷하지는 않다. 연구의 결과에 의하면 성인에 있어서는 W의 수와 IQ와는 정적 상관이 있다고 보고되어 있다. 그리고 W의 수를 많이 나타내는 사람은 연상활동이 풍부하며 종합력이 뛰어나고 지적 활동에 지속성이 있는 사람들이라는 것을 찾아볼 수 있다.

그러나 이 경향이 너무 강할 때는 지적 능력은 높다 할지라도 너무 경쟁심이 강해서 야심적이며 대인적인 긴장감이나 요구 수준이 지나치게 높은 사람으로 주목된다.

평균적인 지능의 성인에서는 '박쥐', '나비'와 같은 평범한 반응이 생기고 간혹 한두 개의 우수한 W가 나타날 따름이다. 이에 반하여 미분화상태의 W는 정신연령이 낮은 아동이나 지적 결함자(정신박약, 두뇌외상에 의한 기질성 정신질환에 해당하는 자) 등에 많이 보인다. 그렇지만 IQ가 낮지 않은 분열병(망상형으로서 비교적 이 경향은 적지만)도 찾아볼 수 있다.

이러한 W가 얼마 나타나지 않을 때는 미성숙한 퍼스낼리티 또는 지적인 결함을 생각할 수 있지만 특히 IQ가 높은 경우에는 분열병 등을 생각해 볼 수도 있다. Klopfer의 연구에 의하면 정상 성인의 W-%가 3.6%인데 비하여 분열병에서는 34.0%가 되어 있어서 이 차이는 0.1%의 위험률에서 유의한 차이가 있었다. W반응의 출현을 카드별로 본다면 V, I, II, III, IV, VI, VII의 순서(이 순서는 표집방법과 실시방법에 따라 약간 변동될 수도 있다)로 많으며, VIII, IX, X은 적다. 따라서 마지막 3매의 색채카드에 대해서 우수한 W반응을 나타내는 사람은 매우 높은 지능과 종합력을 가진자로 예상된다. 이런 사람은 추상적인 사고를 좋아하는 경향이 있는 경우가 많은 것 같다.

### 2 W̸

일반적으로 W와 같이 취급된다. 그런데 보통 두 가지 뜻을 지니고 있다. 하나는 종합적으로 보려고 노력은 하지만 능력이 그 뿐인 것을 나타내며, 또 한 가지는 완전을 좋아하는 버릇이나 자기 중심성을 반영하고 있다.

### 3 DW

작화적 전체반응(作話的 全體反應)이라고 불려지는데, Rorschach 이래로 지적 결함이나 분열병 등에 나타나는 병적인 기호로 생각해 왔다. 특히 이 기호는 분류상의 곤란한 점에 비추어 잘못하면 D→W나 W- 등과 혼동하기 쉽기 때문에 주의가 요청된다. 이 반응은 정상 성인에게는 그렇게 많지 않고 부분영역이 작을수록 병적인 경향은 커진다. 형태의 파악은 미숙하기 때문에 논리적 비약이 크며 이런 반응은 아동들에게서 보통 볼 수 있다.

### 4 D

이것은 W와 역상관의 관계에 있다. W에서 말한 것과 반대로 생각하면 된다. 우수한 W를 많이 나타내는 사람이 이상적이고 지적인 사람을 반영하는 것이라면, 정확한 D를 많이 나타내는 사람은 종합적 · 추상적인 것을 보는데는 관심을 나타내지 않고 사소한 것을 현실적 · 구체적으로 처리해 가는 능력이 높다고 생각된다. 보통 연구결과에 의하면 D의 파악은 W의 파악보다도 쉽게 이루어진다는 것을 알 수 있다.

### 5 Dd

발달적으로 고찰해 살 때 Dd 또는 Dd%는 7세 전후부터 증가하여 10세 이후부터는 감소된다. 이 시기의 아동이 특히 Dd를 많이 나타내는 이유는 분명하지 않다. 임상적인 연구보고에 의하면 강박신경증이나 망상형 분열병에 비교적 높은 Dd%가 보인다고 한다.

Dd를 많이 나타내는 사람은 내향적이며 차가운 성질을 갖고 있다고 말하고 있다. 형태수준이 높은 dr를 많이 나타내는 사람은 지적이며 비판적인 경향을 지니고 있지만 이것이 지나칠 때는 다른 사람과의 대인관계가 곤란하며 독단적인 행동을 하기 쉽다고 진단된다. 이것은 또한 강박적인 완전벽의 특징이기도 하다. 이밖에 형태수준이 낮은 dr를 나타내는 자는 정신박약 또는 경조병자(輕躁病者)가 있다.

### 6 de

침울한 생활태도를 가지고 있으며 자기의 생각을 다른 사람에게 잘 이야기를 하지 않고 다른 사람과의 거리감을 가진 냉정한 사람이 많다.

### 7 di

분열병 또는 분열병질의 사람에게 많이 보인다. 그리고 대인관계에 있어서 과민하고 불안을 가지기 쉬운 사람에게서도 흔히 찾아볼 수 있다. 형태수준이 높은 di는 블로트 농도의 델리킷한 뉴앙스에 민감하지 않으면 보이지 않기 때문에 지적이며 예술적인 감각을 가진 사람을 반영한다.

### 8 dd

사소한 일에도 어찌할 바를 모르는 겁이 많은 사람을 반영하고 있다. 걱정이 많고 통이 좁기 때문에 한정된 영역에 얽매이는 경향을 나타내고 있다.

### 9 S

W, D, Dd가 모든 블로트의 소위 '도형'에 대해서 이루어진 파악이라는 점에 대하여 보통은 그림의 배경으로 지각되고 있는 하얀 간격(공백)을 '도형'으로 보는 반응이 S이다.

그렇기 때문에 많은 연구자들이 특별한 관심을 가지고 보는 반응영역이기도 하다. S의 진단적 의의는 높이 평가되고 있다. Rorschach는 이에 대해서 다음과 같이 말하고 있다.

"S가 하나 이상 있을 때는 문제시해 볼 필요가 있다. 이 반응은 완고한 고집불통의 정상인에게서 가장 많이 나타난다. 때에 따라서는 거부적인 분열병자에게서 많고 간질병환자에게서는 비교적 적다." 이 반응은 결국 어떤 반항적 경향(oppositionstendenz)을 생각하게 한다.

Klopfer는 '자기 자신의 생각에 대한 저항'을 반영하는 것이라고 말하고 있다.

### (2) 반응결정인의 의미성

#### 1 형태인자

보통 잉크 블로트에 대한 반응이 대부분 넓은 의미에서의 형태반응이란 점은 앞에서 말한 바 있다. 즉, M, FM, FC, FK 등은 모두 넓은 의미의 형태반응인 것이다. 이러한 반응은 전체반응의 80%를 차지할 만큼 반응의 대부분을 차지하고 있다.

F는 순수형태 반응으로 실제 반응수로써 취급하는 경우는 적고 R에 대한 비율, 즉 F%로서 취급된다. 이 F%를 발달적으로 보면 유아기에서는 70%를 넘지만 그 후 10세까지는 60% 전후로 감소되고 어른이 되면 50% 또는 그 이하가 된다. 그러다가 노년기가 되면 다시 상승해 간다.

일반적으로 F%가 높다는 것은 주관적인 인식을 떠나 객관적으로 사물을 인식하는 태도를 반영함과 동시에 상상력이 부족한 또는 감정을 억제하고 있는 사람을 나타내고 있다.

형식적이며 억제적인 냉정한 사람이나 상상력이 적고 개성이 없는 사람 등에 있어서는 F%가 높다. 그리고 노둔급(魯鈍級)의 정신박약 · 우울증 · 무감동 · 무표정의 분열병 등에서는 극히 높은 F%를 나타내고 있다.

또한 F%가 낮을 때에는, 현실을 객관적으로 파악하는 힘이 부족하고 지나칠 정도로서 주관적으로 보는 사람들로 나타나 있다. 상상력이 풍부하고 지능이 높은 사람이 적지 않지만 주관적인 태도가 강하기 때문에 대인관계가 원만하지 못하고 정신적으로 불안정한 경우가 많다. 특히 FC 〈 CF인 경우에는 이 경향이 강하다.

냉정을 잃지 않으면서도 풍부한 감수성을 가진 사람은 밸런스가 취해진 적당한 F%를 나타내게 된다.

### 2 운동인자

발달적으로 볼 때 M은 연령증가와 함께 증가하는 경향이 있다. 10세까지의 아동과 성인간에는 뚜렷한 차가 나타나지만 정상 성인의 M의 수는 어느 연구에서나 거의 비슷하다. 그러다가 노인이 되면 다시 감소하고 있다. FM도 대체로 M과 같은 경향을 나타내고 있으며 M과 FM과의 비율이 아동에게서는 FM이 뚜렷하게 많지만 성인에 이르게 되면 M이 비교적 우위에 있게 된다.

#### ① M

이 인간운동반응은 Rorschach가 가장 중요시한 인자이다. M반응이 많은 사람은 행동이 안정되어 있고 정상인에 있어서는 M반응의 수가 많이 나타날수록 지능의 생산성이나 연상의 풍부성, 새로운 연상을 관계지을 수 있는 능력이 뛰어남을 나타낸다. 또한 정서적인 상태도 관계가 깊어서 상쾌한 기분은 M의 수를 증가시키며, 의기소침한 기분은 M의 수를 감소시키게 된다. M반응에 대한 지금까지의 실험적 연구에 의한 성과를 소개하면 다음과 같다.

i ) 지능──좋은 형태수준을 가진 M의 출현은 낮은 지능의 존재를 부정하는 것이며 가능한 M이 많이 나타난다는 사실은 높은 지능을 말해 주고 있다.

ii) 상상력──다른 결정인에 비해 M이 많을수록 그 사람은 그의 세계의 지각을 풍부하게 만들기 위해 자유롭게 구사할 수 있는 상상력을 지니고 있다.

iii) 내적 안정──M에 의해서 대표되는 상상적 과정은 안정지향적 적응에 크게 이바지된다. 이 과정은 피검자가 긴장상태에 있을 때는 통제되지 않은 충동성을 회피할 수 있게 하는 내적인 수단인 것이다.

iv) 공감성──인간의 자태를 블로트에서 찾아보는 능력은 타인과의 좋은 공감적인 관계를 가질 수 있는 능력과 관계를 시사한다.

#### ② FM

동물의 운동으로 표시되는 이 기호는 Klopfer에 의해서 처음으로 제안된 것이다. Rorschach는 이것을 단지 'M경향을 가진 F'라고 말했었는데 Klopfer는 FM과 M의 두 가지로 다르게 분류하고 있다.

FM반응은 직접적으로 만족을 취해 보려는 충동을 느끼고 있음을 나타내는데 이것은 M과는 달라서, 통찰이나 이해력이 결핍되어 있는 충동성의 경향이다. 이 충동은 본능적인 기초를 가진 또는 유아기에 획득된 것 같은 원시적인 퍼스낼리티에서 유래되고 있다.

충동성이란 것은 생리적인 생명력 또는 탄력성을 나타내는 척도구실을 할 때도 있다. 따라서 FM의 절대수는 이러한 생리적인 활기의 척도라 할 수 있다.

### ③ m

앞에서의 M이나 FM에 의해서 대표되는 운동은 그 운동을 나타내고 있는 개체의 내부에 그 원동력을 가지고 있어서, 말하자면 대내적인 힘에 의해서 지지되는데 비하여 m에 의해서 나타나는 운동은 내재적 · 수의적(隨意的)인 것이 아니고 주로 외재적(外在的)인 힘, 즉 중력이나 바람과 같은 물리적 · 자연적인 힘에 의해서 지지되고 있다.

m을 나타내는 반응은 좌절감이나 긴장을 초래하는 요소로 해석되고 있다. 정상 성인에 있어서 m의 출현은 지적이며 야심적인 사람에게서 찾아보기 쉽다.

## 3 색채인자

색채반응은 정서적 생활과 특수한 관계가 있다. 즉 색채반응의 가설은 정서에 관한 지표가 된다는 점에서 많은 연구자들이 일치하고 있다.

발달적으로 볼 때 색채반응은 C→CF→FC의 순으로 발달되고 있다.

일반적으로 유아기~학동기에서는 CF+C가 FC에 비해서 우위에 있으며, 성인에서는 FC가 우위에 있다고 보고되어 있다. 색채반응은 노년기에는 크게 감소되고 있음이 뚜렷하다.

Wittenborn의 요인분석적 연구에 의하면 FC가 M과 높은 상관을 가진데 비하여, CF와 C와는 상관이 없다고 나타났다.

① FC

발달적으로 보아서 비교적 높은 수준에 있는 반응이다. 일정한 형태를 지각하고 색채를 적당하게 판단 · 통합하는 반응이기 때문에 애정을 상실함이 없이 정서적인 충동을 쉽게 통제할 수 있는 사람으로 해석된다. 이 통제된 감수성은 그 사람이 그 사태의 정서적인 요청에 적절한 감정이나 동작에 의해서 반응하고 있음을 의미하는 것이다.

이 반응을 많이 나타내는 사람은 일반적으로 대인관계를 원만하게 이끌어가는 사람이다. 보통 성인의 경우 FC>CF+C의 관계를 나타내는 것이 바람직하다고 보겠지만 너무 억제된 FC가 많고 CF가 적을 때에는 감정이 의식적으로 지나치게 통제되어 차갑고, 억제된 태도가 보이기 쉽다. 또한 CF · C반응이 보이고 FC가 결여되고 있다는 것도 흥미깊은 일이다. 또 히스테리와 같은 신경증에 있어서도 FC는 감소되고 CF가 우위를 나타내고 있다. 이것은 정서적 통제가 힘들다는 사실을 반영하는 것이다. 그러나 일상생활 가운데 특히 정서적 표현을 억제하는 습관을 가진 정상인에게는 FC 뿐만 아니라 CF나 C 등의 색채반응의 모두가 감소된다. 농촌사람이나 육체노동자의 많은 사람이 특히 색채반응의 감소가 인정되고 있다.

FC가 전연 또는 조금밖에 나타나지 않는 신경증환자는 심리요법에 따라 즐겁게 해 주면 FC가 많이 나타나게 된다.

이와 같이 FC는 일반적으로 바람직한 성숙한 적응적인 정서성을 나타내는 것이라고 보면 된다.

② CF

이 반응은 사회적인 사태의 현실적인 요청에 대해서 통제력이 결핍되어 있더라도 적절히 순수한 정서적 반응을 나타내는 것을 말한다. 좋은 뜻으로는 자발성을 나타내는 것으로도 말할 수 있다. 어떤 의미에서는 정서적인 통제가 적절하지 못한 것이라고도 말할 수 있다. 그러나 이 반응은 아동에게서는 FC보다도 더 많이 나타나는 것이 보통이다. 이 반응은 성인에게서는 자기 중심성 의존성을 표시하는 것으로 연구되고 있다.

③ C

이것은 정서적 통제의 결여를 반영하고 있는 것으로 생각되어 왔다. 충동성 · 폭발성 등 어느 정도의 병적인 경향을 나타내는 기호이다. 이것이 어린이의 반응일 때는 병적으로 볼 수 없지만 성인에게서는 정서적인 통제가 결여된 정신병자 등에 많이 볼 수 있는 반응이다. 미숙한 분류자가 CF를 잘못하여 C로 처리하는 수가 많기 때문에 주의를 요하게 된다. 원래의 진짜 반응은 정상 성인에게는 거의 나타나지 않으며 나타난다고 하더라도 1C 정도이다. 예를 든다면 '피'라고 하는 반응에 대해서, CF로 분류되거나 C로 분류되는 일이 있는데, 검사자는 질문을 통해서 이 점을 명백히 해 두지 않으면 안 된다.

④ Cn

이것은 색채반응 중에서 가장 미분화된 것이며 성인에게 나타난 경우에는 병적인 기호로 보아도 좋다. 이 반응은 색채 이름 부르기에 곤란을 느끼는 유아기에 비교적 많이 생기지만 아동기에서는 거의 사라지는 반응이다. 지적인 결함이 있는 기질성 정신병자나 테스트 사태에 충분히 적응할 수 있는 거칠은 분열병자에게서 찾아볼 수 있는 경우 외에 성인에게 나타나는 수는 없다.

색채는 지적하지 않더라도 어떤 지적인 주석을 가할 Cn으로 분류해서는 안 된다.

⑤ F/C

이것은 Klopfer의 독특한 분류이다. 이것은 피검자가 자신의 진실된 삼정과는 관계없이 정서적 충동에 반응하는 것이다. 이러한 피검자는 자신의 반응을 현실과 잘 통합하지 않고 즉흥적으로 우러나는 감정상태에서 반응하는 것이다. 그리고 이 반응은 사회적 사태에서 현실적인 감정을 무시한 인습적인 행위에 젖어 있는 사람들에게서 흔히 발견되는 반응이다.

⑥ C/F

이 반응은 F/C와 같이 피검자 자신의 감정에 대해서 본질적인 관계가 없는 듯한 표면적인 태도로 정서적 충격에 대해서 반응하는 것을 말하고 있지만 크게 다른 점은 정서적인 통제의 정도에 있다. 또 C←→F는 F←→C와 똑같은 부자연한 반응이며, 정서적인 통제의 정도에 차이가 있다고 보면 된다. 이것은 사회적 관계가 매우 곤란하다는 사실을 의미한다.

⑦ Cdes

이 반응을 나타내는 피검자는 정서적 충격을 통제하는 일에 실패하면서도 표면적으로는 지적으로 통제해 보려고 애쓰는 듯한 반응이다. 이 반응은 처음 나타날 때에 한해서 부적응의 기호로 보아야지 보통의 반응이 일어난 뒤에 일어날 때에는 부적응으로 보아서는 안 된다.

⑧ Csym

이 반응은 Cdes와 유사한 의미를 가지고 있지만 보다 지적이며 예술적인 경향을 띄고 있다. 형태인자가 무시된 Csym반응은 분열병환자에 특히 많다.

⑨ FC′, C′F, C′

이들 흑백반응의 세 가지 카테고리는 일반적인 색채반응의 FC, CF, C에 대응하는 것으로 생각하면 된다.

### 4 음영인자

분화된 재질반응 Fc는 조잡하고 미성숙한 사람에게서는 보기 드물고 오히려 델리킷한 감수성을 가진 사람에게 생기기 쉬운 경향이 있다. 섬세한 감수성의 소유자는 상하기 쉬운 마음과 불안감을 갖기 쉽다는 뜻에서 Fc는 불안 경향의 지표로 인정되고 있다.

① FK

반응은 내적인 노력에 의해서 정서적 불안을 처리하고, 자기 문제를 객관적으로 냉정히 바라봄으로써 그 문제를 자기에게서 떼어 버리려고 노력하는 것을 의미한다. 즉 자기 내의 자극에도 민감해서 자기 평가를 자주하거나 열등감에 자주 빠지기 때문에 열등감의 지표로 인정되고 있다. FK반응은 아동기에는 거의 일어나지 않고 있다.

② KF, K

이 반응은 막연하게 대상이 뚜렷하지 않은 불안을 반영하고 있다. 이 반응을 나타내는 사람은 불안을 느끼면서도 그 불안에 대해서 방위태세를 취하지 못하거나 취하더라도 아무런 도움이 안 되는 행동을 취하는 수가 많다.

③ Fk, kF, k

반응은 표면에 통제되어 있는 것 같이 보이지만 그 배후에는 정서적인 불안이 있음을 나타낸다. 이 반응을 하는 사람은 지적인 노력에 의해서 불안을 처리하려고 한다.

### (3) 반응내용의 의미성

1 H

이것은 일반적으로 타인에 대한 관심이나 감수성을 반영하고 있다고 생각되지만 타인을 수용하고 공감을 갖는 능력을 나타내는 것으로 인정되고 있다. H가 많이 나타나는 사람은 대인관계에 있어서 자의식이 과잉적이며 과민함을 말해 주고 있다.

H의 결여는 인간관계를 피하려는 경향과 사회성을 상실하고 있음을 의미한다.

Hd가 H보다도 많은 경우에는 성숙한 대인관계를 갖지 못한 경우가 많다. 이와 같은 관계(H〈Hd)는 지적 결함이 있는 경우와 정서적 장애가 있는 경우 등에 나타난다.

2 (H)

이것도 H와 같이 타인에 대한 관심이나 감수성을 반영하고 있으며 현실의 대인관계를 피하고 공상적인 세계에 도피하는 경향을 나타내는 반응이다.

(H)가 H보다도 많을 때에는 현실생활에 어떤 부적응을 지니고 있어서 마음이 상하기 쉽고 자기만의 세계에 파묻히고마는 경향이 있다. 그러나 아동에 있어서 (H)의 출현은 어린이다운 공상의 소산으로 보아야 할 것이다.

### 3 A

가장 많이 나타나는 반응은 이 동물반응이다. 보통 A%로서 해석된다. 즉 정상인의 A%는 25~45의 범위에 나타나고 있다. A%는 판에 박은 듯한 태도(stereotype)의 지표로 생각된다. 불안이나 우울한 기분에 의해서 관념적 내용이 빈곤해지면 A%가 높아지고 정신활동이 풍부하며, 상쾌한 기분에서는 감소한다. 50% 이상의 A%를 보이는 정상인은 상식적이면서 판에 박은 듯한 태도를 가진 사람이며, 내적으로는 어딘지 속이 빈 사람이다. A%가 20% 이하의 사람은 지적인 변화에 뛰어날 수도 있겠지만 때로는 사회적 협동심이 부족하기 쉽다. 지적인 결함이 있는 자에게는 Ad가 많이 나타난다.

(A)는 어린이 같은 공상을 표시하고 이 반응이 어른에게 나타날 때는 현실회피적인 경향이 있다고 볼 수 있다.

### 4 At

이 반응은 많은 연구자에게 특별히 취급되고 있다. 보통 지적 부적응의 감정(열등감의 보상)과 자기의 신체에 의식이 고착되어 있으며, 불안상태 또는 어떤 정신장애의 결과로서 At반응이 많이 생긴다.

At%는 10% 이하가 바람직하다. 의사나 간호사와 같이 평소에 해부도에 접하는 기회가 많은 사람이라 할지라도 At%는 결코 높지는 않다. 만약 이 경우에 At%가 높게 나타난다면 문제가 된다.

또 At반응은 뼈의 해부도(bony anatomy)와 근육 또는 내장의 해부도(muscular or visceral anatomy)로 나눈다는 것은 무의미하다. 보통 At는 어떤 불안감을 반영하고 있다고 생각하면 된다.

### 5 Sex

이 반응은 일반적인 테스트 상황에 있어서도 정상인의 피검자에게서는 적게 나타난다. 정상자는 이런 내용을 지각하고 있더라도 표현하지 않는 것이 보통이다. 이 반응의 출현은 어떤 병적인 경향을 반영하는 것으로서 퍼스낼리티 진단에 중요한 의미를 가지고 있다. 예를 든다면 성적도착증(性的倒錯症)과 정신병, 특히 분열병에 이 반응이 많이 나타난다.

이 반응은 단지 성관심이 증대되고 있는 결과로서 나타났다고 생각되는 것이 아니고 오히려 상식적인 평범한 태도에서의 이탈을 나타낸 것으로 보아도 좋겠다.

### 6 P

이 반응은 O반응과 더불어 통계적인 기준(출현빈도)에 의해서 결정되는데 진단상의 중요한 의미를 가지고 있다. 적어도 4, 일반적으로는 5, 또는 그 이상의 P가 보이는 것이 보통이다. 그러나 P%가 높을 때(50% 이상)에는 너무나도 상식적이며 판에 박은 듯한 사고를 가진 사람으로 생각된다. P가 지나치게 적을 때에는 사회적인 협조성이 부족하고 때에 따라서는 자폐적이어서 정상적인 대인관계가 이루어지지 못할 때가 예상된다. 지적 결함, 극도의 불안상태, 현실과의 접촉을 상실한 정신병 등에 있어서는 심한 P의 감소가 발견된다.

### 7 O

이 반응은 피검자의 독창성이나 고유한 관심의 대상을 반영하고 있다. P반응이 보통으로 나타나면서도 형태수준이 높은 O반응이 나타나면 그 사람은 충분한 상식을 가지면서도 판에 박은 듯한 사고를 함이 없이 높은 지성과 독창성을 가지고 있는 사람이라고 하겠다.

그리고 높은 형태수준을 가진 O반응을 많이 나타내면서도 P반응이 결여되어 있을 때에는 지적이고 독창성이 있다고 하더라도 사회적 협조성이 부족하고 편당적인 사람으로 추정된다. 또한 P반응이 결여된 자로서 낮은 형태수준을 가진 O반응을 많이 나타내는 사람은 어떤 정신적 질환을 갖고 있으며 사회에 적응할 수 없는 사람이다. 이와 같은 반응은 그 형태수준을 아울러 고려할 필요가 있다.

### (4) 반응수 · 반응시간 등의 의미성

#### [1] R

반응 총수가 적은 사람은, 그 하나하나의 반응이 잘 구성된 전체반응인 경우를 제외하고는 상상력이 매우 부족하리만큼 비생산적이라고 말할 수 있다. 보통 테스트에 비협조적으로 대하거나, 검사자에게 적의를 지니거나, 심하게 방위적이며 억제적이거나, 우울한 기분에 휩싸여 있을 때에는 R은 감소된다. R이 너무 많으면 주의 집중력이 강한 야심적인 사람이라고 볼 수 있다. 그리고 형태수준이 낮지 않은 경우, 지적 수준이 높은 것이 많다. 정상인에게 있어서는 R은 20~45의 범위 안에 대부분 들어 있다.

#### [2] Rej

정상인에게서는 반응 거부가 하나도 안 생기는 것이 보통이다. 카드 Ⅳ, Ⅵ, Ⅸ 등에서 특히 그렇다. 반응이 제일 쉬운 카드 Ⅲ, Ⅳ, Ⅷ 등에서 Rej가 나타나면 어떤 이상(異常)이 존재한다고 볼 수 있다. Rej가 생기는 이유로서는 통각의 곤란, 또는 분열병의 장애와 같은 병의 억제, 검사자에 대한 적의 등으로 알려져 있다. Rej는 반응의 실패와는 구별하여 해석되어야 하기 때문에 피검자의 태도를 잘 관찰해 두어야 한다.

#### [3] $T/R_1$

카드의 제시로부터 분류의 대상이 되는 반응이 생기기까지의 시간 이것을 시작 반응시간(reaction time), 즉 $T/R_1$이다. 이것은 또한 전 카드에 대한 $T/R_1$의 평균 〔$T/R_{1(A \cdot V)}$〕, 색채카드(Ⅱ, Ⅲ, Ⅷ, Ⅸ, Ⅹ)에 대해서는 $T/R_1$의 평균 〔$T/R_{1(A \cdot V \cdot S)}$〕, 비색채카드(Ⅰ, Ⅳ, Ⅴ, Ⅵ, Ⅶ)에 대한 평균 〔$T/R_{1(A \cdot V \cdot a)}$〕 에 대해서 계산된다.

$T/R_{1(A \cdot V)}$는 보통 30 이하이다. 이것이 너무 클 때에는 심적 기능의 저하 또는

방위적 · 경제적인 태도, 정서적 억제상태를 의심해 불만하다. 〈표 15-9〉는 카드별 $T/R_1$의 평균치 · 범위 · 순위를 표시하고 있는데 이것은 Klopfer가 30명의 정상인의 자료로부터 산출된 통계이다.

**표 15-9 카드별 시작 반응시간**

| 카드 | $T/R_1$(평균치) | 범위 | 순위 |
|---|---|---|---|
| Ⅰ | 13.3″ | 1″~50″ | 2(1) |
| Ⅱ | 15.7 | 5~45 | 5(5) |
| Ⅲ | 12.8 | 4~30 | 1(2) |
| Ⅳ | 22.6 | 5~70 | 10(6) |
| Ⅴ | 15.5 | 3~55 | 6(3) |
| Ⅵ | 20.5 | 4~60 | 9(9) |
| Ⅶ | 18.0 | 5~50 | 7(8) |
| Ⅷ | 14.5 | 5~45 | 3(4) |
| Ⅸ | 20.0 | 5~60 | 8(10) |
| Ⅹ | 14.8 | 3~35 | 4(7) |

이 표에서 명시한 바와 같이 카드 Ⅱ, Ⅲ, Ⅷ 등에서 $T/R_1$이 짧아 반응이 쉬운 카드임을 볼 수 있고, 이에 대해 카드 Ⅳ, Ⅵ, Ⅸ 등은 $T/R_1$이 길어서 반응하기 힘든 카드라고 볼 수 있다. 후자의 제 카드는 거부반응이 일어나기 쉬운 카드이기도 하다.

### 4 T/R

카드의 제시로부터 하나의 카드에 반응하는 것이 끝나는 시간, 이것이 반응종료시간(response time), 즉 T/R이다. T/R은 검사자가 어디서 반응을 끊어 버리는가에 따라 좌우되기 때문에 피검자의 특성을 직접 반영하는 것이라고 생각해서는 안 된다. 그러나 T/R의 평균치가 크고 동시에 R이 많아진다면 테스트에 흥미를 가지고 협조적이었다고 말할 수 있다. 반면 T/R의 평균치가 크고 R이 적을 때는, 협조적이었다고 할지라도 무의식적인 방어가 작용되고 있었거나 상상력이 부족

했기 때문임을 추정할 수 있다. T/R의 평균치가 작고, R도 적을 때는 테스트에 관심을 갖기 않고 거부적이었음을 알 수 있다.

어떤 카드에 대한 T/R이 특히 길 때에는 피검자가 그 카드에 대해서 관심을 갖고 있었거나 또는 어떤 이유에서던 반응이 곤란했었다는 사실임을 알아야 한다.

#### (5) 형태수준의 의미성

Rorschach는 F+%가 높기 위해서는 ① 주위를 유지하는 능력, ② 형태가 뚜렷한 기억상을 가지고 있는 것, ③ 뚜렷한 기억상을 재생하는 능력, ④ 여러 개의 기억상에서 가장 닮아 있는 것을 선정해 내는 능력이 전제된다고 말하고 있다.

F+%는 지적인 사람에게서는 높게 나오고 정신박약자에게서는 낮게 나온다. 억제상태에서는 높고, 들떠있는 기분을 가진 상태에서는 낮게 나온다. 즉 F+%가 지적 인자와 정서적 인자의 영향을 받고 있음을 알 수가 있다.

F+, -를 결정하는 제 요인으로서는, 연구결과 보통 자아의 강도, 현실음미의 능력 · 지능 · 지각의 정확성, 지각과정의 통제, 충동적 행동의 연기 · 비판력 · 억압적 통제, 과거경험의 풍부성, 주의지속 능력, 주의집중 능력, 안정감 등을 들 수가 있다.

F+는 주의깊고 비충동적으로 반응하고 있음을 반영한다. 또한 긴장상태 하에서도 주관적 · 정서적 반응을 적절히 통제할 수 있는 능력을 반영하고 있다.

Klopfer에 의하면 형태수준 득점은 지적 요인에 의해서 상승되고, 자아기능의 장애(분열병의 경우)에 의해서 저하된다고 한다. 그리고 평균형태 수준은 지적 기능의 현재의 효율성을 나타내며, 형태수준의 최고치는 잠재적인 능력을 나타낸다고 말하고 있는데, 이 점은 더 많은 연구로서 확인될 필요를 갖는다고 하겠다.

### 3) 각 카테고리간의 비율관계의 해석

각 카테고리간의 수량적 비율관계의 해석은 〈표 15-10〉에 제시되어 있는 해석 지표를 고려하여 분석 · 진단하다.

표 15-10 각 카테고리간의 비율관계의 해석지표

| | 정상 | 지표 | 해석 |
|---|---|---|---|
| W:D | 1:2 | 지적 효율성 | |
| W:M | 2:1(단 4:2 이상일 때) | 창의적, 잠재력 | W>2M : 지적 욕구수준 높음, 포부수준이 지나치게 높음<br>W<2M : 창의적, 잠재력 있으나 충분히 발휘못함 |
| ΣC | 3 | 환경반응성 | 3>ΣC : 외부환경의 영향에 대한 반응성 둔감<br>3<ΣC : 외적 정서자극에 대한 통제적 반응 |
| F:(FK+Fc) | 4:1~4:3 | 감수성, 의존성, 타인에 대한 태도 | 4:1~4:3 : 타인에 대한 건전한 태도, 감수성, 의존성이 높지 않다.<br>4:3 이상 : 타인에 대한 반응, 애정욕구가 아주 강함<br>4:1 이하 : 애정욕구의 거부, 억압, 미숙성, 적응장애 |
| (F+FK+Fc)% | 50~75 | 정서통제성 | 75% 이상 : 신경질적, 정서 억제력 결여, 정서통제력 결여, 대인관계 적응력 부족 |
| FC:(CF+C) | | 정서통제성 | FC>(CF+C) : 감정표현이 세련됨, 정서통제력 높다.<br>FC<<(CF+C) : 자기중심적, 정서통제가 안됨, 대인관계 적응부족, 충동성<br>FC>(CF+C=0) : 정서 과잉통제, 대인관계 적응곤란<br>(FC=0)<(CF+C) : 정서표출이 저지 안됨, 자유스러운 정서표현<br>ΣC>2M이면서 FC<<(CF+C)일 때 : 외적통제 극히 나쁨, 높은 충동성, 환경적응력 결여, 비행지표 |
| FM:M | 1:2 이상 | 충동성 | FM=2M 이상 : 충동수용, 시려성 높다<br>FM>2M : 충동성 지표<br>FM의 두 배>2M : 즉시 만족형, 미숙성<br>한 개 이상 FM<2M 이상 : 성숙지표, 만족연기형 |
| (FM+m):M | 1:1 | 충동성 통제 | FM+m이 M의 1.5배 이상 : 긴장감, 적응성 부족<br>FM+m≒M : 충동성 통제, 정서적 안정(단 m이 1~3개 이하일 때) |

| | 정상 | 지표 | 해석 |
|---|---|---|---|
| W:D:Dd:S | | 파악형 | 최적비율 : (20:45:5:0)% |
| (Ⅷ + Ⅸ + Ⅹ)<br>/R% | | 외적 자극에<br>대한 반응성 | 40% 이상 : 환경에 의해 자극받음, 민감성<br>30% 이하 : 엄경성, 소심, 비판적, 환경 영향에 대한 반응성 결여 |
| Fc + c + C′:<br>(FM + m) | | 내향성-<br>외향성 | 전자〉후자 : 외향성 경향<br>전자〈후자 : 내향성 경향 |
| Fc + c + C′:<br>FC + CF + C | 1:2 | 환경적응도 | 1:2 ; 환경적응도 높음, 감정 자유로운 표현<br>2:1 ; 화상입은 사람, 정서위축<br>3:1 이상 ; 비행지표, 외상적 경험 많다. |
| (H + A):(Hd<br>+ Ad) | 2:1 | 비판성 정도 | 전자가 후자의 1.5배 이하 : 엄격, 비판적, 소심적, 불안성 |
| Psychogram | 전체분산형 | 적응형 | 좌반분형 : 상상력 풍부, 내적 자신에 충실, 주관성<br>중앙형 : 합리적, 비정상적, 억압적 통제, 현실 비판적<br>우반분형 : 외적 환경의 영향하에 있다. 객관성<br>분산형 : 조화스런 성격 |
| 내용의<br>다양성 | | 지능수준 | 우수능력자 : H, Hd, A, Ad 이외의 항목이 최소한 25% 반응 |

## 4) 계열분석

### (1) 계열분석(繼列分析, sequence analysis의 방법)

Klopfer에 의해 시도된 계열분석은 각 카테고리별 해석이나 양적 분석이 아니고 카드별로 또 반응별로 분석해 가는 방법이다. 이 분석에 있어서는 각 반응은 잉크블로트가 갖는 고유한 자극에 대응하여 고찰함과 동시에 그 기록이 역동적인 흐름 가운데 도사리고 있는 의미를 찾아내는 방법이다. 계열분석의 중요성은 어느 누구나 부인 못하지만 아직 표준적인 방법은 확립되어 있지 못하기 때문에 해석에 임하는 자는 자기 나름의 경험이나 이론에 따라서 이를 보충하지 않으면 안 된다. Klopfer가 계열분석에 있어서 특히 유의해야 할 점으로서 다음의 12가지 항목을 들고 있다.

① 각 카드의 블로트가 지니고 있는 반응영역, 반응결정인, 어떤 내용이 반응되기 쉬운가를 잘 알고 또한 외우고 있어야 한다.
② 구성면에 있어서 반응영역의 사용법을 검토한다.
③ 카드에 나타나는 반응수에 주의한다.
④ 블로트 재료에 대한 관계, 반응영역, 내용과의 관계에 있어서 결정인의 사용법을 검토한다.
⑤ 형태수준의 각 카드별로 변화해 가는가를 살펴본다.
⑥ P단계 · I 단계 · 한계음미단계, 그리고 테스트가 끝난 뒤 피검자에 의해서 표현된 주석에 주의한다.
⑦ 특정의 카드, 특정의 반응에 관계가 있다고 생각되는 피검자의 행동에 유의한다.
⑧ 각 카드마다 반응시간이 어떻게 변화하고 있는가에 주의하여 반응의 영역, 결정인, 내용과의 관계에 있어서 이것을 검토한다.
⑨ 테스트 수행 중에 있어서의 색채의 역동관계를 색채반응 그 자체만으로서가 아니고, 색채인자에 대한 반응이 모든 면을 고려하면서 검토한다.
⑩ 이와 똑같은 뜻으로 음영의 역동적 관계를 검토한다.
⑪ P단계에서 생긴 반응을 I 단계, 또는 한계음미단계에서 생긴 반응과를 비교한다.
⑫ 피검자와 검사자와의 관계를 고려하여 그것이 테스트에 어떤 영향을 미치고 있는가를 고려한다.

이중 ①에 관한 설명을 보충하기로 한다.

### (2) 각 카드의 특징

각 카드의 특징을 알아둔다는 문제는 계열분석에 있어서 불가결의 과제이다. 어떤 반응을 정확히 이해하기 위해서는 마땅히 그 반응이 어느 카드에 나타난 것인가를 알지 않으면 안 된다. 그리고 카드 Ⅰ부터 Ⅹ까지의 사이에는 어떤 반응의 어떠한 순서로 나타날 것인가는 카드의 제시 순서에 의해서도 영향을 받고 있다. 따라서 카드 구조 및 지각적 속성상의 제 특성뿐 아니라 시리즈에 있어서의 순서 문제도 동시에 고려하지 않으면 안 된다.

다음에 나오는 카드의 특징에 대한 진술은 이런 원칙에 한해 기술되고 있음을 알고 있기를 바란다.

### 1 카드 Ⅰ

세상에 태어나서 생전 처음으로 이와 같은 그림을 보는 소박한 피검자는, 이 카드의 제시에 앞서서 주어진 지시에도 불구하고 도대체 어떻게 답을 해야 할지 망설이게 될는지도 모른다. 또한 그 정도는 아니라 하더라도 많은 피검자에게는 카드 Ⅰ은 하나의 새로운 경험이라는 뜻에서 어느 정도 불안과 당혹감을 가지기 쉽다. 이런 태도나 표정은 카드 Ⅰ에서 일어나는 제일 처음의 반응으로서 특히 주목하기 바란다.

이 때의 첫째 반응이 생기는 $T/R_1$과 형태질의 입장에서 ① 좋은 반응을 바로 나타내는 경우, ② 빈약한 반응을 즉석에서 표시하는 경우, ③ 좋은 반응을 오랫동안 있다가 나타내는 경우, ④ 빈약한 반응을 오랫동안 있다가 나타내는 경우를 생각해 볼 수 있다.

①의 경우에는 새로운 문제를 합리적이며 구성적인 방식으로 처리하여 어려운 문제라도 쉽게 처리할 수 있다는 확신을 반영하고 있다고 볼 수 있다. ②의 경우에는 충동적인 실천가이어서 되도록 빨리 해치워 버리고 말려는 사람에게서 찾아볼 수 있거나 자기가 말한 것이 썩 잘된 것이라고 생각하고 있는 지적 결함자의 경우도 있다. ③의 경우에는 어떤 사태에 들어 서기 전에 그것을 차분하게 검토를 하지 않으면 마음이 놓이지 않는 사람, 무슨 일에서나 동작이 느린 사람, 수용과 표현의 과정이 정서적 또는 지적인자에 의해서 장애가 일어나고 있는 사람 등을 생각할 수 있다. 그리고 ④의 경우는 보통 여러 가지 장애를 지닌 피검자에게 찾아볼 수 있다. 즉 나쁜 반응을 오랫동안 있다가 끝에 나타내는 것이다. 이 카드는 전체로서 보통 '박쥐' 또는 '나비'로 보이는 수가 많은데 이 두 개는 P반응이다.

그리고 W, S의 영역에 '귀신의 얼굴'을 보는 사람도 많다. 그밖에 $D_1$에 대해서 "사람이 서 있다"하는 반응이 잘 생긴다. 이 H는 여성인 경우가 많다.

대체로 이 카드는 W, D, F, M을 반응하기 쉽다. 이 카드는 채색되어 있지는 않지만 음영반응이 많이 나타나지 않는다.

### 2 카드 Ⅱ

여기에서 처음으로 색채(빨강)가 들어 있다. 검사자는 피검자가 색채의 부분을 어떻게 취급하는가를 주의하지 않으면 안 된다. 이 카드에도 전체에 대하여 "두 사람이 춤추고 있다" $D_1$에 대한 '곰'과 같은, P반응이 있다.

특히 다른 카드에서 M을 나타낸 사람이 여기에서는 M을 표시함이 실패했을 경우에는 색채가 방해적으로 작용했을 것이라고 일단 생각해 보아야 한다.

이 카드의 $D_2$영역은 vagina의 반응이 일어나기 쉬운 곳이다. 대체로 이 카드는 W, D, M, FM을 반응하기 쉽고, 동시에 S반응이 가장 많이 나타나는 카드이기도 하다.

### 3 카드 Ⅲ

카드 Ⅱ의 경우와 같이 빨간 영역이 존재하고 있지만, 그것은 검은 영역과 완전히 분리되어 있기 때문에 W의 반응이 나타나기 쉽다. 이 카드의 P반응은 이 W영역에 대한 '인간'이라는 M반응이다. 이 반응은 모든 카드 가운데서도 가장 손쉽게 일어나는 M반응이다. 그렇기 때문에 이 반응이 결여되어 있을 때에는 문제가 된다. 그리고 그 내용이 H가 아니고 (H)니 (A)가 있더라도 대인관계에 원만함이 모자라는 것이 추정될 수 있다. 그리고 이 인간을 어떤 사람은 남자, 어떤 사람은 여자를 보며 또한 그 이유도 여러 가지이다.

### 4 카드 Ⅳ

카드에 가득차게 옆으로 쫙 펴진 짙은 음영을 지닌 흑색의 블로트는 불안하고 우울한 피검자에게는 매우 자극적인 도형이다. 이 카드는 부친이나 권위자를 상징하고 있다고도 말하고 있다. 카드 Ⅶ이 '모친카드'라고 불려지는 데에 대하여 이 카드는 '부친카드'라고 불려지고 있다. 어쨌든 무겁고, 강하며 어려운감이 감도는 남성적 인상을 풍기고 있다. 이 카드에는 전체에 대한 '털가죽', $D_1$에 대한 '동물의 머리'라는 P반응이 존재하지만, 이 털가죽의 반응은 Fc 또는 cF로 본 결정인에 근거를 두는 수가 많으며 카드 Ⅳ에 대해서 음영(재질)반응이 일어나기 쉽다.

### 5 카드 Ⅴ

이 카드는 반응하기 쉬운 것 중의 하나이다. W에 대한 '박쥐' '나비'가 P반응이다. 이 카드에 대해서 하나의 반응도 표시하지 않을 때에는 어떤 심적인 장애가 존재하고 있다고 생각된다. 특히 이전의 카드에는 각각 반응을 하다가도 이 카드에 와서 Rej를 나타낼 때에는 문제가 된다. 이 경우 분열병이 의심된다. W반응이 가장 많이 일어나기 쉬운 카드이다. 이 W는 전혀 단순한 성질을 가진 경우가 많다.

### 6 카드 Ⅵ

음영반응을 쉽게 일으키기 쉬운 카드이다. 따라서 만일 이 카드에 음영반응이 전혀 나타나지 않고, 한계음미에 의해서 확인해 보아도 그것이 부정될 때에는 문제가 있는 것이다. 이 카드에서 보이는 P반응은 '털가죽'이라는 W반응이며 이것은 카드 Ⅳ의 경우보다는 Fc 또는 cF일 가능성이 크다.

그리고 이 카드에는, $D_2$에 대해서 penis, 중심선 영역에 대해서 vagina가 많이 보이게 된다. 그러나 이들 반응어는 표현하기가 쑥스럽기 때문에 다른 내용으로 바꾸어 버린다. 그 때문에 $T/R_1$이 늦어지기도 한다. 또 '성' 의식에 혼란이 생겨 Rej를 나타내기도 한다.

### 7 카드 Ⅶ

이것은 '모친카드'로 불리어지는 카드이다. $D_2$ 또는 W에 '인간'의 자태를 보고 특히 대다수의 사람이 이를 여성으로 보고 있다. 카드 Ⅳ에 비해서 이 카드는 부드러운 느낌을 주는 것이다.

$D_2$에 대해서 '동물', W에 대해서 '인간'이 P반응이다. 그리고 이 카드는 불안을 반응하고 있다는 KF, K를 일으키기 쉬우며, 이 카드에 나타나는 기호는 다른 카드에 나타나는 것보다 그 의미가 약하다. 이 같은 하부중앙의 $d_1$영역, 또는 그것을 포함하는 주변의 영역이 꼭 vagina로 보일 때가 있다. 똑같은 영역에서 어떤 사람은 건물로 볼 수 있다.

모친→vagina→작은 건물, 이 관계에 대해서 정신분석학자는 흥미를 가짐에 틀림없다.

대체로 이 카드는 W, D, KF, M, FM 등을 반응하기 쉽고, 특히 중앙의 S영역이 반응되기 쉽다.

### 8 카드 Ⅷ

$D_1$에 대한 '동물'이라는 반응은 대부분의 피검자에 의해서 반응되고 있기 때문에 이 반응이 결여되고 있을 때는 중요한 의미를 가지고 있을는지도 모른다. 우선 이 카드는 처음으로 등장한 다채색(多彩色) 카드임에 주의하지 않으면 안 된다. 이와 같은 색채의 개입이 피검자에게 어떻게 영향을 주는가를 알 필요가 있다. 이것은 $T/R_1$ · 반응수 · 형태수준 · 색채반응의 유무, 그리고 색채반응의 성질을 음미함으로써 추정될 수 있는 것이다.

이 카드의 색채를 FC라는 반응에 통합하는가, FC로 하는가, CF라고 직관하는가에 주의가 요구된다. 외부로부터의 정서적인 충격을 어떻게 처리해 가는가를 이 카드에 대한 반응으로부터 추정되는 때가 많다. 어떤 사람은 색채를 무시하고 어떤 사람은 색채를 형태에 의해서 통합하고, 어떤 사람은 형태를 잊어버릴지도 모른다.

### 9 카드 Ⅸ

이것은 가장 거부하기 쉬운 카드이며, P반응이 없는 카드이기도 하다. 이 카드가 곤란한 점은 W반응이 매우 어렵다는 데 있다. 주홍색 · 심녹색 · 자주색 등 강한 색채에 의해서 세 개로 분할되고 있기 때문에 이것을 무시하고 전체의 형태를 그려본다는 것은 매우 어려운 일이라 하겠다. 이들 색채를 고려하고 있으면 전체는 관심밖에 나기 쉽다. 그리고 카드 Ⅷ의 $D_1$과 같이 쉽게 일정한 반응을 환기시킬 수 있는 부분도 없다. 따라서 이 카드에 좋은 반응을 하는 피검자는 지적 · 정서적 통제가 뛰어난 사람으로 간주된다. 대인관계에 곤란을 느끼는 사람은 $D_4$ 근처에 사람의 얼굴이 가려져 있다고 반응하는 수가 간혹 있다.

10 카드 X

이 카드에는 P반응은 존재하지 않으며, 이것은 D영역이 많고 반응이 분산되기 때문이다. 그러나 $D_1$의 '구름', $D_{12}$의 '토끼의 얼굴', $D_{11}$의 '벌레', $D_2$의 '동물' 등은 보통으로 볼 수 있는 반응이다. 이 카드에서는 FC가 반응되기 쉽고 FC를 하나도 나타내지 않는 피검자는 이 카드를 사용해서 FC의 한계음미를 하면 된다. 그러나 W반응을 해 보려는 피검자는 이 카드에 당혹하게 되고, 좋은 W반응은 함부로 나타나지 않는다.

## 5) 종합적 해석

### (1) 체험형(Erlebnistypus, experience balance)

결정인자를 총괄적 · 도식적으로 표현하고 있는 사이코그램(psychogram)을 보면, 좌반분에 집중하는 형, 우반부에 집중하는 형, 중앙에 집중된 형, 좌우 균등하게 분산하는 형 등이 있음을 찾아볼 수 있다. 좌반부에 집중하는 형은 블로트에 객관적으로 존재하지 않는 운동감을 느끼고 있다는 점에서 상상력이 풍부한 사람임을 말해 주고 있다. 이와 같은 사람은 외적인 현실을 자기 나름대로 재구성하는 경향이 강하다.

그리고 우반부에 집중되는 형은, 색채나 농도와 같은 블로트의 객관적 속성을 사용하기 위해 반응하고 있어서 외적 현실에 따라 반응하는 사람임을 말해 준다. 이런 사람은 외적 현실을 자기 나름으로 재구성하는 일이 없이 외적 현실을 그대로 받아들여 그것에 자기를 적응시켜 가는 경향이 있다.

그리고 중앙에 집중하고 있는 형은, 억압적인 통제가 뛰어난 사람이라는 것을 반영하고 있어서 지각이 제한되어 있다고 말할 수 있다. 이 형의 사람은, 현실에 대하는 자유스럽고 부드러운 태도가 결여되고 있다.

전체적으로 분산되어 있는 형은 내적인 자질이나 외적인 감수성이 풍부한 퍼스낼리티를 지닌 사람으로 보아도 좋다. 매우 조화스런 퍼스낼리티를 가진 사람은 이 형에 속하는 사람이 많다.

이와 같은 사이코그램을 읽는 방법은, 원래 Rorschach의 '체험형'의 구상에서 비롯된 것이다. 그는 운동인자(M)와 색채인자($\Sigma C$)와의 상호관계가, 어떤 피검자가 내면적인 일을 한다는 내면적 요소와, 외계에 눈길을 돌린다는 외향적 요소와의 관계를 나타내고 있다고 생각한 것이다. 그는 이것을 '체험형'이라고 부르고 있으며 다음의 네 가지 유형으로 나누었다.

### 1 내향적 체험형(Introversiver erlebnistypus)

이것은 M반응 우위의 형($M > \Sigma C$)이며 잘 분화된 지능, 보다 창의적인 능력, 보다 풍부한 내면적 생활, 안정된 정서성, 현실에 대한 순응의 부족, 안정된 운동성 등의 특징을 가진다.

### 2 외향적 체험형(Extratersiver erlebnistypus)

이것은 $\Sigma C$ 우위의 형($M < \Sigma C$)이다. 모방적인 능력, 상식적인 태도, 불안정한 정서적 특성, 현실에 잘 순응하는 태도, 불안정한 운동성을 특징으로 한다. 전자가 '생각하는 사람'이라면 이것은 '행하는 사람'이다.

### 3 양빈적 체험형(Koartiertor erlebnistypus)

M과 $\Sigma C$가 다같이 감퇴되고 F반응이 우위에 있는 형(극단의 경우에는 $OM : O\Sigma C$)이다. 내적으로 공허하고, 제한되고 억세된 감수성 등의 특징을 반영한다.

### 4 양향적 체험형(Ambiaequaler erlebnistypus)

많은 M과 $\Sigma C$를 나타내는 형($Mx \fallingdotseq \Sigma Cx$로 표현된다)이다. M과 $\Sigma C$는 균형을

지니고 있다. 창조성, 주체성과 더불어 총명한 모방능력과 정서적으로 사람을 끄는 뜻한 능력 등, 천성을 타고난 정상인에게서 찾아볼 수 있다. 그러나 강박신경증에도 이 형을 나타내는 사람들이 있다.

그는 또한 이 밖에도 체험형과 생활, 지능, 기분전환, 성격, 그리고 정서성 재능과의 관계에 대해서도 논하고 있다.

### (2) 지적인 측면의 평가

Rorschach Test에 의해서 파악되는 지능은 지능검사에 의해서 평가되는 지능과는 다르다고 생각할 수 있다. 그것은 전자가 구조화되어 있지 않는 검사이고, 후자는 구조화된 검사임을 생각하면 이해될 것이다. Klopfer에 의하면 Rorschach Test란 피검자의 지적 소질(intellectual capacity)과 지적 효율(intellectual efficiency)의 수준을 평가하는 것이라고 말하고 있다.

#### 1 F+%

이것은 블로트를 얼마나 정확히 주의 깊게 파악하고 있는가에 대한 지표이다. 지능의 평가에 있어서 가장 유력한 절차가 되고 있다. F+%, 즉 형태수준이 높다는 사실은 블로트를 정확히 파악하고 있는가, 좋은 명세화가 나타나고 있는가, 또는 블로트의 각 부분을 조화 있게 결합하고 있는가에 따라서 현실을 이와 같은 방법으로 처리할 수 있는 능력을 반영하는 것으로 가정되어 있다.

정상 성인에게서는 일반적으로 F+%는 70 이상의 수치를 보인다고 되어 있다. 그러나 여기에서 특히 주의를 해야 할 점은 IQ가 120 이상 되는 자가 F+%는 70을 넘지 못하는 경우도 있다는 경우다. 이것을 간단히 양 검사의 차이로 돌리기엔 너무 이르다고 보겠다. 이런 사람의 반응을 분석해 보면 F+%는 일반적으로 낮지만 반드시 한두 개의 우수한 형태수준을 나타내는 반응을 가지고 있을 때가 많다. 이것은 지적 소질은 높지만 어떤 이유로 인해서 지적 효율이 저하되어 있다고 보아야 한다.

따라서 해석에 있어서도 F+% 뿐 아니라 개개의 반응의 형태수준에 주의를

기울여야 할 필요가 있다. 또 F+%가 매우 높다고 하더라도 반응의 대다수가 단순한 평범반응으로 나타났을 때에는 높은 지능의 지표로서는 볼 수 없다. 그것은 낮은 지능이 아니라는 사실을 실증하는 외에는 아무것도 시사하지 않는다.

### 2 M반응의 양과 질

평균 또는 그 이상의 지능을 가진 사람은 일반적으로 적어도 세 개 이상의 M을 나타낸다. M반응이 가리키는 상상력이나 공감성은 뛰어난 지적 소질을 필요로 하는 것이다. 그러나 수학에 뛰어난 논리적인 사고의 소유자에게서 M반응이 적은 사람도 있다.

이것은 너무 상세하게 정확성을 따지게 되면 운동을 억제하는 결과를 초래하게 된다고 생각된다. 운동을 시인하기 위해서는 어느 정도 비약을 허용할 수 있는 융통성이 없어서는 안 된다.

그리고 M반응의 질은 지능의 평가와 밀접한 관계를 지니고 있다. 질의 문제는 M의 형태수준과 M의 내용을 나누어서 고찰함이 좋다. 높은 형태수준을 가진 M반응을 많이 나타내는 사람이 우수한 지능을 가지고 있다는 점은 명백한 사실이다. 그러나 형태가 완전치 못한 M반응을 나타낼 때에는 정신박약이나 정신분열병을 의심할 수도 있다. 그리고 M의 내용에 있어서는 정서적인 M반응(사람이 서 있다)은 지능과는 별로 상관을 갖지 못하고 있으나, 활동적인 M반응은 지능과 높은 상관을 가진 것으로 연구되어 있다.

### 3 전체반응의 양과 질

W반응의 양이 지능과 어떤 관계가 있는가를 논하고 있는 연구가 많다. 보통 W반응의 양이 많은 것만으로는 지능이 높다고 말할 수는 없다. 형태수준의 W반응이 많은 경우에 비로소 높은 지능의 존재를 추정하는 일이 가능한 것이다. 특히 지적 소질이 뛰어난 사람은 어떤 이유로 F+%가 저하되더라도 잘 구성되고 명세화가 잘 된 W반응이 몇 개 나타나게 마련이다.

이에 반하여 형태수준이 낮은 W반응을 많이 나타내는 사람은 지적 장애를 가지고 있다고 생각할 수 있다. D반응의 형태수준은, W반응만큼 지능과의 관련이 없는 것 같으나 좋은 D반응은 우수한 지능을 반영하고 있는 일이 있다. 그리고 좋은 W반응을 거의 나타나지 않는다고 해서 바로 지능이 낮다고 말해서는 안 된다.

### 4 독창반응의 양과 질

O(독창)반응은 통계적으로 결정하기 어렵기 때문에 숙련된 해석자가 주로 경험적인 입장에서 처리될 수밖에 없으며, 우수한 형태수준을 가지고 O반응을 나타내는 일은 우수한 지적 소질의 존재를 의미하고 있다. 그러나 O반응을 나타내는 사람은 지적 장애를 가지고 있는 경우가 많다. 같은 O반응이라도 기묘하게 부조화스러운 결합을 나타내는 경우에는 지적 장애라기보다는, 자폐적인 사고의 소유자임을 반영한다고 생각하면 된다. 평균적인 지능에 있어서는 일반적으로 O반응은 약간밖에 나타나지 않는다.

### 5 내용의 다양성

Rorschach도판은 동물의 모양으로 보이기 쉬우며 보통 사람들은 높은 A%를 나타낸다. 이에 대하여 지식이 풍부하고 지적으로 뛰어난 사람은 변화무쌍한 반응내용을 나타내며 A%는 높지 않다. 또한 A%가 70을 넘어설 만큼 높아져 있다면 관념내용이 부족하며 판에 박은 듯한 상식적 사고밖에 모르는 사람으로 생각할 수 있으며, A%가 50 이하가 되는 것이 바람직하다. 또한 그 이상이 된 사람에게서 지능이 뛰어난 사람을 별로 찾아볼 수 없다.

그러나 A%가 낮다고 해서 곧 지능이 좋음을 의미하지는 않는다. 예를 든다면 동물 이외의 내용에 반응이 집중되어 있는 경우다. 결국 지능이 뛰어나면 반응내용은 어느 정도의 변화와 다양성을 가지고 있기 마련이다.

이상의 인자 외에도 사작반응시간 · 반응 총수 · 반응의 표현양식 등 지적 측면에 관련이 있는 제 인자가 있다. 그러기 때문에 이들 제 인자를 상호 관계지어서 지적 소질과 지적 효율을 평가하지 않으면 안 된다.

### (3) 정서적 측면의 평가

Rorschach Test는 정서적 측면을 평가하려고 할 때 적어도 두 가지 방향이 있다. 그 하나는 기호나 구체적인 반응내용으로부터 정서의 성질이나 내용을 문제로 삼는 방식이고, 다른 하나는 정서적 통제(emotional control)를 문제로 삼는 방식이다.

#### 1 정서의 성질과 내용

우울한 기분일 때에는 모든 것이 회색빛갈로 가라앉은 듯이 보이는 일은 어느 누구나 경험하는 일이다. 이 소박한 원리는 Rorschach반응으로부터 피검자의 정서상태를 추측하는 경우에는 당연히 적용될 성질의 것이다.

또한 DeVos의 정서상징법이 있는데, 예를 들면 강한 불안감 때문에 몸부림치는 환자는 무섭고 불쾌한 뉘앙스를 반응으로 나타내고, 강한 적의를 품고 있는 사람은 투쟁적인 장면을 블로트 가운데서 느끼게 된다는 것이다. 반대로 불안감을 가지면서도 그것을 반응으로 표현하지 않는 사람은 그리 많지 않다. 또한 불안을 가지면서도 그것을 반응상으로 직접 표현하거나 참거나 하는데 피검자의 언어적 표현능력이나 정서적 표현의 억제로서 그 정도나 성질 등에 의존되어 있다고 생각된다.

또한 반응상으로는 공격적인 감정이 많이 투영되고 있는데 비하여 현실의 생활에서는 오히려 초연한 태도를 취하고 있는 경우가 있다.

반응내용의 정서적 뉘앙스의 분석을 통해 피검자의 불안 · 적의 · 의존 · 신체적 관심 · 쾌, 불쾌감 등의 성질과 강도를 추측할 수가 있다. 이와 동시에 기호를 통해서 색채반응에 의해서 표시된 쾌적함 또는 적극적인 감정, 회색 또는 흑색에 의해서 표시되는 우울한 감정을 알 수가 있다. 가령, FC + CF + C : Fc + cF + C′ 의 비가 보통 2 : 1의 관계를 나타내는데, 반대로 1 : 2의 비를 나타낼 때에는 억제적 또는 우울한 기분에 휩싸여 있다고 생각할 수가 있다. 그리고 전자가 우위이고 후자가 결여되어 있다가 다시 FC가 결여되어 CF+C가 우위로 나타낼 때에는 자유스러운 감정적 표현이 엿보이고 쾌적한 기분상태에 있다고 볼 수 있다. 물론 이 경우 CF반응이 특히 불쾌한 내용을 포함하고 있는 것이라면 별도의 해석을 하지 않으면 안 된다.

### 2 정서의 통제

Klopfer는 통제의 방식을 다음과 같이 세 가지로 나누었다.

#### ① 외적 통제(Outer control)

외적 통제라는 것은 외면의 행동이나 표현을 조절하고 통제하는 것을 말한다. 블로트의 색채는 피검자의 눈에 띄기 쉬운 외적인 자극이며, 그 의미에서 색채반응은 외적 통제의 지표가 된다. 가령 FC : CF+ C의 비는 전자가 우위에 있으면 사회적으로 세련된 정서적 표현이 가능하다고 볼 수 있다. 이에 반하여 후자가 우위에 있다면 자기 중심적이어서 통제가 안 되는 표현의 경향이 나타나게 된다.

그리고 FC 뿐이고 CF+C가 결여되어 있으면 정서의 억제가 지나쳐서 원만한 인간관계를 가지기에 힘들 것으로 생각된다.

형태수준(F+%)이 낮고, ΣC〉2M이며, CF+C〉 FC일 것 같으면 외적 통제는 극히 나쁜 상태에 있다고 생각해도 좋다. 이 경우에 사소한 정서적 충격에 대해서 충동적으로 반응한다고 볼 수 있다.

#### ② 내적 통제(Inner control)

내적 통제란 외면행동을 잘 조절하기 위해 필요한 행위를 통제하여 정서자극에 대처할 수 있게 하는 내적인 자질이며, 이 지표는 주로 M반응이다.

M반응이 많을수록 이 내적인 자질은 풍부하게 보이지만, M반응이 지나치게 많거나 비현실적인 내용을 가진 M반응이 우위에 있게 될 때에는 내폐적으로 움츠려 드는 경향이 강하고 적응적이라고는 볼 수 없다.

#### ③ 억압적 통제(Constricted of repressive control)

내적인 상상활동이나 외적인 자극에 대한 반응성도 함께 억제 당해 자아를 제한하여 현실에 적응해 보려고 하는 통제이다.

따라서 운동 · 색채 · 농도의 인자는 사용되지 않고 F반응이 우위에 있게 된다. 특히 F%가 60을 넘을 때는 억압적 통제가 우위에 있다고 보아도 좋다. F%가 높고 형태수준이 양호한 사람은 현실을 냉정히 객관적으로 파악하는 능력을 가지고 있지만, 감정을 표현하거나 자유스런 공상을 즐기는 등의 일은 억제하고 만다. 그리고 F%〈20의 수치를 나타내는 사람은 현실을 그대로 바라볼 수 있는 힘이 없으며 주관적으로 크게 착색해서 바라보는 경향이 강하다. 특히 좋은 M, FK, Fc, FC′ 등의 통제인자가 적을 때는 이 경향이 더욱 커진다.

### (4) 검사보고서의 작성

이상과 같이 각 척도별 및 비율관계별 해석이 이루어지면 최종적으로 종합적 해석과 진단을 실시해야 하는 바, 그 양식은 다음과 같다.

**표 15-11** **Rorschach 반응의 척도별 해석**

| 반응별 해석 | | 비율관계별 해석 | |
|---|---|---|---|
| R | | W : D | |
| W% | | W : M | |
| S% | | ΣC : M | |
| F% | | M : (FM + m) | |
| (FK + F + Fc)% | | F : (FK + Fc) | |
| M% | | FC : (CF + C) | |
| H% | | FM : M | |
| A% | | (FM + m):M | |
| P | | (Ⅷ + Ⅸ + Ⅹ/R)% | |
| O | | 유채색 : 무채색반응 | |
| Dd% | | (Fc + c + C′) : (FM + m) | |

| 반응별 해석 | | 비율관계별 해석 | |
|---|---|---|---|
| ΣC | | (H + A) : (Hd + Ad) | |
| At | | 내용범위(CR) | |
| Sex | | 기타 비율 | |
| 기타 반응 | | | |

표 15-12

### 종합적 해석 및 진단

| 1. 지적능력 수준 | | 진 단 |
|---|---|---|
| 2. 정서안정성 | | |
| 3. 환경적응성 | | |
| 4. 욕구 · 충동억제 및 통제력 | | |
| 5. 대인관계 | | |
| 6. 외향-내향성 | | |
| 7. 비행 · 일탈가능성 | | |
| 8. psychogram | | |

## 제 4 부

# 작업검사

제16장

# Kräepelin 검사

1. 검사의 특징
2. 기본 가설
3. 검사 방법
4. 검사결과의 채점
5. 해석 방법

## 1. 검사의 특징

인간의 작업과정에는, 그 개인의 성격의 영향이 반영된다고 보고 있다. 작업검사법(performance test)은 피검자에게 일정한 작업을 시켜, 그 성적이나 작업태도 등의 분석에 의해 성격특징을 알아내고자 하는 것이다. 이 검사방법 중 가장 대표적인 것은 E. Kräepelin에 의해 1902년에 제창된 Kräepelin test이다.

Kräepelin은 인간의 정신 · 신체적 작업의 경과가 일정한 법칙에 따라 진행할 것이라는 가설하에, 작업경과의 형태, 형태를 규정하는 정신적 인자, 개인차에 의한 출현형태, 내적 · 외적인 특수 조건에 의한 변화 등에 대하여 연구하였다. 그 중의 하나가 '연속가산작업'이다.

연속가산작업이란 한 자리의 숫자가 많이 나열되어 있는 행렬에서 좌우 이웃간의 두 숫자를 덧셈해 그 답의 끝자리 숫자만을 두 숫자의 사이 아래쪽에 기록하기를 계속해 나가는 단순한 작업이다. 피검자에게 먼저 15분간 매 1분마다 행을 바꿔가면서 덧셈 작업을 하고 5분 휴식을 취한 다음 또 15분간 똑같은 작업을 반복한다. 이렇게 하여 얻은 1분간마다의 작업량을 단위로 횡축에, 또한 검사시간을 종축으로 잡아 〈그림 16-1〉과 같이 곡선을 작성한다.

이 작업 곡선에서 곡선의 형을 보고 작업량, 곡선형, 의지노력, 휴식효과, 오류량 등을 분석하여 성격을 판단한다.

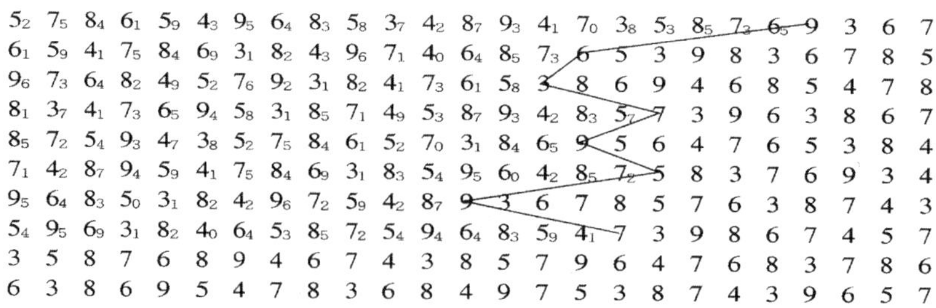


<그림 16-1> Kräepelin검사의 작업곡선 예

# 2. 기본 가설

개인의 작업곡선은 각양각색이며, 명확한 개인차를 나타내고 있는데, 정상인의 경우 평균곡선을 그려보면, 전반 15분에서는 작업개시 제1분이 가장 높고 점차 하강하다가 중간 부분에서 다시 회복하여 상승하는 'U'자형 곡선을 나타내고, 후반 15분에서는 후반기의 작업량 전체가 전반기의 작업량보다 많고, 또 제1분의 작업량이 전후반 전체 행 중에서 가장 높이 치솟다가 하강하면서 한번 파상을 이루고 점차 감소하는 형태를 보이고 있다. 그런데 어떠한 장애가 있을 경우에는 그 장애에 상응한 일정한 이상형(異常型)이 나타난다.

## 1) 작업곡선에 미치는 기본 요인

작업곡선에 미치는 기본요인은 다음과 같다.

### (1) 의지긴장

의지가 긴장하면 작업능률이 오른다. 정상 건강인에서는 처음 제1분째에 '초두노력'이라는 형태로 나타나고, 작업의 마지막 부분에 가까워지면 '종말노력'이라는 형태로 나타난다.

### (2) 흥분

작업이 계속되고 있으면 관련되는 여러 가지 기능이 흥분하여 작업량이 증가한다.

### (3) 숙달

흥분이 일시적인 것인데 대하여 숙달은 보다 지속적이다. 흥분은 휴식에 의하여 쇠퇴해 가는데 대하여 숙달은 장시간 남는다. 그런, 정신박약자와 같은 정신결함자에게는 숙달이 생기지 않으며 따라서 정상 건강인에게서 보이는 '휴식효과'가 나타나지 않는다.

### (4) 연습

숙달이 축적되어 그 효과가 쌓여 간다. 연습은 서서히 작업량을 증가시켜 어느 일정수준까지는 항상 상승하고는 고원현상을 이룬다.

### (5) 피로

심신의 피로는 당연한 것으로 작업능률을 저하시킨다. 그러나 휴식에 의하여 어느 정도까지 회복하여 '휴식효과'를 보게 된다.

## 2) 작업과정에 미치는 정신적 요인

① 먼저 의지긴장이 초두(전기 또는 후기의 제1분)노력을 나타낸다.
② 이어서 흥분이 의욕상승이라는 모습으로 이어진다.
③ 서서히 작업에 숙달되어 강력한 긴장을 갖지 않아도 작업이 원활하게 진행하게 된다.
④ 그러나 이렇게 하는 동안에 피로가 축적되어 의지긴장의 해제와 함께 작업능률이 약간 저하된다.
⑤ 피로의 증가에도 불구하고 연습효과가 높아지고 또 종말 조력으로서의 의지긴장이 첨가되어 작업량이 점차 증가된다.
⑥ 휴식효과에 의하여 피로가 일단 회복하고, 동시에 연습효과와 초두노력에 의하여 전체 작업 중 가장 높은 작업능률을 나타낸다.

⑦ 그러나 의지긴장의 해제와 함께 작업량이 감소하고 피로의 축적이 빠른 속도로 진행한다.

⑧ 작업량 감소에 대하여 일시적인 흥분과 의지 노력이 이를 보충하려고 하나, 최대 작업량까지에는 이르지 못한다.

⑨ 마음은 간절하나 여의롭지 못하고 점차적으로 작업량이 감소하면서 마지막으로 진행한다.

⑩ 작업은 하나 종말 노력의 모습을 보이면서 검사를 마친다.

이러한 작업과정은 정상 건강인에 대한 고찰인데 모든 사람에게 동시에 각각의 인자가 작용하는 것은 아니고 대다수 정상 건강인의 평균적인 것으로 생각한 경우다. 그러나 정신적인 장애가 있는 사람에게서는 이러한 인자가 없다든지 또는 이상하게 증강되리라는 것이 쉽게 생각되면, 그러한 이상 상태와 특정한 장애를 관련지울 수 있을 것으로 생각된다.

## 3. 검사 방법

피검사자가 검사자의 신호를 알아들을 수 있는 상황이면 수백 명이 동시에 받을 수 있다. 단 피검자가 30명당, 1명의 검사보조자를 두는 것이 좋다. 실시 순서는 다음과 같다.

① 연필 세 자루를 가졌는지 확인한다. 볼펜, 샤프펜, 지우개 등은 안 된다.

② 용지를 배부하고 인적 사항을 기입시킨다.

③ 수검방법을 설명한다.

제1행의 왼쪽에서부터 단단위 숫자 2개를 합하여 그 답의 단단위(끝의 한 자리 숫자 : 0~9)를 두 숫자 사이 아래편에 적어 넣는다. 정확하게 1분되었을 때 '다음 줄'이라고 구령을 건다(1분이란 사실은 피검사자에게 알리지 않는다). 구령이 떨어지면 즉시 다음 행의 가장 왼쪽으로 가서 덧셈을 시작한다. 행을 띄우지 않도록 주의하되, 만약 띄었을 때는 상관하지 않고 그대로 계속한다.

작업은 빨리하고 틀리지 않게 하되 답이 틀린 것을 알았을 때에는 즉시 가로줄 하나를 긋고 그 위에 정답을 적어 넣는다. 오답 지우는 시간은 가능한 짧아야 한다. 지우개는 쓰지 않는다.

④ 연습란에는 연습을 시킨다. 연습란 제1행은 처음부터 끝까지 천천히 시켜 덧셈의 모든 경우를 익히게 하고, 제2행부터는 행 바꾸기의 구령과 행끝 남은 구령 '다음 줄, 그만! 연필 놓고'를 연습시킨다. 제2행부터의 연습시간은 행당 15초 또는 20초가 좋다.

⑤ 본 검사는 연습이 끝난 후 1~2분 후에 한다.

⑥ 전반기 검사는 15분이다. 매 1분마다 '다음 줄' 구령을 한다.

⑦ 휴식은 5분이다. 4분 40초 시점에서 후반기 검사에 대한 준비를 시킨다.

⑧ 휴식 5분 정각에 후반기 검사를 시작한다. 요령은 전반기와 같다.

⑨ 검사 종료 후 검사시 겪었던 신체적 · 정신적 느꼈던 점을 기록하게 한다. 이는 판정시의 참고 사항이 된다.

⑩ 검사자가 시간 계측을 잘못하여 정각 1분에서 1~2초 초과하였을 때는 65초 또는 70초 시점에서 '다음 줄' 구령을 걸고, 다음 행의 검사시간은 55초 또는 50초가 아니고 그대로 1분으로 한다. 검사종료 후에 5초 또는 10초 초과분을 해당행의 작업량에 비례하여 감산한다.

## 4. 검사결과의 채점

### 1) 검사결과의 정리

먼저 검사지를 점검한다. 답이 누락된 곳은 붉은 펜으로 삼각형 표시를 하고,

오답은 동그라미를 친다. 답의 누락이 없는 경우에는 최종 숫자에 붉은 점을 찍는다. 답의 누락이 있는 경우에는 누락된 수 만큼 감한 곳에 점을 찍고 검사지 우측란에 작업량, 오답량, 누락량을 기록한다. 오답은 작업량에 포함시키고 또 별도로 계산한다. 행의 누락이 있는 경우에는 다음 줄의 정리 결과를 앞행에 당겨서 점을 찍고 기록한다. 전반기에서 15개의 점이 찍히면 붉은 사인펜을 차례로 선을 그어 곡선을 만든다. 후반기 작업검사 내용도 전반기와 같은 요령으로 곡선을 만든다.

### 2) 채점 방법

① 전반기 각행의 작업량, 오류량, 누락량을 각각 합산하여 기록하고 평균작업량은 소수 1위까지, 오류율은 소수 2위까지 계산하여 기록한다. 후반기 검사도 동일한 요령으로 정리한다.

② 전반기 평균작업량을 기준으로 후반기 작업량의 백분율(후기 증감률)을 단단위까지 계산하여 기록한다.

③ 전반기 평균 오류량, 후반기 평균 오류량을 소수 1위까지 계산한다. 후반기도 동일하게 한다.

④ 전반기의 최대작업량과 최소작업량의 차를 계산한다. 후반기도 동일하게 한다.

⑤ 제1분의 작업량을 평균작업량으로 나누어 소수 2위까지 계산한다. 전반기와 후반기로 나누어 계산한다.

⑥ 작업량의 차이를 평균작업량으로 나누어 소수 2위까지 계산한다.

⑦ v자형 함몰의 빈도를 계산한다. 앞뒤 작업량과를 고려하여 평균 진폭의 1.5배 이상의 것으로 쐐기형이어야 한다.

# 5. 해석 방법

## 1) 수량적 해석

작업량의 판정은 5단계로 평정한다. 평정의 기준은 후반기 평균작업량에 의한다.

표 16-1

**작업량 수준별 기준(성인)**

| 작업량수준 | E | D | C | B | A |
|---|---|---|---|---|---|
| 평균작업량 | 14.9% 이하 | 15.0~29.9 | 30.0~44.9 | 45.0~69.9 | 70.0 이상 |
| 분포 | 5% | 25% | 40% | 25% | 5% |

미성년자의 판정은 연령에 따른 작업량의 차이가 많으므로 16세 미만에서는 연령 감소에 따른 작업량 감소를 감안해야 한다.

표 16-2

**연령별 후기 평균작업량**

| 연령 | 남 | | 여 | |
|---|---|---|---|---|
| | 평균작업량 | SD | 평균작업량 | SD |
| 17 | 56.3 | 10.31 | 49.6 | 10.82 |
| 16 | 53.7 | 11.67 | 50.0 | 9.75 |
| 15 | 49.2 | 12.33 | 51.6 | 11.25 |
| 14 | 48.7 | 12.50 | 47.5 | 11.30 |
| 13 | 39.6 | 12.25 | 41.8 | 11.78 |
| 12 | 31.4 | 13.06 | 31.4 | 10.29 |

지능과 작업량의 관계는 지능이 비교적 높은데도 작업량이 낮은 자(D 단계)는 성격상의 결함 또는 이상이 있는 자가 많고 후기증감률(휴식효과율)이 낮은 자가 많다. D단계에서 후기증감률이 적은 자는 지적장애뿐 아니라 정서면에서도 장애가 있는 경우가 많다.

## 2) 질적 해석

### (1) 정형성 경향

전후기를 통하여 작업곡선의 밑바탕을 흐르는 주된 경향을 기본경향이라 하는데 정형성 기본경향에 있어서도 성인과 미성년과의 사이에 차이가 보인다. 성별에 의한 차이는 없다.

#### 1 성인

전반기에서는 초두가 높게 시작하여 파동을 그리면서 점차적으로 하강하다가 중앙부에서 최저에 이르고, 다시 상승하여 종말부에 이르러 끝난다. 종말분의 상승 정도는 초두를 넘지 않는다. 전체적으로 볼 때 'U'자형을 보인다. 최저점이 초두부 또는 종말부에 있는 것은 정형성 기본경향에서 제외된다. 후반기에서는 제1분 작업량이 전체를 통하여 가장 높게 시작하여 일단 급강하하였다가 제3~5분만에 약간 상승하거나 정체하고는 중앙부, 종말부 쪽으로 파동을 그리며 하강한다. 전체적으로 볼 때 '좌상우하'의 느낌을 준다.

#### 2 미성년

16세 이상은 성인과 같은 기본 경향을 보이며, 12~15세는 성인에 준하는 경향을 보인다.

## (2) 비정형성 경향

### [1] 작위형

작업량을 조작하는 불성실한 태도의 징표이다. 수평선, 사선, 규칙적 변화, 구령 불복, 임의로 써넣기로 구분된다.

### [2] 돌발형

초두부 이외에서는 급격한 돌출을 말한다. 폭발성 기질 소유자에 많이 있는 형이다.

### [3] 의지이완형

동요가 적고 하강을 거듭한다. 극도의 피로시에 나타난다.

### [4] 의지결여형

작업량이 적고 평탄한 경향을 보인다. 검사 거부 태도가 검사실시 중에 여실히 나타난다.

### [5] 의지해소형

곡선에 갑작스런 함몰이 나타난 것, 순간적 기능장애, 긴장의 갑작스런 붕괴로 본다.

### [6] 통각동요형

격심한 동요의 반복이 보인다. 정서불안, 의지장애의 징표이다.

### [7] 파상형

통각동요의 정도보다 낮은 동요의 반복이 보인다.

### 8 저능형

작업량이 극히 적고 수평적 경향을 보이며 지적결함 · 주의산만의 징표이다.

### 9 오류형

탈제지 현상이 있음을 알리는 것으로 오답의 분포양상에 따라 다음과 같이 구분한다.

#### ① 산재성

오답이 여기저기 흩어져 발생, 전체 작업량의 3% 미만은 무방하나 5% 이상이면 비정형성이 심한 것으로 보아야 한다.

#### ② 집중성

오답이 한 자리에 집중하는 것이다. 돌출부 위에 집중성 오류형이 있으면 정신기능에 심각한 문제성이 있음을 알리는 징표가 된다.

#### ③ 시간증가성

검사시간의 경과에 따라 오답이 폭증하는 것이다. 정신기능에 심각한 문제성이 있음을 알리며, 상승형과 겹칠 때는 극심한 비정형성으로 보아야 한다.

#### ④ 단절성 오답

오답이 단절적으로 생기는 경우다. 산재성 오류형보다 비정형성이 강하다.

#### ⑤ 특정성

특정 숫자의 덧셈만이 틀리는 것이다. 고착관념이 있음을 암시하는 것으로 일반적으로 오류율이 높지 않다.

제 5 부

# 소집단 내의 인간관계 검사법

# 제17장

# 사회성측정법

1. 사회성측정법의 특징
2. 사회성측정법의 절차와 방법

# 1. 사회성측정법의 특징

## 1) 사회성측정법의 장단점

### (1) 사회성측정법의 정의

사회성측정법(sociometry)란 1932년에 미국의 J. L. Moreno에 의해 창안된 방법으로서, 집단 내의 인간관계 양상이나 집단구조를 분석 · 측정하려는 검사기법이다.

즉, 인간끼리 서로 좋아하는(attraction) 현상이나 서로 싫어하는(repulsion) 현상의 형태나 강도에 초점을 두고 인기자 또는 왕따 등 개인의 집단 내 지위나 집단구조를 측정하고 평가하는 방법이다. 따라서 넓게는 지역사회간의 사회적 거리척도(social distance scale) 또는 지역사회의 각종 조직체의 생태학적 지수의 측정법까지를 포함시키기도 한다.

Moreno에 의하면 사람에게는 자발성과 창조성이 어느 누구에게나 깃들어 있기 때문에 이것이 사회적 발전의 강력한 추진력으로써 사용된다는 것이다. 개인은 단지 주어진 지위에서 관습적으로 주어진 역할을 기계적으로 수행하는 것이 아니고, 거기에 스스로 우러나오는 자발성과 창조성을 결합시켜서 끊임없이 새로운 역할의 창조를 행하고 사회를 진보 발전시켜 나가는 것이다.

그런데 인간의 행동은 말할 것도 없이 사회적 행동이고, 행동에는 다른 집단구성원의 존재가 전제가 되고 있다. 결코 제멋대로 행동할 수는 없다. 즉, 그의 자발성이나 창조성도 일방적인 관계에서 나타나는 것이 아니고 어디까지나 집단 안에 존재하는 어떤 틀이나 규준 속에서 발휘되어지는 것이다. 즉, 집단의 인간관계가 창조성이나 자발성의 신장에 중요한 관계를 갖고 있다.

그러면 집단이 어떤 관계에 있을 때에 그의 창조성과 자발성이 보다 충분히 발휘되어지는 것일까? Moreno에 의하면 집단의 구성이 그들 자신의 선택에 의해서 이루어진 것일 때 가장 창조적인 것이 될 수 있다는 것이다.

Sociometry란 개개인이 자기의 자발성과 창조성을 충분히 살릴 수 있는 인간관계를 구성하는 것을 목적으로 한 심리측정의 한 가지 기술이다. 물론 한 사람의 성원에게 바람직한 인간관계가 그대로 다른 집단구성원에게도 바람직한 인간관계가 된다는 보장은 없다. 거기에 sociometry의 한계가 있지만 어디까지나 집단 내에서 왕따당하는 사람의 발견이나 해결을 위해서 크게 도움이 되는 기술의 하나인 것이다.

Sociometry의 유용성은 다음과 같다.

① 소집단 편성에 유용한 자료를 제공해 준다.
② 집단의 심리학적 구조의 분석이 가능하다.
③ 집단의 응집도를 측정한다.
④ 집단 내 인간관계의 연구에 도움이 된다.
⑤ 집단 내 컴뮤니케이션의 네트워크(network) 분석이 가능하다.
⑥ 지도자와 추종자의 관계의 분석에 도움이 된다.
⑦ 집단 내의 왕따 등의 사회적인 부적응 진단에 도움이 된다.
⑧ 집단구성원의 사회적 태도나 소집단의 편견이나 차별관의 분석에 도움이 된다.
⑨ 집단구성원 개개인의 퍼스낼리티 분석에 유용하다.
⑩ 집단지도의 방법 등을 더욱 향상시킨다.

### (2) 사회성측정법의 장단점

#### 1 장점

① Sociomctry는 각종의 행동조사에 적용할 수가 있다. 즉, 집단(학급, 군대내무반, 회사 등 조직체) 내의 사회적 적응, 집단 내 구성원 간의 인간관계, 집단 내의 분위기 측정 등에 많은 도움을 받을 수 있다.
② Sociometry는 쉽게 작성해서 짧은 시간에 실시할 수 있다는 점에서 점사자들에게 효용이 큰 방법이 된다. 이 검사는 간단하게는 5~6분, 길어도 10분

이내면 실시할 수가 있다. 즉, 피조사자의 시간 부담이 적은 것이 큰 이점이다.

③ 이 방법은 융통성이 크기 때문에 목적에 따라 쉽게 조정해서 실시할 수가 있다. 실제로 조사 상태에 따라 적절한 조절을 하는 것이 이 방법의 타당한 활용법이 된다. 그러므로 피검사자의 사정에 쉽게 맞추어 조사된다는 이점은 다른 방법에서는 찾아보기 힘든 장점이다.

④ Sociometry는 여러 가지 구체적인 목적의 수단으로 쓰일 수 있다. Sociometry의 질문지를 적절히 작성하면 한번 실시한 결과를 두 가지 목적에 활용할 수가 있다. 즉, 어떤 집단의 현재의 사회적 집단구조를 진단 파악함과 동시에 그 집단의 재구조화, 재구성을 하는 기초로 병용할 수 있고, 동일한 Sociometry 용지를 집단구조의 개선을 위한 처치의 효과 검증을 하는 데도 쓸 수 있다.

⑤ Sociometry는 사전 준비없이 검사자가 쉽게 작성할 수 있는 것이기 때문에 용지와 프린트 비용 이외에는 별로 드는 경비가 없다. 따라서 경비가 넉넉하지 못한 검사자들의 입장에 있어서 매우 적은 경비로 보람있는 검사를 실시할 수 있다.

### 2 단점

① 인간관계나 집단의 구조는 늘 유동성을 갖고 있는데도 불구하고 Sociometry는 결과의 해석에 있어서 고정된 현실적 관계로 생각하기 쉽다.

Sociometry는 성원들이 소망하는 잠재적인 사회적 구조의 형태를 나타낼 뿐이지 곧 그것이 현실적인 사회적 관계를 나타내는 것은 아닌 것이다. 즉, 변화하는 사회적 과정(social process)의 어느 모습을 고정성을 띤 것으로 해석해서는 안 되는 것이다.

그러나 실제로는 이런 해석상의 오류를 범하고 있는 예가 많다.

② Sociometry의 질문 기준 여하에 따라서는 측정과정에 있어서 기존 인간관계를 파괴시킬 가능성이 없지 않다. 가령 부정적 기준을 사용한 질문은 오히려 인간관계, 즉 반발 · 배척 · 혐오 등의 관계를 의식적으로 선택하게 됨에 따라 일상생활

에 있어서는 뚜렷하지 않고 막연한 상태의 반발이나 적대관계가 부정적 기준의 사용으로 말미암아 의식적으로 음미해 보는 순간 또는 분위기를 인위적으로 조장하는 셈이 된다.

③ Sociometry는 단 한번만의 실시로서는 진행 중인 사회적 관계의 한 단면만을 분석할 수 있는 것에 지나지 않기 때문에 주기적인 실시가 요청된다. 그렇다고 그 집단의 구조나 인간관계 파악을 위해 Sociometry 조사를 되풀이한다는 것은 피조사자의 저항감을 자극하기 쉽다는 데에 문제점이 있다.

## 2) Sociometry의 종류

Sociometry는 크게 다섯 가지의 테스트로 나눌 수 있다. 지기 테스트(acquaintance test), sociometric 테스트, 자발성 테스트(spontaneity test), 상황 테스트(situational test), 역할연기 테스트(role play test) 등이다.

보통 sociometry하면 sociometric 테스트를 가리킨다.

### (1) 지기(知己) 테스트

개인의 사회적 관계를 측정하는 테스트로서 어느 정도 많은 사람을 알고 있는지(知人)를 측정하는 것이다. 이 경우 사람을 안다는 것은 '이름을 알고 있다', '얼굴을 알고 있다'라는 정도의 간접적인 낯익은 관계까지도 포함하는 경우도 있다.

〈질문방법의 예〉
이 클럽에서 지금까지 기억하고 있는 친구의 이름을 적어 보세요. 기억하는데까지 될 수 있는 대로 많이 써 주세요. 성만 알거나 이름만 기억할 때에도 그런대로 써 주세요.

이 테스트는 말하자면 집단평가의 제1단계에서 행하는 것으로 다음에 나오는 테스트의 예비적 성격도 강하지만, 사회적 접촉의 범위가 어느 정도 넓은가를 조사하는 것도 경우에 따라서는 문제해결의 주요한 자료가 될 수 있다.

### (2) Sociometric 테스트

Sociometric의 핵심적인 위치를 차지하는 테스트로서 주로 집단 내의 attraction과 repulsion의 관계를 측정한다.

### (3) 자발성 테스트

이 테스트에서는 소집단 속에서 두 사람씩의 짝을 만들어(즉 $nC_2$만큼의 짝) 생각나는 대로의 감정 표현을 하게 한다. 조사자는 피조사자가 말한 언어는 물론 호흡이나 표정 · 몸짓 등도 자세히 관찰하고 사회적 · 정서적인 관계를 다이나믹하게 파악한다. 위의 Sociometric 테스트에서는 충분히 파악할 수 없었던 심리적 · 생리적인 상호작용도 관찰이 가능해진다.

### (4) 상황 테스트

두 사람의 인물에게 동정이나 질투 등의 감정이 얽키고 설키는 상황을 지정해 주고 그 상황에 부합된 역할을 연기하게 해서 그 때의 동작 · 표정 · 언어 등을 관찰해서 분석한다. 여기서는 가령 A의 물건을 B가 깨뜨린 장면 등이 상황으로써 지정되어지면, 이와 같이 상정된 상황하에서는 자발성 테스트에서는 도저히 나타내지 못한 감정의 움직임 등도 의외로 나타나게 하는 경우도 있는 것이다.

### (5) 역할 연기 테스트

어떤 집단의 Role matrix를 밝히기 위해서 상황을 제시하고 집단 성원에게 연기를 행하게 하는 테스트이다. 주어진 문제가 해결되도록 자기의 연기를 창의적으로 이끌어 나가지 않으면 안 된다. 실험자는 이와 같은 일련의 과정 중에서 조사대상자의 성격, 집단의 분위기, 집단성원의 상호작용을 파악한다. Role playing이 개인의 문제를 나타내게 되면 psychodrama, 즉 심리극이 되고 집단의 문제

를 중심으로 행해지면 sociodrama, 즉 사회극이 된다.

이상과 같이 sociometry에 포함되는 각종의 테스트를 대충 설명했지만, 상황 테스트와 역할 연기 테스트는 상당한 경험과 전문적 기술을 필요로 하는 것이기에 일반적으로 널리 쓰이는 Sociometric test에 한해서 더 설명하기로 한다.

## 2. 사회성측정법의 절차와 방법

### 1) Sociometric test의 구성법

#### (1) Sociometric test의 형식

Sociometric test는 융통성이 큰 절차이기 때문에 틀에 박힌 테스트 용지를 반드시 필요로 하지는 않는다. 쪽지를 나누어 주고 검사자가 구두지시로 적게 할 수도 있고, 검사대상 집단의 각 성원 명단이 적혀 있는 종이를 주고 기준에 따라 V표만 시기는 것으로 충분할 때도 있을 것이다. 어느 경우에나 지시(취지)와 선택의 기준의 조심성 있게 작성되고 분명하게 세시되어야 한다. 그러나 이러한 약식의 방법은 흔히 부주의하거나 선택기준의 설명이 불분명하게 될 위험이 크다. 이런 것을 미리 막기 위해서는 정식으로 문장화해서 프린트하여 테스트 용지를 배부하거나 또는 구두 실시의 지침으로 쓰는 것이 바람직하다.

Sociometric test 용지에는 자세한 지시문, 분명한 선택기준의 진술과 피조사자가 그들의 의견을 제시 기록할 난을 마련해 놓아야 한다. 이와 같은 절차는 조사상태의 동일성(uniformity)을 확보함으로써 수집된 자료의 신뢰도를 높일 수 있다는 필요에 입각한 절차인 것이다.

즉, 여러 집단에 걸쳐서 실시한 것이나 일정기간을 두고 재실시하는 경우와 같이 횡적 · 종적 비교를 하려면 실시조건을 균등하게 통일 통제하여야만 하기 때문이다.

Sociometric test의 형식을 제시하면 다음 예와 같다.

> (예) 이름 ____________________
>
> 다음의 질문은 여러 분의 의견을 참작하여 기숙사 수용계획에 반영하고자 하오니 솔직하게 응답해 주기를 바랍니다. 이 결과는 다른 교사나 일반 학생에게는 누구에게나 알리지 않으며 또한 기숙사 수용계획 외에는 쓰이지 않으므로 안심하고 답해 주기 바랍니다.
>
> ※ 학생이 기숙사에 입사를 희망할 때 우리 반에서 누구와 같이 한 방에 있고 싶으세요? 제일 같이 있고 싶은 사람부터 순서대로 이름을 적어 보세요. 몇 사람을 적어도 무방합니다.
>
> ____________ ____________ ____________ ____________
>
> ※ 다음에는 아무래도 한 방에 같이 있고 싶지 않은 사람을 적으세요. 위에서나 같이 제일 같이 있고 싶지 않은 사람부터 이름을 순서대로 적어 보세요. 몇 사람을 적어도 무방합니다.
>
> ____________ ____________ ____________ ____________

### (2) Sociometric test 구성상의 유의점

구성상의 유의점으로서는 다음 사항이 고려되어야 한다.

① 선택하는 집단의 범위가 명확해야 한다. 예를 들면, '우리 반에서' 등과 같이 지정해 두어야 한다.

② 피조사자에게 의미있는 특정의 선택기준을 마련해야 한다. 예를 들면, '한 방에 있고 싶은' 식의 기준을 구체적으로 진술하고 제시해 주어야 한다.

③ 사용한 질문의 어법(wording)은 집단 성원의 수준에 맞추어서 작성되어야 한다.

④ 무제한의 선택 또는 거부를 허용해야 한다.

⑤ 지시문은 친절하고 구체적이어야 한다.

조사의 목적을 분명하게 하는 이유는 학생들의 반응에 있어서 자발성 · 성실성을 높이기 위해서이고, 기입방법을 명시하는 이유는 모든 학생이 응답의 기초에 대하여 동일한 이해를 갖도록 하기 위해서이다.

### (3) Sociometric test의 선택기준의 유형과 형태

선택기준(sociometric criteria), 즉 선택장면을 어떻게 설정하느냐에 하는 문제를 네 가지 형태로 나누어서 설명하면 다음과 같다.

#### 1 일반적 기준과 특수한 기준

일반적인 기준이란 인간관계를 어느 특정의 조건에 한하지 않고 활동의 분야만 지시하는 것이다. 즉, '누구와 같이 자리를 앉고 싶으냐', '누구와 같이 청소를 하고 싶으냐'의 선택과 같은 것이다. 이러한 선택의 장면은 어느 학년에나 관계된 것이고, 대부분 학교 내 활동을 내포한 것이며 일반성을 충분히 띠고 있는 것이다. 이와 같은 일반적 기준으로서의 친구 선택은 생활의 주요 측면에서 각자가 사회적 관계를 하고 싶은 대상에 대한 열망을 표시하는 것으로 볼 수 있다. 특수한 기준이란 것은 매우 한정된 사회적 상호작용의 기초를 가리키는 것이다. 가령 '기숙사에 누구와 같이 같은 방을 사용하고 싶으냐', '미술공부를 누구와 같이 하고 싶으냐'와 같은 것들이다. 따라서 특수적 기준의 예는 한정된 것이 아니고 다양한 것이라 할 수 있다. 그러나 이러한 구체적 기준이 갖는 한정성 때문에 sociometry 결과의 선택에 있어서도 크게 제약을 받게 됨을 인식하고 있어야 한다.

#### 2 강한 기준과 약한 기준

기준에는 강약의 성도에 차이가 있을 수 있나. 강한 기준이라는 것은 집단 내에 존재하는 근본적 · 항존적 · 사회적 관계를 들어 내는 것임에 반하여 약한 기준이라고 하는 것은 집단 내의 피상적 · 일시적 측면을 나타내는 것을 말한다.

약한 기준이라는 것은 일시적 사태이거나 집단구성원에게 뚜렷한 관심을 불러 일으키지 못하는 활동에서의 친구 선택을 하는 것을 말한다. 약한 기준에 입각한 sociometric 테스트의 결과는 보통 가치가 적고 잘못 확대 해석하면 실제로 해로운 것이 될 수도 있다.

### 3 현실적 기준과 가정적 기준

현실적 기준과 가정적 기준의 차이점은 '실제적'이냐 '가정적'이냐에 있다. 어느 집단에 대해서나 대부분의 경우 실제적인 선택의 장면을 사용할 수가 있다. 누구와 같이 기숙사 방을 쓰고 싶으냐고 물었을 경우 실제로 방 배치를 실시하고 그 때의 학생들의 대인관계의 희망 사항을 반영시키는 것은 어렵지 않은 일이기 때문이다.

실제적 기준의 사용은 sociometry의 이론에 비추어 매우 바람직하고 또 기대할 만한 것인데, 진단적 또는 연구의 목적으로 가정적(hypothetical) 기준을 쓰는 것이 필요할 때도 있다. 이 경우에는 특히 기준 자체가 그럴듯한 실제성을 나타낸 선택의 장면을 반영한 것이어야 한다. 실제로는 기숙사 방 배치를 하지 않는다고 하더라도 조사 대상자에게는 방 배치의 가능성이 엿보여질 수 있도록, 즉 현실적인 기준인 것처럼 보여져야 하는 것이다. 그렇지 않으면 조사에 임하는 동기가 약화되어 조사 결과의 신빙성이 떨어지기 쉽다.

### 4 긍정적 기준과 부정적 기준

긍정적 기준이란 인간간의 친밀의 정도(attraction), 상호선책 여부를 알아보기 위한 것이며, 부정적 기준이란 인간 끼리의 반말 · 배척의 관계(repulsion)를 알아보기 위한 기준이다. 되도록 부정적 기준은 사용하지 않는 것이 좋다. 그 이유는 만약 부정적 기준을 사용하게 되면 집단성원들에게 평소에 의식되지 않았거나 억압해 오던 특정인에 대한 혐오 · 배척의 감정이 들어나게 되어서 적대감 · 불쾌감을 인위적으로 순간적으로 강조하게 되는 셈이 되기 때문이다. 이와 같은 일은 집단구성원의 정서 및 사회적 관계를 파괴시키기 쉬운 부정적 효과를 초래시킬 위험률이 높다. 그러나 평가목적에 따라서는 불가피하게 사용하여야 할 때가 있다. 가령 집단 분위기가 적대적이며 파벌이 심할 때 이것을 완화시키고자 할 때에는 개인간에 도사리고 있는 갈등 압력을 분명하게 파악해 두어야 할 것이다. 그리고 집단 속에서 소외되고 있는 소수집단을 전체집단 속에 흡수 융화시켜서 친숙하며 능률적인 집단사회를 구성하고자 할 때 또는 출신학교 간의 갈등처리가 요청될 때에는 부정적 기준의 사용은 불가피하게 사용될 수밖에 없다. 즉, 실제로는 강하게 작용하면서도 표면적으로는 아무런 관계가 없는 것처럼 가려져 있는 배척 적대관계를 파헤치지 않고서는 집단의 분위기를 개선할 수가 없기 때문이다.

### (4) 사용할 기준의 수와 선택 허용 수의 문제

Sociometry는 집단 내에서의 각 개인의 사회적 수용도(social acceptability)를 알아봄으로써 이루어진 인간의 심리적 지도라고도 불리어지고 있다. 따라서 이러한 지도를 자세히 그려보기 위해서는 1회의 Sociometric test의 실시에 있어서 몇 개의 기준(질문항목)을 둘 것이냐의 문제와 몇 사람을 선택하게 하느냐 하는 것이 문제이다. 물론 실시 목적과 기준의 성질에 따라 다르게 될 것이지만 측정목적으로 실시되는 경우에는 하나의 기준만으로도 충분할 수도 있다. 그러나 인간관계를 다각도로 분석하고 집단 내의 각 개인의 사회적 수용도를 파악하기 위해서는 몇 개의 기준이 필요한 것이 일반적이다. 집단성원의 개인적 · 사회적 관계의 모든 측면을 반영시킬 수 있을 만한 기준들을 포함시켜야 하기 때문이다. 그리고 각 기준마다 선택허용수를 어떻게 할 것이냐 하는 문제에 있어서는 일반적으로 무제한의 방법을 쓰고 있다. 왜냐하면 각 집단구성원의 정서적 · 사회적 확장성(emotional & social expansiveness)과 집단 전체의 발전성(group espansivenss)을 파악하기 위해서는 무제한으로 선택한 상태하에서의 집단이나 인간관계 진단이 필요하기 때문이다. 무제한으로 선택하게 하는 경우에 있어서는 각 개인이 얼마나 남으로부터 선택을 받았느냐 하는 문제보다 그가 얼마나 남을 선택했느냐 하는 문제가 더 중요시된다. 그것은 집단전체로는 평균선택수가 다른 집단 또는 그전 조사 때 보다도 높아졌느냐가 조사의 초점이 되기 때문이다.

그러나 통계 처리상으로 볼 때에는 선택허용수를 고정 제한하는 것이 실제적으로 퍽 유리하다. 그렇지만 선택허용수를 제한한다는 것은 집단 내의 사회적 상호작용의 정도를 무시하기 쉬운 조치이기 때문에 선택 제한의 이유를 분명히 밝혀두어야 한다.

## 2) Sociometric test의 실시법

### (1) 검사자의 조건

검사자는 일반적으로 그 집단과 관계가 깊은 사람이 직접 실시하는 것이 좋다. 즉, 학반담임교사나 또는 학년 지도교수 등이 적임자라고 할 수 있다. 이들과 집단구성원 간에는 이미 친밀성이 유지되어 있고 집단의 시간 사정을 잘 알고 있으므로 알맞은 시간에 적절히 실시할 수가 있기 때문이다.

그러나 연구 목적상 외부인이나 그 집단에게 잘 알려지지 않은 사람이 실시하는 경우도 없지 않다. 이 경우에는 집단구성원의 협조를 얻어 내기가 매우 힘들기 때문에 역시 그 집단과 친밀한 인사를 통해 간접적으로 실시하는 것이 좋다. 본인이 직접 피검사자를 만나는 것이 아니므로 Sociometric test의 지시문 속에 검사의 목적과 결과의 활용방도를 상세히 설명해 주고 결과를 절대 비밀에 붙인다는 것을 강조함으로써 피검사자들의 자발적이고 진실된 반응을 권장해야 한다. 특히 피검사자들의 질문을 예상하여 그 답변도 미리 준비해 두었다가 대리 검사자로 하여금 대신 설명하게 하면 좋다.

### (2) 실시의 시기와 대상

실시 시기는 결과의 목적에 따라서 다를 수 있겠으나 일반적으로 집단생활을 하기 시작한지 4~8주의 기간이 지난 후가 좋다. 그것은 집단구조와 각 개인의 사회적 수용도를 측정하기 위해서는 집단구성원끼리 서로 사귈 수 있고, 상호 인격적 접촉의 기회가 잦아 상대방의 인성 · 특성을 이해하게 되어 사회적 상호작용이 활발히 일어나게 되고, 집단구조가 어느 정도 안정성을 유지되려면 적어도 한두 달 이상은 사귀어야 하기 때문이다.

그리고 주기적으로 다시 실시하는 기간은 여러 가지 조건을 고려해서 결정할 문제이나 대체로 두 달 이상의 시간 간격을 두고 재실시하는 것이 좋다. 시간 간격이 두 달 미만의 짧은 기간 동안에 집단의 구조나 인간관계가 크게 변할 리

없기 때문이다.

이러한 시간적 제약 외에도 공간적 제약도 중요시된다. 즉, 학급을 단위로 해서 실시할 수 있으나 전공학과 전체 학년을 단위로 하거나 학교를 단위로 한 Sociometric test는 일반적으로 성립되지 않는다. 그 이유는 집단구성원의 직접적인 대인관계의 접촉범위의 한계를 넘어서면 Sociometric test의 기본전제 조건이 무시되고 검사결과의 의미도 무의미해지기 때문이다.

그리고 피검사자, 즉 실시 대상은 그 집단의 구성원 전부가 되어야 한다. 즉, 개개인을 표집단위(sampling unit)로 한 표본조사는 성립되지 않기 때문이다. 일반적으로 Sociometric test는 어느 특정 집단에서 개개인의 인간관계를 문제로 삼기 때문에 결석자가 많을 때도 실시해서는 안 된다. 결석자를 포함시켜서 선택을 시키는 이유도 여기에 있다.

### (3) 피검사자의 이름 기입의 문제

일반적인 원칙은 피검사자 자신의 이름을 기입하게 한다. 왜냐하면 sociometry란 인간의 심리적 지도이기 때문에 누가 누구를 선택하고 그 선택은 서로 상호선택인가 또는 일방적인 선택인가 아니면 누가 누구를 싫어 하느냐 등 대인관계의 집단구조와 개개인의 상대적 위치를 파악하기 위해서는 이름을 써 넣게 해야만 한다.

그러나 한편으로 익명성(anonymity)이 요구될 때도 있다. 늘 얼굴을 맞대고 생활하는 집단이란 서로간에 이해관계가 두텁고 친화관계가 강하지만, 어떤 의미에서는 서로간에 본심을 털어놓지 않은 상태에서 사회적 관계를 영위해 나가는 수가 많다. 그렇기 때문에 인간관계에 있어서 친밀과 반발에 대한 각자의 태도를 노골적으로 표시하지 않으려는 면도 없지 않다. 특히 반발 배척관계가 그 상대편에게 알려지게 되면 손해가 된다는 현실적 타산에서 또는 누구를 싫어해서는 안 된다는 윤리적 동기에서 회답을 기피하거나 거부하게 되기 쉽다.

그러므로 반발적 관계를 묻는 경우 또는 부정적 기준을 사용하는 경우에 있어서는 익명으로 조사할 수도 있다. 그러나 이 경우에는 구체적인 선택관계나 배척관계는 분석할 수 없고 오직 집단 전체의 확장성 · 응집성 또는 집단 내의 개개인의 사회적 위치 정도만을 알 수 있다.

### 3) Sociometric test 결과의 분석법

#### (1) 소시오그램(sociogram)에 의한 분석법

소시오그램은 Sociometric test에서 얻어진 집단 내에서의 인간관계를 그림으로 표시한 것으로 가장 많이 사용되는 결과의 표시 방법이다.

Moreno는 성원을 기호로 표시하고 선택의 방향은 화살표로 표시하였는데 대체로 〈그림 17-1〉과 같다.

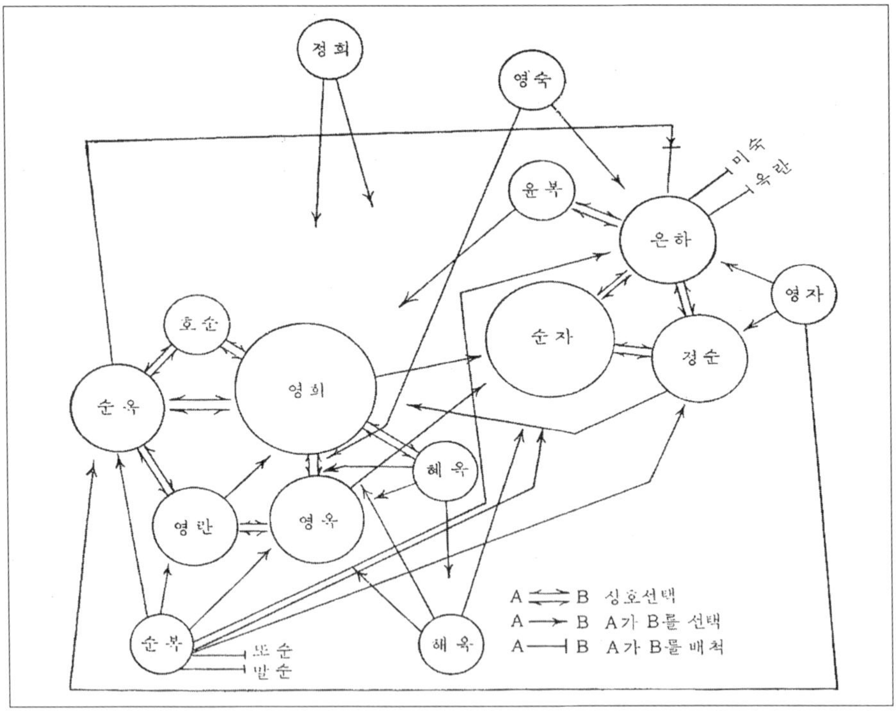


<그림 17-1> 초등학교 4학년 여학생반의 소시오그램

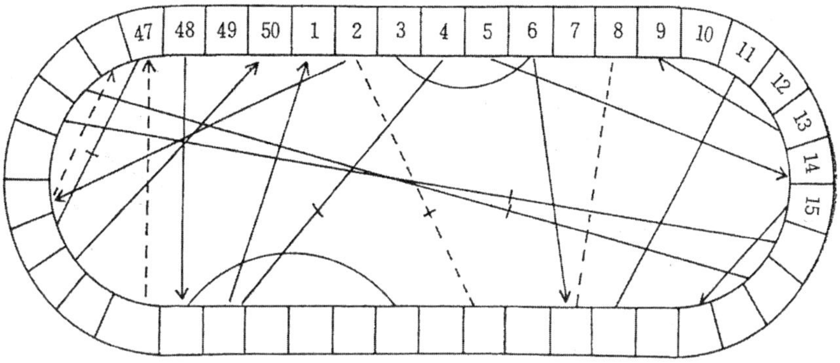


<그림 17-2> **타원형 소시오그램**

## 1 소시오그램의 작성 절차

① 집단구성원의 일련 번호를 정한다.

② 선택관계는 푸른색으로, 반발관계는 빨간색으로 표시한다.

③ 피선수가 적은 사람은 바깥에, 피선수가 많은 사람은 중앙에 자리잡게 하고 동그라미 속에 해당번호를 써 넣는다.

④ 선택관계인지 배척관계인지를 선으로 표시한다(모레노의 표시법 : → 선택, ↔ 상호선택, ⇢ 배척, ⇠⇢ 상호배척).

⑤ 선의 표시가 너무 복잡하거나 중첩되면 재배치해야 하므로 참을성 있게 선을 그어 나간다.

## 2 소시오그램의 장단점

〈장점〉

① 원리적으로 아주 간단해서 누구나 표시할 수 있다.

② 직관적으로 집단구조나 인간관계를 쉽게 이해할 수 있다.

③ 특정 개인의 지위같은 것도 전체적 관계 속에서 파악할 수 있다.

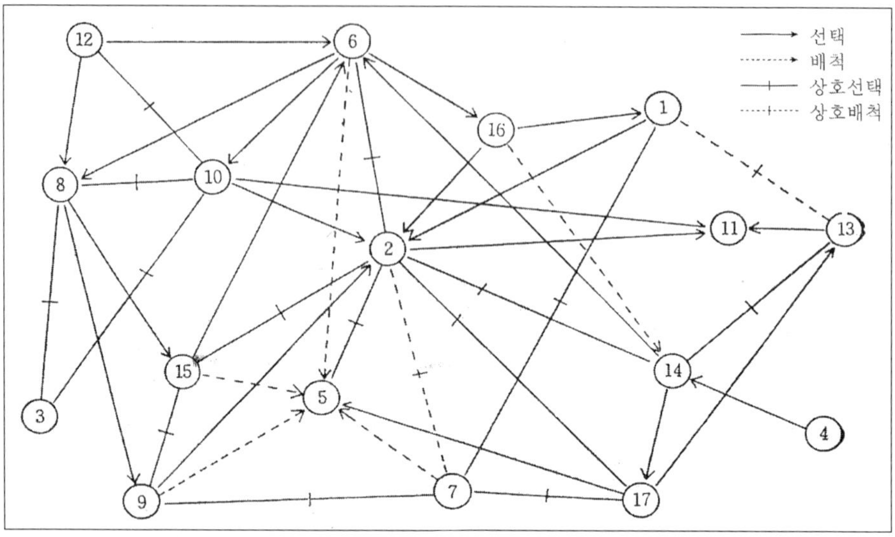


<그림 17-3> 모레노식 소시오그램의 예

〈단점〉

① 성원이 20명이 넘으면 표시하기가 어렵다.

② 해석적 신뢰도(interpretive reliability)가 비교적 낮다.

### 3 소시오그램의 해석

소시오그램에서 판독해야 할 항목과 그 해석의 기준을 〈그림 17-3〉을 중심으로 살펴보면 다음과 같다.

#### ① 인기자(人氣者, Star)

피선수의 수가 월등하게 많은 자를 가리킨다. 어느 수준 이상을 인기자로 보느냐의 기준은 공통된 것은 없으나 보통 그 집단성원수의 40% 이상의 선택을 받은 자를 인기자로 보고 있다. 〈그림 17-3〉에서 ②번은 17명 중에서 9명으로부터 선택당하고 있는 인기자인데, 이 ②번을 중심으로 별모양 결합을 하고 있는 것이 특징이다. 그리고 인기자인 ②번이 ⑪번을 선택하고 있는데 ⑪번은 ②번보다도 피선수가 부족하지만 많은 선택을 받고 있는 자, 즉 인기자에게서 특별히 선택되는 강력형(powrful type)의 학생으로 볼 수 있다.

인기자는 집단의 다수로부터 선택의 대상이 된다는 점에서 그 사람의 행동 특성이나 인간형이 주목되고, 강력형에 속하는 자는 인기자를 뒤에 숨어서 조정할 수 있다는 지하의 실력자, 즉 막후 인물임을 주목해야 하는 것이다.

② 고립자(Isolatee)

자기 자신은 남을 선택하는 수는 간혹 있으나 남에게서 선택받지 못하고 왕따당하는 자를 말한다. 〈그림 17-3〉에서 ④와 같은 사람이다. 집단의 명목상의 성원일 뿐 심리적으로 남에게서 격리되어 있는 인간심리지도상의 섬인 것이다. 소외자(outsider) · 사회적 고도(social island) 또는 왕따당하는 고립된 자로 불리워진다.

③ 경시된 자(Neglectee)

남에게서 선택받는 것이 매우 적은 자를 가리킨다. 집단구성원의 대다수에게서 왕따당하거나, 등한시되거나 무시되어서 심리적으로 변두리에 위치해 있기 때문에 주변인(fringers)이라고도 불리우는데 그림 〈그림 17-3〉에서는 ③번이나 ⑬번과 같은 피선수가 극히 적은 사람들이다.

④ 배척된 자(Rejectee)

〈그림 17-3〉에서 ⑤번은 두 사람으로부터 선택을 받고 있는 반면 네 사람(6, 7, 9, 15번)으로부터 배척을 당하고 있다. 배척당하는 까닭과 구제할 수 있는 방안은 무엇일까? 매우 궁금한 과제이다. 대체로 Sociometric test에서 부정적 기준을 사용했을 경우에 피선수가 제일 많은 자를 가리킨다. 흔히 고립자와 혼동되는 수가 있으나 고립자는 우호적 · 배척적 기준의 어느 경우에 있어서나 피선수가 없는 자를 가리키므로 다르다.

⑤ 파당조직(Clique)

세 사람 이상이 상호선택을 순환시키면서 밀접한 관계에 있으면서도 외부와의 선택관계가 적은 경우 그것을 Sociometric clique라고 부른다. 즉, 자기들 끼리만 결합되고 그 외의 성원을 선택하는 것이 매우 드문 경우를 가리킨다. 〈그림 17-3〉에서 ③, ⑧, ⑩번의 관계가 대체로 이에 속한다.

### (2) Sociomatrix에 의한 분석법

이 방법은 각 질문마다 피조사자가 선택한 것과 피선된 것을 일일이 표시해 두는 방법이다.

#### 1 Sociomatrix의 작성 절차

① 큼직한 그래프용지에 〈표 17-1〉과 같은 난을 마련해 놓고 피조사자의 이름을 가나다 순으로 적어 나간다.

② 왼쪽위에서부터 대각선을 긋고 이 대각선이 지나가는 칸(cell)은 사용하지 않게 되는데, 자기 자신을 선택할리도 없지만 기입상의 착오를 미리 막기 위해서 대각선을 그어 두는 것이다.

③ 다음에는 피조사자의 선택—배척 반응을 각 피조사자별로 왼편으로 기입하여 나간다.

④ 모든 피조사자의 선택—배척 관계를 표에 기입한 후에는 가로 난, 세로 난별로 합계를 낸다.

표 17-1 Sociomatrix의 기본형식

| 피선택자 / 선택자 | 강무현 | 김영호 | 이재성 | ………… | 선택수 | 배척수 |
|---|---|---|---|---|---|---|
| 강무현 | | × | × | | 0 | 2 |
| 김영호 | ○ | | × | | 1 | 1 |
| 이재성 | ○ | ○ | | | 2 | 0 |
| ………… | | | | | | |
| 피선택수 | 2 | 1 | 0 | | 3 | 3 |
| 피배척수 | 0 | 1 | 2 | | 3 | |

## 2 Sociomatrix 장단점

〈장점〉

① 이 방법은 선택수(배척수)와 피선택수(피배척수)가 표시되므로 개개인의 집단 내의 지위를 분명히 파악할 수 있다.

② 누구에게서 선택(배척)당하고 있는지의 관계, 즉 개개인의 사회적 수용도를 세밀히 제시해 준다.

③ 해석적 신뢰가 높다.

〈단점〉

① 집단 전체로서는 어떠한 결합과 대립이 이루어지고 있는지 등의 집단구조의 파악은 어렵다.

② 상호선택 및 상호배척 관계는 파악하기 힘들다.

| 선택·배척자 \ 피선택·피배척자 | | 남 | | | | | 남아계 | | 여 | | | | | 여아계 | | C | R | CRS | mc | mr | Isss |
|---|---|---|---|---|---|---|---|---|---|---|---|---|---|---|---|---|---|---|---|---|---|
| | | 1 | 2 | 3 | 4 | 5 | | | 6 | 7 | 8 | 9 | 10 | | | 피선택 | 피배척 | 총합 | 상호선택 | 상호배척 | 지위지수 |
| 남 | 1 | | −1 | −3 | 2 | 1 | 2 | −2 | | | | | −3 | 0 | −1 | 2 | 3 | −1 | 0 | 1 | −.22 |
| | 2 | | | | | | 0 | 0 | | | | | | 0 | 0 | 0 | 0 | 0 | 0 | 0 | −.06 |
| | 3 | −1 | | | −1 | −1 | 0 | −3 | −1 | | −1 | −1 | −1 | 0 | −4 | 0 | 7 | −7 | 0 | 3 | −.89 |
| | 4 | | | −1 | | | 0 | −1 | | | | | −2 | 0 | −1 | 0 | 2 | −2 | 0 | 1 | −.28 |
| | 5 | | | −2 | 1 | | 1 | −1 | | | −2 | | | 0 | −1 | 1 | 2 | −1 | 0 | 1 | −.22 |
| 남아계 | | 0 | 0 | 0 | 2 | 1 | 3 | | 0 | 0 | 0 | 0 | 0 | 0 | | 3 | | | 0 | | |
| | | −1 | −1 | −3 | −1 | −1 | | −7 | −1 | 0 | −2 | −1 | −3 | | −7 | | 14 | −11 | | 6 | |
| 어 | 6 | 2 | | | 3 | 2 | 3 | 0 | | | 2 | ③ | ③ | 3 | 0 | 6 | 0 | 6 | 2 | 0 | .67 |
| | 7 | 3 | | | | | 1 | 0 | | | | | | 0 | 0 | 1 | 0 | 1 | 0 | 0 | .06 |
| | 8 | | | | | | 0 | 0 | | | | ① | ② | 2 | 0 | 2 | 0 | 2 | 2 | 0 | .44 |
| | 9 | | 1 | | | | 1 | 0 | ② | −1 | ① | | ① | 3 | −1 | 4 | 1 | 3 | 3 | 0 | .67 |
| | 10 | 1 | 2 | | | 3 | 3 | 0 | ① | | ③ | ② | | 3 | 0 | 6 | 0 | 6 | 3 | 0 | .83 |
| 여아계 | | 3 | 2 | 0 | 1 | 2 | 8 | | 2 | 0 | 3 | 3 | 3 | 11 | | 19 | | 18 | 10 | | |
| | | 0 | 0 | 0 | 0 | 0 | 0 | 0 | 0 | −1 | 0 | 0 | 0 | | −1 | | 1 | | | 0 | |
| 선택수 | | 3 | 2 | 0 | 3 | 3 | 11 | | 2 | 0 | 3 | 3 | 3 | 11 | | 22 (Tc) | – | 7 | 10 (5) | – | .10 |
| 배척수 | | 1 | 1 | 3 | 1 | 1 | | 7 | 1 | 1 | 2 | 1 | 3 | | 8 | – | 15 | – | – | 6 | – |

– 배척관계, ○ 상호선택

**<그림 17-4> Sociomatrix의 분석 예**

이 두 가지 단점은 Sociomatrix test의 본래의 의미에서 비추어 보아서도 다소의 문제가 있기 때문에 다시 개선한 방법을 쓸 때도 있다. 즉, 〈표 17-1〉을 기본 메트릭스(raw matrix)로 둔 채 피검사자의 순서를 바꾸어 대입시키는 방법이다. 가장 친밀한 사람끼리 메트릭스 위에 근접시키고, 강하게 배척하는 사람들의 이름은 될 수 있는 대로 멀리 떨어지게 적어 놓는다. 이렇게 조작해서 얻어진 소시오메트릭스는 두 사람 이상의 검사자가 조작을 해도 같은 결과가 나타나는 장점이 있으며, 각기 하위집단의 결합의 강도를 독똑히 파악할 수 있고 선택이나 배척을 하면 어떤 종류의 집단에서 받고 있느냐와 같은 문제도 판명되는 이점이 있다. 따라서 이왕 소시오메트릭스를 작성하려면 기본 메트릭스에 만족하지 말고 재조작의 작업까지 시도하는 것이 바람직하다.

### 3 Sociomatrix의 해석

합계 난에 나타난 선택수는 각 피조사자의 사회적 관계의 지표가 된다. 즉, 선택수가 많을수록 우인관계를 맺으려는 경향이 크다는 것을 엿볼 수 있게 하고 선택수가 적을수록 그렇지 않음을 예상하게 한다. 따라서 대인관계에 있어서 자기 개방적이냐 자기 폐쇄적이냐를 판단하는 기초가 된다고 볼 수 있다.

그리고 피선수의 합계 난은 해당 질문 항목에 있어서의 각 피조사자의 집단 내 지위 또는 사회적 수용도(social acceptance)를 나타낸다. 즉, 우호적인 관계에서 선택되는 수가 많으면 그만큼 그는 인기도(popularity)가 높은 사람이고, 반발적 관계에서 선택되는 수가 많으면 그만큼 배척 · 증오의 대상이 되어 있는 것으로 볼 수 있다.

또 어느 쪽으로 피선수가 없으면 고립 또는 사회적으로 격리되어 있음을 의미하게 될 것이고, 우호적인 선택에서 피선수가 낮으면 그 집단에서 등한시 또는 무시되고 있는 존재임을 짐작하게 된다.

그러므로 선택수와 피선수를 관련시켜서 살펴보면 집단사회에서 그가 차지하고 있는 사회적 지위(social status)에 대하여 자세한 정보를 얻을 수 있게 된다.

### (3) 지수(index)에 의한 분석법

소시오그램의 주관적인 표시라는 관점을 극복하고 객관성을 확보하는 하나의 시도로써 지수 표시법이 사용된다. 즉, 개인이나 집단이 취득한 선택-배척의 정도를 지수로 표시하자는 것이다.

#### 1 피조사자의 지위에 관한 지수

① 선택관계에 있어서의 개인의 지위지수(index of choice status)

$CS_i = \dfrac{C_1}{N-1}$ (단, $C_1$는 개인 $i$가 선택되어진 수, $N$은 집단 인원수)

② 배척관계에 있어서의 개인의 지위지수(index of rejection status)

$RS_i = \dfrac{R_1}{N-1}$ (단, $R_1$는 개인 $i$가 배척 · 거부당한 수)

③ 사회적 측정적 지위지수

$$Isss = \frac{1}{2}\left(\frac{CRS}{N-1} + \frac{mc-mr}{d}\right)$$

$N$=학급학생수, $C$(선택), $R$(배척), $CRS$(선택과 배척의 차의 총합득점), $mc$(상호선택), $mr$(상호배척), $d$(선택배척 제한수, 20명 이상은 5, 19명 이하는 3) 〈그림 17-4 참조〉

#### 2 집단특성에 관한 지수

① 집단의 발전성 지수(index of group expansiveness)

$E = \dfrac{C}{N(N-1)}$ ($C$는 각 구성원의 피선택 총수)

② 집단의 응집성 지수(index of group cohesion)

$Co = \dfrac{2MC}{N(N-1)}$ ($MC$는 상호선택수)

③ 집단의 긴밀성 지수(index of group coherence)

$ICC = \dfrac{Rq}{Up}$

$R$=상호선택수
$U$=일방적인 선택수
$p$=다른 한 사람에게서 선택되어진 확률
$q$=다른 한 사람에게서 선택되어지지 않은 확률

지수해석법(index analysis method)은 개인간의 비교, 집단간의 비교에 크게 도움이 되는 방법이지만 아직도 지수의 신뢰도 · 타당도 문제에는 제한이 따르고 있는 편이다.

### (4) 통계적 방법에 의한 분석법

지수표시보다도 한층 이론적 근거를 갖는 해석 방법으로서 통계적 방법이 있다. K. Jennings는 피선택수의 빈도분포를 작성하여 거기에 평균(M)과 표준편차(S.D.)를 산출하고 있다. 그리하여

- M+2SD보다 많은 피선택수를 얻은 사람 : 스타, 인기자(선택을 아주 많이 받은 사람)
- M−2SD보다 적은 피선택수를 얻은 사람 : 고립자(피선택수가 아주 적은 사람)로 정의하고 있다.

# 참고 문헌

강봉규(1994), 심리학요론, 서울 : 정훈출판사.

강봉규(1996), 통계학, 서울 : 형설출판사.

강봉규(1998), Rorschach 검사, 서울 : 법무연수원.

강봉규(1998), 주제통각검사, 서울 : 법무연수원.

강봉규(1999), 심리검사의 이론과 기법. 서울 : 동문사.

Abt, L. E. and Bellak, L. (2009), *Projective psychology*, New York : Grove Press, Inc.

Anastasi, A. (1993), *Psychological testing(6th ed.)*. New York : Macmillan.

Anderson, H. H. and Anderson, G. L. (1991), *Introduction to Projective Techniques*. New York : Prentice-Hall.

Beck, S. J. (2004), *Rorschach's test 1 : Basic processes*. New York : Grune and Stratton.

Beck, S. J. (2005), *Rorschach's test 2 : A variety of personality pictures*. New York : Grune and Stratton.

Beck, S. J. (2006), *Rorschach's test 3 : Advances in interpretation*. New York : Grune and Stratton.

Bellak, L. (2005), *The TAT and CAT : Clinical Use*. New York : Grune & Stratton.

Clawson, A. (2002), *The Bender Visual Motor Gestalt for Children*. A Manual. Beverly Hills : Western Psychological Services.

Cronbach, L. J. (1994), *Essentials of psychological testing(5th ed.)*. New York : Harper & Row.

Dahlstrom, W. G., Welsh G. S. and Dahlstrom L. E. (1999), *An MMPI handbook. vol. 1*. Minneapolis : University of Minnesota Press.

Enxer, J. E. (2004), *The Rorschach : A comprehensive System Vol. Ⅰ*. New York : John Willey & Sons.

Enxer, J. E. (2006), *The Rorschach : A Comprehensive System Vol. Ⅱ. Recent research and advanced interpretation.* New York : John Willey &Sons.

Freeman, F. S. (1992), *Theory and practice of psychological testing.* New York : Holt.

Granham, J. R. (2007), *The MMPI-1 : Assessing personality.* New York : Oxford University Press.

Granham, J. R. (2008), *The MMPI-2 : Assessing personality and psycopathology.* New York : Oxford University Press.

Friedman, A. F., Webb, J. T., Lewak, R. (1999), *Psychological assessment with The MMPI.* Hillsdale : Lawrence Erlbaum Associates.

Klopfer, B., Ainsworth, M. D., Klopfer, W. G. and Holt, R. R. (1994), *Developments in the Rorschach Technique. Vol. Ⅰ*. New York : Harcourt, Brace & World Inc.

Klopfer, B. (1995), *Developments in the Rorschach Technique. Vol. Ⅱ*. New york : Harcourt, Brace & World Inc.

Klopfer, B. & Davidson, H. H. (2002), *The Rorschach Technique : an Introductory Manual.* New York : Harcourt, Brace & World Inc.

Koch, C. (1998), *The Tree Test(Der Baumtest) : The Tree-Drawing Test as an aid in Psychodiagnosis.* Bern : Verlag Hans Huber.

Koppitz, E, M. (1994), *The Bender Gestalt Test for Young Children.* 7th Printing, New York : Grune and Stratton.

Lachar, D. (2004), *The MMPI.* Los Angeles : Western Psychological Services.

Moreno, J. L. (1991), *Sociometry, Experimental Methods and the Science of Society*, New York : Beacon House.

Murray, H. A. (2001), *Thematic Apperception Test manual.* Boston : Harvard University Press.

Osgood, C., Suci, G. and P. Tannenbaum(1987), *The Measurement of Meaning*, Urbana, Illinois : Univ. of Illinois Press.

Pascal, G. R., Suttell, B. J. (1991), *The Bender Gestalt Test : Quantification and Validity for Adults.* New York : Gurne & Stratton.

Stein, M. I. (2009), *The Thematic Apperception Test.* Cambridge : Addison-Wesley Publishing Com.

Tomkins, S. S. (2007), *The Thematic Apperception Test.* New York : Grune & Stratton.

# 찾아 보기

## 내 용

## 인 명

## 저자 소개

### 강봉규

**| 약력 |**

연세대 문과대학 및 동대학원 졸업(문학석사, 교육학박사)
연세대 교육대학원 전임강사
건국대 대학원, 고려대 대학원, 국민대 대학원, 단국대 대학원, 세종대 대학원, 연세대 대학원, 이화여대 대학원, 한양대 대학원 강사
경희대 교육대학원, 건국대 교육대학원, 국민대 교육대학원, 단국대 교육대학원, 덕성여대 교육대학원, 연세대 교육대학원, 이화여대 교육대학원, 한양대 교육대학원 강사
현재, 가톨릭대학교 의과대학 명예교수

**| 저서 |**

심리측정평가(종각출판사, 1984), 통계학(형설출판사, 1995), 심리학요론(정훈출판사, 1995) 발달심리학(정훈출판사, 1998), 심리학의 이해(동문사, 1999), 심리검사의 이론과 기법(동문사, 1999), 아동발달(태영출판사, 2006), 상담이론과 실제(교육출판사, 2008) 외 다수


새로운 심리검사법

초판발행 2012년 8월 30일
재판발행 2014년 8월 10일

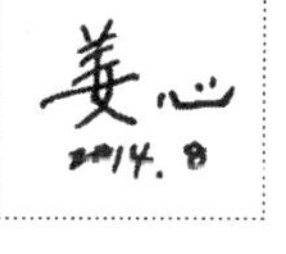


저 자 강 봉 규
발행인 김 현 태
발행처 태영출판사



주 소 (152-705) 서울 구로구 구로동 104-10 동남오피스델 201호
전 화 02 · 839-3757, 839-3752
팩 스 02 · 837-3754



등 록 2005년 5월 30일 제12-421호
http://www.taeyeongbook.co.kr
E-mail tys2005@hanmail.net
ISBN 978-89-6302-093-8 93370
정 가 20,000원

NAVER 태영출판사

* 잘못 만들어진 책은 교환해 드립니다.